(Photo: Bruno Barbey, Magnum/Focus)

Roland Spiller

Tahar Ben Jelloun – Schreiben zwischen den Kulturen

BEITRÄGE ZUR ROMANISTIK

Herausgegeben von der Kommission für Romanische Philologie
der Akademie der Wissenschaften und der Literatur, Mainz

Band 4

WISSENSCHAFTLICHE BUCHGESELLSCHAFT
DARMSTADT

Tahar Ben Jelloun

Schreiben zwischen den Kulturen

von

Roland Spiller

WISSENSCHAFTLICHE BUCHGESELLSCHAFT
DARMSTADT

Als Habilitationsschrift auf Empfehlung der Philosophischen Fakultät (Fachbereich Romanistik) der Universität Erlangen-Nürnberg gedruckt mit Unterstützung der Deutschen Forschungsgemeinschaft.

Die Deutsche Bibliothek – CIP-Einheitsaufnahme

Beiträge zur Romanistik / hrsg. von der Kommission für Romanische Philologie der Akademie der Wissenschaften und der Literatur, Mainz. - Darmstadt : Wiss. Buchges.
ISBN 3-534-13605-5

Bd. 4. Spiller, Roland: Tahar Ben Jelloun. – 2000
Spiller, Roland:
Tahar Ben Jelloun: Schreiben zwischen den Kulturen / von Roland Spiller. [Hrsg. von der Kommission für Romanische Philologie der Akademie der Wissenschaften und der Literatur, Mainz]. – Darmstadt: Wiss. Buchges., 2000
(Beiträge zur Romanistik ; Bd. 4)
Zugl.: Habil.-Schrift, Univ. Erlangen-Nürnberg, 1999
ISBN 3-534-13609-8

Satz: Johannes Deißler, Ingelheim
Druck: Rheinhessische Druckwerkstätte, Alzey
Gedruckt auf säurefreiem, chlorfrei gebleichtem Papier.

Printed in Germany

Inhaltsverzeichnis

Abbildungsverzeichnis

Trotz großer Bemühungen ist es nicht in allen Fällen gelungen, die Rechteinhaber zu ermitteln. Im Rahmen der üblichen Bedingungen werden entsprechende Nachforderungen auch nach Erscheinen des Bandes berücksichtigt.

0. Blickwechsel

Schaut man von Tanger hinüber zum Felsen von Gibraltar, erscheint Spanien zum Greifen nahe. Doch der Schein trügt, denn es liegen nicht nur eine Meerenge dazwischen, sondern Welten, reale und vorgestellte Welten, die Gegenstand literarischer und anderer diskursiver Entwürfe sind, vor allem jedoch eine Grenze, deren praktische und symbolische Bedeutungen sich im Laufe der Geschichte erheblich verändert haben. „Besser den Tod riskieren als ohne Hoffnung leben", nach dieser Devise überquerten in den letzten acht Jahren 300.000 Flüchtlinge aus dem Maghreb diese Grenze. Europa kontrolliert seine Grenzen und schickt die steigende Zahl heimlicher Immigranten, die sich nachts, von Menschenschmugglern als Ware behandelt und in brüchigen Booten verstaut, übers Meer wagen, dahin zurück, wo sie herkommen. Die Überfahrten von Marokko nach Spanien, ebenso wie die von Tunesien nach Italien, enden oft tödlich oder, im günstigsten Fall, in den Auffanglagern, in denen eine staatlich reglementierte Auslese stattfindet.

„The Empire strikes back"? Sind die in die Industrieländer strömenden Flüchtlinge aus der 'Dritten Welt' eine Art Rücklauf der Kolonialreiche? Gewiß, doch die Grenzen zwischen den Kulturen werden aufgrund der Globalisierung weltweit nicht nur im Bereich von Wirtschaft und Politik neu verhandelt, sondern auch in der Literatur. Texte, allen voran literarische, sowie der Austausch von Kultur sind – glücklicherweise – noch schwieriger zu kontrollieren als heimliche Einwanderer.

Der marokkanische Schriftsteller Tahar Ben Jelloun, der auf den folgenden Seiten als exemplarischer und bekanntester Vetreter der französischsprachigen Literaturen des Maghreb vorgestellt wird,[1] erhob die Be-

[1] Maghreb, der arabische Begriff für Westen, ist in einem weiteren Sinn die Bezeichnung für die nordafrikanischen Länder von Lybien bis Mauretanien, die sich 1989 zu der Wirtschaftsgemeinschaft UMA (*Union du Maghreb arabe*) zusammengeschlossen haben. Der „kleine" Maghreb bezieht sich auf die hier angesprochenen französischsprachigen Länder Algerien, Tunesien und Marokko. Vgl. dazu ausführlicher das zweite Kapitel dieser Arbeit,

gegnung der Kulturen und die daraus resultierenden Konflikte zu einem Leitmotiv. In seinem Roman *La nuit de l'erreur* (1997) ist ein Café mit Blick auf die spanische Küste der zentrale *Schau*platz der Handlung. Die heimliche Einwanderung ist zwar nur ein Nebenmotiv des Textes, doch der damit verbundene Blick und die Auswanderung von Marokko nach Europa sind seit seinem ersten Gedicht „L'aube des dalles" Leitmotive des Gesamtwerks. Im genannten Roman wechselte er die Perspektiven, indem er den iranischen Schriftsteller Salman Rushdie zum heimlichen Einwanderer machte, der die Meerenge überquert, um nach Marokko zu gelangen. Diese Umkehrung, eine versteckte Anspielung auf die zitierte, von Rushdie abgewandelte Devise: „The Empire Writes Back",[2] verweist überdies auf die zentrale Problematik der französischsprachigen Literaturen des Maghreb: sie sind Teil der nordafrikanisch-arabischen *und* der europäischen Kultur. Sie sind historisch und ästhetisch in der maghrebinischen Kultur verwurzelt, gleichzeitig bedienen sie sich der französischen Sprache mit ihrem universalistisch geprägten Weltbild und sie verbringen oft für lange Zeit in Paris oder anderswo in Frankreich, wenn sie dort nicht sogar einen festen Wohnsitz haben.[3] Insofern nehmen beide Autoren, Ben Jelloun und Rushdie, in der postkolonialen Literatur eine exemplarische Position ein, beide thematisieren das Verhältnis der ehemaligen Kolonie zum Kolonisator in dessen Sprache, beide üben sowohl Kritik an ihren originären Kulturen und Gesellschaften, Indien und Marokko, als auch an den Kolonialmächten Großbritannien und Frankreich.

Ben Jelloun reflektiert in seinen Blickwechseln unterschiedliche Formen der Selbst- und Fremdwahrnehmung. Diese Hybridität ist speziell in seinen literarischen Blicken, aber auch in der kulturellen Perspektivierung angelegt, in der sich, in immer neuen Formationen, Biographisches mit Geschichtlichem und Kulturelles mit der Geschlechterproblematik vermischt. Dies versetzt ihn in die Lage, die Sichtweise des kulturell Anderen darzustellen. Seine literarischen Blicke sollen die von der Leinwand der offiziellen Kultur verbannten Zeichen abbilden und denen Gehör verschaffen,

---

sowie Vf. 1997: „Die französischsprachigen Gegenwartsliteraturen des Maghreb", in: *Kritisches Lexikon zur fremdsprachigen Gegenwartsliteratur*, 43. Neulieferung, S. 1-33.

[2] Vgl. dazu B. Ashcroft/ G. Griffiths/ H. Tiffin, *The Empire Writes Back. Theory and Practice in Post-Colonial Literatures*, London 1989.

[3] Bei dieser Gelegenheit möchte ich mich bei der Alexander von Humboldt-Stiftung für das einjährige Feodor Lynen-Stipendium bedanken, das es mir ermöglichte, die Nachforschungen für diese Arbeit in Paris und Marokko durchzuführen.

die von der Gesellschaft ausgeschlossen oder marginalisiert worden sind, in Marokko ebenso wie in Frankreich. Diese Stimmen von Frauen, Kindern, Arbeitsimmigranten und Exilanten sind literarisch inszenierte Polyphonie, und insofern nicht nur als Dokumente einer hybriden Kultur zu lesen, sondern auch als ästhetische Konstrukte von Alterität. Ihr literarischer Wert, der unabhängig von kultureller Gebundenheit für sich selbst steht, kommt nicht zuletzt durch das überbordende Bedeutungspotential zum Ausdruck, das seine Texte auszeichnet.

Eine andere, nicht minder wichtige, Funktion der Abbildung verbotener Zeichen ist die psychoanalytische. Auch einem nicht psychoanalytisch geschulten Leser kann die Bedeutung der Traumszenen, allein schon aufgrund ihrer Häufigkeit, kaum verborgen bleiben. Die literarischen Träume stellen Blicke ins Innenleben dar, die Verborgenes zur Sprache bringen: die Befriedigung „edler" und „unedler" Triebe, Ängste, Hoffnungen, Begehren und Sehnsüchte, kurz, die inneren, oft im Verborgenen wirkenden „Dämonen", die menschliche Schicksale bestimmen.[4]

Ben Jelloun steht im Spannungsfeld des „Entre-deux cultures", das jene charakteristischen Abweichungen der emergenten französischsprachigen Literaturen des Maghreb sowohl von den arabischen als auch von den europäischen Traditionen erzeugt, und er wirkt aktiv an der Gestaltung dieses „tiers lieu" mit, wie es in seinem Roman *Les yeux baissés* heißt.[5]

0.1 Prä-Positionen

Eine Funktion von Einleitungen besteht darin, Position zu beziehen. Bevor ich dieser Konvention Folge leiste, möchte ich zunächst die Prä-Positionen

[4] Grundlegend hierzu ist die erst nach dem Abschluß dieser Arbeit erschienene Dissertation von Sabine Tamm, *Secret du secret dans le silence du rêve dans le rêve. Traumerzählungen in den Romanen 'L'enfant de sable' und 'La nuit sacrée'*, Frankfurt 1998. Nach Freud sind literarische Texte, analog zu Träumen und Tagträumen, im Begehren verankert. Zur Übertragung der Freudschen Traumdeutung auf literarische Texte vgl. Neuschäfer, Hans-Jörg, „Die Methode der Traumdeutung. Möglichkeiten und Grenzen ihrer Applikation auf die Interpretation literarischer Texte", in: Krauß, H./ Wolff, R. (Hgg.), *Psychoanalytische Literaturwissenschaft und Literatursoziologie*, Frankfurt 1982, S. 29-38.

[5] Anders und radikaler als Ben Jelloun versucht Homi Bhabha mit seinem „third space", den Territorien des Dazwischen jegliche auf Einheit oder binären Gegensätzen beruhende Konzeptualisierung zu entziehen; vgl. Homi K. Bhabha, *The Location of Culture*, New York 1994.

klären. Für den Gegenstandsbereich dieser Studie, die literarische Vermittlung oder Darstellung von Kulturkontakten und -konflikten, genügen derer drei: „multi", „inter" und „post".

Das oben beschriebene Szenario heimlicher Grenzüberschreitung verweist mit der Abgrenzungspraxis westlicher Industriestaaten gegenüber den Migrations- und Flüchtlingsströmen auf die Multikulturalität. Als einer der Zentralbegriffe des Postkolonialismus, ist Multikulturalismus mit mehreren Bedeutungen versehen.[6] Im Hinblick auf Ben Jelloun und die maghrebinische Literatur ist die Auseinandersetzung mit der aus dem Kolonialismus hervorgegangenen kulturellen und sozialen Hybridität von grundlegender Bedeutung. Der Begriff steht für Gleichberechtigung und die Beseitigung von rassistischer Diskriminierung, und dies impliziert die aus der Globalisierung resultierenden Spannungen und Konflikte.

In dieser Arbeit über Ben Jelloun und die maghrebinische Literatur ziehe ich den Begriff der Interkulturalität vor. Der Hauptgrund hierfür besteht darin, daß ich T. Todorovs Überzeugung teile:

> [...] on ne peut concevoir une culture qui n'aurait aucune relation avec les autres: l'identité naît de la (prise de concience de la) différence; de plus, une culture n'évolue que par ses contacts: l'interculturel est constitutif du culturel.[7]

Kultur ist stets interkulturell. Während der multikulturelle Diskurs zur Verschleierung neokolonialer Machtansprüche benutzt werden kann, hebt die interkulturelle Perspektive das Machtgefälle in den Beziehungen zwischen den Kulturen hervor. Die Auseinandersetzung mit Phänomenen der Interkulturalität erfordert eine Analyse von Qualität und Quantität der Relationen zum kulturell Anderen.[8] Der Begriff Multikulturalität läßt dagegen die Beziehungen der Elemente, die kulturelle Vielfalt herstellen, untereinander übersehen. Bei dieser Entscheidung für das „inter" des Schreibens zwischen zwei oder mehr Kulturen[9] sind drei Bereiche zu unterscheiden:

---

[6] Vgl. dazu den Eintrag in Nünning, A. (Hg.), *Literatur- und Kulturtheorie*, Stuttgart 1998, S. 386f.

[7] T. Todorov, *Les morales de l'histoire*, Paris 1991, S. 148f.

[8] Vgl. dazu D. Krusche, „Zwei Erkenntnisgegenstände: das Andere 'an sich' oder die Bedingungen der Erkenntnis und Vermittlung von anderer Kultur?", in: ders., *Leseerfahrung und Lesergespräch*, München 1995, S. 189-201.

[9] Eine ausführliche Begründung hierfür kann freilich nicht in der Einleitung, sondern erst in den nachfolgenden Untersuchungen erfolgen, wo das Prädikat „inter-kulturell" auf seinen

- die interkulturelle Pragmatik,
- die Interkulturalität als literarischer Referenzbereich,
- die interkulturelle Schreibweise als diskursive Praxis der Konstruktion von Identität und Alterität.

Die interkulturelle Pragmatik betrifft die von den literarischen Feldern vorgegebenen äußeren, gesellschaftlichen und historischen Rahmenbedingungen. Der Referenzbereich, oder die „Objekt"-Ebene, bezieht sich auf die sich aus verschiedenen Themen und Motiven zusammensetzende Thematik der Interkulturalität. Im Gegensatz zum Kulturkontakt als Inhalt oder Objekt betrifft die interkulturelle Schreibweise die Diskursebene der Texte, d.h. die spezifischen Formen der Konstruktion und Dekonstruktion von Identitäten, Differenzen und Alteritäten auf einer sekundären Ebene.

Insbesondere die beiden letzten, nur in der Analyse getrennten Bereiche durchdringen sich in den Texten gegenseitig. Aus dem Zusammenwirken von Inhalt und Vermittlung entsteht die Dynamik des interkulturellen Schreibens. Freilich schließen Interkulturalität und Multikulturalität einander nicht aus: Ben Jelloun ist ein interkultureller Autor aus einer multikulturellen Gesellschaft, der sich mit Problemen wie Rassismus und Kulturaustausch auseinandersetzt. Zu fragen ist daher nicht nur, welche kulturelle Basis er dafür in Anspruch nimmt, sondern auch, mit welchen Mitteln er es tut. Seine Biographie verdeutlicht, daß „inter" nicht ein kulturelles Vakuum bezeichnet, das „jenseits" oder „außerhalb" der einen oder anderen Kultur angesiedelt ist. Es gibt kein „außerhalb von Kultur", wie auch immer diese definiert sein mag; über Interkulturalität wird nicht in einer kulturfreien Zwischenzone verhandelt, sondern von bestimmten Positionen aus, deren Besonderheit darin besteht, daß das Fremde (die französische Sprache und Kultur) zugleich das Eigene ist.

Das Schreiben im „Entre-deux" zweier – oder mehrerer – Sprachen und Kulturen führt zum „post" der Postmoderne, der dritten auch im Postkolonialismus vorhandenen Präposition.[10] Schließlich ist die Moderne aus der

---

Gehalt hin überprüft wird. Zur terminologischen Vertiefung vgl. das erste Kapitel zum kulturellen Feld.

[10] Ich ziehe im Zusammenhang mit dem Maghreb den allgemeineren Begriff Postkolonialismus dem der Frankophonie vor. Erstens, weil er auch auf die Literaturen anderer ehemaliger Kolonien und Protektorate übertragbar ist, wie die der englischsprachigen Gegenwartsliteraturen außerhalb des Vereinten Königreichs, die mit dem ebenfalls spezifischeren, aber unglücklicheren Begriff der „Commonwealth literature" bezeichnet wurden; zweitens, weil dadurch die Beziehung zwischen Zentrum und Peripherie stärker betont wird. Vgl. dazu das in Anmerkung 2 zitierte Standardwerk des Postkolonialismus von B. Ashcroft, G.

kolonialen Assimilationspolitik des 19. Jahrhunderts entstanden, die der Heterogenität der kolonisierten Länder den Stempel der sozialen und diskursiven Praktiken der europäischen Mächte aufzudrücken versuchte. Beide Begriffe bezeichnen eine historische, der Unabhängigkeit der kolonisierten Länder folgende Epoche und ein breites Spektrum der Theoriebildung, das von postmodernen, poststrukturalistischen und teilweise auch posttheoretischen Vorstellungen und Denkmodellen beherrscht wurde; beide sind für die Analyse der frankophonen Literaturen außerhalb Frankreichs unerläßlich.

Zu den ungeschriebenen Gesetzen der postmodernen Theoriebildung gehört es, Positionen zu relativieren und dekonstruieren, nicht nur die der *grands récits*, sondern jedwede Positionierung, selbst die der Dekonstruktion von Zentren, Einheiten und Fixpunkten. Dieser Konvention möchte ich nicht folgen, denn die Dekonstruktion bilateraler Prozesse ist, im wirtschaftlichen, politischen und kulturellen Bereich, zumindest als Reibungsfläche auf die zu überwindenden Oppositionsstrukturen angewiesen. Die Dominanz der Kolonialmächte über die Kolonien läßt sich nicht dekonstruieren, die Konstruktionsmechanismen der kolonialen Herrschaft dagegen sehr wohl, ebenso wie ihre neokolonialen Erscheinungsformen. Abbauen lassen sich in diesem Zusammenhang auch die vom kolonialen Diskurs verbreiteten Identitätsvorstellungen, deren hierarchische Ordnung auf der Vorstellung kultureller Überlegenheit und Reinheit beruhte. Ein weiterer signifikanter Aspekt der postkolonialen Literatur ist die Verschiebung der Grenze zwischen Hochkultur und Populärkultur. Bei Ben Jelloun ist, ebenso wie in der gesamten maghrebinischen Literatur, die Einbringung kultureller Werte aus der Volkskultur ein das Literaturverständnis nachhaltig verändernder Faktor. Vor allem im Bereich der ästhetischen und weltanschaulichen Voraussetzungen sind postmoderne Tendenzen unübersehbar, die wichtigsten davon sind die Entwicklung spezieller Verfahren literarischer Mündlichkeit, die phantastischen oder magisch-realistischen Handlungselemente, die Metafiktion und die Hybridisierung der Genres.

Ein weiterer signifikanter Aspekt postmoderner Kunstauffassung ist die Verlagerung vom Realitätsprinzip zum Lustprinzip. Wie der programmati-

---

Griffiths und H. Tiffin. Einen Überblick zur Theoriebildung vermitteln: P. Williams/ L. Chrisman (Hgg.), *Colonial Discourse and Post-colonial Theory. A Reader*, Cambridge 1994. Zum Verhältnis von Postmoderne und Postkolonialismus vgl. H. Tiffin, „Post-colonialism, Post-modernism and the Rehabilitation of Post-colonial History“, in: *Journal of Commonwealth Literature*, 23, 1, 1988, S. 169-181.

sche Titel Roland Barthes' verkündet, erfuhr das Konzept der Mimesis eine grundlegende Veränderung.[11] Die im literarischen Text konstituierte Wirklichkeit tritt als kodierte und sich ihrer selbst bewußte *réécriture* auf, die vom Leser zu dekodieren ist. Durch den Verlust der fiktionsillusorischen Unschuld entstehen neue, lustbetonte Beziehungen zwischen den verschiedenen Instanzen, die an der Entstehung und Rezeption eines literarischen Textes beteiligt sind. Ben Jelloun ist einer jener Autoren, die das Spiel der Verführung durch Lesen, Schreiben und Erzählen von Geschichten gekonnt thematisieren und es auf allen Ebenen der Autor-Figur-Leser-Beziehung bis zum äußersten ausreizen.

Sowohl der postkoloniale als auch der postmoderne Diskurs betont die Standpunkte gesellschaftlicher, ethnischer und politischer Randgruppen und Minderheiten; beide mißtrauen den sogenannten „Metaerzählungen",[12] den herrschenden Diskursen aus Politik, Religion, Philosophie und Wirtschaft; beide verhandeln das Verhältnis von „Zentrum" und „Peripherie".[13] Das postkoloniale Zeitalter ist somit durch eine Situation definiert, in der die politischen, ökonomischen und kulturellen Gewichte zwischen „Erster" und „Dritter Welt" neu verteilt werden. Am Beispiel der maghrebinischen Gegenwartsliteratur in französischer Sprache, und Ben Jelloun ist diesbezüglich durchaus repräsentativ, läßt sich zeigen, daß Globalisierung als einseitiges Denken in Handelsströmen, das ausschließlich danach trachtet, die Konkurrenz zu unterbieten, die soziale Gerechtigkeit bedroht. Darüber hinaus zeigt sich, daß Konzepte wie Akkulturation, Transkulturation, Entwurzelung und Französisierung, wenn sie zweipolig gedacht sind, zu kurz greifen. Identität und Alterität, Eigenes und Fremdes, Verwurzelung und Entwurzelung, Integration und Ausgrenzung schließen sich nicht aus, sondern sie vermischen sich in asymmetrischen Reibungsprozessen, bei deren Erschließung die postkoloniale Literatur maßgeblich beteiligt ist.[14] Diese Themen bilden einen grundlegenden Objektbereich der postkolonialen

---

[11] Roland Barthes, *Le plaisir du texte*, Paris 1973.

[12] Vgl. dazu Jean-François Lyotard: „En simplifiant à l'extrême, on tient pour „postmoderne" l'incrédulité à l'égard des méta-récits", in: ders., *La condition postmoderne*, Paris 1979, S. 7.

[13] Die Diskussion betrifft auch andere Regionen; vgl. in der Lateinamerikanistik B. Scharlau, *Lateinamerika denken. Kulturtheoretische Grenzgänge zwischen Moderne und Postmoderne*, Tübingen 1994.

[14] In diesem Sinn vermittelt der von Deleuze und Guattari verwendete Begriff „rhizom" ein treffenderes Bild als das der Wurzel und der Verwurzelung; in: G. Deleuze/ F. Guattari, *Mille plateaux. Capitalisme et schizophrénie*, Paris 1980, S. 9-37.

Literaturtheorie: Die Reibung am Erbe der „aufgepropften“ Kultur und die subversive Einbringung der eigenen Kultur. Freilich verlaufen auch diese Prozesse der kreativen Aneignung und Umschreibung transversal, da die eindeutige Trennung von „fremden“ und „eigenen“ Traditionen ohnehin meist eine Fiktion ist.

Mit der postkolonialen Literaturtheorie gewinnen die *Gender Studies*, die sich mit den soziokulturellen Differenzen, Identitäten und Stereotypen der Geschlechterrollen beschäftigen, zunehmend an Bedeutung.[15] Der kulturelle Raum des „Entre-deux“ in einer Zeit des Epochenumbruchs, in der tiefgreifende gesellschaftliche Veränderungen stattfinden, läßt die Problematik der Beziehungen zwischen den Geschlechtern besonders hervortreten. Die das Gesamtwerk Ben Jellouns dominierenden Themenbereiche sind *relationaler* Art, sie betreffen die *Beziehungen* und *Verhältnisse* zwischen den Kulturen und den Geschlechtern. Man könnte beide Themenkomplexe für sich genommen analysieren, doch erscheint es mir sinnvoller, die Zusammenhänge zwischen beiden Bereichen darzustellen, um auf den Überschneidungsbereich von postkolonialer und geschlechterspezifischer Forschung hinzuweisen. Die Emanzipation der Frau, ein dringliches Anliegen im islamischen Kulturraum, stellt eine Entwicklung dar, die den Prozeß der Entkolonisierung Marokkos maßgeblich bestimmt. Ben Jelloun stellt die Differenz der Geschlechterbeziehungen nicht nur aus der Perspektive des Postkolonialismus dar, sondern auch auf der tiefenstrukturellen Ebene seiner Texte. Er reflektiert, in diesem Punkt dem Ansatz der *Gender Studies* entsprechend, die Geschlechterbeziehungen nicht mit biologischen, sondern mit sozio-kulturellen Kriterien; die als Männer erzogenen Frauenfiguren aus *L'enfant de sable* und *La nuit sacrée* geben hierfür eindrucksvolle Beipiele ab. Die von Gayatri Chakravorty Spivak in ihrem Essay „Can the Subaltern Speak?“, einem „Klassiker“ der postkolonialen Literaturtheorie, könnte literarisch kaum nachdrücklicher umgesetzt werden.[16] Über die Oberflächenmotive der literarischen Geschlechtsumwandlung und der Sexualität hinausgehend, thematisiert er die Geschlechterbeziehungen in Form unbewußter Antriebskräfte und traumatischer

---

[15] Zum Überschneidungsbereich von Postkolonialismus, Geschlechterdifferenz und Rassismus vgl. die dekonstruktivistisch inspirierte Aufsatzsammlung von Spivak, G. C., *In Other Worlds. Essay in Cultural Politics*, New York/London 1987.

[16] Spivak, Gayatri Chakravorty, „Can the Subaltern Speak?“, in: P. Williams/ L. Christman (Hgg.), *Colonial Discourse and Postcolonial Theory: A reader*, Hemel Hempstead 1993, S. 66-111.

Erfahrungen. Die Entwicklung seiner Figuren verläuft häufig als Auseinandersetzung mit diesen Konflikten, deren Aufarbeitung oder Bewältigung ein Leitmotiv seiner Romane ist.

Welcher Standpunkt läßt sich nun aus diesen Prä-Positionen entwickeln? Ein Dreh- und Angelpunkt der genannten Verschiebungen in den gesellschaftlichen und diskursiven Ordnungen, die den Übergang vom zwanzigsten zum einundzwanzigsten Jahrhundert markieren, ist die Frage nach der Alterität. Die Definition kultureller und geschlechtsspezifischer Andersheit ist jedoch eine Frage der Positionierung.[17] Das westlich von Marseille und Madrid gelegene Marokko ist aus arabischer Sicht der Westen, für Europa dagegen der Inbegriff des Orientalischen. Hierin zeigen sich, trotz der im Zuge der Globalisierung sich ständig beschleunigenden Transkulturation, die Grenzen der Entterritorialisierung und die mitnichten erloschene Kraft territorialer Bindungen. Ben Jelloun, der in Paris und Tanger lebende marokkanische Schriftsteller mit französischer Schulbildung und Staatsangehörigkeit, kennt beide Blickwinkel aus eigener Erfahrung, er kennt die mit ihnen verbundenen Weltanschauungen sowie die historische Dimension des maghrebinisch-europäischen Kulturkontakts: den Kolonialismus und die Entkolonisierung.

0.2 Der Maghreb im Spiegel von Orient und Okzident

Es mag an der immer rascher fortschreitenden Globalisierung liegen, daß kultureller Purismus und essentialistisch-holistische Kulturkonzepte zunehmend in die Kritik geraten, während sich ein radikaler Relativismus ausbreitet, der Kulturen als prinzipiell hybride Gebilde definiert. Der Maghreb, der Westen des Orients, ist, wie die Karibik, eine besonders hybride Region, wobei der Maghreb eine historisch längere Tradition kultureller Hybridisierung aufweist. Während die Karibik 1492 von Kolumbus „entdeckt" wurde, markierte dieses Jahr im Maghreb lediglich einen Einschnitt in einer langen Reihe von Begegnungen, die mit den Kriegen zwischen

[17] Schließlich kann man die Alteritätsdiskurse als eine von Dekonstruktivismus und Postkolonialismus korrigierte Auseinandersetzung der zuvor geführten Auseinandersetzung um die Identität betrachten. Den Paradigmenwechsel von der Identität zur Alterität markieren die Arbeiten von Julia Kristeva, *Etrangers à nous-mêmes*, Paris 1988; Tzvetan Todorov, *Nous et les autres. La réflexion française sur la diversité humaine,* Paris 1989, um nur zwei der bekanntesten zu nennen.

Karthago und Rom (264-146 v. Chr.) um die Vorherrschaft im Mittelmeerraum begonnen hatten.[18] Zu diesem Zeitpunkt blickte Spanien bereits auf über acht Jahrhunderte gemeinsamer Geschichte von berberischer, islamischer, jüdischer und ibero-romanischer Kultur zurück. In Marokko, dem von arabischen Muslimen eroberten Land der Berber mit dem höchsten Anteil schwarzer Bevölkerung, lebten Muslime und Juden tausend Jahre friedlich zusammen.[19] Das im Norden Afrikas gelegene westlichste Land der arabischen Welt blickt auf eine Tradition politischer, wirtschaftlicher und kultureller Kontakte mit Spanien zurück, deren historisches Gewicht gegenüber der hier im Mittelpunkt stehenden Präsenz der französischen Kultur oft unterschätzt oder leichtfertig übersehen wird. Vergessen wir nicht, daß das spanische Christentum afrikanischen Ursprungs ist und daß es bereits zur Zeit des römischen Reichs einen intensiven Austausch zwischen Hispania und Africa gegeben hatte.[20] Der andalusische Kulturraum umfaßte nicht nur spanischen Boden, sondern er reichte bis weit nach Marokko hinein.[21] Diese historische Dimension zeigt sich in der Sprache, im andalusischen Baustil, in der französischsprachigen Gegenwartsliteratur und bei spanischen Autoren wie Juan Goytisolo, die sich dem gemeinsamen kulturellen Erbe verschrieben haben.[22] Der Maghreb ist, aufgrund der Überschneidung des südlichen mediterranen Raums, des arabischen Westens und des nördlichen Afrikas, zweifellos ein Paradigma kultureller Begegnung.[23] Exemplarisch hierfür ist auch die Geschichte der Stadt Fes,

---

[18] Zu den historischen Grundlagen vgl. auch Vf., 1997, „Die französischsprachigen Gegenwartsliteraturen des Maghreb“, in: *Kritisches Lexikon zur fremdsprachigen Gegenwartsliteratur*, 43. Neulieferung, S. 1-33.

[19] Der jüdisch-marokkanische Schriftsteller Edmond El Maleh stellte die Geschichte dieser erst mit der israelischen Staatsgründung zu Ende gehenden Konvivenz in seinem Roman *Mille ans un jour*, Grenoble 1986, dar.

[20] Vgl. dazu sowie zur Kulturgeschichte des Maghreb insgesamt den informativen Artikel von María-Angels Roque, „Les cultures, éléments vitaux des civilisations“, in: dies. (Hg.), *Les cultures du Maghreb*, Paris 1996, S. 11-33, hier: S. 13.

[21] Die nach Abschluß der Rekonquista einsetzende Migration vor allem in die im Landesinnern gelegene Metropole Fes beschreibt der französischsprachige libanesische Schriftsteller Amin Maalouf in seinem historischen Roman *Léon l'Africain,* Paris 1986.

[22] Der marokkanische Schriftsteller Driss Chraïbi griff das Thema in seinem historischen Roman *Naissance à l'aube*, Paris 1986, auf.

[23] Grundlegend hierzu der zitierte Sammelband von M.-A. Roque; siehe außerdem *Identité culturelle au Maghreb*, Rabat 1991.

des Geburtsorts Ben Jellouns, wo Berber, Araber, andalusische Emigranten und Juden zusammenlebten und ihre Kulturen verschmolzen.[24]

Die marokkanische Kultur hat sich aufgrund dieser Geschichte sowohl im Spiegel des Orients als auch dem des Okzidents betrachtet. Dieser doppelte Blick hat den Bestimmungen der eigenen Identität den Stempel der Differenz verliehen.[25] Die Andersheit gegenüber Europa *und* dem arabischen Osten ist im Wesentlichen auf das Substrat der Berberkultur und die religiöse Berufung auf die Prophetentradition zurückzuführen.[26] Das mit Napoleon Bonapartes Ägypten-Feldzug (1798) einsetzende Expansionsstreben Frankreichs markiert die Anfänge des modernen Kolonialismus. Marokko wurde erst 1912, also nach Algerien (1830) und Tunesien (1881) von französischen Truppen besetzt und wahrte, wie Tunesien, als Protektorat zumindest formal seine Souveränität. Dennoch kann man nicht vom Kolonialismus absehen, der die prägende historische Kraft der Beziehungen zwischen Frankreich und dem Maghreb darstellt. Ein Teil davon sind die wechselseitigen Projektionen, die zur Entwicklung von Exotismus und Orientalismus führten. Literatur, Malerei und Musik, speziell die Oper, des 19. Jahrhunderts, standen im Zeichen einer projizierenden Hinwendung zum „Orient". Von der Reise des Malers Eugène Delacroix bis zu den Autoren der amerikanischen Beat-Generation im zwanzigsten Jahrhundert war Marokko als Inspirationsquelle künstlerischer Kreativität und Pilgerstätte der Sinnesfreuden der Inbegriff des exotischen Reizes.

Zur Erklärung des aktuellen Kulturwandels taugt die historische Dimension allerdings nur bedingt. Die Verschränkung von Entkolonisierung und Postmoderne, die in Marokko vor allem ein Problem der Modernisierung ist, macht die historisch neuartige Qualität des kulturellen Wandels aus, die

---

[24] Ben Jelloun betrachtet seine Heimatstadt als Paradigma kultureller Hybridität, das den Ursprung der marokkanischen Identität symbolisiert. Vgl. dazu T. Ben Jelloun: „Zuerst war Fès [sic] ein Traum, eine Idee, dann wurde diese Stadt zum Ort des Ursprungs, der Wurzeln, des kulturellen Erbes. Aus all diesen Gründen ist Fès das Gedächtnis einer großen Zivilisation, die auf einer Mischung der Kulturen von Arabern, Berbern, Juden, Andalusiern und Moslems beruht." In: „Fès, du schöne, stolze Stadt", in: *Marokko*, Merian, Februar 1999, S. 38-50; hier: S. 43.

[25] Dazu weiterführend: *Ecritures maghrébines et identités: étude des relations interarabes, les relations Maroc/Machrek*, in: *Horizons maghrébins*, 11, 1987; *La spécifité du Maghreb arabe,* [Actes du colloque organisé par la Fondation du Roi Abdul-Aziz les 6 et 7 décembre 1990], Casablanca 1992.

[26] Die marokkanische Königsfamilie reklamiert mit der direkten Abstammung vom Propheten das für die Machtentfaltung im Islam stärkste Legitimationsprinzip.

mit dem Verweis auf frühere kulturelle Verschiebungen und Migrationsbewegungen nicht zu lösen ist. Die aktuellen Kulturgrenzen der Nationalstaaten und regionaler Großräume sind – wieder einmal – zu überdenken. Welche Rolle spielt die Literatur beim Entwurf der neuen Kulturkartographie? Sie kann die dem doppelten Blick zugrundeliegenden Wahrnehmungsprozesse künstlerisch und polyperspektivisch, von innen und außen vermitteln. Doch ihre Bestimmung besteht gleichermaßen auch darin, über diese Vermittlungsaufgabe hinauszugehen und neue, eigenständige kulturelle Spielräume zu erschaffen.

0.3 Zielsetzung, Methode und Inhaltsüberblick

Philologen und Literaturwissenschaftler betrachten Kulturgeschichte seit jeher als ihr Terrain, eine methodologisch fundierte Kulturwissenschaft ist jedoch gerade erst im Entstehen begriffen.[27] In den Disziplinen, die an der Formation der Kulturwissenschaften mitwirken (Ethnologie, Anthropologie, Soziologie, Geschichte, Philosophie, Linguistik, Semiotik, Kommunikations- und Medienwissenschaften, Literatur- und Theaterwissenschaften), stellt die Interkulturalität eine epistemologische und hermeneutische Herausforderung dar. Vor dem Hintergrund dieser doppelten Herausforderung ist der Paradigmenwechsel der „Postmoderne" zu sehen. Der Sinn des Begriffes postmodern besteht, so Homi Bhabha, weniger im Abschließen von Vergangenem als vielmehr im Eröffnen von Neuem.[28] Die Beschäfti-

---

[27] Einen Überblick der Theoriebildung vermitteln R. Glaser/ M. Luserke (Hg.), *Literaturwissenschaft - Kulturwissenschaft. Positionen, Themen, Perspektiven*, Opladen 1996; Klaus P. Hansen, *Kultur und Kulturwissenschaft*, Tübingen 1995; A. Nünning (Hg.), *Literatur- und Kulturtheorie*, Stuttgart 1998. Aus der Literaturwissenschaft im engeren Sinne kamen die Arbeiten von: V. Borsò, *Mexiko jenseits der Einsamkeit - Versuch einer interkulturellen Analyse. Kritischer Rückblick auf die Diskurse des Magischen Realismus*, Frankfurt 1994; H. Breinig, „Zur Problematik der Vermittlung fremdkultureller Phänomene durch die Literatur: Das Mexikobild bei amerikanischen Schriftstellern", in: ders. (Hg.), *Interamerikanische Beziehungen. Einfluß — Transfer — Interkulturalität*, Frankfurt 1990, S. 137-155; die Publikationen des von János Riesz geleiteten Bayreuther Sonderforschungsbereichs, wie die von Ute Fendler, *Interkulturalität in der frankophonen Literatur der Karibik*, Frankfurt 1994; Hans-Jürgen Lüsebrink in zahlreichen Aufsätzen sowie in *Schrift, Buch und Lektüre in der französischsprachigen Literatur Afrikas*, Tübingen 1990; sowie die zahlreichen im folgenden ausführlich dargestellten Sammelbände und Monographien aus dem Maghreb.

[28] Homi K. Bhabha a.a.O., S. 1ff.

gung mit den frankophonen Literaturen bedarf vor dem Hintergrund der für alle Humanwissenschaften zentralen Fragestellungen von Postmoderne und Postkolonialismus keiner weiteren Legitimation. Die Auseinandersetzung mit Alteritätskonzepten gehört seit den bahnbrechenden Arbeiten von Tzvetan Todorov, *La conquête d'Amérique Latine* (Paris 1982) und *Nous et les autres. La réflexion française sur la diversité humaine* (Paris 1989), zur Grundausbildung eines jeden Romanisten.[29]

In der Primärliteratur steht der Anschluß an diese Entwicklung noch bevor. Während die institutionelle und universitäre Einbindung der postkolonialen Literaturen Lateinamerikas und der Karibik in den letzten Jahrzehnten erhebliche Fortschritte gemacht hat, steckt die Afrikas, Asiens und der frankophonen arabischen Welt noch in den Kinderschuhen. Die Lektürekanones lassen noch sehr viel zu wünschen übrig, obwohl die Auseinandersetzung mit dem Problemkreis kultureller Hybridität bei Schülern und Studenten auf größtes Interesse stößt. Diesem Interesse soll die vorliegende Arbeit entgegenkommen. Dabei mag die Auswahl eines einzigen Autors bedenklich erscheinen. Zudem kann man sich fragen, warum gerade Ben Jelloun? Mehrere Gründe sprechen für diese Entscheidung. Die wohl wichtigsten sind die herausragende Position, die er in der maghrebinischen Literatur einnimmt und die Repräsentativität seines Werkes.

Damit kann ich meine persönliche Motivation offenlegen, die mich zu jener vertieften Lektüre anregte, aus der schließlich eine wissenschaftliche Arbeit hervorgehen sollte: Die Faszination des Erzählens und Lesens von Geschichten. Meine eigene Geschichte als Leser von Ben Jelloun ist ein Prozeß. Der Weg vom ersten Roman zur Lektüre des ständig wachsenden Gesamtwerks entwickelte sich aufgrund der ungebremsten Produktivität Ben Jellouns zum Wettlauf des Lesers mit dem Autor. Erst nach der Lektüre vieler Romane entdeckte ich den Dichter Ben Jelloun. Die illusorische Vorstellung, nun den *wahren* Ben Jelloun zu kennen, veränderte meine erneute Lektüre der Romane grundlegend. Heute sehe ich beide, den

[29] Zum Thema der vorliegenden Arbeit ist außerdem Todorovs *Les morales de l'histoire*, Paris 1991, zu erwähnen; insbesondere S. 139-160: „Remarques sur le croisement des cultures". Todorov bereitete mit seinen Arbeiten den Weg für weiterführende Untersuchungen wie die von Julia Kristeva, *Etrangers à nous-mêmes*, Paris 1988. Im deutschsprachigen Raum sind die Untersuchungen von Frauke Gewecke zu nennen, insbesondere *Wie die neue Welt in die alte kam*, Stuttgart 1986, die, weit über literarische Kulturvermittlung hinausgreifend, die Frage der Selbst- und Fremdwahrnehmung bei Kulturkontakten aus interdisziplinärer Perspektive erfaßt.

Dichter und den Erzähler, als sich ergänzende, gegenseitig befruchtende und durchdringende Persönlichkeiten und Stile.

Auch mein persönlicher Weg zum Autor trug Züge eines Wettlaufs. Erst nach vielen vergeblichen Versuchen konnte ich ihn für Gespräche und schließlich zwei Lesungen in Erlangen und Nürnberg gewinnen.[30] Mein Verhältnis zu Ben Jelloun dokumentiert sicher auch objektivierbare Grundzüge seiner Rezeptionsgeschichte. Diese gilt es, wie ich meine, zu korrigieren.

In der Forschung zur französischsprachigen Literatur des Maghreb liegt bislang keine Untersuchung von Ben Jellouns alle literarischen Gattungen umfassendem Gesamtwerk vor. Die einseitige Rezeption der narrativen Texte und die Vernachlässigung der Lyrik erzeugten ein schiefes Bild; auch die Besonderheit von Ben Jellouns literarischer Kulturvermittlung ist unzureichend erforscht. Zentrale Verfahren wie die reflektierte Alterität in Form literarischer Blicke und Stimmen (Polyphonie) sind in der umfangreichen Sekundärliteratur erstaunlicherweise nicht in ihrer grundlegenden Bedeutung erkannt worden.

Die Zielsetzung dieser Untersuchung ist weniger die Analyse primärer Kulturkontakte, als vielmehr die ihrer literarischen Vermittlung und der ihr zugrundeliegenden, sekundären Modellvorstellungen. Am Beispiel der französischsprachigen Literatur des Maghreb lassen sich die textimmanenten Aspekte von Kulturvermittlung sowie Grenzen und Möglichkeiten von Literatur beim Kulturtransfer aufzeigen. Diese Grenzen sind im Überschneidungsbereich dreier Kraftfelder abzustecken: dem der historischen Entfaltung von Macht, die den Aufstieg und Fall von Kulturen charakterisiert, dem der Diskurse, die diese Machtentfaltung strukturieren, und dem der Literatur selbst, die in einem Feld von sozialen und diskursiven Entwicklungen entsteht, diese jedoch überschreitet, indem sie vorgegebene Welt- und Kulturmodelle neu ordnet und codiert.

Hinsichtlich der literarischen Beschaffenheit der Texte haben die radikalen Zweifel an der Objektivierbarkeit von Repräsentation und Sinn durchaus ihre Berechtigung.[31] Wenn Literatur keine essentielle Bedeutung

[30] Ben Jelloun las am 4. und 5.12.1998 in Erlangen und Nürnberg aus dem damals gerade ins deutsche übersetzten Roman *La nuit de l'erreur*. Als Moderator dieser Veranstaltungen konnte ich das große Interesse des Publikums, die spezifische Faszination die Ben Jellouns Texte hervorrufen, unmittelbar miterleben.

[31] Jacques Derrida, Gilles Deleuze, Paul de Man und Richard Rorty bekundeten Zweifel an der „Erforschbarkeit" kultureller Alterität; insbesondere bei Texten, die außertextliche

vorgibt, sondern veränderliche Bedeutungsangebote, deren „dissémination" der Leser unentwegt neu entschlüsselt, betrifft dies auch die literarische Vermittlung von Kultur.[32] Eine zentrale Aufgabe der Textanalysen wird es daher sein, die Hinterfragung von literarischer Mimesis im Verhältnis zu den dargestellten Kulturkonflikten zu erläutern.

Bei der Analyse kam es mir auf eine repräsentative Auswahl von Themen und Vermittlungsweisen an, die den Zugang zu der übrigens auch von maghrebinischen Lesern als schwierig eingestuften maghrebinischen Literatur in französischer Sprache erleichtert. Das poetische Universum Ben Jellouns ist in vielerlei Hinsicht repräsentativ für die französischsprachigen Literaturen des Maghreb, mehr noch: Die von der zentralen Fragestellung der Interkulturalität abgeleiteten Themenschwerpunkte literarische Blicke, kulturelle Perspektivierung, Polyphonie, Mythenreprise, Geschlechterrollen und Mündlichkeit sind unabdingbare Kategorien der Analyse postkolonialer Literaturen.

Da bei einer interkulturellen Themenstellung auch der außerliterarische Aktionsradius zu berücksichtigen ist, fasse ich im ersten Kapitel mit Hilfe der Feldtheorie Pierre Bourdieus die Besonderheiten des interkulturellen Felds zusammen, an dessen Gestaltung Ben Jelloun maßgeblich mitgewirkt hat. Abschließend wird die hermeneutische Frage nach der literarischen Darstellung von Kulturkontakt und Interkulturalität aufgegriffen. Mit dem Begriff des literischen Blicks fasse ich die Konstruiertheit von Selbst- und Fremdwahrnehmung zusammen.[33] Ein Blick in die kolonialen Projektionsräume der abendländischen Geschichte zeigt die verheerenden Auswirkungen unreflektierten Umgangs mit dem Anderen. Edward Said hat versucht, diese sich als Wissenschaft ausgebende Art der Wahrnehmung am Beispiel der englischen und der französischen Orientalistik aufzudecken.[34]

Wirklichkeit immer nur vermittelt wiedergeben können, d.h. angepaßt an die Konventionen von Sprache und Repräsentation.

[32] Vgl. dazu J. Derrida, *La dissémination*, Paris 1972.

[33] Die Auseinandersetzung mit dieser Fragestellung wurde besonders in der Ethnologie und der Kulturanthropolgie geführt. Aus dem deutschsprachigen Raum seien hier nur stellvertretend Karl-Heinz Kohls *Entzauberter Blick. Das Bild vom Guten Wilden*, (Berlin 1981/ Frankfurt 1986) sowie der imagologisch ausgerichtete Sammelband von Thomas Koebner/ Gerhart Pickerodt (Hgg.), *Die andere Welt. Studien zum Exotismus*, (Frankfurt 1987), genannt; auf die umfangreiche theoretische Diskussion von Kulturanthropologen wie Clifford Geertz, um nur den bekanntesten zu nennen, kann ich hier nicht eingehen.

[34] Edward W. Said, *Orientalism. Western Conceptions of the Orient*, London 1978. Zu erwähnen ist außerdem die auf die Frage des Medienzeitalters erweiterte Fortsetzung der

Meine These ist, daß Blicke bei Ben Jelloun auf den grundlegenden Textebenen eine zentrale Rolle spielen. Blicke fallen in den Bereich der Wahrnehmung, sie konstituieren Subjektivität und sie implizieren einen Standpunkt, der, wie M. Foucault gezeigt hat, eine Metapher für Wissen und Machtverhältnisse ist.[35] Blicke bilden einen Motivkomplex, der den Inhalt und die Vermittlungsebene der Texte bestimmt. Erstaunlicherweise betrifft dies nicht nur den erzählerischen Diskurs, wo dem Blickpunkt traditionellerweise eine Schlüsselrolle zukommt, sondern auch die lyrischen Texte. Ben Jellouns Blicke erfüllen eine Modellfunktion bei der Auseinandersetzung mit Kulturkonflikten, die sich auf Oberflächen- und Tiefenstruktur auswirkt. Die tiefenstrukturellen Motive, Motivationen und Brüche der Texte sowie die Reibungen zwischen beiden Ebenen verdienen dabei besondere Aufmerksamkeit.[36] Die Lust am Sehen, aber auch das Begehren des Voyeurs und die Verweigerung von Blick, Sehen und Wahrnehmen, führen zur Poetik Ben Jellouns, die ganz im Zeichen des Anderen in mir, des Fremden im Selbst steht. Ben Jellouns Traumästhetik, seine Traumtopographien, sind bewußt inszenierte Projektionen des Begehrens und der Imagination. Ebenso projizieren die französischsprachigen Literaturen des Maghreb in einem weiteren Sinn aus der Perspektive des „Entre-deux" sowohl eigene als auch fremde Blicke auf die Welt.

Im zweiten Kapitel folgt ein Überblick der biographischen Entwicklung des Autors. Eine Besonderheit Ben Jellouns springt dabei sofort ins Auge: Er beschränkte sich nicht auf den literarischen Kulturtransfer, sondern er ist ein in Wort *und* Tat engagierter Autor, für den die Verbindung von gesellschaftlichem Engagement und literarischer Freiheit, die Skylla und Charybdis der engagierten Intellektuellen der sechziger und siebziger Jahre, kein unüberwindbares Hindernis darstellte. Sein Einsatz für die in den *banlieus* lebenden maghrebinischen Einwanderer in Frankreich, für das

---

Orientalismus-Debatte in *Covering Islam: How the media and the experts determine how we see the rest of the world*, London 1981.

[35] M. Foucault, *Surveiller et punir*, Paris 1975.

[36] Mit der auf N. Chomsky zurückgehenden Unterscheidung von Oberflächen- und Tiefenstruktur lassen sich in den kolonialen und den nachkolonialen Literaturen überindividuelle und latente Motive erfassen, die auf kulturelle und gesellschaftliche Diskriminierung (von Rassen, Frauen oder Minderheiten) hinweisen. Dieses an Sigmund Freuds Traumdeutung anküpfende Modell eröffnet zahlreiche hermeneutische Möglichkeiten. Die Unterscheidung oberflächlicher und latenter Sinnstrukturen gestattet marxistische Interpretationen ebenso wie dekonstruktivistische. Auch Narratologie und feministische Literaturwissenschaft arbeiten mit der Unterscheidung eines impliziten Subtextes oder Palimpsestes.

palästinensische Volk und gegen den Rassismus hat seine literarische Freiheit nicht beeinträchtigt, wie die teilweise als „hermetisch" eingeschätzten frühen Gedichte und Romane zeigten. Da der mit seiner Familie in Paris lebende Autor privat, gesellschaftlich, kulturell und politisch fest mit Frankreich verbunden ist, gilt er als Vermittler zwischen zwei Welten, die sehr unterschiedlich sind, die sich ihrerseits aus unterschiedlichen Kulturen zusammensetzen und zwischen denen es Konflikte mit einer langen historischen Tradition gibt. Als langjähriger freier Mitarbeiter von *Le Monde* bekommt er heute in der führenden internationalen Presse immer wieder eine Titelseite für eigene Beiträge zur Verfügung gestellt und ist darüber hinaus ein begehrter Interviewpartner (Abb. 2, S. 397).

„De particularibus non est scientia"; dennoch ist, vor allem in der Lyrik, ausführliche Textarbeit zu leisten. Das dritte Kapitel resümiert die Entwicklung des poetischen Werks, angefangen vom ersten publizierten Gedicht bis hin zu dem zuletzt erschienen Band *La remontée des cendres*. Trotz intensiver Reformbemühungen um eine „neue Romania" gehören die französischsprachigen Literaturen außerhalb Frankreichs (noch!) nicht zum Basiswissen, obwohl ihr Vordringen in die Weltliteratur Teil einer geopolitischen Entwicklung ist, deren Bedeutung über die Literaturgeschichte hinausgreift.

Das vierte Kapitel faßt die Ergebnisse der Lyrikanalysen zusammen und weist darauf hin, daß auch das Verhältnis der literarischen Gattungen durch die Entstehung im „Entre-deux" geprägt ist. Die für Ben Jelloun typische Vermischung von Poesie und Prosa, sei es nun im Gedicht oder im Roman, ist ein weiteres Merkmal, das die französischsprachigen Literaturen des Maghreb insgesamt charakterisiert.

Das fünfte Kapitel stellt die Romane in ihrer werkgenetischen Entwicklung vor. Der erste Teil behandelt die Romane und Essays zu Emigration und Immigration. Weitere diesbezüglich relevante Texte hinzuziehend (Aufsätze und Vorworte), erschließt sich dann deren ethische Dimension. Die Ethik ist ein häufig übergangener, jedoch mit der Kritik an eurozentrischen Wissens- und Machtkonstellationen verbundener Gesichtspunkt von Interkulturalität und Alterität. Die Qualität der Begegnung mit der anderen Kultur, die auch seine eigene ist, macht als das von keinem Diskurs erreichbare Andere den Horizont der literarischen Texte Ben Jellouns aus. Die außergewöhnliche Bedeutung von Wahrnehmungsprozessen, der Reflektion des eigenen und des fremden Blicks, der eigenen und der fremden Stimme, vervielfacht die Blickwinkel des Betrachters. Die Motive der

Stimme, des Blicks und des Gesichts, oder des Antlitzes, um mit Émmanuel Lévinas zu sprechen, machen auf die prinzipielle und kulturübergreifende Unverfügbarkeit des Anderen aufmerksam.[37] Menschlichkeit und Respekt gegenüber anderen Kulturen sind nicht teilbar, weder in Frankreich noch in Marokko. Daß sie *de facto* tagtäglich dennoch geteilt werden, in Frankreich ebenso wie in Marokko und anderswo, ist ein Problem, das in der Kolonialgeschichte begründet sein kann, dessen Lösungen jedoch innerhalb der aktuellen politischen und wirtschaftlichen Konstellation zu suchen sind.

Im zweiten, den restlichen Romanen gewidmeten, Teil des fünften Kapitels liegt der Schwerpunkt auf der aus *L'enfant de sable*, *La nuit sacrée* und *La nuit de l'erreur* bestehenden Trilogie sowie dem Neapel-Roman *L'auberge des pauvres*. Unter dem Begriff der „Poetik der Nacht" werden die poetologischen Merkmale der Schreibweise Ben Jellouns zusammengefaßt. Deren Grundlagen, die maßgeblich zur Faszination seiner Texte beitragen, sind ebenfalls im „Entre-deux" zu verorten, in den sich wechselseitig anregenden Zwischenräumen der Kulturen, der Geschlechter, der Gattungen und der Medien.

[37] É. Lévinas, *Totalité et infini. Essai sur l'extériorité*, Paris 1980. Ben Jelloun bezieht sich auf den Essay von Lévinas im Vorwort zur Neuauflage von *Hospitalité française* von 1997, S. 9ff.

1. Das kulturelle Feld der marokkanischen Literatur französischer Sprache und der literarische Blick

Aufgrund der in der Einleitung skizzierten Rahmenproblematik des Schreibens zwischen den Kulturen sind zunächst die beteiligten Kulturen und der Bereich des „Entre-deux" selbst zu definieren. Dies setzt, noch vor dem kulturgeschichtlichen Überblick, einige grundsätzliche Überlegungen voraus. Über die feinen Unterschiede von Interkulturalität und Multikulturalität hinausgehend,[38] ist zu fragen, ob sich bei der Darstellung der Begegnung von marokkanisch-maghrebinischer und französisch-europäischer Welt ein einheitlicher Kulturbegriff verwenden läßt, der den offensichtlichen Differenzen beider Regionen gerecht wird. Dem hier gewählten interkulturellen Ansatz folgend ist diese Frage zu bejahen, allerdings sind Objektebene (der Referenzbereich) und Vermittlungsebene voneinander zu unterscheiden. Die unbestreitbare Verschiedenheit der jeweiligen Kulturmodelle bildet einen zentralen Gegenstandsbereich der maghrebinischen Literatur. Die Darstellung der daraus resultierenden Differenzen und Überschneidungen jedoch erfolgt im Medium der Literatur aus einer Perspektive, die weder eindeutig der einen oder der anderen Kultur zugeordnet werden kann, eben der des „Entre-deux".

Pluralismus und Polyphonie in Kultur und Gesellschaft, die Aufwertung marginaler und minoritärer Positionen, die Fragmentierung und die Dezentralisierung sind Kategorien der Postmoderne. Zieht man die mehr an der gesellschaftlichen Wirklichkeit orientierte Debatte über die Multikulturalität hinzu, zeigt sich die problematische Seite dieser Entwicklung. Das Schlagwort Multikulturalität indiziert mit den Migrationen tiefgreifende Veränderungen der postindustriellen Gesellschaften und damit einen theoretisch kaum verwertbaren Aspekt der Krise, in der sich das Projekt der Moderne befindet.[39]

---

[38] Vgl. dazu die sehr erhellenden Ausführungen von Thomas Wägenbaur: „Postmoderne und Multikulturalität. Der feine Unterschied", in: M. Kessler/ J. Wertheimer (Hg.), *Multikulturalität. Tendenzen - Probleme - Perspektiven*, Tübingen 1995, S. 129-145.

[39] Vgl. dazu A. Semprini, *Le multiculturalisme*, Paris 1997, S. 3f.

Auf einer ersten Problemebene begegnet man der Fragwürdigkeit verallgemeinernder Gegenüberstellungen von fiktiven Großräumen wie „Orient" und „Okzident". Die Differenzen unterhalb der weit gefaßten Opposition christliches Abendland – islamisches Morgenland ebenso wie innerhalb der jeweiligen Sphären legen es nahe, auf eine essentialistische Definition von Kultur zu verzichten. Insbesondere die für die gesamte frankophone Welt einstmals modellhaften Ideale der französischen Revolution und der daraus entwickelte Zivilisationsbegriff sind vom deutschen Kulturbegriff zu unterscheiden.[40] Im Zusammenbruch des Modellcharakters der französischen Konzeption,[41] die noch von Bourguiba, de Gaulle und Senghor, den Gründervätern der Frankophonie vertreten wurde, kommt der kulturelle Wandel zur Geltung. Selbiges gilt auch für die marokkanische Kultur, die sich innerhalb der maghrebinischen von der algerischen unterscheidet, welche sich ihrerseits deutlich von der Kultur des Mašreq, des arabischen Ostens, abhebt. Die religiöse Staatsauffassung und die ebenfalls religiös begründete Bedeutung der arabischen Sprache sind allgemeine Fixpunkte der arabischen Kultur, die jedoch für das Anliegen dieser Untersuchung zu weit gefaßt sind, als daß sie den Umgang mit kulturellen Besonderheiten charakterisieren könnten.

Die historisch relevanten Begegnungen der arabischen Welt mit dem „Westen" lassen zwar keine kontinuierliche Entwicklung erkennen, doch die aktuelle Krisensituation ist schwerlich als Ausnahme zu bezeichnen. An möglichen historischen Ursachen für die politische und wirtschaftliche Instabilität mangelt es nicht, denkt man an die Kreuzzüge, den osmanischen Kolonialismus, die Vereinnahmung durch den europäischen Kolonialismus des 19. Jahrhunderts, die Staatsgründung Israels und die Bruder- und Bürgerkriege des 20. Jahrhunderts im Libanon (1975), am Golf und in Algerien. Führende arabische Intellektuelle und Schriftsteller wie Jamel Eddine Bencheikh, Abdallah Laroui, Mahmud Darwich und Adonis schwanken bei der Beurteilung dieser Situation zwischen einem von Religion und Ideologien zerrissenen Orient und der liberalen Dekadenz des Okzidents.[42] Auch Ben Jelloun hat zu diesen Grundsatzfragen Stellung

[40] Vgl. weiterführend dazu R. Konersmann (Hg.), *Kulturphilosophie*, Leipzig 1996.

[41] Vgl. hierzu H.-J. Lüsebrink, „*Identités mosaïques*. Zur interkulturellen Dimension frankophoner Literaturen und Kulturen", in: *Grenzgänge*, 4, 1995, S. 6-22, hier: S. 18.

[42] Vgl. dazu A. Laroui, *La Crise des intellectuels arabes*, Paris 1974.

genommen.[43] Sein Standpunkt, der in den folgenden Kapiteln ausgeführt wird, ist besonders aufschlußreich, weil er als französischsprachiger Schriftsteller des Maghreb stets mindestens zwei Blickwinkel einnimmt.

Die zweite Problemebene besteht in den unterschiedlichen Subjektkonzeptionen. Intersubjektive Beziehungen konstitutieren Kultur, die, wie in der Einleitung dieser Untersuchung geschehen, als Beziehungsbegriff zu bestimmen ist. Kultur ohne Begegnung, Konfrontation und Austausch mit Anderen und auch mit anderen Kulturen ist kaum vorstellbar, auf alle Fälle ist sie stets in ein Gefüge von Kommunikations- und Machtverhältnissen eingebettet, aus dem die verschiedenen kulturellen Ausdrucksformen entstehen, die gesellschaftlichen Unzulänglichkeiten und Begehrensstrukturen artikulieren.

Der allgemeinste Unterschied zwischen der marokkanisch-arabischen und der französisch-europäischen Subjektkonzeption ist der Grad der Einbindung in die Gemeinschaft. Während Marokko nach dem Modell Ernest Gellners eine *Kollektivgesellschaft* ist, zeichnet sich die französische durch einen hohen Grad an Individuierung aus.[44] Diese Differenz ist auf zwei historische Ursachen zurückzuführen. Erstens auf den Übergang von der feudalen zur modernen bürgerlichen Gesellschaftsform, die in Europa mit der Entwicklung des Kapitalismus verbunden ist; die marokkanische Gesellschaft ist, vor allem in den ländlichen Bereichen, auch im zwanzigsten Jahrhundert noch durch feudalistische Strukturen geprägt. Zweitens die nach orthodoxer islamischer Auffassung streng gesetzte Einbindung in die *Umma*, die Glaubensgemeinschaft, sowie die unbedingte Unterordnung unter Gott, die das gesamte Leben der Gläubigen bestimmen soll. Ben Jelloun setzte sich, wie viele arabische Intellektuelle, mit den kollektiven Zwängen, denen das Individuum in der an den Werten der religiösen und politischen Gemeinschaft orientierten arabischen Gesellschaften auseinander: „In der arabischen Welt sieht man das Individuum bislang nicht als ein singuläres Geschöpf, als unverwechselbares und einzigartiges Subjekt."[45]

Eine dritte aus den religösen und politischen Zwängen der Kollektivgemeinschaft resultierende Problemebene kultureller Differenz ist die Kon-

---

[43] T. Ben Jelloun, „La mémoire déroutée", in: *Dédale*, 5/6, *Postcolonialisme, décentrement, déplacement, dissémination*, S. 159-163.

[44] E. Gellner, *Der Islam als Gesellschaftordnung*, München 1992 [Cambridge 1981].

[45] Ben Jelloun, Tahar, „Einige bittere Bemerkungen über die arabische Welt", in: Lüders, Michael (Hg.), *Der Islam im Aufbruch? Perspektiven der arabischen Welt*, München 1992, S. 191.

zeption der Geschlechterrollen. Da sowohl das christlich-abendländische als auch das islamisch-arabische Modell patriarchalisch geprägt sind, kann man weder im einen noch im anderen Kulturkreis von einer Verwirklichung der Gleichberechtigung sprechen. Die gleichwohl vorhandenen, nicht unerheblichen kulturspezifischen Unterschiede im Emanzipationsprozeß der Frauen sind ein Leitmotiv Ben Jellouns und der maghrebinischen Literatur. Auf der einen Seite zwingen die noch vorhandenen feudalistischen Strukturen die Frauen, vor allem in ländlichen Gebieten, in die völlige Abhängigkeit von den Männern, in ein Verhältnis des Leibeigentums. Auf der anderen Seite ist die religiöse Stellung der Frau sowie der Kinder – zumindest in der orthodoxen von der Mehrheit der islamischen Staaten praktizierten Auslegung des Korans – im Verhältnis zwischen Gott und Mensch dem Mann untergeordnet. Die Sozialisierung und die Herausbildung der Geschlechterrollen sind ein – im doppelten Wortsinn – bestimmendes Motiv des Schreibens bei Ben Jelloun. Indem er die von den normativen Identitätsmustern verursachten Traumen aufzeigt, trägt er zur Klärung der Ursachen der Unterdrückung der Frau in der arabisch-islamischen Welt bei. Das eklatanteste Beispiel für die psychischen Deformationen bei der Herausbildung der Geschlechterunterschiede ist die in *L'enfant de sable* und *La nuit sacrée* thematisierte Geringschätzung von Mädchen gegenüber dem männlichen Nachwuchs. Bei der Auseinandersetzung mit diesen grundlegenden gesellschaftlichen Problemen entwickelte Ben Jelloun eine ethische Dimension. Die damit einhergehende didaktische, vermutlich auf seine psychologische Ausbildung zurückzuführende, Intention kommt in den essayistischen Texten generell stärker zur Geltung als in den literarischen.

1.1 Das kulturelle Feld

Bei der kulturellen Situierung der französischsprachigen Literatur des Maghreb besteht einhelliges Einvernehmen über eine dem Gegenstand eigene irreduktible Komplexität. In diesem Kapitel sollen mit Hilfe der Feldtheorie Pierre Bourdieus deren allgemeine Elemente dargestellt werden.[46] Es liegt

[46] P. Bourdieu, „Le champ littéraire", in: *Actes de la recherche en sciences sociales*, 89, 1991, S. 4-46; ders., *Les règles de l'art. Genèse et structure du champ littéraire*, Paris 1992; ders., „Zur Genese der Begriffe Habitus und Feld", in: ders., *Der Tote packt den Lebenden*, Hamburg 1997, S. 59-78. Vgl. auch die „Feldarbeiten" von J. Jurt zur französischen Litera-

auf der Hand, daß diese Komplexität nicht nur auf Themen und Schreibweisen zurückzuführen ist, sondern auch auf die interkulturelle Situation der Autoren. Die Literatur Ben Jellouns, ebenso wie seine Rolle als Vermittler zwischen den Kulturen ist repräsentativ für die maghrebinische Literatur in französischer Sprache. Er versteht sich als „écrivain public“, als Sprachrohr von Unterdrückten und Minderheiten, die ihre Bedürfnisse nicht selbst einfordern können.[47] Der „écrivain public“ schreibt für sein Volk, das zum überwiegenden Teil weder lesen noch schreiben kann, er beteiligt sich an der postkolonialen Identitätssuche seines Landes, jedoch in der Sprache des ehemaligen Kolonisators – ein Schlag ins Gesicht der arabisierenden und berberisierenden Gruppierungen; die schwerer zugänglichen Texte seines Werks wären auch in arabischer Sprache keine leichte Kost für muttersprachliche Leser. Angesichts dieser Ausgangslage ist es nur zu verständlich, daß sich in das Staunen über das Provisorium der französischsprachigen Literaturen des Maghreb nun Fragen nach ihrer literaturgeschichtlichen und kulturtheoretischen Konzeptualisierung mischen.[48] Die Beurteilung der interkulturellen Pragmatik schwankt zwischen schizoider Entfremdung und interkultureller Kreativität.[49] Für die im Umgang mit vier und mehr Sprachen erfahrenen Akteure im kulturellen Feld der Maghrebstaaten erfordert dies

---

tur *Das literarische Feld. Das Konzept Pierre Bourdieus in Theorie und Praxis*, Darmstadt 1995, und die von János Riesz zur afrikanischen Frankophonie: J. Riesz, A. Ricard, *Le champ littéraire togolais*, Bayreuth African Studies, Bd. 23. Eine Einführung geben: Dörner, Andreas/ Vogt, Ludgera, „Kultursoziologie (Bourdieu - Mentalitätsgeschichte - Zivilisationstheorie)“, in: Bogdal, K.-M., (Hg.), *Neue Literaturtheorien. Eine Einführung*, Opladen 1997, S. 134-158; eine kritische Darstellung findet sich bei A. Honneth, „Die zerrissene Welt der symbolischen Formen. Zum kultursoziologischen Werk Pierre Bourdieus“, in: *Kölner Zeitschrift für Soziologie und Sozialpsychologie*, 36, 1984, S. 147-164.

[47] Zum „écrivain public“ vgl. Noirey, Jacques, *Littératures francophones, I, Le Maghreb*, Paris 1996, S. 46.

[48] Zur Situation der maghrebinischen Literatur allgemein vgl. E. Arend-Schwarz, „Maghrebinische Literatur in französischer Sprache“, in: J. Grimm, (Hg.), *Französische Literaturgeschichte*, Stuttgart 1994, S. 414-425; Ch. Bonn/ N. Khadda/ A. Mdarhri Alaoui (Hgg.), *Littérature maghrébine d'expression française*, Vanves 1996; A. Bounfour, „Langue, identité et écriture dans la littérature francophone du Maghreb“, in: *Cahiers d'Études africaines*, 140, 1995, XXXV-4, S. 911-923; J. Noiray, *Littératures francophones. I. Le Maghreb*, Paris 1996; sowie Vf. 1997.

[49] Zur gespaltenen Rezeption vgl. J. Déjeux, „Tahar Ben Jelloun. Romancier, poète et essayiste marocain“, in: *Lettres et cultures françaises*, 12, 4, 1987, S. 1-5; insbesondere S. 4f. Als Beispiel der „Schizo-Rezeption“ ist Bengt Novén, *Les mots et le corps*, Uppsala 1996, zu erwähnen.

eine Stellungnahme („prise de position"). Ist aber die Entkolonisierung in der Sprache des Kolonisators nicht ein unlösbares Paradox? Das Französische, die Sprache der kulturellen Entfremdung, dient zugleich der Selbstfindung und der Identitätsstiftung. Aus der doppelten Ambiguität einer französischsprachigen Literatur, die nicht französisch ist, und einer maghrebinischen Literatur, die weder arabisch noch berberisch ist, gewann die französischsprachige Literatur Marokkos ihre Originalität. Diese besteht in der Entwicklung von Ansätzen, die aus der Aporie des auf binären Oppositionen beruhenden Paradoxes heraus in den „dritten Raum" des „Entre-deux" führen.

Die französischsprachige Literatur mußte sich ihre prominente Position im kulturellen Feld gegen den Widerstand der arabisierenden Befreiungsideologie erkämpfen. Freilich sind die Widerstände für das von den Eliten unterstützte Französisch geringer als diejenigen, auf die die Berberliteraturen stoßen, wie das Verbot der Berbersprachen Ende der neunziger Jahre in Algerien vor Augen führt. In Marokko, wo die koloniale Entfremdung weniger weitreichend war als in Algerien und Tunesien, verliefen die Spannungen zwischen den Sprachen und Kulturen schwächer als dort.

Für die Verwendung der Theorie Bourdieus zur Analyse der interkulturellen Situation der marokkanischen Literatur sprechen mehrere Gründe.[50]

- Sie ermöglicht eine Beschreibung der Kräfte, die an der Entstehung und Entwicklung der französischsprachigen Literatur beteiligt waren: Literaturproduzenten, Verleger, Kritiker, Publikum, Literaturwissenschaftler, usw.
- Sie gestattet eine Verortung der Literatur in diesem dynamischen Beziehungsgeflecht. Eine interkulturelle Konstellation ist niemals statisch, der Feldbegriff ermöglicht eine Präzisierung der Beziehungen zwischen den bestimmenden Kraftfeldern der marokkanischen, der maghrebinischen, der französischen und der arabischen Kultur, ohne daß man eine essentialistische Definition von Kultur heranziehen muß, die von einer inhaltlichen Homogenität der Kultur ausgeht.

---

[50] Vgl. dazu die Studie von A. Boukous, der mit Bourdieus Feldbegriff die sprachliche und kulturelle Situation der marokkanischen Gesellschaft darstellte: *Société, langues et cultures au Maroc. Enjeux symboliques*, Rabat 1995. Drei Faktoren, ein *agonaler*, ein *virtueller* und ein *relationaler*, konstituieren den Feldbegriff. Bourdieu definiert das kulturelle Feld als: Schlachtfeld oder Symbolmarkt, in dem Verteilungskämpfe um symbolisches Kapital stattfinden (*agonal*); Raum der Möglichkeiten (*virtuell*); Netzwerk von Beziehungen (*relational*), in dem die jeweiligen Variablen und Möglichkeiten zu berücksichtigen sind.

- Ausgehend von der Aufteilung eines Felds in Subfelder (Subsysteme oder Mikrokosmen) ist die individuelle Entwicklung Ben Jellouns nachvollziehbar. Anhand eines Überblicks seiner Positionierungen in den verschiedenen Subfeldern wird im zweiten Kapitel seine biographische Entwicklung skizziert.

Bourdieus dynamischer Begriff von Kultur als Kampf von Subjekten und Gruppen im Netzwerk sozialer Beziehungen um kollektiven Sinn erspart uns den Gang durch die holistisch-universalistischen, auf deskriptiven und normativen Vorstellungen beruhenden Definitionen von Kultur. Kultur erscheint demnach nicht nur als Depot von Auffassungen und Normen, sondern als ein System von Beziehungen zwischen Geschichte und Gegenwart, insbesondere deren vorherrschenden Werten. Der Vorteil des Feldbegriffs besteht darin, daß die offensichtlichen historisch bedingten Differenzen des französisch-europäischen und des marokkanisch-arabischen Kulturbegriffes nicht auf eine gemeinsame Definition hin angeglichen werden müssen, sondern als Faktoren im interkulturellen Beziehungssystem berücksichtigt werden können.[51] Außerdem korrigiert Bourdieu durch die Einbeziehung der bei der Entstehung, Vermittlung und Rezeption von Kultur beteiligten Konflikte Foucaults Vorstellung von der Autonomie der Diskurse.[52]

---

[51] Bourdieus Feldbegriff ergänzt außerdem eine Schwachstelle der Diskursanalyse, indem er die agonale Natur der Diskursformation ins Auge faßt und die Beteiligung von sozialen Subjekten und Gruppen an deren Veränderungen, einen von Foucault übergangenen Faktor, einbezieht. Zur diesbezüglichen Foucault-Kritik vgl. H.L. Dreyfus/ P. Rabinow, *Michel Foucault. Beyond Structuralism and Hermeneutics*, Chicago 21983, S. 65ff; A. Honneth, *Kritik der Macht. Reflexionsstufen einer kritischen Gesellschaftstheorie*, Frankfurt 1989, insbes. S. 168ff.; J. Link, „Über ein Modell synchroner Systeme von Kollektivsymbolen sowie seine Rolle bei der Diskurs-Konstitution", in: J. Link/ W. Wülfing, *Bewegung und Stillstand in Metaphern. Fallstudien zum Verhältnis von elementarem Wissen und Literatur im 19. Jahrhundert*, Stuttgart 1984, S. 63-92.

[52] Vgl. dazu J. Jurt: „Die stichhaltigste Begründung der strukturellen Analyse kultureller Werke findet sich nach Bourdieu bei Foucault. [...] Für Bourdieu ist es aber nicht möglich, die kulturelle Ordnung (die Episteme) völlig unabhängig von den Akteuren und den Institutionen zu denken. Sonst bleiben die Veränderungen, die sich in diesem Bereich abspielen, unerklärt oder man müßte als Hypothese eine mysteriöse Art von systeminterner Selbstbewegung annehmen", in: ebenda, S. 105. Bourdieu formulierte dies folgendermaßen: „[...] Michel Foucault verlegt die Gegensätze und Antagonismen, die ihre Wurzeln in den Relationen zwischen den Produzenten und den Benutzern der betreffenden Werke haben, in den Ideenhimmel, wenn ich einmal so sagen darf". In: P. Bourdieu, *Praktische Vernunft. Zur Theorie des Handelns*, Frankfurt 1998, S. 58.

1.1.1 Kulturelle *Orient*ierung zwischen Modernisierung und Tradition

Welche Kräfte bestimmen nun die Position der Literatur im kulturellen Feld? Im wesentlichen sind dies die aus der Modernisierung der traditionellen gesellschaftlichen, wirtschaftlichen und politischen Strukturen hervorgehenden Konflikte.[53] Da die Modernisierung historisch an den Kolonialismus gekoppelt ist, wird sie im Maghreb als zweischneidig empfunden und auch in der zweiten Hälfte des zwanzigsten Jahrhunderts oft noch als Fluch betrachtet. Freilich sind diese Vorbehalte höchst ambivalent und begleitet von einer Faszination durch den Fortschritt, dessen Inbegriff die USA sind. Derart komplexe und gesamtgesellschaftlich relevante Fragestellungen lassen sich ebenfalls nicht mehr mit bipolaren Formeln wie „Kontinuität oder Bruch" oder „Modernität oder Tradition" erfassen oder gar lösen.[54]

A. Boukous, der die Situation in Marokko zusammenfaßte, unterschied zwischen dem „discours du patrimonialisme" und dem „discours de la modernité". Die „Patrimonialisten" suchen die authentische marokkanische Kultur in einer rückwärtsorientierten Bewegung „back to the roots"; die Modernisten suchen die Authentizität in der Auseinandersetzung mit dem universellen Kulturmodell der Moderne.[55]

Unter den „Modernisten" treten zwei Verzweigungen auf, die historizistische („le discours *historiciste*") und die interkulturelle („le discours *interculturaliste*") Linie. Die gemeinsame Basis des in sich heterogenen „discours de la modernité" ist ein Universalismus, demzufolge in jeder Epoche der Menschheitsgeschichte ein bestimmtes Kulturmodell dominiert; in der zweiten Hälfte des zwanzigsten Jahrhunderts ist dies das amerikanische. Die Texte Ben Jellouns liefern zahlreiche Beispiele, anhand derer sich der allgemeine Anti-Amerikanismus der arabischen Welt genauer bestimmen läßt.

---

[53] Vgl. dazu *La spécificité du Maghreb arabe*, Casablanca 1992; insbesondere das Kapitel „Le Maghreb, continuité ou rupture", S. 125-162.

[54] Vgl. dazu, ebenda.

[55] Boukous unterscheidet drei Arten von Patrimonialisten. Die Salafisten knüpfen an das arabisch-islamische Erbe an, die Traditionalisten an die islamischen Wurzeln und die „Separatisten" an die Besonderheit der berberischen Tradition, wie die „Amazigität". In: A. Boukous, „Le champ culturel au Maroc. De quelques contradictions", in: *L'interculturel au Maroc*, Casablanca 1994, S. 86ff.

Der Historizismus, der in den sechziger und siebziger Jahren auf seinem Höhepunkt befindliche marxistisch orientierte Gegendiskurs zum Traditionalismus, geht davon aus, daß es nicht möglich ist, der Moderne den Rükken zu kehren. Man muß sich mit dem dominanten Kulturmodell auseinandersetzen, auch wenn es aus dem Okzident kommt. Für Marokko bedeutet dies die Integration der abendländischen Kultur auf der Basis des Eigenen und sprachpolitisch die Fortsetzung der Mehrsprachigkeit.

Eine Gemeinsamkeit der verschiedenen Modelle besteht darin, daß sie die marokkanische Kultur als vielschichtiges Gewebe betrachten, das sich aus berberischen, arabischen, afrikanischen und abendländischen „Stoffen" zusammensetzt.[56] Die in der Vorstellung des Gewebes enthaltene Textmetapher verdeckt die Spannungen von „métissage" und Kulturkonflikt.[57] Freilich lassen sich diese als schöpferisches Kapital betrachten. Die privilegierten Ausdrucksformen der Interkulturalität sind die französischsprachige Literatur, die plastische Kunst und die Architektur.[58] Die prominentesten Vertreter des „métissage" oder der „mixité culturelle" sind Abdelkebir Khatibi und Tahar Ben Jelloun. Beide stehen für kulturellen Universalismus, allerdings in enger Orientierung an den regionalen Traditionen. Bei Ben Jelloun kann man sogar von einer „patrimonialistischen" Ausrichtung sprechen. Die Textanalysen werden zeigen, daß ihm die Bewahrung der Erinnerung an die Welt der „ancêtres" ein dringliches Anliegen ist, insbesondere an die in der Volkskultur vorhandenen Werte, die er durch die Modernisierung vom Untergang bedroht sieht. Das Diktum des malinesischen Schriftstellers H. Hampaté Ba: „En Afrique, un vieillard qui

---

[56] Vgl. dazu weiterführend: GEM [Groupe d'études Maghrébines] (Hgg.), *L'interculturel au Maroc. Arts, langues, littératures et traditions populaires*, Casablanca 1994; *Identité culturelle au Maghreb*, Rabat 1991; *L'interculturel: réflexion pluridisciplinaire*, in: *Etudes littéraires maghrébines*, 6, [Coll. dirigée par Charles Bonn], Paris 1995; *Y a-t-il un dialogue interculturel dans les pays francophones? Cahiers Francophones d'Europe Centre-Oriental*, 5-6, 1995; E. Weber, *Maghreb arabe et Occident français. Jalons pour une (re)connaissance interculturelle*, Toulouse 1989; sowie speziell zu T. Ben Jelloun: M. Boughali, „Tahar Ben Jelloun, ou la plus basse des impostures", in: ders., *Espaces d'écriture au Maroc*, Casablanca 1987, S. 123-142; A. Memmes, „Démarche interculturelle dans *L'enfant de sable* de Tahar Ben Jelloun", in: GEM [Groupe d'études Maghrébines] (Hgg.), ebenda, S. 61-74; S. Natij, Salah, „Dialogue interculturel et complaisance esthétique chez Tahar Ben Jelloun", in: *Itinéraires et contacts des cultures*, Bd. 14, 1991, S. 35-41.

[57] Vgl. hierzu Hans-Jürgen Lüsebrink, „Métissage. Contours et enjeux d'un concept carrefour dans l'aire francophone", in: *Etudes littéraires*, 25, 3, 1992/93, S. 93-106.

[58] Vgl. A. Boukous, a.a.O., S. 97.

meurt, c'est une bibliothèque qui brûle" resümiert den Verlust der mündlich überlieferten Kultur, gegen den auch Ben Jelloun anschreibt. Die dabei eingesetzten literarischen Formen sind universalistisch und patrimonialistisch zugleich. Das markanteste Beispiel hierfür ist die Gestaltung der Polyphonie mit der „halqa", dem Kreis der Zuhörer, der sich um den traditionellen Geschichtenerzähler versammelt. Ben Jelloun greift diese autochthone, aus der gesellschaftlichen Praxis stammende Erzählweise auf und gestaltet sie in einer Weise, die man als postmodern bezeichnen könnte, weil sie einerseits fragmentarisch und diskontinuierlich konstruiert ist, und andererseits das Erzählen erzählt, wodurch eine ironische Brechung entsteht.[59] Auf diese Art und Weise verbindet er außerdem populäre und elitäre Kultur. Die Überwindung dieses Gegensatzes ist besonders bedeutsam, weil sie postmoderne und autochthone marokkanisch-arabische Erzähltraditionen zusammenbringt. Die Inanspruchnahme der mündlichen Erzähltradition, deren Modell die *Geschichten aus 1001 Nacht* sind, ist Teil der Aufwertung der populären Kultur. Ben Jelloun entfaltete die weiteren Aspekte dieser programmatischen Aufwertung in dem Essay „L'imaginaire dans les sociétés maghrébines", auf den noch zurückzukommen ist.[60]

1.1.2 Abdelkebir Khatibi

Der Soziologe, Schriftsteller und Philosoph Khatibi ist der Autor der ersten wegweisenden Studie über den maghrebinischen Roman in französischer Sprache, *Le roman maghrébin* (1968), und der führende maghrebinische Theoretiker der Interkulturalität.[61] In seinem ersten Roman *La mémoire tatouée. Autobiographie d'un décolonisé* (1971) und auch in späteren Texten thematisierte er die Spannungen zwischen Sprachen und Kulturen. In *Amour bilingue* (1983) begegnen sich Orient und Okzident in Gestalt des Französischen, der „belle étrangère", und des Arabischen. Die von vielen maghrebinischen Schriftsteller eingesetzte Verführungsmetaphorik im

[59] Zu den literarischen Merkmalen der Postmoderne vgl. Linda Hutcheon, *The Poetics of Postmodernism*, New York 1988.

[60] In: María-Angels Roque (Hg.), *Les cultures du Maghreb*, Paris 1996, S. 133-146.

[61] Zu Khatibis Auffassungen von Interkulturalität vgl. L. Mayer „Überlegungen zum aktuellen interkulturellen Diskurs der frankophonen Literatur Marokkos am Beispiel Tahar Ben Jellouns und Abdelkebir Khatibis", in: *Frankreich-Jahrbuch 1997*, Opladen 1997, S. 203-219. Zum Gesamtwerk Khatibis: R. Saïgh Bousta, *Lecture des récits de Abdelkebir Khatibi*, Casablanca 1996.

Rahmen eines Dreiecksverhältnisses (Autor – Französisch – Arabisch) ist ausgesprochen aufschlußreich. Da auch Ben Jelloun sie aufgriff, wird sie im Kapitel zur Biographie erläutert.

Khatibi propagiert den Pluralismus als Herausforderung und Chance eines neuen Denkens, das sich Widersprüchen und Irritierendem stellt, ohne daraus ein geschlossenes System zu entwickeln. In dieser Offenheit liegen Stärken und Schwächen seiner „pensée plurielle". Von Jacques Derrida und dem Dekonstruktivismus inspiriert, versucht Khatibi die maghrebinische Interkulturalität ohne metaphysische Vorstellungen zu erfassen. In dem Aufsatz „Penser le Maghreb?" und in der Aufsatzsammlung mit dem programmatischen Titel *Maghreb pluriel* (1983) legte Khatibi die Standpunkte seiner dekonstruktivistischen Philosophie der Differenz dar.[62] Die Betonung der Randpositionen auch bei der Auseinandersetzung mit der eigenen Identität entspricht in wesentlichen Punkten dem Repertoire der Postmoderne:

> Sur la scène planétaire, nous sommes plus ou moins marginaux, minoritaires et dominés. C'est cela même notre chance, l'exigence d'une transgression à déclarer, à soutenir continuellement contre n'importe quelle autosuffisance. Bien plus, une pensée qui ne s'inspire pas de sa pauvreté est toujours élaborée pour dominer et humilier; une pensée qui ne soit pas *minoritaire, marginale, fragmentaire et inachevée*, est toujours une pensée de l'ethnocide.[63] (Hervorhebung Khatibis)

Wie unschwer zu erkennen ist, nimmt Khatibi einige Schlagworte der Postmoderne für sein nicht-abgeschlossenes Denken in Anspruch, weitere Schlüsselbegriffe wie Unbestimmtheit, Pluralismus, Heterogenität ließen sich ergänzen. Beachtung verdient Khatibis Hinweis auf die „écriture expérimentale", eine Schreibweise, die sich den interkulturellen Herausforderungen der Entkolonisierung stellt, und die die französischsprachige Literatur auszeichnet.

Khatibi gibt Denkanstöße und öffnet Perspektiven, ein kohärentes Konzept zur systematischen Darstellung der kulturellen Kraftfelder und ihrer Wechselwirkungen hat er indessen nicht entwickelt, weshalb für den beabsichtigten Überblick das Konzept des „kulturellen Felds" von Bourdieu vorzuziehen sein wird.

[62] A. Khatibi, „Penser le Maghreb?", in: *Les temps Modernes*, 375bis, 1977, S. 7-20.
[63] A. Khatibi, *Maghreb pluriel*, S. 18/19.

1.1.3 Etymologien und begriffliche Ambivalenz

Schon die Bezeichnung „maghrebinische Literatur in französischer Sprache“ (littérature maghrébine de langue française) signalisiert die eingangs erwähnte Komplexität des Gegenstands; kürzere Bezeichnungen würden die Ambivalenzen zwischen geographisch-ethnischer Zugehörigkeit und Gebrauchssprache nur oberflächlich beseitigen und gingen auf Kosten der Genauigkeit.[64]

Würde man auf die geographische und ethnische Zuordnung „maghrebinisch“ verzichten und nur von französischsprachiger oder französischer Literatur sprechen, verlöre man die für diese Literaturen fundamentalen Bezüge zum Maghreb aus den Augen. Der arabische Name Marokkos „al-Maġrib“ ist identisch mit dem Regionalbegriff „Maghreb“, der aus dem arabischen Wort für „Westen, Okzident“ (ġ-r-b) abgeleitet ist. Das Königreich Marokko liegt im äußersten Westen des Orients und ist „finis terrae“ des großen Maghreb, zu dem Libyen, Algerien, Tunesien und Mauretanien gehören. Aufgrund der Lage im Überschneidungsbereich der mediterranen, der arabisch-islamischen und der afrikanischen Kulturen gilt das Land als Beispiel sprachlicher, ethnischer und kultureller Vielfalt. Phönizier, Römer, Araber, Franzosen und Spanier hinterließen ein vielschichtiges kulturelles Erbe, das neben dem der Berber existiert. Die spanische und die französische Besatzung waren, verglichen mit der arabisch-islamischen, kurz, ihre historische Bedeutung ist indessen aufgrund des vom Kolonialismus verursachten Kulturschocks nicht zu unterschätzen.

Die durch den Kolonialismus bewirkte Konfrontation mit der Moderne erschütterte die gesamte maghrebinische Kultur; die Angleichung an die westlichen Standards der Modernität ist eine Herausforderung, die den Konflikt zwischen islamischen und laizistischen Gesellschafts- und Kulturmodellen heraufbeschwört.[65] Die wirtschaftliche, technologische und politische Modernisierung ist für die gesamte islamische Welt eine sämtliche Gesellschaftsbereiche betreffende Herausforderung. Der Sozialanthropologe E. Gellner vereinfachte die komplexe Problemstellung zu folgender

---

[64] Grundlegend hierzu M. M'henni, „L'identité d'une littérature ou le sens d'une dénomination“, in: *Identité culturelle au Maghreb*, Rabat 1991, S. 21-27.

[65] Vgl. M. Arkoun, „Pour une pensée maghrébine“, in: *La spécifité du Maghreb arabe*, Casablanca 1992, S. 21-28; insbesondere „Conditions et possibilités d'une pensée maghrébine moderne“, S. 24ff.

Formel: „Es gibt zwei hervorstechende Muster, nach denen muslimische Staaten Modernisierung betreiben – *gegen* die Religion und *mit* ihr.“[66]

Allerdings geht die Gleichung von Säkularisierungsprozeß und Modernisierung, selbst in einem religiös gemäßigten Land wie Marokko, nicht auf, wo es noch starke nicht-islamische religiöse Praktiken und Traditionen gibt (Marabouts, Heiligenverehrung, Fetischismus, Zawiyyas). Die Anfälligkeit für den Fundamentalismus ist geringer als in Iran oder in Algerien, doch der Einfluß der Religion auf nicht-religiöse Gesellschaftsbereiche ist wesentlich stärker als in nicht-muslimischen Ländern, schließlich legitimiert der König seine politische und wirtschaftliche Macht durch die Berufung auf die Abstammmung vom Propheten Mohammed.

Die 1950 auftretende Generation französischsprachiger maghrebinischer Schriftsteller stellte sich in ihren Romanen der Konfrontation mit der Moderne. Die Algerier Kateb Yacine, Mohammed Dib und Mouloud Mammeri, der Tunesier Albert Memmi und der Marokkaner Driss Chraïbi gründeten das neue literarische Feld, dessen Spezifität erst seit Ende der 50er Jahre erkannt wurde. Sie grenzten sich von ihren Vorläufern nicht nur inhaltlich ab, sondern vor allem auch, indem sie die modernen Schreibweisen des Westens übernahmen und kreativ weiterentwickelten. In einem Prozeß der Hybridisierung entstand eine neue interkulturelle Schreibweise, mit der die Autoren weltweite Anerkennung fanden.

Die Anerkennung und Abgrenzung als „littérature maghrébine de langue française“ ging über viele Umwege vonstatten. Der einzige unumstrittene Ausdruck in dieser Bezeichnung ist das Wort „Literatur“, die anderen drei wurden mit mehr oder weniger großem Erfolg ersetzt. So fand die Bezeichnung „littérature maghrébine d'expression française“ eine gewisse Verbreitung.[67]

Das Ende des Kolonialismus im zwanzigsten Jahrhundert markiert einen globalen Epochenumbruch. Insofern stellt das Erreichen der Unabhängigkeit eines der herausragenden Ereignisse in der Geschichte Marokkos seit der islamischen Eroberung dar. In Tunesien und Marokko, die den Status von Protektoraten hatten (1881-1956, 1912-1956) verlief die Abnabelung wesentlich unblutiger als in Algerien, das sich seine 1830 verlorene Unab-

---

[66] In: ders., *Der Islam als Gesellschaftsordnung*, München 1992 [Cambridge 1981], S. 137.

[67] Diese von Abderrahman Tenkoul unter Berufung auf Roland Barthes verbreitete Variante weckt allerdings die Vorstellung, die maghrebinische Literatur bringe die französische Wirklichkeit zum Ausdruck. Ausführlicher dazu M. M'henni, „L'identité d'une littérature ou le sens d'une dénomination“, in: *Identité culturelle au Maghreb*, Rabat 1991, S. 21-27.

hängigkeit kriegerisch zurückerobern mußte (1954-1962). Infolgedessen war die Verordnung der arabischen Kultur seitens der nationalen Befreiungsideologie in Algerien intensiver als in Marokko und Tunesien. Gleichwohl verlief die postkoloniale Weiterverwendung des Französischen, das die marokkanische Kultur erheblich verändert hatte, nicht reibungslos. So galten beispielsweise der Besuch der französischen Schule in weiten Kreisen der Bevölkerung als Verrat und die Schüler als Verräter; dies sollte man nicht vergessen, wenn man sich die Schwierigkeiten, die erfolgreiche Autoren wie Ben Jelloun im eigenen Lande haben, zu erklären versucht. Aus historischer Sicht wurde die intrakulturelle Opposition von Dialekt und klassischem Arabisch mit der Kolonisation um einen weiteren interkulturellen Faktor erweitert; zur ausgeprägten Präsenz Spaniens kam eine weitere europäische Kultur hinzu. Das Ende des Kolonialismus erforderte eine Re-Positionierung der arabischen Kultur, der auch kritische und europhile Intellektuelle große Bedeutung zumaßen. Die Einbeziehung des Arabischen in der Kulturzeitschrift *Souffles* zeigt dies in aller Deutlichkeit.[68] Die an der Zeitschrift beteiligten Künstler korrigierten allerdings den überhöhten Stellenwert der klassischen arabischen Kultur, indem sie ihre Aufmerksamkeit auf die populären Traditionen und die mündlichen Überlieferungen richteten. Die tatsächliche Verwirklichung der Unabhängigkeit war ein Integrationsfaktor der widersprüchlichen kulturellen Kräfte.[69]

1.1.4 Mehrsprachigkeit und Diglossie: Interkulturelle und intrakulturelle Ambivalenzen

Die komplexe linguistische Situation unterscheidet die Staaten des Maghreb von denen des Mašreq, des arabischen Ostens, mit Ausnahme des Libanon. Zu der in der arabischen Welt üblichen Diglossie kommt die Mehrsprachigkeit. Die Diglossie kann als eine (intra-)kulturelle Opposition beschrieben werden, da sich mit Dialekt und Hochsprache die offizielle staatlich-religiöse Hochkultur und die populäre Kultur gegenüberstehen. In

[68] Vgl. dazu S. Heiler, *Der marokkanische Roman französischer Sprache. Zu den Autoren um die Zeitschrift „Souffles" (1966-1972)*, Berlin: *Neue Romania*, Bd. 9, 1990.

[69] Vgl. dazu T. Ben Jelloun: „Dans l'ensemble, l'élément marquant et constant de la culture ou, pour être plus près de la réalité, des cultures maghrébines, qu'elles s'expriment en arabe classique, en berbère ou en français, reste une volonté farouche d'indépendance et de liberté". In: C./Y. Lacoste (Hg.), *L'état du Maghreb*, Paris 1991, S. 272.

Marokko gibt es zwei Muttersprachen, das Dialektarabische und die Bersprachen, die die Volkskultur tradieren, wobei das Berberische kaum institutionelle Unterstützung erhält.[70] Die beiden Fremdsprachen, das Französische und Spanische, sorgen für zusätzliche kulturelle Spannungen. Das Arabische, die offizielle Staatssprache, kennt drei Varianten: das klassische Arabisch, das in den Medien eingesetzte moderne Standardarabisch und den Dialekt. Die weit verbreiteten Berbersprachen teilen sich in drei Dialekte auf (Tarafit, Tamazight, Tachelhit), die in drei Regionen verbreitet sind (Rifgebirge, mittlerer Atlas, Souss).

Betrachtet man Mehrsprachigkeit und Diglossie mit Bourdieu als „Angebote" auf dem linguistischen Markt,[71] zeigt sich eine Wettbewerbssituation. Die soziale Streuung der miteinander konkurrierenden Sprachen ist dabei ein entscheidender Faktor.

Der Status und die Verbreitung des Französischen und des Spanischen haben sich seit dem Ende des Kolonialismus (1957) verändert. Das Französische, vormals offizielle Zweitsprache, ist als privilegierte Fremdsprache heute weiter verbreitet als während der Kolonialzeit.[72] Französisch, das „Fenster zur Welt", steht für Öffnung und Modernisierung. Französischkenntnisse sind unerläßlich im Alltag, sie verschaffen Vorteile beim beruflichen Aufstieg, und sie setzen Zeichen sozialer Abgrenzung, da eine französische Schulbildung für die Mehrheit der Bevölkerung schlichtweg zu kostspielig ist. Das im Norden des Landes verbreitete Spanisch hat aufgrund der Einführung des Satellitenfernsehens wieder an Bedeutung gewonnen. Die Präsenz des Spanischen nahm im Werk Ben Jellouns stetig zu. Als Beispiel für die Tendenz zu einer stärkeren Einbindung der spanischen Kultur seien hier nur die Romane *Les yeux baissés* und *La nuit de l'erreur* genannt, worin zahlreiche spanische Zitate vorkommen, die Handlung an Spanien orientiert ist und, vor allem im letzten Roman, der kulturelle Gegensatz thematisiert wird.

---

[70] Die stetig zunehmenden Berbervereinigungen haben sich bisher vergeblich um staatliche Unterstützung bemüht.

[71] Vgl. dazu A. Boukous, „Le champ culturel au Maroc: de quelques contradictions", in: G.E.M. (Groupe d'études Maghrébines) (Hg.), *L'interculturel au Maroc*, Casablanca 1994, S. 83-99; sowie ders., *Société, langues et cultures au Maroc. Enjeux symboliques*, Rabat 1995, S. 15.

[72] Vgl. A. Youssi, „Langues et parlers. Un trilinguisme complexe", in: C./Y. Lacoste (Hg.), *L'état du Maghreb*, Paris 1991, S. 272-277; hier: S. 274.

Das in den Medien, in Politik und Religion sowie in der „hohen Kultur" gebräuchliche Arabisch hat wie das Französische einen hohen Marktwert, wird aber ebenfalls nur von einer Minderheit beherrscht. Für das Ansehen des Arabischen sorgen die staatlichen und religiösen Institutionen, die über das Gewaltmonopol verfügen. Das klassische Arabisch ist die Sprache der Orthodoxie und der Tradition und das wichtigste Medium der Entkolonisierung. Die Anwendungsbereiche der gesprochenen und geschriebenen Sprachen beschreiben ein gesellschaftliches Gefälle, in dem das Französische konkurrierend mit dem Hocharabischen über den Dialekten steht. Dem klassischen Arabisch kommt aufgrund seiner eminenten religiösen und literarischen Bedeutung eine mehrfache Ambivalenz zu. Selbst die französischsprachigen Schriftsteller der ikonoklastischen *Souffles*-Gruppe kratzten nur am Mythos der Unantastbarkeit der Sprache des Islam, wagten es jedoch nicht, ihn zu stürzen. Dies liegt an dem über alle kulturellen und sozialen Gegensätze hinweg verbreiteten Prestige der klassischen Sprache. Deren Modell, der Koran, war stets auch ein Maßstab für die poetische Qualität nicht-religiöser Texte. Deshalb ist er für Schriftsteller eine Herausforderung, auch wenn sie in einer anderen Sprache schreiben.

1.1.5 Mündlichkeit und Schriftlichkeit

Bei der Hierarchie der Sprachen im kulturellen Feld ist das Verhältnis von Schriftlichkeit und Mündlichkeit ein entscheidender Faktor. Die Situation der Diglossie, die Koexistenz von schriftlicher und mündlicher Kultur des Arabischen, ist in dichotomischen Begriffen nur unzureichend zu erfassen. Mit der mündlich tradierten Berberkultur kommt ein dritter Faktor hinzu, der in sich keineswegs homogen ist.[73]

Die Komplexität der Diglossie äußerte sich seit der Unabhängigkeit nicht nur in der Aufwertung der mündlichen Traditionen, sondern auch in einer zunehmenden Vitalität der Schriftkultur. Die Position der offiziellen Staatssprache festigte sich aufgrund institutioneller Unterstützung. Im Unterschied zu Algerien zielte das staatliche Arabisierungsprogramm jedoch nicht auf eine völlige Beseitigung des Französischen, auch wenn das Verhältnis zwischen den beiden offiziellen Sprachen schwankend war.[74] Die Sprachpolitik

---

[73] Angesichts dieser inneren Widersprüche und Ambivalenzen hat es durchaus seine Berechtigung, von „Polyglossie" oder „Schizoglossie" zu sprechen. Vgl. A. Boukous, S. 41 ff.

[74] Vgl. A. Boukous, S. 17 ff.

des Königs Hassan II. war nie antifranzösisch und stets an der Erschließung der Möglichkeiten orientiert, die die Verbindung zu Frankreich bietet.

Das Netzwerk der Beziehungen zwischen Sprachen, Dialekten und Kulturen eröffnet nahezu unbegrenzte Spielräume für die wechselseitige kreative Rezeption. Die Literatur Ben Jellouns bietet zahlreiche Beispiele für die Interferenzen von gesprochenem Arabisch und französischer Schriftsprache.[75]

Der Puls der gesprochenen Sprache, die Nähe zum gesprochenen Wort sind literarisch erzeugte Effekte, die in den Textanalysen auszuführen sind. Die Spannung zwischen Mündlichkeit und Schriftlichkeit verweist neben dem Spiel der literarischen Repäsentation jedoch auch auf den Stellenwert der Literatur im kulturellen Feld eines Landes mit einer hohen Analphabetenrate. Im Kapitel zur Biographie des Autors wird die Bezugnahme auf die mit der Muttersprache verbundene mündliche Volkskultur ausgeführt.

1.2 Die interkulturelle Pragmatik

Die Hybridität der Literatur in französischer Sprache kommt auf der Produktionsseite, in den Texten und bei der Rezeption zur Geltung. Bei einem Modell des interkulturellen Felds sind die jeweiligen internen Spaltungen von Sender, Code und Empfänger zu berücksichtigen. Auf der Basis der eben resümierten historischen, sozialen und kulturellen Hintergründe dieser Interferenzen soll nun ein Modell der interkulturellen Pragmatik entworfen werden.

1.2.1 Die Produktionsseite oder die Ausgangskultur

Die vom Kolonialismus hinterlassene französische Sprache und Kultur ist für die marokkanische Kultur gleichzeitig Eigenes und Fremdes. Ein Vorteil der literarischen Auseinandersetzung mit der mehrkulturellen Welt besteht darin, daß die Schriftsteller sie sowohl aus der Innen- als auch aus der Außenperspektive darstellen können. Eine klare Unterscheidung von fremdkultureller Außenperspektive und eigenkultureller Binnenperspektive

[75] Vgl. im nachfolgenden Modell der interkulturellen Pragmatik Punkt 1.2.2 Textimmanenz und Code.

ist, dies zeigt zumindest das Beipiel Ben Jellouns, dabei allerdings nicht immer möglich.

1.2.2 Textimmanenz und Code

Der Ethnotext oder die in den Texten dargestellte Welt sind bei Ben Jelloun und der Mehrheit der Autoren überwiegend maghrebinisch. Texte wie Ben Jellouns *L'ange aveugle,* Abdelkebir Khatibis *Un été à Stockholm* oder Driss Chraïbis *Mort à Canada*, die weder im Maghreb noch im französischen Einwanderermilieu spielen, sind oft indirekt, entweder thematisch oder auf der Ebene der Subjektkonzeption, in die maghrebinische Kultur eingebunden.

Die Verankerung in der maghrebinischen Kultur ist in sich ambivalent und widersprüchlich. Die kritische Auseinandersetzung mit der eigenen Gesellschaft und den eigenen Kulturmodellen im europäischen Gegenlicht verschärft die Phänomene des „zwischen“, der Nicht-Zugehörigkeit, des Ausgeschlossenseins, des Nomadisierens und der Vaterlosigkeit. Die Figuren Ben Jellouns sind Außenseiter, die sich innerhalb der marokkanischen Gesellschaft ebenso zwischen den Welten bewegen wie im französischen Exil.

Die außergewöhnliche Komplexität der Konstellation besteht darin, daß Ben Jelloun mit dem Französischen, der Sprache der intellektuellen Elite, nicht nur deren Identitätsdiskurs unterläuft, sondern auch den der arabischen Hochkultur, indem er sich auf die mündliche Kulturtraditionen beruft. Die in seiner Literatur enthaltene Aufwertung der Volkskultur verläuft gegen zwei um die kulturelle Vorherrschaft rivalisierende Diskurse, dem der französisierenden und dem der arabisierenden Eliten.[76]

Eine völlige Auflösung dieser Verknotungen ist vermutlich nicht möglich und von den Autoren auch gar nicht beabsichtigt, denn die Literatur bietet die Möglichkeit, konkurrierende Kulturmodelle zu verbinden, Widersprüche stehen zu lassen und Sinnangebote zu machen, die sich auf universelle Werte stützen.

Ben Jellouns Verhältnis zur dargestellten Welt ist ambivalent. Hinsichtlich der marokkanischen Kultur steht er als französischer Staatsbürger mit festem Wohnsitz in Paris außerhalb seiner Ausgangskultur. Als gebürtiger

[76] Vgl. dazu die programmatischen Aussagen Ben Jellouns in dem oben zitierten Essay „L'imaginaire dans les sociétés maghrébines“.

Marokkaner, der Kindheit und Jugend in seiner Heimat verbrachte und der mehrere Monate des Jahres dort verbringt, steht er innerhalb der in den Texten dargestellten Welt. Als Autor und Sprecher der maghrebinischen Immigranten in Frankreich steht er innerhalb der dargestellten Welt der Exilmaghrebiner.

Bei den textimmanenten Aspekten ist zusätzlich zu den Inhalten und Schreibweisen die Sprache zu berücksichtigen.[77] Die paradigmatische Achse der arbiträren Beziehungen von Signifikant und Signifikat steht in einem besonderen Spannungsfeld.[78] Die Veränderungen der paradigmatischen Werte sind bestimmt durch die sprachimmanenten Weltbilder, die durch den Epochenumbruch der Entkolonisierung eine Dynamisierung erfahren haben. Die interkulturelle Situation produziert Bedeutungsübertragungen und semantische Interferenzen, die in der maghrebinischen Literatur durch die oben ausgeführte Diglossie noch um eine Dimension erweitert werden.

Die Unterwanderung des Französischen kommt im besonders poetischen Sprachstil zum Ausdruck, der nicht nur für Ben Jelloun charakteristisch ist, sondern für die gesamte maghrebinische Literatur in französischer Sprache.

Ein anderes Mittel der Subversion des Französischen ist die Polyphonie.[79] Die bei Ben Jelloun besonders ausgeprägte Verwendung von Redevielfalt und Mehrstimmigkeit, und zwar sowohl in lyrischen als auch in narrativen Texten, beruht auf der Einbeziehung des Dialektarabischen und des mündlichen Kultursubstrats. Dieser Transfer manifestiert sich in:

- wörtlichen Übersetzungen von umgangssprachlichen und religiösen Wendungen und Sprichwörtern.
- der Wiedergabe arabischer Wörter in Umschrift oder in arabischer Schrift.

---

[77] U. Fleischmann wies auf die besondere Rolle der Sprache hin: „Vers une théorie du texte dans le contexte 'colonial'", in: Th. Bremer, A. Losada (Hg.), *Actas*, Giessen 1985. S. 162-171. Die Verschiebung der paradigmatischen Bedeutungszuweisungen betrifft auch die postkoloniale Literatur. Die These Fleischmanns, daß die Sprachlosigkeit der Kolonisierten sich durch Literatur — als „réapprentissage de son monde à travers la connotativité du texte poétique" (S. 170) - überwinden lasse, findet in der maghrebinischen Literatur ihre Bestätigung. Die poetische „prise de la parole" Ben Jellouns ist exemplarisch hierfür; vgl. die Analyse des ersten Gedichts „L'aube des dalles".

[78] Nach der Terminologie von F. de Saussure; sowie R. Jakobson gemäß der Definition in: „Linguistik und Poetik", in: H. Blumensath (Hg.), *Strukturalismus und Literaturwissenschaft*, Köln 1972, S. 118-147.

[79] In Anlehnung an M. Bachtin, *Die Ästhetik des Wortes*, hrsg. von R. Grübel, Frankfurt 1979.

- der Übertragung der mündlichen Sprechsituation in den lyrischen oder narrativen Kontext des Französischen und im Sprachrhythmus.
- der „Übersetzung“ von Bildlichkeit und Metaphorik.

1.2.3 Die Rezeptionsperspektiven

Die Autoren schreiben auch deswegen in französischer Sprache, weil sie damit ein größeres Publikum erreichen. Das Verhältnis von Autor und Leser zur dargestellten Welt ist selten kongruent. Gespalten und gemischt ist auch der Erwartungshorizont. Die französischsprachigen Schriftsteller erreichten im Maghreb zunächst nur eine kulturelle Elite und nicht die Leser, für die sie schrieben und für deren Anliegen sie sich gegenüber den europäischen Lesern stark machten. Die Stimmlosen, für die sich Ben Jelloun einsetzt, zählen nicht zu seinen Lesern. Auch wenn es bei der Kulturvermittlung gerade darauf ankommt, andere Publikumsschichten zu erreichen, verursacht das Fehlen einer breiteren einheimischen Leserschaft dennoch ein Defizit auf der marokkanischen Seite, das sich auf die Entstehung der Texte, die Produktionseite, auswirkt und bei Ben Jelloun besonders in der ersten Werkhälfte in der Scham über das eigene Schreiben zum Ausdruck kam.[80] Der in über vierzig Sprachen übersetzte Autor wurde zunächst weniger von seinem Volk gelesen als vom französischen und internationalen Publikum. Allerdings wächst die marokkanische Leserschaft beständig, die französischsprachige ebenso wie die arabischsprachige, denn die Übersetzungen folgen meist auf dem Fuß.

Man mag das Schreiben in französischer Sprache für überwiegend europäische Leser nicht ganz unberechtigterweise als Schräglage betrachten. Fragwürdig erscheint mir allerdings die daraus abgeleitete Forderung zu sein, die arabische Sprache und die Einbindung in die nationale Kultur müßten Vorrang vor anderen Sprachen und Kulturen haben.[81]

---

[80] Insbesondere in den frühen Gedichten, wo die Scham über das Schreiben unmittelbar auf den Kontext der marokkanischen Gesellschaft zurückgeführt wurde. Vgl. die Analyse des Nachworts von *Cicatrices du soleil* im dritten Kapitel.

[81] Beispielhaft hierfür Lahcen Mouzouni, der in seiner Definition der nationalen Kultur folgende Punkte anführt: „1) Tous les écrivains marocains estiment que l'élément inaliénable de la culture nationale est la langue dans laquelle elle se manifeste. La langue arabe, langue du Coran, constitue cet élément. [...] 2) La culture nationale est organiquement liée au peuple, et doit pour cela, exprimer ses différentes aspirations, son être historique.“ in: *Le roman marocain de langue française*, Paris 1987, S. 17f.

Ein maßgeblicher Faktor dieser Schräglage ist die Bewertung der Texte. Die Institutionen, die den „Marktwert“ der französischsprachigen Literatur festlegen, befinden sich überwiegend in Frankreich. Französische Verlage, Zeitschriften, Literaturpreise und die verschiedenen Organe der Frankophonie regulieren die Auswahl der Autoren und üben wohl auch einen gewissen Einfluß auf den Kurs der literarischen Entwicklung aus.

Die Entdeckung einer eigenständigen maghrebinischen Literatur schlug sich in den Programmen führender französischer Verlage wie Denoël, Plon, Seuil, Julliard und Gallimard nieder, die 1955 jeweils wenigstens einen maghrebinischen Schriftsteller – ihren „arabe de service“ wie A. Khatibi polemisierte – aufnahmen. Damit erhielt das interkulturelle Feld eine ökonomische Basis. Freilich existierte bereits vor dem „Dritte Welt“-Boom ein autonomer Bereich der frankophonen Literatur, der durch die Beispiele der mit offizieller Anerkennung überhäuften Vertreter der *négritude*, Aimé Césaire und Léopold Sédar Senghor, die neue Tendenz gleichsam salonfähig gemacht hatte. Die beiden Verlage, die Ben Jelloun unter Vertrag stellten, waren richtungweisend bei der Eroberung der neuen Märkte. François Maspero, der Leiter von Denoël, hatte sich speziell der islamisch-arabischen Literatur verschrieben, und das renommierte Verlagshaus Seuil hatte mit Senghor bereits einen herausragenden Autor unter seine Fittiche genommen. Diese verlegerische Kontinuität kam Ben Jellouns außergewöhnlichem Erfolg zweifellos zugute; vergleichbare internationale Auflagen kann allenfalls noch die algerische Schriftstellerin Assia Djebar vorweisen.

Die Rezeption von Autoren wie Ben Jelloun oder Assia Djebar, die maghrebinischen Aushängeschilder der Frankophonie, verläuft unter einer Doppelperspektive. Einerseits werden sie zügig ins Arabische übersetzt; sie finden, zumindest in Marokko, Eingang in die Lehrpläne der Universitäten und sind Gegenstand von wissenschaftlichen Kongressen in aller Welt, wodurch sich der Rückstand der internen institutionellen Anerkennung gegenüber der externen verringert. Andererseits üben sie als Vertreter einer peripheren Kultur Einfluß auf das Zentrum Paris aus. Die Frage, wie weitreichend diese Einflußnahme auf die französische Literatur und Kultur ist, wird freilich erst aus größerer zeitlicher Distanz zu beantworten sein.

1.3 Literarischer Blick und kulturelles Potential

Die interkulturelle Entwicklung läßt sich nicht nur von den äußeren Rahmenbedingungen, sondern auch von innen, von der Literatur her betrachten. Entkolonisierung und Globalisierung brachten eine enorme Erhöhung von kulturellen Kontakten mit sich. Dadurch verändert sich das Verhältnis zwischen den Kulturen der Peripherie und des Zentrums, zwischen einstmaligen Kolonien und Kolonialmächten. Hinsichtlich der Literatur ist dabei der Bereich der Selbst- und Fremdwahrnehmung hervorzuheben. Dieser manifestiert sich in den französischsprachigen Literaturen des Maghreb im gehäuften Autreten des Blickmotivs, wobei das besondere Bedeutungspotential des Blicks auch in der sozialen Praxis begründet liegt. Allgemeine kulturübergreifende Vorstellungen wie der „böse Blick", das „Auge der Seele" oder das „Auge als Spiegel der Seele" sind in der marokkanischen Gesellschaft tief verwurzelt. Blicke, eine in Marokko besonders ausgeprägte Form nonverbaler Kommunikation, dienen in der Literatur der ästhetischen Modellierung von Wirklichkeit, Subjektivität und Wahrnehmungen. Da Blicke jedoch auch in der abendländischen Literatur zu den differenziertesten semiotischen Codes zählen, ist zunächst auf die allgemeinen Erscheinungsformen und Funktionen dieses Codes einzugehen.[82]

Die *Inszenierung von Blicken* dient der erzählerischen und kulturellen Perspektivierung, der Konstruktion und Dekonstruktion von Identitäten und Differenzen sowie der Darstellung von zwischenmenschlichen und interkulturellen Begegnungen und den dabei auftretenden Projektionen. Im Rahmen einer interkulturellen Pragmatik reflektieren die Autoren ihre eigene Fremdheit ebenso wie die der anderen, indem sie ihre Maghrebinität gegen die ehemalige Kolonialmacht Frankreich vor den französischen Lesern vertreten.

Schreiben zwischen den Kulturen heißt bei der Darstellung der eigenen und der fremden Gesellschaft, den eigenen und den fremden Blick als tragende pragmatische, semantische, und erzähltechnische Konstruktion einzusetzen. Bei der Analyse von Blicken im Werk Ben Jellouns sind zwei Aspekte hervorzuheben: die kulturgeschichtlichen Hintergründe und die

---

[82] Ich stimme hier voll und ganz mit Peter Fröhlicher überein, der in seiner Untersuchung der letzten Erzählungen des argentinischen Schriftstellers Julio Cortázar von diesem Umstand ausgeht. P. Fröhlicher, *La mirada recíproca. Estudios sobre los últimos cuentos de Julio Cortázar*, Bern 1995, vgl. S. 224.

Funktionen des Motivs. Die interkulturelle Welterfahrung schlägt sich in den Abweichungen von den europäischen und den nordafrikanisch-arabischen Modellen nieder. Zu den literarischen Reibungsflächen kommen noch die sozialgeschichtlichen hinzu, die in der Auseinandersetzung mit dem Kolonialismus und der Entkolonisierung begründet sind. Es liegt aus diesem Grund auf der Hand, daß die literarische Modellierung des eigenen sowie des fremden Blicks nahezu die gesamte maghrebinische Literatur charakterisiert. Bei vielen Autoren, und mehr noch bei den Autorinnen, tritt das Motiv in gehäufter Form auf.[83]

Die genannten Erscheinungen und Funktionen des Blickmotivs sind nicht zu trennen von der Aufsplitterung und Brechung der Stimmen. Die in der maghrebinischen Literatur so wichtige Wortergreifung („prise de la parole") bedingt eine prinzipielle Mehrstimmigkeit, der in Ben Jellouns Gedichten, Romanen und Essays eine Schlüsselrolle zukommt.

1.3.1 Alberto Giacometti und die Bedeutung des Sehens

In *Alberto Giacometti*, einem Bildband mit Texten zu Bildern und Statuen Giacomettis, erläutert Ben Jelloun die Verbindung von Visualität und Alterität.[84] Mit dem Maler und Bildhauer verband ihn eine Freundschaft, an der als Dritter im Bunde Jean Genet beteiligt war. Der bislang von der Sekundärliteratur unbeachtete Text enthält eine Art poetologisches Manifest, dessen Bedeutung nicht zuletzt darin besteht, daß es die intermediale Dimension von Ben Jellouns Literatur erschließen kann. Ben Jelloun, der sich stets zu seiner Leidenschaft für den Film bekannte, erläutert in den Kommentaren zu den Bildern und Skulpturen Giacomettis seine von der Visualität geprägte Auffassung des Verhältnisses von Kunst und Wirklich-

---

[83] Der marokkanische Dichter Abdellatif Laâbi wurde bereits genannt, auch in den Texten von Mohammed Dib und Rachid Boudjedra, um nur zwei der prominentesten Autoren zu nennen, finden sich Beispiele zuhauf. In Boudjedras Roman *Timimoun*, Paris 1994, beruht die Handlung im wesentlichen auf Blicken.

[84] T. Ben Jelloun, *Alberto Giacometti & Tahar Ben Jelloun*, Paris 1991, S. 47f. Der Bezug zu Giacometti ist keineswegs zufällig; John Berger stellt fest, daß Giacomettis „ganzes reifes Werk" auf der Wahrnehmung gründet: „Darum besteht der Inhalt jeden Werks nicht in der Natur einer Figur oder eines porträtierten Kopfs, sondern in der unvollständigen Geschichte *seines* Blicks darauf." [Hervorhebung Bergers], in: J. Berger, *Das Leben der Bilder. Die Kunst des Sehens*, Berlin 1981, S. 125; [*Ways of Seeing*, London 1980].

keit.[85] Hervorzuheben ist die Opposition von sichtbarer und unsichtbarer Welt, die ein Leitmotiv der Romane ist, das in der Trilogie *L'enfant de sable, La nuit sacrée*,[86] und *La nuit de l'erreur* besonders deutlich zur Geltung kommt.

Die Bedeutung von Blicken und Visualität zeichnet allerdings nicht nur die Romane aus, sondern auch die Gedichte, besonders durch die Thematisierung[87] und die zuweilen sehr komplexe Perspektivierung des lyrischen Ichs. Dem Blickwinkel der sprechenden Instanz kommt neben der textimmanenten auch eine außerliterarische kulturelle Funktion zu. Die Analyse der Perspektivierungen setzt daher einen kurzen Abriß der islamischen Blickkultur voraus.

1.3.2 Die islamische Blickkultur

Auf der islamischen Seite bedürfte das Thema einer eigenständigen Untersuchung; das Verbot der bildlichen Gottesdarstellung und die Verschleierung der Frau, eine besonders signifikante und widersprüchliche Form des Sehverzichts, bilden im Zeitalter des bewegten Bildes, der visuellen Reizenüberflutung und der Exhibitionierung des Intimen einen Kontrast. Die außergewöhnliche gesellschaftliche und religiöse Bedeutung des Blicks liegt im Koran begründet. In der Sure 24, „Das Licht", heißt es:

> 30 Sag den gläubigen Männern, sie sollen (statt jemanden anzustarren, lieber) ihre Augen niederschlagen, und sie sollen darauf achten, daß ihre Scham bedeckt ist. So halten sie sich am ehesten sittlich. Gott ist wohl darüber unterrichtet, was sie tun. 31 Und sag den gläubigen Frauen, sie sollen (statt jemanden anzustarren, lieber) ihre Augen niederschlagen und sie sollen darauf achten, daß ihre Scham bedeckt ist, [...].[88]

Die hier angelegte *bienséance* oder die moralische Dimension der Blicke wurde in den verschiedenen Bereichen des öffentlichen und kulturellen Lebens unterschiedlich ausgelegt. Zwei Pole des diskursiven Spektrums

---

[85] Vgl. zur Einführung und weiterführend Ernst H. Gombrich, *Art and Illusion: A Study of the Psychology of the Pictural Representation*, London 1960; und *The Image and the Eye. Further Studies in the Psychology of Pictural Representation*, Ithaca 1982; sowie J. Bergers oben zitierte Studie.

[86] Eine der zentralen Aussagen lautet: „J'écris pour capter l'extrême limite du réel." (S. 26).

[87] Vgl. die Analyse von „Cicatrices du soleil".

[88] Zitiert aus: *Der Koran*, Übersetzung von Rudi Paret, Stuttgart 1983, S. 246

seien als Beispiele genannt: die islamische Rechtslehre und die Poesie. Beide bezogen den niedergesenkten Blick nicht nur auf das andere, sondern auch auf das eigene Geschlecht.

In der marokkanischen Gesellschaft kommt dem Blick eine über alle sozialen Schichten verbreitete Bedeutung zu, die im Bereich der zwischenmenschlichen als Kommunikationsform dienenden Blicke dem koranischen Gebot nicht immer Folge leistet. Die funktionale Streubreite von Blicken ist überwältigend, das Spektrum erfaßt so verschiedene Bereiche wie die Ästhetik und die Gesetzgebung, sei es im religiösen Leben oder sei es in der Volkskultur. Ben Jelloun verknüpft die Motive Blick, Auge, Stirn oder Gesicht miteinander, doch ob sie nun einzeln oder kombiniert auftreten, wesentlich ist die darin enthaltene Alteritätsbeziehung. Diese vermittelt Machtverhältnisse und Affekte, Leidenschaften und Traumen, zwischenmenschliche ebenso wie interkulturelle.[89]

Blicke spielen auch bei Ben Jelloun aufgrund ihrer ethischen Funktion eine fundamentale Rolle, die über die literarische Codierung und die semiotische Lesbarkeit von Gesichtern hinausgeht:[90] Sie sind Teil der Tiefenstruktur der Texte. Der „ethische Blick" dient der Unterscheidung von Sein und Schein. Zur visuellen Wahrnehmung der Welt (der Erscheinungen) kommt der „innere Blick", der in der sufistischen Literatur als Auge des Herzens („^{c}ayn al-qalb") eine herausragende Rolle spielt. In der französischen Literatur brachte dies Antoine de Saint-Exupéry mit den an den kleinen Prinzen gerichteten Worten des Fuchses exemplarisch zum Ausdruck: „On ne voit bien qu'avec le cœur. L'essentiel est invisible pour les yeux".[91] In *Giacometti* unterstreicht Ben Jelloun die Bedeutung der Kunst bei der Erschließung des „Essentiellen": „Voir et recopier ce que le regard intérieur capte parfois même à l'insu de celui qui est à l'affût".[92] Diese deutlich auf sufistische Spuren hinweisende Vorstellung findet sich vor allem in den Romanen wieder. Die mimetische Funktion, sich ein Bild von der Welt und den Menschen zu machen, ist ein allgemeines Merkmal von Kultur.

---

[89] „Ici, comme vous le savez, il ne me manque que la vue de votre visage", sagt Zahra in *L'enfant de sable*, S. 153; fast alle Texte enthalten wörtliche Übersetzungen arabischer Wendungen wie „Lumière de mes yeux", hier: *L'écrivain public*, S. 15.

[90] Hier ist an É. Lévinas und den Begriff des „Antlitz" (visage) zu erinnern, der damit die Erkenntnis oder Offenbarung von Alterität bezeichnet. In: Lévinas, É., *Totalité et Infini: essai sur l'Extériorité*, Paris 1980.

[91] A. de St.-Exupéry, *Le petit prince*, Paris [1946] 1995, S. 72.

[92] A.a.O., S. 60.

Ben Jelloun betrachtet mit dem „regard intérieur“ die inneren Bilder. Beim Schauen der inneren Bilder kommt es darauf an, das Abwesende darzustellen. Die Abbildung des nicht Sichtbaren ist eine wesentliche Funktion der Bildlichkeit Ben Jellouns. Aus diesem Grund steht seine Poetik im Zeichen der Nacht (vgl. dazu ausführlicher Kapitel 5.5).

Eine weitere Funktion des Blickmotivs ist die kritische Auseinandersetzung mit abergläubischen Vorstellungen, die fest in der marokkanischen Kultur verwurzelt sind, wie etwa der „böse Blick“ („mauvais œil“).[93]

Darüber hinaus spielen Blicke bei einer *gender*-orientierten Untersuchung von Intersubjektivität eine zentrale Rolle. So verstärkt der die Kommunikation erschwerende Schleier der Frau die Verständigung durch Blicke.[94] Die marokkanische Soziologin Fatima Mernissi machte auf die Verbindung von Schleier und Sprechen aufmerksam:

> Quand je me voile, je me cache la bouche, je ne me cache pas les yeux. Donc on ne veut pas que la femme parle. Voilà le symbole du débat essentiel, actuel, dans le monde musulman: la contestation du droit à l'expression.

Die hier angesprochene Problematik ist ein zentrales Thema der von Frauen geschriebenen Literatur. Bei der algerischen Autorin Assia Djebar findet sich eine ähnliche Einschätzung, die die Verbindung von Sehen und Sprechen verdeutlicht:

> Je ne vois pour les femmes arabes qu'un seul moyen de tout débloquer: parler, parler sans cesse d'hier et d'aujourd'hui, parler entre nous, [...]. Parler entre nous et regarder. Regarder dehors, regarder hors des murs et des prisons!... La femme-regard et la femme-voix.[95]

Diese Devise, die die Zusammengehörigkeit von Wortergreifung und Blick bestätigt, ist zum Programm der von Frauen geschriebenen Literatur geworden.[96]

---

[93] Angefangen von *Harrouda* (S. 72) über *La prière de l'absent* bis hin zu *Les yeux baissés* und *Les raisins de la galère* erscheint der „böse Blick“ in fast allen Romanen im Rahmen einer kritischen Auseinandersetzung mit abergläubischen Vorstellungen. Vgl. auch Siegfried Seligmann, *Der böse Blick und Verwandtes. Ein Beitrag zur Geschichte des Aberglaubens aller Zeiten und Völker*, 2 Bde., Berlin 1910.

[94] In: „Avec Fatima Mernissi“, in: *Cahier d'Etudes Maghrébines*, 2, 1990, S. 25.

[95] A. Djebar, *Femmes d'Algier dans leur appartement*, Paris 1980, S. 68.

[96] Dazu ausführlicher M. Segarra, *Leur pesant de poudre. Romancières francophones du Maghreb*, Paris 1997, insbesondere das Kapitel „Regardées et regardeuses“, S. 75-89; eben-

In hermeneutischer Hinsicht ist vor einer einseitigen Übertragung der Entschleierung auf die Literatur jedoch zu warnen. Vor allem in der ersten Phase der maghrebinischen Literatur ging es Autoren wie Mohammed Dib, Driss Chraïbi, Mouloud Feraoun und Mouloud Mammeri um das Aufdekken, Enthüllen und Offenbaren von Mißständen, die die gesellschaftliche Wirklichkeit bestimmten. Die zweite Autorengeneration distanzierte sich von dieser einseitigen Funktionszuweisung der Literatur und der ihr zugrundeliegenden Widerspiegelungstheorie. Gemeinsam ist beiden Generationen, trotz unterschiedlicher Konzeptionen der Wirklichkeitsdarstellung, die Absicht des „témoignage".

Die hier angedeutete Bedeutung des Blicks in der islamischen und marokkanischen Kultur könnte ein Hinweis darauf sein, daß Ben Jelloun, bei dem Blicke und Visualität zentrale literarische Funktionen erfüllen, keineswegs immer dem abendländischen Visualprimat folgte.[97] Die Figur des Blinden in *La nuit sacrée* ist das Beispiel für den Zugang zur Wahrheit durch die Suspendierung des Sehens; sein Zugang zur Erkenntnis findet hinter der sichtbaren Welt der Erscheinungen statt. Die anderen Sinne, vor allem Hören und Tasten, erscheinen demgegenüber als zuverlässigere Mittel der Erkenntnis. Die Gründe dafür liegen in der unterschiedlichen Art des Weltbezugs: „Während das Sehen ein Sinn der Distanzierung ist, ist das Hören einer der Verbundenheit".[98] Ben Jellouns Diskurs der Leidenschaft entwirft eine besondere Beziehungsqualität des Hörens und des Tastens, der die Sinnlichkeit der Liebe durch die Aufhebung des Sehens steigert.[99]

1.3.3 Der literarische Blick

„Der Roman ist kein Spiegel, sondern eine Linse", so Umberto Eco. Dieser Hinweis auf die Vermitteltheit der romanesken Welt bildet den Ausgangspunkt der folgenden Überlegungen. Mit Marcel Proust läßt sich dies auf die kreative Rezeption des Lesers beziehen:

---

so: R. Keil (Hg.), *Der zerrissene Schleier. Das Bild der Frau in der algerischen Gegenwartsliteratur*, Iserlohn 1996.

[97] W. Welsch, in: *Grenzgänge der Ästhetik*, Stuttgart 1996, S. 236ff.

[98] W. Welsch, ebenda, S. 249.

[99] Dies geht am deutlichsten aus *La nuit sacrée* hervor.

L'ouvrage de l'écrivain n'est qu'une espèce d'instrument optique qu'il offre au lecteur afin de lui permettre de discerner ce que sans son livre, il n'êut peut-être pas vu soi-même.[100]

Die Kreativität des Lesers, eine sämtliche Sinne anregende Tätigkeit, konzentriert sich auf Wahrnehmungen aller Art, insbesondere auf das äußere und innere Sehen. Schreiben und Lesen sind ohne das Sehen und die Umsetzung realer oder vorgestellter Bilder nicht möglich. Die Begriffe Linse und Kamera sind längst in die literaturwissenschaftliche Terminologie eingegangen. Die Unterscheidung von „telling" und „showing" ist in der Erzählforschung allgemein anerkannt. Sie beruht auf einer visuellen, in der aristotelischen Poetik angelegten Kategorie, derzufolge *Zeigen* die dramatische Nachahmung (Mimesis) durch Handlung ist, während die Handlung beim *Erzählen* durch einen Erzähler vermittelt wird (Diegesis). Zur Bestimmung von Blickpunkt und Erzählsituation sind Begriffe wie Perspektive, Fokalisierung und Kameratechnik („camera eye") unverzichtbar. Auch bei der Analyse von Handlungsaufbau und Zeitmodellierung greift die Fachterminologie filmische Begriffe wie Rückblende, Vorschau und szenische Darstellung auf.[101]

Doch Literatur ist nicht erst seit der Erfindung des Films eine intermedial geprägte, mit Bildern arbeitende Kunstform. Die Umsetzung innerer Bilder in Sprache, die Tendenz zur Metapher und die Einbeziehung echter Bilder in Form von Malerei gehören zur Geschichte der Literatur. Im Grunde stoßen wir hier auf die mit Platons Höhlengleichnis beginnende und in der Kulturgeschichte weitergeführte Diskussion um Wahrnehmung und Darstellung von Wirklichkeit, deren Schwerpunkt sich im 19. Jahrhundert von der Malerei zur Photographie und dann zum Film verlagerte.[102] In der Literatur ist der Roman die Gattung, in der die mimetischen Prozes-

[100] Marcel Proust, *A la recherche du temps perdu*, Paris 1987-89, Bd. IV, S. 489/90.

[101] Umgekehrt ist die von der Narratologie entwickelte Methodik bei der Analyse von Filmen einzusetzen; vgl. dazu K. Hickethier, *Film- und Fernsehanalyse*, Stuttgart 1993, insbesondere S. 109-158. Desweiteren zur Intermedialität von Literatur und Film: A. Spiegel, *Fiction and the Camera Eye. Visual Consciousness in Film and the Modern Novel*, Charlottesville 1976, und zur französischen Literatur mit Schwerpunkt auf dem *nouveau roman* B. Morisettes, *Novel and Film. Essays in Two Genres*, Chicago 1985.

[102] Grundlegend hierzu die zitierten Studien von Ernst H. Gombrich; zur Wahrnehmungspsychologie und zur Raumwahrnehmung in der abendländischen Kunst vgl. ders., *Das forschende Auge. Kunstbetrachtung und Naturwahrnehmung*, Frankfurt/ New York 1994.

se den größten Raum einnehmen.[103] Die Besonderheit Ben Jellouns besteht darin, daß er diese reflektiert, um aus den Reflektionen und Reibungen sowie in den Zwischenräumen der Schreibweisen, Gattungen, Kulturen und Geschlechter neue visuelle Räume zu erschaffen. Seine Affinität zum Medium Film bestätigt diese visuelle Qualität.[104]

Aus dem Gesagten können folgende Funktionen literarischer Blicke unterschieden werden:

- Literarische Blicke als Motiv
- Der Blick als narratologisches Element der Fiktion
- Der Blick als reflektierte Wirklichkeitsdarstellung und Reflektion von Wahrnehmung und Literatur
- Der Blick als interkulturelle Erzähldynamik, die aus dem Zusammenwirken der drei erstgenannten Elemente Inhalt, Diskurs und mimetische Reflexion entsteht.

Diese Funktionen stehen im Kommunikationssystem literarischer Texte zwischen Autor und Leser, die ihrerseits zur visuellen Dimension beitragen. Zwei Bereiche sind hier zu unterscheiden:

- Blicke als Ergebnis von Visualisierungsprozessen des Autors
- Blicke als Visualisierung des Textes von seiten des Lesers, Lesen als Inszenierung eines inneren Films.

Der allgemeine Rahmen ist hiermit abgesteckt, doch wie sind nun literarische Blicke im engeren Sinn zu definieren? Der Ausgangspunkt ist das Wortfeld des Sehens. Eine Bedeutung läßt sich aus dem griechischen Wort „sképsis“ (Betrachtung, Untersuchung) ableiten. Die Skeptiker bezweifeln die Möglichkeit der sprachlichen Wiedergabe des Wahrgenommenen. In diesem Sinn ist Ben Jelloun ein Skeptiker, der die Problematik der Wahrnehmung und der sprachlichen Wiedergabe von Wirklichkeit zu einem Leitmotiv erhebt. Dementsprechend dicht besetzt ist das Wortfeld Sehen. Verben und Substantive wie *regarder, voir, observer, apparaître, imaginer, yeux, regard, vision, illumination, aveugle, cécité*, etc. treten überdurchschnittlich häufig auf. Die Lexeme Blick oder „regard“ weisen eine doppelte Bedeutung auf, die der Sehhandlung, des Richtens der Augen auf

---

[103] Einen Überlick über die Diskussion von Erzählsperspektive, Spiegel-Metapher und Focus-Konzept vermittelt M. Bauer in *Romantheorie*, Stuttgart 1997, Kap. 3., S. 74-112. Eine allgemeine Darstellung zu Blicken in der Literatur gibt J. Manthey, *Wenn Blicke zeugen könnten. Eine psychohistorische Studie über das Sehen in Literatur und Philosophie*, München 1983.

[104] Vgl. das Kapitel zur Biographie.

ein Objekt und die des Ausdrucks der Augen des Betrachtenden. Die in dieser Doppeldeutigkeit beinhaltete Subjekt-Objekt Beziehung ist unmittelbar an die Ästhetik gekoppelt, denn schließlich ist es der Blick des Künstlers, der Realitität in ästhetische Objekte verwandelt. In der Literatur tritt dieses ästhetische Verhältnis mehrfach gebrochen zutage. Es betrifft nämlich nicht nur das Verhältnis Autor – Text, sondern auch die interne Pragmatik der Texte, da die eingefügte Erzählebene ihrerseits mehrfach untergliedert sein kann, wodurch verschiedene Formen der Spiegelung entstehen, die etwa die Romane von Ben Jellloun in eine wahre Fundgrube für Formen und Funktionen der *mise en abyme* verwandeln.

Mit den Wahrnehmungs- und Gestaltungsprozessen stehen zudem angrenzende semantische Bereiche wie Licht, Dunkelheit, Farben in Verbindung. Ausgehend von den Kernwörtern „yeux" und „regard" stellt man fest, daß Blicke mit den anderen Sinneswahrnehmungen verbunden sind; insbesondere mit dem Hören, auch dem Tastsinn, jedoch kaum dem Geruchssinn. Da die Narration, als umfassender Begriff des Erzählens, auch im Modus des *Zeigens,* Ereignisse nicht wirklich vor Augen führt, wie das Drama oder der Film, wirken die sinnlichen Reize nicht direkt auf den Leser. Dafür können durch die Vorstellungskraft des Lesers beim Erzählen akustische, visuelle und sensuelle Empfindungen angesprochen werden, die in Drama und Film nicht hörbar, zeigbar oder spürbar sind.

Die Funktionen des Motivs sind, wie seine Erscheinungsformen, vielfältig. Literarische Blicke erfüllen zunächst eine referentielle Funktion. Als Quelle von Informationen über die sozialen und historischen Räume sind sie ein unverzichtbarer Bestandteil von realistischer und naturalistischer Literatur. Blicke spielen eine zentrale Rolle bei der Darstellung zwischenmenschlicher Beziehungen ebenso wie bei der des Verhältnisses von Subjekt und sozialer Umwelt (Milieu).[105]

Selbstverständlich treten diese Funktionen nicht nur in realistischen Texten auf, sondern, aufgrund der impliziten Machtstrukturen und der Vermittlung von Affekten, auch in nicht-realistischen Texten, die die in den zwischenmenschlichen Beziehungen enthaltenen emotionalen, prärationalen und unbewußten Elemente zum Gegenstand haben.

Literarische Blicke sind ein grundlegender Bestandteil der Figurencharakterisierung. Ben Jellouns Figurenporträts enthalten fast immer eine Beschreibung von Augen und Blick. Bei der Darstellung des Verhältnisses

---

[105] Vgl. dazu Henri Mitterands Untersuchung zur französischen Literatur des 19. Jahrhunderts: *Le regard et le signe. Poétique du roman réaliste et naturaliste*, Paris 1987.

der Figuren zur Umwelt lassen sich vier Hauptbereiche unterscheiden: Natur, gesellschaftliche Räume wie Stadt und Land, die Intersubjektivität sowie die introspektiven Träume.

Ex negativo ist das Verschließen der Augen bei Ben Jelloun ein mindestens ebenso wichtiges wie konstantes Motiv, das einen Ausweg aus unerträglichen Leidenssituationen darstellt. Im Bereich der zwischenmenschlichen Beziehungen kommt es wesentlich auf die Blickrichtung sowie die Einseitigkeit bzw. die Dialogizität von Blicken an.

Birgit Wolter faßt in ihrer narratologischen Untersuchung von spanischen Romanen drei Funktionen von literarischen Blicken zusammen: die Informationsvermittlung, das Herstellen einer Beziehung zwischen blikkendem Subjekt und angeblicktem Objekt sowie die Darstellung von Machtverhältnissen.[106] Sowohl die gesellschaftliche Praxis als auch die künstlerische Reproduktion von Blicken orientiert sich an den jeweils herrschenden Machtverhältnissen. In Kulturen patriarchalischer Prägung dominiert die Blickrichtung des Mannes. Deshalb geben die bildende Kunst, die Literatur bis hin zu den modernen Massenmedien – man denke nur an den Film, speziell die Untergattung Werbefilm – den männlichen Blickwinkel vor, der die Frau zum beschriebenen, gemalten oder wie auch immer reproduzierten Objekt degradiert.[107]

Literarische Blicke aufs andere und/oder eigene Geschlecht weisen eine besondere Qualität auf. Insbesondere erotische Blicke vermitteln Emotionen, die Rückschlüsse auf unbewußte, irrationale und für künstlerisch-ästhetische Modellierungen besonders fruchtbare Motive erlauben.[108] Ben Jellouns Markenzeichen ist diesbezüglich der Wechsel und die Variation der Blickwinkel sowie die Einbeziehung von Träumen, denen als Blicken ins Unbewußte eine herausragende Bedeutung zukommt; den Analysen vorausgreifend sei hier nur das Beispiel der Liebesbeziehung zwischen

---

[106] B. Wolter, *Geschlechterspezifik - Sprache - Literarische Konstruktion*, Berlin 1997, S. 333.

[107] Exemplarisch hierfür ist die Geschichte der Darstellungen von (insbesondere nackten) Körpern; vgl. Sonja Weiss, „Der menschliche Akt. Ein historischer Abriß über die Darstellung des nackten Körpers in der Kunst von der griechischen Antike bis 1945", in: *Der weibliche Blick. Künstlerinnen und die Darstellung des nackten Körpers*, Bochum 1990, S. 10-35.

[108] B. Wolter stellt die Verbindung zwischen Blick und Empathie her, indem sie aus dem Aufbrechen unbewußter Motive auf den Autor zurückschließt, a.a.O., S. 334-339.

dem Blinden und der als Mann erzogenen Protagonistin in *La nuit sacrée* angeführt.[109]

Ben Jelloun übernimmt somit durchaus traditionelle Funktionen des literarischen Blicks. Dennoch ist bei der Analyse von Blicken in der Literatur des zwanzigsten Jahrhunderts von anderen Voraussetzungen auszugehen als bei der realistischen und naturalistischen des 19. Jahrhunderts.[110] Ihre konzeptuelle Basis ist die Aufhebung der realistischen Tradition im Rahmen einer Poetik, die auf einer ambivalenten Bezugnahme auf die Wirklichkeit beruht.[111] Bei Ben Jelloun ist dies vor allem in der ersten Werkhälfte zu beobachten. Stark verändert ist auch die zugrundeliegende Subjektkonzeption. Ben Jelloun stellt, im Gegensatz zu der die sozialen Zusammenhänge betonenden realistisch-naturalistischen Mimesis, die persönliche Identität in den Mittelpunkt. Diese veränderte Einstellung wird im Bereich von Affekten und zwischenmenschlichen Beziehungen, besonders bei der Sexualität, deutlich. Bei der Entwicklung dieser Themen sind die literarischen Blicke eine grundlegende, für die Analyse der zentralen Problematik der Alterität unabdingbare Beschreibungskategorie.

Eine weitere weitgehend unerschlossene Dimension besteht in der Intermedialität bei Ben Jelloun. Seine intensive Beziehung zum Film, seine Vorbilder Buñuel und insbesondere Fellini werden im Kapitel zur Biographie ausgeführt. Der visuelle Bereich eröffnet einen neuen Zugang zu den Texten und zu deren zutiefst vom Film geprägten Poetik. Visualisierung spielt eine entscheidende Rolle bei der für Ben Jelloun charakteristischen Kombination verschiedener Modi der Wirklichkeitsdarstellung. Ähnlich wie die Surrealisten inszeniert er eine Traumlogik, die jedoch nicht zum exklusiven, ausschlaggebenden Kriterium wird, sondern die, der Spannung des „Entre-deux" ausgesetzt, zwischen Traum und Realität steht und die Zwischenräume der Diskurse, Geschlechter und Kulturen symbolisiert.

Abschließend ist noch auf die poetologische Dimension hinzuweisen. Der Blick des Dichters auf sich und sein Medium, der von „L'aube des

[109] Ein Vergleich von männlichen und weiblichen Autoren unter dem Gesichtspunkt von Blick und Perspektivierung kann im Rahmen der hier gewählten Fragestellung nicht geleistet werden, er ist jedoch für weiterführende Arbeiten zu empfehlen. Der von Wolter geleistete Vergleich von Emilia Pardo Bazán und Benito Pérez Galdós lieferte hierfür die methodologischen und theoretischen Grundlagen. Vgl. auch Denise Brahimi in ihrem Buch *Apareillages*, Paris 1991.

[110] Zum Blick in der Literatur des 19. Jahrhunderts vgl. H. Mitterand, a.a.O.

[111] Vgl. hierzu das Kapitel zur „Poetik der Nacht".

dalles“ an in vielen weiteren Gedichten thematisiert wurde, verweist auf den Prozeß der poetischen Kreation, der auch in den Romanen zur Geltung kommt. Es ist die von Maurice Blanchot als „regard de l'art“ definierte Betrachtungsweise, die eine zur Ästhetisierung nötige Distanz voraussetzt, deren pointiertester Ausdruck der Tod ist.[112] Ben Jelloun gestaltete die von Blanchot am klassischen Beispiel beobachtete Einheit der Bewegung des Dichtens und Sterbens in seinem ersten Gedicht „L'aube des dalles“ in der Figur des Orpheus.

1.3.4 Literarischer Blick, Ethik und Alterität

Erweitert man den als Alteritätsbeziehung definierten Blick, tritt die interkulturelle Tragweite der Kategorie zutage.[113] Jean-Paul Sartre entfaltete den Zusammanhang von Blick und Alterität in *L'être et le néant* (1943). Im Kapitel „Le regard“ begründet er am Beispiel der Komplexität der Blicke in der modernen Gesellschaft seine Alteritätstheorie.[114]

Wie die Blicke aufs andere – oder eigene – Geschlecht besteht der koloniale Blick aus einseitigen kulturellen Wahrnehmungsmustern, die, so Frantz Fanon, von der unterdrückten Seite verinnerlicht, zu deren Identität beitragen.[115] Analog dazu verinnerlichen Frauen den Blick des Mannes. Die feministisch orientierte Literaturwissenschaft spricht von einem „double voiced discourse“, wenn sie Texte von Frauen untersucht, die den patriachalischen Diskurs nicht nur als äußeren Rahmen haben, von dem sie sich abheben, sondern eben auch als verinnerlichte Stimme.[116] Der Ansatz der doppelten Stimme ist von der geschlechterspezifischen auf die inter-

---

[112] Vgl. dazu M. Blanchot, *L'espace littéraire*, Paris 1968, insbesondere das Kap. „L'œuvre et l'espace de la mort“.

[113] Vgl. dazu S. Naïr, „Les deux regards“, in: *Dédale*, 5&6, 1997, S. 17-31; W. Woodhull, *Transfigurations of the Maghreb*, Minneapolis/ London 1993, insbesondere: „Recasting the Colonial Gaze“, S. 1-49; sowie die Zeitschrift *Maroc-Europe*, 3, (Rabat) 1992: „Regards croisés: identité - alterité“.

[114] Vgl. dazu das aufschlußreiche Vorwort des Herausgebers zur deutschen Ausgabe: *Jean-Paul Sartre. Der Blick.* Ein Kapitel aus *Das Sein und das Nichts*, hrsg. von Walter von Rossum, Mainz 1991; hier S. 33f.

[115] Insbesondere in: *Peau noire, masques blancs*, 1952, und *Les damnés de la terre,* 1961.

[116] Vgl. dazu E. Showalter, „Towards a Feminist Poetic“, in: M. Jacobus (Hg.), „Women Writing about Women“, London 1979; sowie: *A Literature of Their Own: From Charlotte Brontë to Doris Lessing*, London 1991.

kulturelle Fragestellung übertragbar. Das bi-kulturelle Schreiben als Vermittlung und Emanzipation einer peripheren Kultur im Rahmen der verinnerlichten Kultur eines dominanten Zentrums charakterisiert die postkoloniale Literatur insgesamt. Ben Jelloun hat in *L'enfant de sable* und in *La nuit sacrée* die feministische und die bi-kulturelle Problematik als Junktim dargestellt.

Die Augen sind für Ben Jelloun Spiegel von Identität und Alterität. „Les yeux, c'est en définitive l'être même. C'est nous qui nous reflétons dans ces miroirs sans complaisances" heißt es in *Alberto Giacometti*. Übertragen auf die Literatur entsteht daraus ein variables Verfahren der Konstruktion von Echtheit und Authentizität: Man betrachtet sich oder andere beim Betrachten anderer. Erst die Verdoppelung des Blicks durch erzählerische Brechung ermöglicht eine Objektivierung der den Blicken immanenten Machtverhältnisse. Der direkte Blick auf den anderen hingegen verrät mindestens so viel über das blickende Subjekt und seine Projektionen wie über den zum betrachteten Objekt verdinglichten anderen. Ben Jelloun entwikkelt eine dialogische Konzeption des Blicks als Kommunikation, die die Andersheit der anderen annimmt:

> Regarder autrui, c'est lui parler, c'est l'invoquer et lui reconnaître sa multitude de différences qui ne sont pas faites pour séparer mais pour se rencontrer.[117]

Hier kommt das, im Kapitel zur Immigrationsliteratur auszuführende, ethische Prinzip des kulturellen Respekts zum Ausdruck. Ben Jelloun begründet, so meine These, mit seiner literarischen Blickdarstellung eine interkulturelle Ethik, die einerseits auf der sozialen Praxis der „hospitalité" beruht und andererseits auf Konzepten wie dem von É. Lévinas.[118]

Wesentlich bei der Darstellung von Alterität mit literarischen Blicken ist die Distanz des Betrachters zum betrachteten Objekt. Die Veränderung oder Stabilität dieser Distanz könnte als Kriterium zur Beurteilung von Entwicklungen herangezogen werden. Das Leben und Schreiben zwischen der marokkanisch-arabischen und der französisch-europäische Kultur

---

[117] T. Ben Jelloun, *Hospitalité française*, Paris ²1997, S. 14.

[118] Zu dieser Art von ethischer Dialogizität in literarischen Texten vgl. auch B. Fassbind, *Poetik des Dialogs. Voraussetzungen dialogischer Poesie bei Paul Celan und Konzepte von Intersubjektivität bei Martin Buber, Martin Heidegger und Emmanuel Lévinas*, München 1995; sowie Vf., „Blicke aus dem 'Entre-deux'. Ben Jellouns Texte zur Immigration als Stationen einer interkulturellen Ethik", in: Ernstpeter Ruhe (Hg.), *Die Kinder der Immigration/ Les enfants de l'immigration*, Würzburg 1999, S. 147-162.

schärft das Bewußtsein der jeweiligen Perspektivierung. Ben Jelloun gehört zu jenen Autoren, die das Verlassen der Heimat als stimulierendes Exil empfinden.[119] Die Romananalysen werden zeigen, wie sich die kulturelle Distanz zum Maghreb und zu Europa veränderte. Grundlegend hierfür ist der Standort der Kamera.[120]

1.3.5 Synästhesie und Intermedialität des Blicks

Mit Hilfe der anschließenden Gedichtinterpretationen werden weitere Funktionen des Blicks erschließbar. Aus den für Ben Jelloun charakterischen metaphorischen Ersetzungen und unterschwelligen Bedeutungsverschiebungen ist abzuleiten, daß sich der Wahrnehmungsmodus des Sehens nicht nur auf das Auge bezieht, sondern auf andere menschliche Sinne. Die Übertragung auf den Bereich des Nicht-Menschlichen – die „sehende Schaufel“ in „La remontée des cendres“ – ist ein gängiges Verfahren. Octavio Paz, einer der von Ben Jelloun besonders geschätzten lateinamerikanischen Autoren, definierte die Synästhesie der poetischen Sprache folgendermaßen:

> La poesía
> siembra ojos en la página,
> siembra palabras en los ojos.
> Los ojos hablan,
> las palabras miran,
> las miradas piensan.[121]

Diese besondere Art von Synästhesie, die über die konventionelle Bedeutung des Begriffes in der Rhetorik hinausweist, deutet auf die Aktivierung der verschiedenen Sinne beim Schreiben und Lesen von Texten hin. Diese kennzeichnet nicht nur die Poetik von Paz und Ben Jelloun, sondern eine

---

[119] „Pour un écrivain, vivre en dehors du pays, dans une société où la culture bouge beaucoup, c’est très stimulant. Pour rester dans le pays sans bouger, il faut avoir une puissance d’imagination extraordinaire. [...] Pour nous, Maghrébins, cette distance est bénéfique. On essaie de porter un regard, non pas objectif parce que ce n’est pas vrai, mais le moins trompeur possible“, aus dem Interview mit P. Maury, „Tahar Ben Jelloun. Deux cultures, une littérature“, in: *Magazine littérarire*, Februar 1995, S. 106-111, hier: S. 111.

[120] Kamera im Sinne des dominierenden Blickwinkels auf die erzählte Welt.

[121] O. Paz, „DECIR : HACER“, in: *Arbol adentro*, (1987), zitiert aus: *Obra poética (1935-1988)*, S. 666.

breite Tendenz der lateinamerikanischen und der maghrebinischen Literaturen. Die hier vorliegende variierende Homonymie der Sinne ist kein oberflächlicher *ornatus*, sondern Ausdruck einer Bevorzugung der Imagination als Mittel der Erkenntnis, die Paz in *Los hijos del limo* ebenso wie in *El arco y la lira* (1979) am Beispiel der mytho-poetischen Funktion des dichterischen Wortes ausgeführt hat.[122] Die mit der Aufwertung von Mythos, Intuition und Irrationalität einhergehende Abwertung von logischer Rationalität und Klarheit ist bei Ben Jelloun zweifelsohne besonders ausgeprägt, sie wird daher eigens erläutert.[123] Doch auch die intermediale Breite der Sinneswahrnehmungen, die in der Kunst in Form von inneren Bildern verarbeitet und aufgenommen wird, ist ein distinktives Merkmal der Schreibweise Ben Jellouns. Deren auf einer ausgeprägten Bildlichkeit beruhende Poetik ist ein gutes Beispiel für inneres Bildersehen oder das „Kino im Kopf", das sowohl bei der Textproduktion als auch bei der Rezeption stattfindet. Autor und Leser beteiligen sich in gleicher Weise an diesem intermedialen Spektakel sinnlicher Wahrnehmungen. Die Regie führt dabei eindeutig die visuelle Phantasie, besonders in den zahlreichen Traumsequenzen, Tagträumen, und Phantasien, in denen Ben Jelloun ständig innere und äußere Wahrnehmungen, Imagination und Wirklichkeit ineinander übergehen oder von den Protagonisten vertauschen läßt.

1.3.6 Blicke auf Frauen und Frauenblicke

Zu einem ganz anderen Aspekt von Sinnlichkeit führt uns die Problematik von schreibenden Männern, die sich für die Emanzipation der Frau in patriarchalischen Gesellschaften einsetzen. Sie läßt sich weder auf die Verknüpfung von Emanzipation und sexueller Befreiung noch auf die Blicke von männlichen oder weiblichen Erzählerfiguren andersgeschlechtlicher Autoren auf ihre Figuren reduzieren. In die Analyse einzubeziehen sind darüber hinaus geschlechtsneutrale oder androgyne Erzählerfiguren, die sich einer eindeutigen Zuordnung entziehen. Diese polyperspektivischen und vieldeutigen Situationen sind mit dem Konzept der Empathie über-

[122] „El ritmo poético no es sino la manifestación del ritmo universal: todo se corresponde porque todo es ritmo. La vista y el oído se enlazan; el ojo ve lo que el oído oye: el acuerdo, el concierto de los mundos. Fusión entre los sensible y lo inteligible: el poeta oye y ve lo que piensa." heißt es in *Los hijos del limo*, Barcelona 1985, S. 135.

[123] Vgl. dazu das Kapitel „Die Poetik der Nacht".

prüfbar und hinsichtlich der literarischen Geschlechtsumwandlungen zu objektivieren.[124]

Literarische Blicke implizieren Machtverhältnisse, deshalb sind sie auf eine Stufe zu stellen mit der „Wortergreifung" („prise de la parole"). Die Darstellung der Frau als sehendes oder sprechendes Subjekt bereitete einen Paradigmenwechsel vor, zu dem Autoren wie Ben Jelloun und Rachid Boudjedra beigetragen haben, auch wenn feministische Kritikerinnen diesen Beitrag zuweilen anfechten.[125] Die gesellschaftliche Relevanz des Wechsels vom entfremdeten Objekt zum selbstbestimmenden Subjekt kommt in der zunehmenden Zahl von Schriftstellerinnen zur Geltung. Damit soll schreibenden Frauen kein biologisch determinierter Qualitätsvorsprung bei der Auseinandersetzung mit der Geschlechterspezifik zugesprochen werden. Die Problematik läßt sich nicht auf das Verhältnis zwischen den Geschlechtern reduzieren, da die Rollenzuschreibungen, die Weiblichkeit und Männlichkeit in bestimmte Machtverhältnisse bringen, transversale Gebilde sind, die in verschiedenen gesellschaftlichen Feldern aus den agonalen Durchdringungen und Überschneidungen verschiedener Diskurse entstehen und die sich in postkolonialen Gesellschaften nicht auf einseitige Unterdrückungsmechanismen verkürzen lassen. Ein besonderes Problem des arabischen Feminismus stellt das Junktim von Nationalismus und Religion dar. Sowohl die politischen und sozialen Institutionen als auch die religiösen tragen zur Unterdrückung der Frau bei. Jeder Versuch einer institutionellen Festigung emanzipatorischer Ansprüche kann als Verrat an Nation oder Religion abgeschmettert werden.

Aus kultursemiotischer Perspektive bleibt festzuhalten, daß der literarische Blick die interne und die externe Pragmatik der Texte betrifft. Beide Perspektiven sind dank der Pionierarbeit von S. Heiler für *Harrouda* hinreichend erforscht. Die Autorin stellte Ben Jellouns Blickwechsel am Beispiel der Markierung fremdkultureller Elemente fest: „Seine marokkanische Literatur französischer Sprache ist deutlich auf das französische Lesepublikum gerichtet."[126] Dementsprechend ist, wie Heiler detailliert

---

[124] Vgl. dazu B. Wolter, ebenda, S. 37-60.

[125] Z.B. Laïla Ibnlfassi in ihrer Analyse von *Harrouda*, *L'enfant de sable* und *La nuit sacrée*: „Whose Voice is it Anyway?", in: *Bulletin of Francophone Africa*, Vol.3, 6, 1994, S. 25-31.

[126] S. Heiler, a.a.O., S. 137.

nachweist, auch die binnenpragmatische Inszenierung der Blicke nicht frei von europäischen Orient-Stereotypen.[127]

[127] S. Heiler, a.a.O., S. 182ff.

2. „Auf dem Teppich bleiben?“ Leben und Werk im „Entre-deux“

> La plupart des écrivains maghrébins ont commencé par l'autobiographie. Moi aussi, d'ailleurs. Mais, à mon avis, un écrivain est quelqu'un qui va au-delà, à partir du moment où il dépasse ce qui le touche directement et qu'il est capable de raconter des histoires qui vont vers quelque chose de plus important. L'exemple le plus caractéristique est Kafka.[128]

In diesem Kapitel soll Ben Jellouns interkulturelle Entwicklung zusammengefaßt werden. Das Ziel ist eine Bestimmung jener Positionen, die den Verlauf seiner Karriere markiert haben,[129] jedoch keine Biographie. Der Teppich aus der Überschrift meint die marokkanische Kultur. Die Frage ist, ob eine Abwanderung zur französischen Seite stattgefunden hat.

Vor der Darstellung des biographischen Teils ist kurz auf die in den maghrebinischen – auch den arabischsprachigen – Gegenwartsliteraturen fundamentale Bedeutung des Biographischen einzugehen. Man könnte die Geschichte der französischsprachigen Literaturen des Maghreb durchaus als eine Geschichte der Darstellung von Lebensgeschichten beschreiben, und insofern auch als eine Geschichte der Entwicklung postkolonialer Subjektivität in einer Zeit des Epochenumbruchs. Die ausgeprägte biogra-

[128] T. Ben Jelloun in: P. Maury, „Tahar Ben Jelloun. Deux cultures, une littérature“, in: *Magazine littéraire*, 1995, S. 106-111.

[129] P. Bourdieu spricht vom „trajectoire“: „einer Reihe von Positionen, die ein Schriftsteller in aufeinanderfolgenden Zuständen des literarischen Felds nacheinander einnimmt, wobei es sich versteht, daß sich die Bedeutung dieser aufeinanderfolgenden Positionen, die Veröffentlichungen in einer bestimmten Zeitschrift oder bei einem bestimmten Verlag, die Zugehörigkeit zu einer bestimmten Gruppe usw., nur in der Struktur eines Felds, das heißt - wieder einmal - nur relational bestimmten läßt.“ In: Praktische Vernunft. Zur Theorie des Handelns, Frankfurt/M. 1998 [*Raisons pratiques. Sur la théorie de l'action*, Paris 1994], S. 72.

phische Referenz zeichnet insbesondere den Roman aus. Experimente mit autobiographischen Schreibformen sind ein dominantes Merkmal der maghrebinischen Narrativik.[130] Es überrascht daher kaum, daß die literarische Auseinandersetzung mit der eigenen Biographie auch bei der interkulturellen Entwicklung Ben Jellouns einen entscheidenden Faktor darstellt. A. Bounfours These vom Rückgang des autobiographischen Schreibens in seinem Werk trifft insofern nicht ganz zu,[131] als man die in den verschiedenen Phasen, auch in den fiktionalen Texten, immer wieder hervortretenden biographischen Bezüge schwerlich als eine einheitliche lineare Entwicklung darstellen kann. Grundsätzlich sind referentielle Elemente, Bezüge auf Biographisches und biographische Erzählformen zu differenzieren. Während die Bezugnahme auf Erfahrungen und Ereignisse aus dem eigenen Leben in der Tat abnimmt, ist der Einsatz autobiographischer Schreibformen keineswegs rückgängig. Dies ist deswegen vorauszuschicken, weil der Bezug zum eigenen Leben und zu biographischen Schreibformen bei Ben Jelloun ebenfalls im Spannungsfeld der Kulturen verläuft. Wie im ersten Kapitel bereits erwähnt, ist es in den sich über die Gemeinschaft definierenden arabischen Kulturen bis ins zwanzigste Jahrhundert hinein nicht üblich, daß ein Ich seine individuelle Geschichte erzählt. Dementsprechend sind es bezeichnenderweise die Einbindung in den Familienclan und die Frauenfiguren, die in den emergenten maghrebinischen Literaturen als Motiv am stärksten hervortraten.

Um diese kulturelle Spannung zu berücksichtigen, beziehe ich die autobiographischen Texte *L'écrivain public* und *La soudure fraternelle*, verschiedene Vor- und Nachworte, Interviews und Artikel, sowie persönliche Gespräche, die ich mit dem Autor geführt habe, in die Darstellung ein.

Zwei offenbar miteinander verbundene Aspekte sind bei der biographischen Entwicklung hervorzuheben. Ben Jelloun ist ein vor allem von den Medien gesuchter Schriftsteller, der sich seine Gesprächspartner sorgfältig auswählt.[132] Seit der Verleihung des „Prix Goncourt" hat die, weit über den

[130] Vgl. Vf., „Wie erzähle ich meine Lebensgeschichte? Autobiographisches Schreiben bei Tahar Ben Jelloun", in: E. Ruhe, *Europas islamische Nachbarn*, Würzburg 1995, S. 245-268.

[131] In: B. Didier (Hg.), *Dictionnaire universel des littératures*, Paris 1994, Bd. 2, S. 404f.

[132] Nach vielen vergeblichen Versuchen der schriftlichen Kontaktaufnahme gelang es mir erst nach mehreren Vorgesprächen und Begegnungen, Ben Jelloun zu Lesungen einzuladen. Bei den Lesungen aus *La nuit de l'erreur* in Erlangen und Nürnberg (am 3. und 4.12.1998) wies er die Fragen nach den biographischen Zusammenhängen, insbesondere hinsichtlich seiner Frauenfiguren, entschieden zurück.

Feuilleton-Journalismus hinausgehende, Aufmerksamkeit der Öffentlichkeit, besonders im Bereich der Immigrationspolitik, stetig zugenommen. Im Zusammenhang mit dem Rassismus kommt ihm seit dem Sensationserfolg von *Le racisme expliqué à ma fille* eine geradezu monopolistische Position zu, so als ob es diesbezüglich keine anderen Intellektuellen oder Schriftsteller in Europa gäbe, die sich kompetent dazu äußern könnten. Jedenfalls macht der Umgang mit der Presse und den Medien einen erheblichen Teil der Aktivitäten des Schriftstellers aus.

Der zweite, mit der Medienpräsenz zusammenhängende, Aspekt ist die Wahrung der Privatsphäre, um die sich Ben Jelloun stets sehr bemühte. Er selbst führt dies weniger auf seine maghrebinische Herkunft und die in der arabischen Welt übliche Diskretion hinsichtlich der Privatsphäre zurück als auf seine individuelle Disposition. Gleichwohl ließe sich aus den zahlreichen Interviews in Tageszeitungen, Magazinen und Fachzeitschriften vermutlich eine Biographie zusammenstellen, sofern man diesem umfangreichen Material Vertrauen schenkte.

Die Beurteilungen Ben Jellouns in der Kritik umfassen, wie bei international erfolgreichen Schriftstellern üblich, ein weites Spektrum. Der Versuch, seine „trajectoire" nachzuzeichnen, soll extreme, polemisierende Werturteile widerlegen. Ob Ben Jelloun nun ein zielstrebiger Karrierist und „amuseur des Parisiens" ist,[133] der alle literarischen Aufstiegschancen nutzte, oder ein Spielball in einem von Kommerz beherrschten Literaturbetrieb, dessen Spielregeln der Vermarktung der frankophonen Literaturen zugrundeliegen, sei dahingestellt. Mit Gewißheit läßt sich dagegen feststellen, daß er ein professioneller Schriftsteller ist, der seine Talente zu nutzen weiß, indem er sie in einer nicht immer einfachen interkulturellen Situation geschickt umsetzt.

2.1 Die Mutter und der Teppich

Ben Jelloun stammt aus einfachen Verhältnissen. Er hat zwei Brüder und eine Schwester. Die sechsköpfige Familie lebte erst in Fes, wo der Vater als Händler für den Lebensunterhalt sorgte, und zog dann nach Tanger um. Seine Frau Aïcha ist eine marokkanische Berberin. Aus der Ehe gingen

---

[133] M. Boughali in: „Tahar Ben Jelloun ou la plus basse des impostures", in: ders., *Espaces d'écriture au Maroc*, Casablanca 1987, S. 123-143.

vier Kinder hervor, die größtenteils in Paris aufwachsen und dort zur Schule gehen.

Während Ben Jellouns Geschwistern keine Bedeutung zukommt,[134] nehmen die Elternbeziehungen auch literarisch großen Raum ein und erfüllen eine symbolische Funktion. Der Vater steht mehr im Hintergrund, wohingegen der Bezug zur mütterlichen Linie, zur Großmutter und insbesondere zur Mutter, Fathma, in den Vordergrund tritt:

> J'écris grâce à ma mère, parce qu'elle m'a beaucoup donné, elle m'a beaucoup incité à écrire, sans même le dire d'ailleurs. A travers elle, j'ai appris beaucoup de choses. [...] Sa propre condition de vie. Elle avait besoin que quelqu'un témoigne pour elle. Mais elle ne l'a pas dit. J'ai senti.[135]

Hinter diesem, in den Medien oft wiederholten, Bekenntnis zum Analphabetismus der Mutter, das Ben Jellouns literarisches Selbstverständnis prägt, verbergen sich eine Art Urszene und ein kulturelles Programm. Die Berufung auf die Mutter stellt einen für die eigene Standortbestimmung höchst wichtigen literarischen Gründungsakt dar, der nicht nur einer kulturellen Integrität Ausdruck verleiht, die bei der Karriere in Paris moralischen Halt bot, sondern er begründete auch die testimoniale Funktion des Schreibens: Um von ihrem Schicksal Zeugnis abzulegen, habe er das Wort ergriffen. Dieses Anliegen wird immer weitere Kreise ziehen: von den Frauen und Kindern in Marokko zum ganzen Volk, vom marokkanischen Volk zu allen unterdrückten Völkern, insbesondere dem palästinensischen, und schließlich den maghrebinischen Einwanderern in Frankreich: „En tant qu'écrivain, je témoigne pour celui que personne n'écoute ou que personne n'essaie de comprendre: le travailleur immigré, la femme ou l'enfant [...].“[136]

Die emotionale, das Schreiben legitimierende, Verbindung zur Mutter ist an die Muttersprache gekoppelt. Die Besonderheit dieses für den mediterranen Kulturraum typischen Mutterbilds besteht im Dialektarabischen, der Muttersprache der meisten Maghrebiner. Bedenkt man, daß die Prägung durch die „Muttersprache“ bereits in der Schwangerschaft beginnt, kann

---

[134] Mit Ausnahme des Romans *La prière de l'absent*, der den Brüdern Abdelaziz und Mohammed gewidmet ist.

[135] S. Vanmaercke, „Tahar Ben Jelloun. Le malheur est la substance de toute passion“, in: *Style*, (Brüssel), 1992.

[136] „Entretien avec Tahar Ben Jelloun“, in: *Les Cahiers de l'Orient*, 2, 1986, S. 171.

man deren Bedeutung für die literarische Entwicklung Ben Jellouns leicht verstehen.

Das Prosagedicht „Sortir du ventre de la mère..." verdeutlicht die Symbolik der Mutterbeziehung:

> Sortir du ventre de la mère...
> Au commencement la séparation. Sortir du ventre de la mère est le premier des exils. On passe sa vie à vouloir renouer avec le corps de la mère. Et puis on finit par se faire déposer dans le corps froid de la terre. On renonce au désir impossible. La nostalgie s'incline face à l'exil suprême. Entre temps l'écriture remplit de sable les heures vides, les nuits sans sommeil, et sème les coquelicots dans les cimetières.
> Alors l'exil devient un déplacement, quelque chose d'irréversible. On a beau revenir sur ses pas, aller d'un lieu à l'autre, on reste „séparé". C'est ce manque qui nous fait écrire des histoires vraies ou fausses, des contes invraisemblables et on continue de croire que les mots se substituent à la vie, on oublie qu'ils sont menteurs et dangereux. C'est pour cela qu'on se couvre avec eux comme on se couvre d'un drap – linceul – d'étoiles.[137]

Dieser Text definiert das Leben als Trennung von der Mutter, als Exil, damit enthält er das werkübergreifende Leitmotiv der „absence". Der Schriftsteller kompensiert das irreparable Manko, die „blessure vitale", durch sein Schreiben. Dieses ist ambivalent: Sinnloses Füllen der leeren Stunden – der Sand ist ein wiederkehrendes poetisches Bild dafür – und Todesschmuck („coquelicots dans les cimetières", „linceul d'étoiles").

Die Darstellung des Geborenwerdens als „Geworfenheit" (Heidegger) enthält mit der *absence* und dem Tod zwei Leitmotive. Überdies sind sie in der für Ben Jelloun charakteristischen Weise mit der Körperlichkeit verbunden: Leben als Streben nach (Wieder-)Vereinigung mit der Mutter („vouloir renouer/ avec le corps de la mère"). Damit kommt das Motiv des verlorenen Paradieses zum Ausdruck, das durch die Homophonie von „mer" und „mère" im Französischen die symbolische Dimension des Ursprungs noch zusätzlich hervorhebt. Diese Art von Subjektkonzeption erscheint im Lichte einer Lacanschen Lektüre als offenkundige Rebellion gegen das „Gesetz des Vaters". Das durch Seinsmangel definierte Subjekt definiert sich durch die nie erreichbare Einheit mit der Mutter, wodurch die Tabuisierung der Mutter als Liebesobjekt durch die patriarchalische Ordnung aufgehoben wird.[138]

---

[137] In: *Littératures de l'exil*, Recherches et Travaux, 30, 1986 (Université de Grenoble U.E.R. de Lettres), S. 5.

[138] Vgl. dazu J. Lacan, *La signification du phallus*, 1958.

Charakteristisch an diesem Text ist auch die Vorstellung, daß Geborenwerden oder Leben und Sterben zusammen gehören, aber auch das In-Bezug-Setzen dieser Themen mit dem Nachdenken über sie, d.h. mit einer impliziten Reflexion über das Medium der Literatur.

Stellvertretend für viele andere sei diese Urszene noch mit einem weiteren Beispiel belegt:

> O mère! Tu m'as porté dans ton ventre; tu m'as porté sur ton dos; tu m'as donné le lait et les perles; tu m'as donné la parole et l'eau; ô mère, tant que je n'ai pas quitté ton corps, je n'ai pas connu de chagrin.[139]

Über den biographischen Bezug hinausgehend, erfolgt hier eine metaphorische Begründung des Schreibens. Die den Ursprung der Literatur symbolisierende Mutter wird zu einem auf unmittelbaren Sinneserfahrungen beruhenden Kulturmodell: Als Dialektsprecherin repräsentiert sie die sinnliche Erfahrung der Volkskultur.

In einem Land mit einer Analphabetenquote von 75% kommen der Berufung auf die populäre, nicht schriftlich tradierte Kultur zweifellos eine andere Bedeutung und ein höherer Stellenwert zu als in Gesellschaften, die diese Traditionen aus dem Spektrum kultureller Manifestationen weitgehend ausgeschlossen haben.[140]

Die Aufwertung der autochthonen Kultur ist Teil eines identitätsstiftenden Diskurses, den auch andere Schriftsteller führen. Zu nennen ist Mohammed Khaïr-Eddine, der, wie er sagte, ebenfalls eine „bonne partie“ seiner literarischen Vorstellungskraft der Mutter verdanke.[141] Zu erinnern ist an Abdelkebir Khatibis programmatischen Aufruf, einen von – analphabetischen – Frauen geknüpften Teppich mit derselben Aufmerksamkeit zu „lesen“ wie einen Text von Aristoteles:

---

[139] T. Ben Jelloun, *Moha le fou, Moha le sage*, S. 140. Ein weiteres, allerdings fiktionsimmanentes Mutterporträt findet sich in *L'auberge des pauvres*, S. 50f.

[140] Ben Jelloun bringt die hohe Analphabetenrate in *L'auberge des pauvres* (S. 130f.) explizit zur Sprache.

[141] „Je lui dois certainement une bonne partie de mon imaginaire. Elle m'initia aux arcanes de la terre et bien qu'elle fût illettrée, elle savait interpréter les signes du grand livre de la Nature. Je ne doute pas qu'elle m'ait communiqué, peut-être involontairement, une certaine connaissance qui n'est pas celle des textes, mais le fruit de l'expérience et de la mémoire“, in: ders.: „Ma grand-mêre“, in: *Maroc. Les signes de l'invisible, autrement*, 48, 1990, S. 102-104; hier S. 104.

[...] il faudrait regarder un beau tapis comme on lit une page d'Aristote, c'est-à-dire avec la même force d'attention.
Ce tapis, je me le représente venant de l'Atlas [...]. Ce que figure un tel tapis, ce sont des formes imaginaires que les mains de femmes ont tissées, de siècle en siècle.[142]

Auch Ben Jelloun greift das Beispiel des Teppichs auf, um die populäre Tradition aufzuwerten:

[...] quand j'ai vu pour la première fois des tableaux de Paul Klee, j'ai pensé: „Tiens, il a copié des tapis de ma grand-mère". Et, en fait, on se rend compte que ce que Klee représente dans l'esthétique occidentale est une chose assez originale, assez belle, assez astucieuse.[143]

Die Textanalysen werden nicht nur zeigen, ob Ben Jelloun auf dem Teppich der marokkanischen Kultur bleibt, sondern auch, wie er sich an der Entstehung dieses Teppichs beteiligt und sein Gewebe verändert hat.

Die Betonung der Filiation ist auf die arabisch-islamische Kultur zurückzuführen, wo die „ansâb", der Nachweis der Überlieferungskette, das mächtigste, noch in der Gegenwart bestehende, Tradierungsmuster bildet. Mit diesem durch seine Ursprungsorientierung charakterisierten Schema der verbürgten Echtheit und Reinheit werden Fremde aus der Überlieferung ausgeschlossen.[144] Es ist somit ein ethnozentrisches und zudem, da es die väterliche Linie betont, ein patriarchalisches Prinzip. Insofern kommt der auf die kulturelle und die sprachliche Situation Bezug nehmenden Betonung der mütterlichen und der Verdrängung der väterlichen Linie bei Ben Jelloun eine weiterreichende Bedeutung zu, bei der die Mutter für die Volkskultur und das Dialektarabische steht. Die Position des Vaters ist im Vergeich dazu problematischer, weil sie sich nicht dementsprechend mit der offiziellen Kultur und dem Hocharabischen sowie dem Französischen deckt.[145]

---

142 A. Khatibi, „Intersignes", hier: S. 123, in: C. Buci-Glucksmann et. al. (Hg.), *Imaginaire de l'autre. Khatibi et la mémoire littéraire,* Paris 1987, S. 123-131.

143 T. Ben Jelloun, „L'imaginaire dans les sociétés maghrébines", S. 134, in: M.-A. Roque (Hg.), *Les cultures du Maghreb*, Paris 1997, S. 133-146.

144 Vgl. dazu A. Bounfour, „La raison orpheline", in: *Le nœud de la langue*, Aix-en-Provence 1994, S. 11; zuerst erschienen in: *Les temps modernes*, 375bis, Oktober 1977. Der Begriff der Verwaisung wird im Kapitel zur Interkulturalität erneut zur Sprache kommen, weil er im Zusammenhang mit der Behauptung der eigenen Differenz bei den Entwürfen von Modellen der Marokkanität eine wichtige Rolle spielt.

145 A. Bounfour, „Langue, identité et écriture dans la littérature francophone du Maghreb", in: *Cahiers d'Etudes africaines*, XXXV-4, 1995, S. 911-923, hier: 913f.

Die Romane des Marokkaners Driss Chraïbi liefern prägnante Beispiele für die Bedeutung der Mutter in der maghrebinischen Gegenwartsliteratur. In *Le passé simple* (1954), einem Roman, der wegen der Kritik an Islam und Gesellschaft einen Eklat provozierte und in Marokko von 1954-1977 verboten war, schuf der Autor mit dem „Dreiecksverhältnis“ von Vater, Sohn und Mutter ein Modell der maghrebinischen Literatur, von dem er in *La civilisation, ma mère!* (1972) abrückte. Der humorvolle Kurzroman markiert einen Wendepunkt in der langen Reihe tragischer Familienporträts, denn er entwirft ein Gegenmodell zu den hart konturierten Darstellungen des Vater-Sohn-Konfliktes und außerdem, mit der ihr Schicksal selbst in die Hand nehmenden Mutterfigur, ein neues Frauenbild.

Ben Jelloun rückte das Vater-Sohn Verhältnis erst in *Jour de silence à Tanger* in den Mittelpunkt. Sein Kommentar zur Veröffentlichung des Buches: „J'ai eu beaucoup de remords de ne pas avoir communiqué avec mon père. Je lui avais parlé de ce livre parce que c'était une façon pour moi un peu de lui parler“. Die starke Mutterbindung charakterisiere alle maghrebinischen Schriftsteller: „Nous avons tous écrit pour notre mère. [...] Forcément, un enfant qui voit sa mère mal aimée, il se met du côté de sa mère.“[146]

2.2 Die französische Schule: Von Fes nach Tanger

Von annähernd vergleichbarer symbolischer Bedeutung wie die Mutter ist der Geburtsort Fes. In dem Prosatext „Hôte imprévisible de toutes les langues“ aus dem Gedichtband *A l'insu du souvenir* (1980) heißt es:

> Je suis né dans une petite ruelle de la médina de Fès – aujourd'hui détruite. Ruelle sombre, dallée, indécente. Chaque pierre était une phrase. Phrase arabe. Phrase orale. Dite par l'aube. Ma fontaine est là. Entre ces pierres. Dans cette obscurité ambiguë qui portait le voile de la pudeur. Voile qui sépare le jour de la nuit et qui laissait s'infiltrer le crépuscule et le malaise.

Fes wird wie die Mutter zum diskurserzeugenden Prinzip erklärt („Ma fontaine“); die „Quelle“ des Schreibens ist die arabische Mündlichkeit. In direkter Verbindung mit der Zweisprachigkeit wird an dieser Stelle die

---

[146] C. Côté, „Tahar Ben Jelloun: La fiction est dangereuse“, in: *Nuit Blanche*, Sept.-Oct.-Nov. 1994, S. 20-23.

referentielle Funktion der Sprache thematisiert: Die „Quelle“ ist in der stofflichen Wirklichkeit der Stadt verankert.[147]

Ben Jelloun kehrt in seiner Lyrik ebenso wie in seinen Prosatexten geradezu obsessiv nach Fes zurück. Das kulturelle Bedeutungspotential der Stadt erhält in der literarischen Umsetzung einen nahezu schizoiden Stellenwert.[148] Mit Fes ist eine Bedeutungsvielfalt verbunden, die von architektonischen Bezügen, wie der vom Verfall bedrohten und zum Weltkulturerbe erklärten Altstadt (der Medina) bis zur kulturellen Symbolik reicht.

Eine bleibende Erinnerung aus der Kindheit in Fes ist die soziale Ungleichheit:

[...] l'enfance écrit beaucoup en nous, elle est notre référence permanente, et j'ai vécu à Fès une enfance pendant laquelle je voyais des injustices, ne serait-ce que sur le plan social. Certains étaient pauvres, d'autres ne l'étaient pas, j'appartenais plutôt à la première catégorie. Je ne comprenais pas.[149]

In Verbindung mit den als ungerecht empfundenen sozialen Unterschieden ist vor allem der Besuch der französischen Schule bemerkenswert. Auch wenn der Autor es nicht *expressis verbis* zum Ausdruck bringt, betrachtet er es doch als Ungerechtigkeit, daß die Mehrheit der Marokkaner sich den Besuch der französischen Schule nicht leisten kann:

Après l'enfance, il y a eu d'autres injustices. Je ne peux pas dire que l'injustice apparaissait à l'école, mais je ne comprenais pas non plus pourquoi j'allais à l'école primaire française où on recevait une éducation française alors que j'étais dans le monde arabe islamique à la maison. Il n'y avait pas de lien entre les deux. Après, j'ai transformé cela en une espèce de stimulus et de défi mais, au début, je ne voyais pas pourquoi il y avait deux univers qui ne se comprenaient pas du tout.[150]

Das hier erwähnte innere Unverständnis verweist auf die oben erläuterte äußere Ablehnung des französischen Schulsystems in weiten Kreisen der Bevölkerung.

Der Umzug der Familie von Fes nach Tanger im Jahr 1955 markiert einen biographischen Einschnitt, den Ben Jelloun literarisch kontinuierlich

---

[147] Vgl. dazu Bengt Novén, *Les mots et le corps*, Uppsala 1996, S. 21.

[148] Dieser Umstand ist der Ausgangspunkt der oben erwähnten dekonstruktivistischen Untersuchung von B. Novén.

[149] P. Maury, „Tahar Ben Jelloun. Deux cultures, une littérature“, in: *Magazine littéraire*, 1995, S. 106-111.

[150] P. Maury, a.a.O.

aufgreift. Der Ortswechsel von der religiösen und kulturellen Hauptstadt im Landesinnern in die am Meer gelegene Freihandelszone mit Blick auf Spanien und den europäischen Kontinent brachte ein neues soziales Umfeld, bedeutete jedoch keine Unterbrechung der französischen Schulbildung. Er besuchte das „Lycée Reynault" und studierte am „Collège Ibn Al-Khatib":

Chez moi, à Tanger, on parlait l'arabe et à l'école primaire bilingue on parlait et on écrivait en français. J'avais dix ans à l'époque et j'ai donc imaginé que la langue arabe était faite pour parler dans la rue, pour communiquer, et le français pour l'imagination et la création littéraire. Alors, naturellement, j'ai commencé à écrire en français. Pour moi, c'était plus facile. D'autant plus que l'arabe que nous parlions à la maison est très différent de l'arabe classique, celui du Coran, que je maîtrise mal.[151]

Die Jugendjahre in Tanger brachten außerdem eine weitere, später literarisch verwertete Erfahrung mit sich: die der spanischen Sprache und Kultur. Die an der Meerenge von Gibraltar gelegene Stadt entwickelte sich in der Zeit nach der Unabhängigkeit zu einem Anziehungspunkt für Schriftsteller aus aller Welt und zu einem Mekka der amerikanischen Beat-Generation. Die Faszination dieses ausgesprochen ambivalenten Mythos einer verruchten Stadt ist ein Motiv, das in kaum einem von Ben Jellouns Romanen fehlt.

2.3 Humanistisches Engagement, Revolte und Trauma

Während des Philosophie-Studiums in Rabat gehörte Ben Jelloun einer linken oppositionellen Gruppierung an. Danach war sein Engagement jedoch nicht mehr parteipolitischer Art, sondern auf Wahrung der Rechte und der Würde des Menschen bedacht:

Je ne supporte pas l'humiliation de l'être humain. On a écrit de moi que j'étais un humaniste. C'est vrai. Même si je ne suis pas un militant, je suis réaliste et je reste vigilant.[152]

Die in den sechziger Jahren übliche, von Sartre in Gang gesetzte, Diskussion um die *littérature engagée* wurde auch von der Generation Ben Jellouns

---

[151] J.-F. Chaigneau, „Tahar Ben Jelluon: Ma mère ne sait pas lire: Je lui raconte mes livres", in: *Paris Match*, 27.11.1987.
[152] J.-F.Chaigneau, a.a.O.

geführt. Allerdings stand sie im Maghreb ebenso wie im arabischen Osten in einem anderen Rahmen als in den vom wirtschaftlichen Aufschwung gesättigten Industriegesellschaften:

Comme si on pouvait faire une littérature anodine, nous, Maghrébins, qui venons d'une société terrible, d'une société formidable, qui a un imaginaire particulièrement riche, et qui ne pouvons, quand nous essayons d'écrire sérieusement, qu'écrire des choses fabuleuses.[153]

Diese Aussage wird im Zusammenhang mit dem literarischen Selbstverständis und der Poetik Ben Jellouns noch zu diskutieren sein, denn das Argument des kreativen Reichtums der Armut ist bei der Standortbestimmung von Literatur aus Ländern der sogenannten „Dritten Welt" zweischneidig.

Fanon, Sartre und Camus bildeten in den von politischer Repression bestimmten sechziger Jahren die Standardlektüre der Intellektuellen. „Engagiert" war für die neue Generation ein fast „natürliches" Attribut von Literatur. Wie aber sah dieses Engagement konkret aus? Als wesentlich ist dabei zweifellos die Frage der Entkolonisierung zu betrachten. Die Unabhängigkeit war zwar vollzogen, die Probleme der befreiten Länder dadurch jedoch nicht aus der Welt geschafft. Die von Fanon eingeforderte Befreiung von den typischen Minderwertigkeitskomplexen der kolonisierten Völker erwies sich als langwierigere, wesentlich schwierigere Herausforderung als zunächst angenommen. Im kulturellen Bereich spielte die französischsprachige Literatur eine Vermittlerrolle zwischen antikolonialer Umwertung der Geschichte und nationalisierenden Arabisierungsprogrammen. Bei der in diesem Zusammenhang geführten Diskussion um Kunst und Engagement ließ Ben Jelloun sich nie zum ideologischen Dogmatismus verleiten, sondern er sah das Engagement eines Schriftstellers ganz entschieden auch in der künstlerischen Freiheit. Für die französischsprachigen Intellektuellen galt es, ein Modell zu finden, das den Widerspruch, sich in der Sprache des Kolonisators zu entkolonisieren, bewältigen konnte. Wie Aimé Césaire und Léopold Sédar Senghor vor ihnen, mußten sie die kulturelle Selbstbesinnung mit dem Gebrauch der französischen Sprache vereinbaren. Die sich daraus entwickelnde, der „négritude" vergleichbare, Programmatik der „maghrébinité" wies allerdings deutliche-

---

[153] „Tahar Ben Jelloun, ou comment créer français, en arabe", in: *Arabies*, Janvier 1988, S. 88-90.

re antifranzösische Akzente auf als die der beiden berühmten Vorläufer aus Martinique und Senegal.

Im März kam es 1965 in Rabat und Casablanca zu Studenten- und Volksaufständen, deren Niederschlagung zu einer traumatischen Erfahrung für den damals zwanzigjährigen Ben Jelloun wurden. Als er im Juli 1966 zu dem eben erst eingeführten Militärdienst zwangsrekrutiert wurde, begann er über die staatlichen Repressionen zu schreiben:

Je suis arrivé dans un camp, et on a commencé, à deux heures du matin, à me raser le crâne d'une manière très humiliante. Je sentais que d'autres humiliations allaient suivre, et j'étais encore marqué, physiquement et psychologiquement, par cette violence. Alors, je n'avais pas d'autre moyen de répondre à cette violence que l'écriture et la poésie. Et pourquoi la poésie? J'ai eu l'intuition que la poésie, c'est le plus important, beaucoup plus important que tout autre genre littéraire, parce que c'est ce qui reste. A l'époque, je connaissais déjà beaucoup de poèmes, beaucoup de textes.[154]

Aus dieser und anderen ähnlichen Äußerungen kann man schließen, daß er damals vor allem französische Texte kannte, was die Kenntnis der arabischen Literatur nicht ausschließt, aber relativiert. Die von Ben Jelloun während des Militärdienstes erlittenen Erniedrigungen und Schikanen waren einer der Gründe für die Hinwendung zur Literatur, andere liegen, wie gesehen, weiter zurück in der Kindheit.

Zum Zeitpunkt des Militärdienstes rezitierte er bereits Gedichte von Victor Hugo und Lautréamont. Der Initiation mit Lautréamont folgten im Alter von vierzehn und fünfzehn Jahren die Surrealisten, die eine poetische Offenbarung darstellten: „Donc, je trouvais tout à fait naturel de plonger dans l'expression poétique qui exprimait le fond des choses sans que ce soit narratif."

In dieser Äußerung kommt die in der Einleitung angesprochene Bevorzugung der Lyrik gegenüber der Narrativik zur Geltung. Der Übergang zur Prosa erfolgte 1970, als er die Arbeit an *Harrouda* aufnahm. Aufschlußreich ist die zum Schreiben eingesetzte Technik der Collage:

Et, comme dans tous mes romans, j'ai commencé par deux ou trois images qui s'imposaient à mon esprit. Je ne savais pas très bien vers quoi je me dirigeais ni comment l'histoire allait évoluer. J'écrivais à l'époque sur des feuilles volantes. Partout où j'allais, j'écrivais un petit peu, et j'ai mis deux ans pour écrire *Harrouda*.

---

[154] P. Maury, a.a.O.

Das 46seitige Vorwort der Neuauflage von *Hospitalité française* (1997) ergänzt die spärlichen Informationen über die literarischen Vorbilder. In einer biographischen Rückschau schildert Ben Jelloun darin die Stationen seiner Integration in Frankreich. Eine davon ist die Entdeckung der französischen Poesie:

Au départ, je m'invitais au festin de la langue française. Je m'y suis introduit en écrivant de la poésie. Je pensais que la meilleure porte à pousser ne pouvait être que celle de la poésie, parce que j'ai été nourri par les textes de Baudelaire, de Mallarmé, de Rimbaud et de Jacques Prévert. Mais Prévert semblait si accessible qu'il était tentant de l'imiter. Pour cela, je l'ai vite lu et oublié. Je le respecte par ailleurs et reconnais son apport, notamment chez les jeunes. (S. 29)

Mit Baudelaire, Mallarmé und Rimbaud ist der für die geistige Entwicklung der *Souffles*-Autoren wichtige Symbolismus genannt. Dieser Bezug steht im größeren Rahmen der Epochenproblematik der Moderne, die für die Autoren literarisch und gesellschaftlich relevant war. Allerdings beläßt es Ben Jelloun, wie auch in anderen vergleichbaren Aussagen zu seinen literarischen Vorbildern, bei dieser allgemeinen Bezugnahme. Die Berufung auf Prévert ist zwar konkreter, doch Ben Jelloun distanziert sich von Prévert, indem er ihn in ein *virtuelles* Vorbild verwandelt, das keine direkten intertextuellen Konsequenzen nach sich zieht. Diese negative Genealogie charakterisiert Ben Jellouns Selbstinszenierung auf der literarischen Bühne. Unter dem Strich ergeben sämtliche in diese Richtung gehenden Aussagen kaum positive Ergebnisse. Der Hauptgrund hierfür besteht wohl in der Orientierung an der marokkanischen Volkskultur. Die mündliche Literatur und die populäre Poesie, die für Ben Jelloun besonders wichtig sind, basieren weitgehend auf dem Anonymat und dem Prinzip der Variation von Stoffen. Hinsichtlich der *Geschichten aus 1001 Nacht*, dem wohl bekanntesten aus der mündlichen Tradition kommenden literarischen Modell, erkennt Ben Jelloun deren „Einfluß" auf seinen Stil an, obwohl er sie, wie er stets betont, erst als Erwachsener gelesen habe.[155] In *L'enfant de sable* fällt die Orientierung an diesem Prototyp orientalischen Geschichtenerzählens, deren Kenntnis nicht an die Schrift gebunden ist, sehr deutlich aus. Ebenfalls aus der populären Kultur des Maghreb stammend und von großer literarischer Bedeutung ist die Figur des „Ǧoha". Der Roman *Moha le fou, Moha le sage* verwendet die legendäre Gestalt als Hauptfigur,

---

[155] T. Ben Jelloun, „L'imaginaire dans les sociétés maghrébines", in: a.a.O., S. 136ff.

doch sie erscheint auch in Gedichten wie etwa „La remontée des cendres". Ein letztes Modell ist das in der Alltagswelt kursierende Gerücht, das im wesentlichen auf zwei Prinzipien beruht: dem der Variation und dem der Erfindung von Stoffen. Das Gerücht, eine Alltagsform der Imagination, verfügt über ein schier unerschöpfliches Potential an Kreativität, insbesondere in einer Gesellschaft wie der marokkanischen, wie Ben Jelloun selbst gerne betont.[156]

2.4 „Souffles" und der kulturelle Umbruch

Die Künstler, die sich durch die Zeitschrift *Souffles* (der arabische Titel „Anfâs" hat neben der Bedeutung „Atemzüge" auch die von „Inspirationen") etablierten, veränderten die Beziehungen zwischen den Positionen des kulturellen Felds der 60er Jahre. Die neue Avantgarde, darunter auch Schriftsteller wie Mohammed Khaïr-Eddine, Abdelkebir Khatibi, Abdellatif Laâbi, Mostafa Nissaboury und später Tahar Ben Jelloun, grenzte sich von den etablierten Positionen in allen Bereichen radikal ab. Sie begründeten ihre Innovationen ideologisch und kulturell, was sich deutlich in ihrer literarischen Programmatik niederschlug. Die Gesellschaft verändern hieß für sie auch, die Rolle und die Stellung von Kultur und Literatur in ihr verändern. Diese für die sechziger und frühen siebziger Jahre typischen Ansichten sollen nun mit konkreten Beispielen verdeutlicht werden. Welche Stellung nahm *Souffles* gegenüber den im kulturellen Feld wirksamen Kräften und Spannungen ein? Folgende Zielsetzungen sind zu unterscheiden:

- die Kritik am Autoritarismus der staatlichen Machthaber, die auch die Kultur kontrollierten,
- die Neubewertung der nationalen Frage,
- die Beurteilung der sprachlichen und ethnischen Situation,
- die Revision des Verhältnisses von Mündlichkeit und Schriftlichkeit,
- der Entwurf eines literarischen Programms.

Aufgrund der Anstöße in diesen Bereichen wurde *Souffles* literaturgeschichtlich hoch bewertet. Dank der Vorarbeiten von A. Tenkoul und S. Heiler sind die genannten Aspekte gründlich erforscht und bedürfen hier

[156] Die kompakteste Erläuterung der Funktionsweise des Gerüchts und seiner literarischen Bedeutung gibt Ben Jelloun in „L'imaginaire dans les sociétés maghrébines", in: a.a.O., S. 137f.

keiner weiteren Vertiefung.[157] Um die kulturellen Zusammenhänge zu klären, ist abschließend noch ein Überblick über die politische Haltung erforderlich.

Nach der Erlangung der Unabhängigkeit restaurierte Hassan II (König seit dem 26.2.1961) die marokkanische Monarchie. In der „konstitutionellen, demokratischen und sozialen Monarchie" (nach der Verfassung von 1972) geht die Macht vom König aus. Der als „Amîr al mu'minûn" (Herrscher der Gläubigen) regierende Monarch ernennt und entläßt die Regierung, und als größter Privatunternehmer des Landes konzentriert er die wirtschaftliche Macht in seinen Händen. Trotz der zunehmenden Öffnung zum Westen und der Vergrößerung der Kompetenzen von Parlament und Premierminister wird diese Staatsform autoritär gehandhabt. Menschenrechtsfragen und demokratischen Prinzipien kommt, um es vorsichtig auszudrücken, in der Praxis der Gewaltausübung nicht die Priorität zu. Dies zeigte die Verhaftung des Chefredakteurs Abdellatif Laâbi und anderer Mitarbeiter von *Souffles*. Damit endete 1972 ein Projekt, das die gesamte maghrebinische Gegenwartskultur befruchtet hatte wie kein anderes. Dieser Eingriff des Staats bestätigt die politische Tragweite des *Souffles*-Programms.

Eine kritische Einstellung gegenüber dem autoritären Staat war das verbindende Element der heterogenen Gruppe von Künstlern und Intellektuellen. Von den Schriftstellern verdient Mohammed Khaïr-Eddine besondere Erwähnung, weil er der Kritik an der Institution der Monarchie und der Person des Königs in seiner Literatur am vehementesten Ausdruck verlieh.[158]

Der von *Souffles* vollzogene Bruch mit den Traditionen war eine symbolische Geste der Bekräftigung des Anspruchs auf eine eigene Kultur. Das gleichzeitig damit einhergehende allmähliche Vordringen der Subkultur in den institutionellen Raum entspricht der agonalen Dynamik in der Konzeption Bourdieus.[159] Das wohl wichtigste Paradigma, unter dem die Neu-

---

[157] S. Heiler, *Der marokkanische Roman französischer Sprache. Zu den Autoren um die Zeitschrift „Souffles" (1966-1972)*, Berlin: *Neue Romania*, Bd. 9, 1990. A. Tenkoul, *Littérature marocaine d'écriture française. Essais d'analyse sémiotique*, Casablanca 1985.

[158] Wie folgenreich die Kritik am marokkanischen Monarchen sein kann, verdeutlichte die Publikation von Gilles Perraults *Notre ami le roi*, Paris 1990, die beinahe zum Abbruch der diplomatischen Beziehung zwischen Marokko und Frankreich geführt hätte. Ben Jelloun dagegen, der nicht zensiert wurde, konnte seine Titel auch in arabischer Übersetzung in Marokko veröffentlichen.

[159] Vgl. das Kapitel zum kulturellen Feld.

positionierung der französischsprachigen Literatur stand, war das der Öffnung.[160]

Die Offenheit war zwar eng an die französische Sprache gebunden, dennoch war sie nicht referentieller, sondern prinzipieller Natur. Daß die Intention der Öffnung vor allem der arabischen Kultur galt, verdeutlicht die interkulturelle Bedeutung der Erneuerung, deren Impulse die weitere literarische Entwicklung nachhaltig bestimmten.

Die Wortergreifung der *Souffles*-Gruppe lenkte die mit der Unabhängigkeit frei gewordenen Identitätszweifel in neue Bahnen. Aufgrund dieser Kanalisierung von Fragen und Problemen, die nicht mehr unmittelbar mit der Unabhängigkeit verknüpft waren, sondern mit der Definition des neuen postkolonialen Status', kommt *Souffles* eine über die Literatur hinausgehende kulturgeschichtliche Bedeutung zu. Hierin zeigen sich auf exemplarische Weise sozialer Wert und Funktion von Kunst und Fiktion. Das Profil Ben Jellouns verläuft durchaus gruppenkonform. Sowohl seine innerliterarischen als auch seine gesellschaftlichen und ideologischen Funktionszuweisungen fallen nicht aus dem vorgebenen literarischen Rahmenprogramm. Angefangen vom Grundsatz der „prise de la parole" bis hin zur Fiktionalisierung autobiographischer Schreibweisen fügt er sich reibungslos ins Gesamtbild.

In der ersten Phase experimentierten die Autoren vor allem mit fiktionalen autobiographischen Schreibweisen. Der Rekurs auf arabische und europäische Traditionen eröffnete neue Möglichkeiten, Vergangenheit und Gegenwart, persönliche Erinnerungen und kollektives Gedächtnis, private Biographie und öffentliche Geschichte zu verbinden.

Mit Begriffen wie „itinéraire", „errance" und „guérrilla linguistique" (Mohammed Khaïr-Eddine) verlieh man der Forderung nach Überschreitung und Unterwanderung von Konventionen Ausdruck. „Itinéraire" und „errance" sind Schlüsselbegriffe Ben Jellouns, ohne die ein Verständnis seiner Texte kaum möglich wäre. Der Begriff der „guérrilla linguistique" ist aufgrund seiner martialischen Konnotation weniger treffend, doch die von Khaïr-Eddine damit gemeinte subversive Arbeit mit der Sprache findet sich durchaus auch bei Ben Jelloun. Doch nicht nur die Grenzen der Sprachen wurden bewußt überschritten, sondern auch die literarischer Gattungen ebenso wie weltanschauliche. Die dieser Erneuerung zugrundeliegende Suche nach einer Verbindung von Geschichte und Dichtung kennt man

[160] Vgl. A. Boukous, a.a.O.

auch aus Lateinamerika, wo sich beispielweise der im Maghreb vielgelesene Octavio Paz als „poetischer Freischärler" definierte.[161]

Ein weiterer Faktor der interkulturellen Erneuerung war die kreative Aneignung der Ideen und Konzepte von „nouveau roman", „Tel Quel" und Poststrukturalismus. Auffällig ist in diesem Zusammenhang Ben Jellouns deutliche, in den Textanalysen noch zu vertiefende, Abgrenzung von den Autoren des „nouveau roman".

Die von Roland Barthes und Michel Foucault durchgeführte Hinterfragung des Autors fiel in der marokkanischen Rezeption auf fruchtbaren Boden. Allerdings problematisierten marokkanische Autoren in ihren Texten das schreibende Subjekt nicht nur durch dekonstruktive, fragmentarisierende und auflösende Inszenierungen, sondern auch durch eine gegenläufige Tendenz der Betonung des Subjekts. Die Zusammenhänge zwischen diskursanalytischer Theoriebildung in Frankreich und literarischer Praxis in Marokko entziehen sich indes einer pointierten Zusammenfassung. Die Entfaltung dieses Aspekts bleibt den Textanalysen vorbehalten, denn erst anhand der konkreten Praxis in den Texten läßt sich Ben Jellouns exemplarische Position innerhalb der maghrebinischen Literatur genauer bestimmen.

Eine Situierung im Kontext der Postmoderne zeigt ähnlich wie die gegenüber dem *nouveau roman* Überschneidungen, jedoch auch deutliche Unterschiede. Dies ist wie in anderen Ländern der „Dritten Welt" auf die unvollständige Modernisierung zurückzuführen. Der Einzug der Postmoderne in nur teilweise modernisierte Länder, eine übrigens auch ganz Lateinamerika betreffende Problematik, verlief im Maghreb nach eigenen, interkulturell anders akzentuierten Gesetzen. So fällt neben postmodernen textimmanenten Entwicklungen, wie dem fragmentarischen, nicht-linearen und polyphonen Erzählen auf der Basis der „réécriture", die gleichzeitige Bezugnahme auf sozio-historische Verhältnisse auf, die sich in den literarischen Konzeptionen niederschlägt. Gesellschaftsbezug und Engagement für marginale und stimmlose Bevölkerungsgruppen erfordern ein gewisses Festhalten an mimetischen Prinzipien, die aus theoretischer Sicht durchaus mit den differenzbetonten Konzepten des Postkolonialismus vereinbar sind. Insofern bedeuteten mimetische Schreibformen keineswegs einen Rückfall in die Positionen des Realismus oder Naturalismus. Im Zusammenhang mit der konzeptuellen Erneuerung ist auf die Dozentur von Ro-

[161] In: *El laberinto de la soledad*, 1950.

land Barthes an der Universität von Rabat (1969) hinzuweisen. Aus Barthes' Marokkoaufenthalt gingen die unter dem Titel *Incidents* versammelten fragmentarischen Beobachtungen hervor. Auf marokkanischer Seite waren die Auswirkungen folgenreicher. Die Lehrtätigkeit Barthes' leistete einer wissenschaftstheoretischen Wende Vorschub, die sich in einer regen Rezeption der aus der Linguistik abgeleiteten Ansätze der Semiotik niederschlug.[162] Auch Ben Jelloun blieb nicht unbeeindruckt von der damals noch überwiegend strukturalistisch ausgerichteten Denkweise. In seinem erstem Roman *Harrouda* finden sich deutliche, noch ausführlicher zu analysierende, Spuren davon.

2.5 Provinzerfahrung und Nietzsche-Lektüre

Die äußerlich wenig ereignisreiche zweijährige Tätigkeit Ben Jellouns als Philosophielehrer in Tetuan im Norden Marokkos und Casablanca gewinnt insofern eine gewisse Bedeutung, als sie der Emigration vorausging. Ben Jelloun betont in seinen Erinnerungen an die Zeit in der nordmarokkanischen Provinz vor allem den *ennui* und den damit verbundenen Freiraum zu ausgiebiger Lektüre.

Die Spuren der philosophischen Ausbildung beschränken sich im wesentlichen auf die Bevorzugung Friedrich Nietzsches gegenüber Immanuel Kants. Auf die Bedeutung der Philosophie Nietzsches wird in den Textanalysen zurückzukommen sein. Während Nietzsche eine wichtige literarische und poetologische Rolle im Gesamtwerk spielt, beschränken sich die Spuren Tetuans im wesentlichen auf die Erzählung „Les filles de Tétouan".[163]

Die Bedeutung der Tätigkeit als Philosophielehrer bleibt für die weitere Entwicklung marginal. Spuren hinterließ lediglich die dem postmodernen Zeitgeist entsprechende, doch darüber hinausgehende Bewunderung für Nietzsche, der ein wichtiges Element in Ben Jellouns Poetik ist. Allerdings sind es nicht so sehr inhaltliche Vorstellungen, die er literarisch modellie-

---

[162] Zu Barthes' Marokkoaufenthalt vgl. L.-J. Calvet, *Roland Barthes*, Paris 1990, S. 209-220, sowie O. Ette, *Roland Barthes. Eine intellektuelle Biographie*, Frankfurt 1999, insbesondere S. 254ff.

[163] In: *Les amandiers sont morts de leurs blessures*, die Themen sind Einsamkeit, Geschlechterbeziehungen und Prostitution; zu erwähnen ist außerdem der kurze Prosatext „L'arbre de Tétouan", in: *A l'insu du souvenir*.

ren wird, als vielmehr metaliterarische Einstellungen und die Schreibweise. Zwei Aspekte sind in diesem Zusammenhang hervorzuheben. Ben Jelloun bewundert insbesondere die Kraft von Nietzsches poetischer Sprache und die damit verbundene Vorstellung einer besonderen Authentizität. Nietzsche ist das Modell für ein Schreiben aus dem Bauch heraus, das Ben Jelloun für sein eigenes Schreiben in Anspruch nimmt und anstrebt. Aus diesem Grund wird der Nietzsche-Bezug im Kapitel zur Poetik Ben Jellouns erneut aufgegriffen. Anders als der Philosophie kommt der Psychologie eine große literarische Bedeutung zu. Bezeichnenderweise behandelte er im Philosophieunterricht neben Sokrates und Karl Marx auch Sigmund Freud, den er selbst als Student gelesen hatte. Die Erläuterung der Bedeutung des im Zweitstudium gewählten Faches Psychologie fällt jedoch in die Zeit nach dem Wechsel nach Frankreich.

2.6 Der Wechsel nach Frankreich

1961 reiste Ben Jelloun erstmals nach Frankreich. Der Jugendliche, ein leidenschaftlicher Kinogänger, verband damit die Absicht, sich Filme der „nouvelle vague" (Godard, Truffaut und Chabrol) anzusehen:[164]

> Je suis venu pour la première fois en France à l'âge de dix-sept ans, en juillet 1961... pour m'enfermer dans un cinéma. En fait, je participais à un stage de ciné-club à Marly-le-Roi et je voyais en moyenne cinq films par jour. Ce n'est qu'après que j'ai mis le nez dehors pour découvrir Paris.[165]

Die Tatsache, daß der Leidenschaft für den Film Priorität vor der Entdekkung der Stadt zukommt, ist bemerkenswert. Der hohe Stellenwert, den Ben Jelloun dem Medium Film einräumt, gibt eine Erklärung für seine auf Regisseure verweisenden Antworten auf die Frage nach literarischen Vorbildern. 1963 habe er sich in der Filmhochschule (IDHEC) einschreiben wollen. Von dem Jugendtraum, Regisseur zu werden, hätten ihm allerdings Freunde abgeraten.[166] Die ausgeprägte visuelle Dimension seiner Texte, insbesondere der Romane, ist vor diesem Hintergrund zu erklären. Die

---

[164] „Tahar Ben Jelloun. Le malheur est la substance de toute passion", in: *Style*, (Brüssel), Avril 1992.

[165] In: A. de Turckheim, „Tahar Ben Jelloun. Premières impressions de France", in: *Le Journal du Dimanche*, 31.7.1994.

[166] In: *Pages*, Dezember 1987, S. 8.

intensive Bildlichkeit und die Bedeutung literarischer Blicke, zwei prägnante Merkmale der Schreibweise Ben Jellouns, werden daher ein zentraler Gegenstand der Textanalysen sein.

Die ersten Eindrücke von Paris passen ganz und gar nicht ins Klischee der „ville lumière“:

> Après un vol de nuit, arrivé au petit matin, j'ai trouvé la ville toute grise. Du ciel aux immeubles, le gris était prédominant. Alors que je venais de quitter la chaleur et le soleil éclatant du Maroc, je ne comprenais pas pourquoi ce pays était privé de lumière. La deuxième impression, qui s'est largement confirmée depuis, c'est la rigidité dans l'expression des gens qu'on croise dans la rue.[167]

Diese Erfahrungen fanden ihren literarischen Niederschlag in dem Roman *Les yeux baissés*, wo sich die zitierten Eindrücke nur unwesentlich verändert, auf die Figur eines jungen Mädchens übertragen, wiederfinden.

1971 beteiligte sich Ben Jelloun an der Gründung der marokkanischen Kulturzeitschrift *Intégral.* Im gleichen Jahr ging er nach Paris, zunächst, um an der Universität Nanterre Soziologie zu studieren (1971-72). Tatsächlich studierte er dann bis zur Promotion (1972-75) Sozialpsychiatrie an der „Ecole pratique des Hautes Etudes“. Er erhielt damals von „La vie nouvelle“, einer karitativen Einrichtung, zwei Jahre lang eine monatliche Unterstützung von 500 Francs, die er durch Unterrichten aufbesserte.

Die Publikation des zuerst in Casablanca erschienenen Gedichtbandes *Hommes sous linceul de silence* (1971) bei Maspero ließ nicht lange auf sich warten. Mit dem Verlegerehepaar Franchita und François Maspero, die zu den Entdeckern Ben Jellouns zählen, verband ihn eine enge Freundschaft. Alain Bosquet wählte ebenfalls 1971 „La planète des singes“, das zweite veröffentlichte Gedicht, für eine Anthologie der hundert besten Gedichte des Jahres aus. Nach *Cicatrices du soleil,* einem weiteren Gedichtband mit kurzen Prosatexten und Erzählungen, folgte mit *Harrouda* (1973) der erste Roman bei Denoël und der Beginn der freien Mitarbeit bei *Le Monde.* Diese bis in die Gegenwart ununterbrochen fortgesetzte Tätigkeit dürfte bei der Festigung seiner Position im kulturellen Feld von Vorteil gewesen sein. Ben Jelloun hat fortan kontinuierlich journalistische Beiträge geschrieben.

Die folgenden dem Studium, dem Journalismus und der Literatur gewidmeten Jahre weisen bereits auf eine hohe Arbeitsdisziplin hin, die eine

[167] In: A. de Turckheim, a.a.O.

Erklärung für die außergewöhnlich kontinuierliche Produktivität Ben Jellouns in den verschiedenen Bereichen ist.[168]

2.7 Der Psychologe und die kulturelle Alterität

In Frankreich rückten sofort die maghrebinischen Arbeitsemigranten in das Blickfeld Ben Jellouns: „ [...] la première chose qui m'a le plus touché, ça a été la condition apparente, visuelle des immigrés. Je n'ai pas pensé voilà une situation que je vais pouvoir exploiter du point de vue littéraire".[169]

Anders als der Erstberuf des Philosophielehrers hatte das mit dem Doktorgrad abgeschlossene Zweitstudium der Psychologie nachhaltige Auswirkungen auf sein Schreiben. Die Anteilnahme am Schicksal der nordafrikanischen Einwanderer wurde durch die Tätigkeit als psychologischer Berater in einem Zentrum für psychosomatische Erkrankungen verstärkt. Aus *La plus haute des solitudes* (1977, S. 23) geht hervor, daß Ben Jelloun weder eine therapeutische Ausbildung noch selbst eine Therapie absolvierte, gleichwohl jedoch therapeutische Funktionen ausübte. Als einziger Maghrebiner wurden ihm die nordafrikanischen Patienten übertragen. Da sehr viele der männlichen Patienten an Potenzstörungen litten, konzentrierte er sich in seiner Abschlußarbeit *Misère sexuelle d'émigrés nord-africains. Présentation de vingt-sept cas d'impuissance sexuelle* auf diesen Problembereich.[170] Die überarbeitete Version erschien dann unter dem Titel *La plus haute des solitudes*.

Es lag auf der Hand, die Auseinandersetzung mit den Ursachen psychosomatischer Störungen aus einer interkulturellen Perspektive zu führen, aus der dann nicht nur die Leitmotive seiner literarischen Texte hervorgingen, sondern auch die Grundlagen für die darin modellierten Weltbilder. Diese bestehen, wie ein Blick in die zuerst geschriebene Doktorarbeit zeigt, vorwiegend aus der Freudschen Psychoanalyse. Neben den Schriften Sigmund Freuds sind darin die Ronald Laings zitiert, während weder C. G. Jung noch Jacques Lacan auch nur erwähnt werden. Die Beschäftigung mit

---

[168] J.-F. Chaigneau, „Tahar Ben Jelloun: 'Ma mère ne sait pas lire: Je lui raconte mes livres'", in: *Paris Match*, 27.11.1987.

[169] S. Al Kortobi, „Tahar Ben Jelloun: 'Je reçois la réalité en pleine gueule, et je la rapporte'", in: *Sans frontière*, 4.12.1987, S. 14.

[170] Die im Juni 1975 abgeschlossene „Thèse pour le doctorat de 3e cycle en psychiatrie sociale" ist in der Pariser Bibliothèque Nationale einsehbar.

Freud ging, wie oben erwähnt, auf die Zeit in Marokko zurück, wo er ihn zusammen mit Sokrates und Karl Marx in den Philosophieunterricht eingebracht hatte.

Im Hinblick auf die literarischen Texte ist festzustellen, daß die psychoanalytische Perspektivierung bei der Behandlung sexueller Störungen in interkulturellen Konfliktsituationen auch in den Romanen vorliegt. Freilich ist die Einbringung des psychoanalytischen Diskurses in Literatur *und* therapeutischer Praxis im Zusammenhang mit der Problemstellung kultureller Alterität nicht unproblematisch. Ben Jelloun selbst ließ die Frage der Übertragbarkeit der Psychoanalyse auf andere Kulturkreise offen: „Reste à savoir si la théorie freudienne a un sens dans le milieu arabo-berbère du Maghreb. On ne peut le vérifier."[171] Trotz der Unbestimmtheit dieser Aussage steht die Funktion der Psychoanalyse bei der Modellierung von Weltbildern in den literarischen Texten außer Frage. Insbesondere die literarische Traumarbeit, die allerdings nicht nur auf Freud zurückzuführen ist, sondern auch auf die in Marokko üblichen Formen der Traumdeutung, ist ein Resultat der psychoanalytischen Kenntnisse des Autors.[172]

Von *La plus haute des solitudes* ausgehend lassen sich jedoch nicht nur Rückschlüsse auf die Literatur ziehen, sondern umgekehrt auch literarische Kompositionsprinzipien erkennen. Trotz der testimonialen Absicht, Ben Jelloun will Zeugnis ablegen, ist ein literarischer Stilwille unverkennbar, der sich auf die Perspektivierung auswirkt. So enthält der Text zahlreiche rhetorische Figuren, die ihm, je nach Standpunkt des Betrachters, Objektivität geben oder nehmen, und eine literarische Qualität verleihen. Die Mischung von Gattungen und Stilebenen charakterisiert nicht nur die Romane, sondern auch die essayistischen Texte.

Die in diesem Text auftretende Kombination von literarischem und psychologischem Diskurs ist als biographisch relevante Weichenstellung einzuschätzen. Ben Jelloun schlug danach eben nicht die therapeutische, sondern die literarische Laufbahn ein. Der Gegenstandsbereich – psychosoziale Konflikte im Überschneidungsbereich von Kultur und Sexualität – wäre, diese Spekulation sei hier gestattet, vermutlich auch bei

---

[171] Ben Jelloun, Tahar, *La plus haute des solitudes*, S. 90.

[172] Vgl. hierzu Tamm, Sabine, *Secret du secret dans le silence du rêve dans le rêve. Traumerzählungen in den Romanen 'L'enfant de sable' und 'La nuit sacrée'*, Frankfurt 1988. Die erst nach Abschluß der vorliegenden Studie erschienene Dissertation ist, trotz der Beschränkung auf zwei Romane, als grundlegend hinsichtlich der Bedeutung literarischer Träume bei Ben Jelloun einzuschätzen.

einer Entscheidung für den therapeutischen Weg geblieben. Die Annäherung an die Literatur und die Bevorzugung einer subjektiveren und vor allem poetischeren Herangehensweise an diese Problematik trat in den folgenden Arbeiten immer deutlicher hervor. *La réclusion solitaire* und die für das Theaterfestival von Avignon geschriebene *Chronique d'une solitude*, ein nicht veröffentlichtes Stück, setzten diese Literarisierung fort. In der Folge von Driss Chraïbis *Les boucs* (1955) nahm Ben Jelloun die Auseinandersetzung mit Fragen der Alterität und der gegenseitigen Anerkennung literarisch immer wieder auf. Die für *Le Monde* geschriebenen Artikel, Reportagen und Umfragen zur Problematik der Einwanderer waren im Gegensatz dazu zwar nicht frei von literarischen Elementen, tendierten aber eindeutig zum journalistisch-dokumentarischen Pol.

Das Interesse an den Einwanderern und der Einsatz für die Verbesserung ihrer Lebensumstände geben Hinweise auf Ben Jellouns ausgesprochen praktische Vorstellung von Interkulturalität. Dementsprechend vertritt er die konkreten Anliegen der Immigranten, er bekämpft die Folgeerscheinungen der modernen Migrationen: Armut, Rassismus, Entwurzelung, Diskriminierung und Marginalisierung in den Zentren der ehemaligen Kolonialmacht. Die Schwierigkeit, verschiedene Kulturen zu integrieren, stellt sich dabei im Rahmen des Nord-Süd-Konfliktes und des kulturellen Gedächtnisses:

> Un immigré qui vient du Sud dans les pays du Nord peut constater qu'il existe d'autres formes de vie, et de droits, dans une autre société. Mais ne comptez pas sur lui pour qu'il les applique chez lui. C'est humain. Il n'y a pas que sa volonté, il y a les ancêtres; la mémoire des ses ancêtres qu'il trimballe avec lui. Le regard qu'il peut poser sur les sociétés occidentales est forcément un regard d'étranger, qui n'est pas impliqué. Il est provoqué, peut-être, mais il ne se sent pas concerné directement. Par contre, tout change lorsque ses enfants grandissent et deviennent des acteurs de la société occidentale. Là, il y a une perturbation terrible.[173]

Zum Zeitpunkt der Publikation von *La réclusion solitaire* (1976) war Ben Jelloun seinen Lesern vor allem als Autor von *Cicatrices du soleil* und *Harrouda* bekannt. Mit diesen in Marokko und Frankreich heftig diskutierten Texten übernahm er die Führungsposition im interkulturellen Feld der marokkanischen Literatur, die zuvor Driss Chraïbi innehatte. Mit der Herausgabe von *La Mémoire future* (1976), einer Anthologie der neuen

[173] A. Delaunois, „Tahar Ben Jelloun, le conteur de sable“, in: *Art & Culture* (Brüssel), Mai 1995.

marokkanischen Poesie, festigte er diese Position. Nunmehr war er nicht mehr auf die Einbindung in die „littérature maghrébine“ angewiesen. Mit wachsendem literarischen Erfolg entwickelte er sich zu einer autonomen Instanz mit eigenem Markenzeichen. In der französischen Öffentlichkeit galt er zudem als Fürsprecher der Einwanderer.[174]

2.8 Der 'Prix Goncourt'

In den siebziger Jahren erlebte die maghrebinische Literatur einen Aufschwung, der 1987 mit der Verleihung zweier Literaturpreise den Durchbruch in Frankreich brachte. Die Vergabe des „Grand Prix national des Lettres“ an Kateb Yacine und die des „Prix Goncourt“ an Ben Jelloun für *La nuit sacrée* steigerte den Marktwert der maghrebinischen Literatur in französischer Sprache.

Für Ben Jelloun bedeutete der „Prix Goncourt“ eine weitere Stärkung der literarischen Autonomie im gleichzeitig aufgewerteten Feld der maghrebinischen Kultur. Seit 1903 hatten nur sieben Nicht-Franzosen den Preis erhalten, eine bescheidene Zahl gemessen an der Menge der französischschreibenden Autoren. Die symbolische Bedeutung dieser Preisverleihung ist nur mit der aus dem Jahre 1921 vergleichbar, als der Roman *Batouala* des Schwarzafrikaners René Maran prämiert wurde. Die anderen Preisträger waren bis auf den Kanadier Antoine Maillet alle Europäer.[175] In einer Zeit heftiger Spannungen zwischen Franzosen und Einwanderern war die Auszeichnung eines Marokkaners ein Schlag gegen die rassistischen Hetzparolen der von Le Pen geführten Rechtsextremisten. Der ausgesprochen populäre „Prix Goncourt“ erreicht ein breites Publikum, auch jene Leser, die durchschnittlich nur ein Buch pro Jahr lesen. Eine Tendenz zum Orientalischen, die sich bereits in den sechs Monaten vor der Preisverleihung breit machte, begünstigte dabei die Entscheidung für Ben Jelloun. *De la part de la princesse morte* von Kenizé Mourad und *Léon l'Africain* (1986) von Amin Maalouf waren die beiden Titel, die sich besser verkauf-

[174] Vgl. Ch. Bonn, 1994b, „Le voyage et le lieu du dire: émigration et errance de l'écriture maghrébine francophone“, in: *Revue de littérature comparée*, 269, 1, S. 47-59.

[175] 1937, Charles Plisnier (Belgier), *Faux Passeports*; 1952, Béatrice Beck (Belgierin), *Léon Morin prêtre*; 1958, Francis Walder (Belgier), *Saint-Germain ou la négociation*; 1960, Vintilia Horia (Rumänien), *Dieu est né en exil*; 1973, Jacques Chessex (Schweizer), *L'ogre*; 1979, A. Maillet, (Kanadier), *Pélagie la charrette.*

ten als *La nuit sacrée*. Die folgenden Preise bestätigten den Trend und das steigende Interesse an frankophonen Autoren von außerhalb des Hexagons. 1992 wurde Patrick Chamoiseaus (Martinique) *Texaco* ausgezeichnet; 1993 Amin Maaloufs (Libanon) *Le rocher de Tanios*; 1994 Didier van Cauwelaerts (Belgien), *Das Findelkind*[176] und 1995 Andrëi Makines *Le testament français*.

Daß unter den Kriterien der Preisverleihung die literarische Qualität nicht immer an erster Stelle steht, bedarf wohl keiner weiteren Erläuterung, bei Ben Jelloun war sie indessen ein gewichtiges, obgleich nicht unumstrittes, Kriterium. Zudem trug die Anerkennung seines umfangreichen und vielseitigen Gesamtwerks zur Entscheidung bei, und nicht zuletzt brachte die Preisverleihung die längst überfällige Anerkennung der maghrebinischen Literatur in französischer Sprache. Die bis dahin nur Insidern bekannten Gründertexte – Kateb Yacines *Nedjma* (1956), Mohammed Dibs Titel, angefangen von der Algerientrilogie bis hin zu *Qui se souvient de la mer* (1962), Driss Chraïbis *Le passé simple* (1954) – waren bereits Jahrzehnte zuvor erschienen.

Die verspätete Anerkennung entsprach der kommerziellen und kulturellen Logik des Marktes. Das als Subkultur im Rahmen der Entkolonisierung entstandene Sub-Feld erreichte durch die Anerkennung des ehemaligen Kolonisators den Status eines ernstzunehmenden – sprich auch materiell gewinnbringenden – Marktbereichs.

2.9 Frankophonie, „fitna“ und die Vision einer interkulturellen Ethik

Ein nicht zu unterschätzender Aspekt im Verhältnis der Kulturen ist die Verführung. Der Begriff mag in Verbindung mit der Frankophonie zunächst unangebracht erscheinen, doch er ist ausgesprochen vielschichtig, weshalb ihn gerade Schriftsteller gerne verwenden, um ihr Verhältnis zum Französischen zu definieren. Drei Domänen sind bei der interkulturellen Pragmatik zu unterscheiden:

- Die Verführung maghrebinischer Schriftsteller durch die französische Sprache auf der Produktionsseite.

[176] Cauwelaert erzählt die Geschichte von Aziz, einem französischen Jungen, der in seine nordafrikanische „Heimat“ abgeschoben wird.

- Die Verführung durch Erzählen auf der (textimmanenten) Handlungsebene; hier ist vor allem an das Modell *Tausendundeiner Nacht* zu denken, wo Scheherazade als Prototyp der erzählenden Verführerin erscheint.
- Die Verführung des Lesers durch die erzählte Geschichte. Die Faszination des Akts des Erzählens überträgt sich auf die externe Pragmatik: Der Leser ist fasziniert von den vom Geschichtenerzählen faszinierten Romanfiguren.

Während die beiden letzten Aspekte Gegenstand der Textanalyse sein werden, ist die Beziehung des Autors zum Französischen in diesem Kapitel abzuhandeln. Selbstverständlich weist das Verhältnis zum Französischen mehrere Ebenen auf: die persönlich-biographische, die affektive, die pragmatische, die offizielle, usw. Biographisch spielt das affektive Verhältnis zur Sprache und zur Sprachgemeinschaft eine erhebliche Rolle. Ben Jelloun ist keine Mischehe eingegangen, wie etwa L. Sédar Senghor, sondern er hat eine Marokkanerin geehelicht, womit er von dem Verdacht befreit ist, sich durch Sexualität oder Heirat die andere Kultur aneignen zu wollen.[177] Auf der offiziellen Ebene stellte die Aufnahme Ben Jellouns in den „Haut Conseil de la Francophonie" einen symbolisch bedeutsamen Akt dar, der seine Position im Feld der institutionellen Macht entscheidend aufwertete und den man mit Senghors Aufnahme in die *Académie Française* vergleichen könnte. Insofern kann sie sowohl als Erweiterung der Einflußmöglichkeiten als auch als Vereinnahmung gesehen werden. Kritik kam vor allem von der arabisierenden Seite, die Ben Jelloun von jeher als kulturellen Überläufer darzustellen versuchte.

Andererseits gab es zu keiner Zeit mehr Französischsprechende als heute. François Mitterrands Ideal eines wirklichen Dialogs der frankophonen Kulturen zielte auf eine neue Kulturordnung („nouvel ordre culturel") ab, die ein gleichberechtigtes Verhältnis ohne ideologische oder wirtschaftliche Hintergedanken herstellen soll. Freilich ist die Berufung auf die Universalität der französischen Sprache aus dem Mund eines französischen Präsidenten mit historisch begründeten Vorbehalten versehen, die hier nicht ausgeführt zu werden brauchen. Der hohe Stellenwert, den Franzosen ihrer Sprache einräumen, ist ein unbestrittenes Faktum, daher sei hier lediglich daran erinnert, daß dieses Sprachbewußtsein kein isoliertes Phäno-

---

[177] Vgl. dazu in S. Abou, *L'identité culturelle*, Paris 1981, das Kapitel „Les tensions relatives à l'affectivité", S. 75-82, insbesondere den Unterpunkt „Le comportement sexuel comme moyen de se faire reconnaître par l'autre", S. 77f.

men darstellte, sondern Teil eines ausgeprägten kulturellen Überlegenheitsgefühls war, das beispielsweise im kolonialen Missionierungsbewußtsein („mission civilisatrice de la France") zum Ausdruck kam.[178]

Ben Jelloun nahm die Zweischneidigkeit der institutionellen Frankophonie in Kauf. Die politische Funktion im Rat der Frankophonie tat seiner kritischen Einstellung gegenüber dem Konzept keinen Abbruch. Er fordert daher die Anerkennung der Tatsache, daß die Frankophonie auch vom *input* der nicht-frankophonen Kulturen lebt:

> une francophonie vivante et intelligente n'est possible que si elle respecte et met en valeur les autres langues nationales. Il n'y aura à mon avis aucun progrès du français au Maghreb, par exemple, si par ailleurs cette langue ne s'intéresse pas à la culture maghrébine arabo-berbère. [...] La francophonie ne peut avoir de sens aujourd'hui que dans une rupture définitive avec ses origines historiques et politiques (le colonialisme et le paternalisme). Cette rupture se fait dans la reconnaissance – la traduction et la mise en valeur – de textes arabes essentiels.[179]

Im Klartext bedeutet die Forderung nach interkultureller Anerkennung eine Absage an die neokolonialen Tendenzen, deren Unterbindung sich in der Praxis aufgrund der Langlebigkeit historischer Machtverhältnisse als schwieriger erweist als in offiziellen Erklärungen.

Die Kritik gilt besonders dem strategischen Gebrauch der Frankophonie, der sich darin zeige, daß der Begriff immer nur andere – Schweizer, Belgier, Kanadier, Araber, usw. – bezeichne, jedoch nie Franzosen.[180]

Ben Jelloun kritisiert überdies die Diskrepanz von Gutwilligkeitsbekundungen und politischer Realität, die sich beispielsweise darin äußere, daß die Verfechter der Frankophonie aus Afrika oder Asien, die „porteurs de la valise francophone", oft kein Einreisevisum für Frankreich bekommen. Die Frankophonie-Politik müsse sich daher mit den konkreten Problemen der Immigration ebenso wie mit dem Rassismus im allgemeinen befassen. Auch diese Haltung weist Parallelen zu der Senghors auf, der ebenfalls ausgehend von einer Position der Anerkennung in Frankreich gegen den

---

[178] Zum Universalismus der Francophonie vgl. de Beaucé, Thierry, *Nouveau discours sur l'universalité de la langue française*, Paris 1988.

[179] T. Ben Jelloun, „Le français tel qu'on le rêve", in: *Le Nouvel Observateur*, 25.-31.3. 1988, S. 134.

[180] T. Ben Jelloun, a.a.O. Diese Argumentation vertritt auch Amin Maalouf, vgl. das Vorwort zur zweiten Auflage von Ben Jellouns, *Hospitalité française*, (1997), „Préface", S. 30.

Rassismus kämpfte. Anders als Senghor, der aus seiner grenzenlosen Bewunderung für die französische, europäische, von der griechisch-römischen Antike geprägte Kultur nie einen Hehl machte, betrachtet Ben Jelloun dieses bildungsbürgerliche Weltbild, das bei Senghor zudem auf einem aristokratischen Gesellschaftsmodell beruht, eher aus einer kritischen, zur Demokratie neigenden Perspektive, deren Ideal in der Abschaffung der sozialen Ungerechtigkeit besteht.

Welche andere Faktoren bestimmen die Position im interkulturellen Feld der Frankophonie? Neben der stereotypen Bewunderung für die „clarté" des Französischen spielt das affektive Verhältnis zur Sprache eine nicht zu unterschätzende Rolle. Auch hier verdeutlicht ein Vergleich mit Senghor die Entwicklung und die Unterschiede. Während der Senegalese, der als erster schwarzer Abgänger der „Sorbonne" die Fächer Französisch, Latein und Griechisch an französischen Gymnasien unterrichtete, die von der „Grande Nation" erwartete Sprachbeherrschung übererfüllte und sowohl in Frankreich als auch in Afrika als „Musterneger" präsentabel war, stand Ben Jelloun unter einem etwas weniger hohen Erwartungsdruck. Die zweihundertprozentige Französität wurde ihm nicht mehr abverlangt, obschon das Kriterium des „bon usage" zumindest in den Sparten der Feuilletons immer noch ein obligatorisches Kriterium ist, das lobend vermerkt wird. Freilich liegt seit den siebziger Jahren der Akzent stärker auf dem kreativ-subversiven Sprachgebrauch, der dem erstarrten Französisch neues Leben – sprich Exotik – einhaucht.

Ben Jelloun beruft sich bei der Beschreibung seines Verhältnisses zum Französischen weniger auf die dieser Sprache zugeschriebene logische Rationalität und Klarheit als vielmehr auf eine Leidenschaftlichkeit, die deutlich erotische Züge aufweise. Wie viele maghrebinische Autoren bevorzugte er die Metapher der Verführung. Meist kommt dabei dem Französischen die Rolle der Zweitfrau oder der Geliebten zu, die verführt und verführt werden will, dem Arabischen dagegen die – zweifellos undankbarere und schwierigere – der Ehefrau. Eine literarische Version dieser Konstellation ist in den Erzählungen *Le premier amour est toujours le dernier* enthalten. In der letzten Geschichte „Le polygame" heißt es:

> Ma seconde femme, je l'ai trouvée tout seul, ou presque. Elle m'était offerte, mais il fallait la séduire, jouer et intriguer avec elle pour la mériter et la garder. (S. 197)

Diese nicht ganz widerspruchsfreien Aussagen beginnen mit einem grenzenlosen Euphemismus. Mitnichten hat Ben Jelloun das Französische fast allein gefunden, und eine aktive, von ihm ausgehende Entdeckung war es ebenso wenig. Deshalb folgt unverzüglich die Berichtigung, daß sie ihm geschenkt worden sei, was dem euphemistischen Ton allerdings keinen Abbruch tut. Sprachlich fällt in dieser Sequenz die Häufung der Verben auf. Die Abfolge von „finden, geschenkt erhalten, müssen, verführen, spielen, intrigieren, verdienen, behalten" reiht eine Serie von Mikro-Liebesdramen aneinander. Die Erzählung, gewiß keiner von Ben Jellouns literarischen Höhepunkten, gibt in erster Linie Aufschluß über die Rhetorik der Zweisprachigkeit.

Bei der affektiven Beziehung zur Sprache ist auf die der Verführungsmetaphorik eigene interkulturelle Spannung hinzuweisen. Die Bedeutung des arabischen Wortes „fitna" geht weit über die deutsche „Verführung" und die französische „séduction" hinaus. „Fitna" bedeutet gleichzeitig Verführung und Bürgerkrieg. Der historische Hintergrund dieser Synonymie umfaßt die gesamte arabische Kulturgeschichte, weil sie sich auf das präislamische Ideal von Leidenschaft und Ritterlichkeit bezieht. A. Khatibi wies in seinem Roman *Amour bilingue* (1983, S. 17) auf die sprachlichen und kulturellen Interferenzen des Wortes hin.

Unabhängig davon, wie man die Vorstellung des gegenseitigen Eroberns und Verführens interpretiert oder bewertet, weist es auf die Veränderungen im Verhältnis der Sprachen hin. Mit der zunehmenden Integration in Frankreich stieg bei Ben Jelloun der Grad der Verinnerlichung des Französischen:

> Beaucoup plus tard, je me suis rendu compte que j'étais de plus en plus à l'aise en français, et de moins en moins en arabe. Je n'ai pratiquement pas écrit de textes littéraires en arabe.[181]

Weder die biographische Entwicklung des Autors noch die der französischsprachigen Literatur des Maghreb sind abgeschlossen. Aufgrund der zunehmenden Internationalisierung des Buchmarktes kann man von einer weiteren Verbreitung der postkolonialen Literaturen ausgehen. Die Frage, wie lange die arabische Kultur sich noch der französischen Sprache bedienen wird, ist allerdings, wie der libanesische Schriftsteller Salah Stétié bemerkte, keine rein kommerzielle Frage, sondern auch eine der Ethik und des Respekts, den die Kulturen im Umgang miteinander aufbringen:

---

[181] P. Maury, „Tahar Ben Jelloun. Deux cultures, une littérature", in: *Magazine littéraire*, 1995, S. 106-111; hier: S. 108.

On peut vouloir s'exprimer en français, étant arabe, simplement parce que cette langue est un carrefour et que toutes les cultures (et tous les publics) s'y donnent rendez-vous. On peut vouloir rappeler en français, à l'univers, que l'arabité est aussi – passé, présent, futur – une création, une créativité à l'œuvre, et qu'il ne saurait y avoir d'humanisme contemporain sans que soit prise en considération la diagonale arabe.[182]

Stétiés Statement mag hier als Fazit eines „work in progress" dienen, zumal es auf eine werkübergreifende Tendenz bei Ben Jelloun hinweist. Die eingangs gestellte Frage, ob er auf dem Teppich der marokkanischen Kultur geblieben ist, ist im Hinblick auf die Entwicklung einer interkulturellen Ethik mit „Ja" zu beantworten. Trotz, oder vielleicht auch gerade wegen, der zunehmenden Einbindung in die französische Kultur, hat Ben Jelloun die ethische Dimension von Interkulturalität im Auge behalten. Die Entwicklung in den neunziger Jahren zeigt, daß ihm seine schriftstellerische Vielseitigkeit dabei zugute kam. Während Texte wie *Les raisins de la galère* (1996) die Neuauflage von *Hospitalité française* (1997) und *Le racisme expliqué à ma fille* (1998) eine interkulturelle Ethik entwickeln,[183] und explizit den von Stétié angesprochenen kulturellen Respekt einfordern, ruht der Roman *La nuit de l'erreur* (1998) fest in der marokkanischen Kultur, während *L'auberge des pauvres* (1999) die Brücke zur italienischen schlägt. Die erneute Hinwendung zur italienischen Kultur, die freilich in vielerlei Hinsicht als Chiffre für die marokkanische betrachtet werden kann, zumal der Roman von Neapel handelt, bindet Ben Jelloun die arabische Welt in den mediterranen Kulturraum ein. Betrachtet man die Literatur als „tiers lieu" im „Entre-deux" der Kulturen, dann übernimmt die italienische Kultur, insbesondere die des Südens, die geographische Repräsentation dieses dritten Raums. Mit Italien, wo Ben Jelloun nach Frankreich die größte Leserschaft hat, verbinden ihn eine persönliche Affinität und einige wichtige persönliche Beziehungen, wie etwa zu seinem Übersetzer Egi Volterrani. Italien als mögliches Modell des dritten Raums wäre somit der symbolische und der geographische Ort, in dem die Spannungen und der Druck des „Entre-deux", der sowohl in Marokko als auch in Frankreich sehr stark ist, sich zwar nicht auflösen, doch zumindest gedämpft auftreten. Die enthusiastische Aufnahme seiner Literatur in Italien ist unter anderem auf die darin enthaltene Ethik zurückzuführen. Nicht zuletzt des-

---

[182] S. Stétié, „La diagonale arabe", in: *Qantara*, 24, 1997, S.82. Der libanesische Autor erhielt 1995 den „Grand Prix de la francophonie de l'Académie française".

[183] *Le racisme expliqué à ma fille* wurde von der UNO mit dem Preis „Global Tolerance" ausgezeichnet. Zur interkulturellen Ethik vgl. das Emigrationskapitel.

halb dürfte der Vorsitzende des Europäischen Parlaments Romano Prodi den Autor im Jahr 1999 um eine Kanditatur gebeten haben.[184] Ben Jelloun reiht sich damit in die Tradition Césaires und Senghors ein, er setzt ein weiteres Zeichen seines Engagements und gewinnt obendrein Abstand von der Literatur, was nach einer fast dreißigjährigen, erstaunlich kontinuierlichen Produktivität nur von Vorteil sein kann. Bis dahin waren trotz pausenloser Kreativität keine Anzeichen einer, oft fruchtbaren, Schaffenskrise zu entdecken. Nicht einmal nach der Verleihung des „Prix Goncourt“ gönnte sich Ben Jelloun eine Atempause, weder literarisch noch bei der journalistischen Arbeit. Ob die Erklärung für diese Arbeitsmoral in der unauflösbaren Spannung des „Entre-deux“ oder die Anzeichen einer Krise innerhalb der Texte zu suchen sind, kann hier nur als Frage aufgeworfen werden. Sicherlich versteht Ben Jelloun sein Schreiben mehr als Beruf denn als Berufung. Die in der arabischen Welt verankerte Auffassung des öffentlichen Schreibers („katib“ oder „écrivain public“) bildet hierfür die handwerkliche Grundlage.

Die Entwicklung Ben Jellouns im interkulturellen Feld der französischsprachigen Literatur des Maghreb zusammenfassend sind sechs, sich teilweise überschneidende, Etappen erkennbar:

- Die ambivalente Erfahrung des Französischen in der Kindheit. Auf der einen Seite die durch den Besuch der französischen Schule gewonnene Erkenntnis sozialer Ungleichheit; auf der anderen Seite die Entdeckung der europäischen Kultur, insbesondere der französischen Literatur und der Lyrik des 19. Jahrhunderts, sowie die daraus resultierende Hinwendung zum Französischen als Literatursprache.
- Die literarischen Anfänge in Marokko im Kreis der Zeitschrift *Souffles* mit einer Lyrik der Erneuerung und des Protestes.
- Die Entwicklung zum Wortführer der marokkanischen Literatur in Frankreich.
- Die Entwicklung zum Fürsprecher der maghrebinischen Immigranten in Frankreich.
- Die Festigung der literarischen Autonomie durch institutionelle Einbindung und Anerkennung.
- Die Intensivierung des politischen Engagements, verbunden mit einer Hinwendung zu anderen mediterranen Kulturen, insbesondere zur italienischen.

---

[184] Dies teilte mir Ben Jelloun bei einem Treffen im April 1999 in Paris mit, nachdem er am Vortag gerade aus Rom zurückgekommen war.

Vergleicht man diese Entwicklung mit der eines Césaire oder eines Senghor, treten eindeutige Übereinstimmungen zutage:

- Die ambivalente Erfahrung der europäischen Kultur als elitäres Bildungsmerkmal, das gleichzeitig bereichert und stigmatisiert.
- Die Berufung auf die Mutter als Zeugin für die eigene Echtheit sowie als Quelle der mündlich überlieferten Kultur.
- Der Wechsel nach Paris als Desillusionierung und Auslöser des Engagements und des Kampfes gegen den Rassismus.
- Das politische Engagement und die offizielle und institutionelle Einbindung in die französische Kultur.

3. Die Lyrik Tahar Ben Jellouns

Am Anfang der literarischen Laufbahn Ben Jellouns stand die Poesie. Diese mit Nachdruck hervorzuhebende Tatsache eröffnet einen reizvollen Zugang zur Frage nach der Interkulturalität. Zunächst entspricht dies der Entwicklung der französischsprachigen Literaturen des Maghreb, denn die Lyrik war das „Laboratorium“ der Entwicklungen, die in der Prosa ihre Fortsetzung fanden.[185] Ferner kommen auch die schwarzafrikanischen und karibischen Vorläufer Dichter als Modelle in Frage. Die poetologischen Vorstellungen Léopold Sédar Senghors und Aimé Césaires sind konzeptionell durchaus mit denen Ben Jellouns vergleichbar. Da diese jedoch nicht nur die Poesie, sondern die Poetik, auch die der Romane, betreffen, wird im entsprechenden Kapitel darauf zurückzukommen sein.[186]

Die maghrebinische Lyrik, im Gegensatz zur „importierten“ Gattung des Romans, ist in der arabischen und berberischen Kultur verwurzelt, wo sie in der schriftlichen und der mündlichen Tradition die führende literarische Gattung war.[187] Dichter genießen in der arabischen Kultur eine höhere Achtung als in der europäischen und nordamerikanischen. Die arabischen

---

[185] Vgl. dazu Abdellatif Laâbi: „[...] la poésie d'expression française a joué un rôle d''agitateur' dans l'éprouvette de la littérature maghrébine dans son ensemble. Depuis les œuvres prémonitoires d'un Jean Amrouche, en passant par la poésie de résistance algérienne des années cinquante (celle de Jean Sénac, Noureddine Tidafi, Anna Gréki, Aït Djafer, Malek Haddad, Mohammed Dib, Kateb Yacine, Bachir Hadj Ali), jusqu'à l'expérience subversive de la revue *Souffles* dans les années soixante (avec des poètes comme Mohammed Khaïr-Eddine, Mostafa Nissaboury, Malek Alloula, Abdelkebir Khatibi, Ahmed Bouanani, Mohammed Loakira, Tahar Benjelloun [sic], Abdelaziz Mansouri, Mohammed Ismaël Abdoun, et le poète qui est devant vous), cette poésie a fonctionné comme une sorte de laboratoire. Elle a forgé la langue propre de la littérature maghrébine, ses mythes fondateurs, la configuration du creuset culturel où elle a réalisé les éléments de sa spécifité et de son universalité, opéré ses enracinements et ses métissages“. Aus: „Réflexions autour de la poésie maghrébine d'expression française“, in: *Cahier d'études maghrébines*, 5, 1993, S. 7.

[186] Vgl. im Kapitel zu den Romanen Punkt 5.4: „Die Poetik der Nacht“.

[187] Die Versdichtung umfaßte u.a. epische (Malhamah) und panegyrische (Al-Madih) Texte, Romanzen und Lyrik (al-Gazal), Elegien und Trauergedichte (al-Ritha'), die Weinlieder (Hamriyat), sowie Hagiographien und Sufistik. Vgl. Laâbi, a.a.O., S. 8.

Dichter hatten als Magier des Wortes stets eine außerordentliche Macht über ihre Zuhörer, sie faszinierten Gebildete und Ungebildete gleichermaßen.

Eine Analyse der maghrebinischen Literatur mit Gilles Deleuzes und Félix Guattaris Konzept der „littérature mineure“ würde den Rekurs auf dieses kulturelle Erbe ausblenden.[188] Versucht man die Verarbeitung der unterschiedlichen literarischen Überlieferungen im „creuset culturel“ zu berücksichtigen, steht man vor einem Prozeß von Reibungen, Verwerfungen, Anziehungen, Abstoßungen und Interferenzen aller Art, der sich nicht zuletzt auch innerhalb der jeweiligen Traditionen vollzieht. Die unberechenbare, in ständigem Fluß befindliche Bezugnahme auf unterschiedliche Sprachen, Kulturen und Codes („hoher“ und „niedriger“ Literatur, Schriftlichkeit und Mündlichkeit) erfordert eine interkulturelle Perspektive, denn die transformative Dynamik der französischsprachigen Literatur entsteht, wie in den ersten beiden Kapiteln gezeigt, im Überschneidungsbereich mehrerer kultureller Spannungsfelder und Sprachen.

Die bis zu den vorislamischen nomadischen Ursprüngen der arabischen Poesie zurückreichenden Bezüge[189] bewegen sich zwischen den Polen von Schriftlichkeit und Mündlichkeit und damit, grob vereinfacht, zwischen der offiziellen und der populären Kultur. Die Größe der arabischen Poesie bot zwar den sich entkolonisierenden Bildungseliten einen gewissen Rückhalt bei der Wiedererlangung ihres Selbstbewußtseins, doch die meisten Schriftsteller suchten die Ansatzpunkte für die Erneuerung nicht in der gloriosen Vergangenheit, sondern in der Gegenwartskultur. Die Wahl des Französischen war eine Konsequenz daraus, die Einbeziehung der mündlichen Volkskultur eine zweite. A. Laâbi sprach von einer „remise en chantier de la culture orale et populaire“, um auf das kreative Potential und den Werkstattcharakter dieser von *Souffles* verbreiteten Programmatik hinzuweisen.[190]

Auch das Verhältnis zwischen der Schriftlichkeit des elitären klassischen Kanons und der Mündlichkeit der vom Volk tradierten Genres ist mit bi-polaren Modellen kaum zu erfassen. Dies kann nur ein Modell des inter-

---

188 G. Deleuze/ F. Guattari, *Kafka. Pour une littérature mineure*, Paris 1975. Vgl. dazu E. Arend-Schwarz, „'Métalittérature engagée' - Zum Romanwerk Tahar Ben Jellouns“, in: *Romanische Zeitschrift für Literaturgeschichte*, 1994, 1/2. S. 162-189.

189 A. Laâbi, ebenda, S. 10.

190 A. Laâbi im Vorwort zu *L'Œil et la nuit*, (1969), in der Ausgabe von (Rabat) 1982, S. 9.

und intrakulturellen Transfers leisten.[191] Ben Jelloun, der sich die Aufwertung der marokkanischen Volkskultur gegenüber französischer und arabischer Schriftkultur als Ziel gesetzt hat, bezieht sich in besonderem Maße auf die Poesie, vor allem auf den „malhun“, eine aus der andalusischen Zeit stammende und gesungene Lyrik.[192]

Die zeitgenössische marokkanische Poesie wurde mehrfach in Anthologien vorgestellt. In Frankreich war es allen voran Tahar Ben Jelloun, der mit *La mémoire future* (1976) die aktuellen Tendenzen insbesondere der arabischsprachigen Lyrik präsentierte; auch die Zeitschrift *Europe* veröffentlichte eine Sondernummer: *Poètes marocains de langue française*, (602/603, Juni-Juli 1979); die Zeitschrift *Poésie 1* (122, Januar-März 1985) widmete den französischsprachigen Dichtern eine von Jean Déjeux herausgegebene Ausgabe. In Georgette Toëscas Anthologie der maghrebinischen Poesie *Itinéraires et lieux communs* (Paris 1983) nimmt Marokko einen großen Raum ein.

3.1 Das Vorwort zur *Poésie complète* – der Rückblick des Dichters

Einen guten Einstieg in das poetische Werk eröffnet Ben Jellouns Vorwort zur Gesamtausgabe seiner Gedichte. Dem nach dreißigjähriger literarischer Aktivität verfaßten Text kommt eine doppelte Bedeutung zu: erstens als biographische Rückschau und literarische Selbstdarstellung; zweitens als poetologisches Manifest. Was die Auswahl der Texte betrifft, nahm der Autor lediglich geringfügige Veränderungen gegenüber den Originalausgaben vor. Aufschlußreicher erscheint dagegen die, Biographie und Poetik miteinander verbindende, Stellungnahme zum eigenen Werk. Im Zusammenhang mit den poetologischen Überlegungen fällt die Erwähnung eines einzelnen Gedichts auf: „L'aube des dalles“. Aufgrund dieser Hervorhebung soll es auch die Gedichtinterpretationen eröffnen.

---

[191] Vgl. A. Laâbi, ebenda. Die klassische Poesie wurde nicht nur schriftlich tradiert, sondern auch an den höfischen Machtzentren und den Bildungseinrichtungen rezitiert; sie blieb auch keineswegs völlig isoliert von den populären, mündlich überlieferten Texten, sondern bezog diese wohl auch in den kreativen Prozeß mit ein.

[192] Vgl. dazu T. Ben Jelloun, „L’imaginaire dans les sociétés maghrébines“, ebenda, S. 134.

Zuvor ist jedoch noch auf die wesentlichen Aspekte dieses für die gesamte literarische Entwicklung wichtigen Vorworts einzugehen. Den Ausgangspunkt bildet eine Definition der Poesie, bei der die Mutter, deren besondere Bedeutung sich bereits im biographischen Teil dieser Untersuchung herausgestellt hatte, eine Schlüsselrolle einnimmt:

A la poésie il nous faut toujours revenir pour faire cesser le bruit que font l'illusion et le désespoir, pour être dans l'essentiel sans tapage, pour rester voisin de l'enfance en ce qu'elle peut avoir de troublant, de vrai et de juste, pour parler avec la mère même si la mienne ne sait ni lire ni écrire, être avec elle, l'écouter et écrire. (S. 9)

Diese Definition der Poesie beruht auf dem Gegensatz von Schein (illusion) und Sein (l'essentiel). Das Personalpronomen „nous" ist kein *pluralis maiestatis*, sondern es deutet auf die Universalität der poetischen Erfahrung hin. Auf der Seite der essentiellen Werte Wahrheit und Gerechtigkeit stehen die Kindheit und die Mutter. Beide dienen Ben Jelloun als literarische Modelle. Die Mutter repräsentiert die Volkskultur, die als Quelle seiner Literatur erscheint. Deren Basis ist die im arabischen Dialekt tradierte mündliche Kultur und nicht die französische oder die arabische Schriftkultur. Die von den Müttern vermittelte Kultur ist gebunden an das Anonymat und das mündliche Erzählen, das auf dem Hören beruht. Autorschaft und Lektüre, die beiden Grundpfeiler der Schriftkultur, spielen dabei scheinbar keine Rolle. Während die Mutter die Vergangenheit symbolisiert, steht die Kindheit, ein Leitmotiv des Gesamtwerks, für die Zukunft. Die als Hoffnungsträger erscheinenden Kinder repräsentieren eine utopische Dimension, den Willen, die Gegenwart zu verändern. Damit sind die Kraftfelder genannt, zwischen denen sich die kulturellen Modelle des Autors bewegen. Auf der Ebene der sekundären Modellbildung (Lotman: 1989, 305ff.) läßt sich der Gegensatz von ursprungsorientierten und endorientierten Texten feststellen. Die Mutter steht für den Ursprung und die Orientierung an den Wurzeln, die Kindheit ist das zukunftsorientierte Motiv der Veränderung der Gegenwart.

Ben Jelloun bezeichnete sich oft als Dichter „à l'écoute du peuple".[193] Damit verkündete er nicht nur sein Selbstverständnis als Stimme und Schreiber des Volkes („écrivain public"), sondern er verwies auch auf die

[193] T. Ben Jelloun „Le poète doit être á l'écoute du peuple", in: *Revue de l'Occident musulman et le Mediterranée*, 22, 1976, S. 191-195. „Je me reconnais dans l'image de cet écrivain qui est à l'écoute de son peuple, [...]", in: T. Ben Jelloun, „L'imaginaire dans les sociétés maghrébines", ibid., S. 141.

elementare Bedeutung des Hörens. Der auditive Bereich, das Sprechen und Zuhören der mündlichen Kommunikation, bildet von den ersten Gedichten an bis zu den zuletzt erschienenen Romanen ein zentrales Element von Handlung und Erzählstruktur. In den Romanen stellt die „halqa" die Verbindung zwischen sozialer Sprechsituation und fiktionaler Umsetzung her. Die Romananalysen werden zeigen, wie Ben Jelloun die „halqa", den Kreis der Zuhörer, der sich um die auf öffentlichen Plätzen auftretenden Geschichtenerzähler versammelt, erzählerisch einsetzt. In der Lyrik, wo Beschreibung und Wirklichkeitsbezug eine untergeordnete Rolle spielen, kommt die „halqa" zwar nicht als Motiv vor, doch die Atmosphäre des öffentlichen Platzes, an dem sich Gaukler und Erzähler ein Stelldichein geben, findet sich auch in manchem Gedicht wieder. Dies kommt insbesondere durch die dialogischen Strukturen und die Stimmenvielfalt zum Ausdruck.[194]

Im nächsten Abschnitt des Vorworts erinnert Ben Jelloun an die für ihn und seine Generation traumatische Erfahrung der politischen Repression und die Entstehungsgeschichte des ersten Gedichts „L'aube des dalles". Er verbindet dabei eine verinnerlichende Tendenz („faire cesser le bruit que font l'illusion et le désespoir"), die in der Abkehr vom Lärm der Außenwelt zur Geltung kommt, mit der Orientierung an sozialen Ereignissen. Die Erfahrung der sozialen und historischen Umbruchssituation der Entkolonisierung hinterließ in den Biographien der Schriftsteller aus der Generation Ben Jellouns deutliche Spuren.

Ben Jellouns Selbstvorstellung pendelt zwischen Verinnerlichung und Veräußerlichung. Mit dieser der Rhetorik des Vorworts entsprechenden Stilfigur verdeckt er andere bei der Entstehung seiner Literatur relevante Faktoren wie etwa die vorausgehenden Lektüren, ohne die er nicht zum Dichter geworden wäre. Im Kreislauf der Beziehungen von Geschichte, Biographie und Fiktion spielen sowohl frühere Lektüren als auch die Programmatik von *Souffles* eine entscheidende Rolle. Ein Hinweis auf Gelesenes ist das Zitat von Aimé Césaire, das die Definition der Poesie illustriert: „m'installer au vivant de moi-même et du monde". Ben Jellouns Lektüre karibischer Literatur – neben Aimé Césaire verwies er oft auf Saint-John Perse – wäre sicher eine eigenständige Untersuchung wert. Verwiesen sei hier nur auf Césaires *Cahier d'un retour au pays natal*, Paris 1939, das

[194] Zur Dialogizität in der Lyrik vgl. Renate Lachmann, „Bachtins Dialogizität und die akmeistische Mytho-Poetik als Paradigma dialogisierter Lyrik", in: K. Stierle/ R. Warning (Hgg.), *Das Gespräch*, München 1984, S. 517-523.

wesentliche Anhaltspunkte für die Lektüre von Ben Jellouns „L'aube des dalles" liefert. Wie in Césaires lyrischem Hauptwerk geht es um eine Positionierung des Dichters im interkulturellen Spannungsgefüge; wie bei Césaire setzt das Bekenntnis zur eigenen Kultur einen Prozeß der Selbstfindung und den Abstieg in die Hölle der sozialen Ungerechtigkeit und des Rassismus voraus; wie Césaire stellt Ben Jelloun seine Botschaft nicht ideologisch, sondern in einer Flut von Bildern dar.

3.2 Tahar Ben Jellouns „Wortergreifung"

Das zuerst in der Zeitschrift *Souffles* (Nr. 12, 1966) veröffentlichte Gedicht „L'aube des dalles" bildet den Anfang von Ben Jellouns schriftstellerischer Laufbahn. Der Publikationsort ist kein Zufall, hatte sich Ben Jelloun doch der *Souffles*-Gruppe angeschlossen, die sich in der ersten Ausgabe als „nouvelle génération poétique et littéraire" dem Publikum präsentierte. Die Poesie stand quasi in den Statuten der neuen Generation, die auch schon als marokkanische *Pléiade* bezeichnet wurde.[195] Von zentraler Bedeutung ist dabei der Begriff der Wortergreifung („prise de la parole"), der darauf hinweist, daß es sich bei der Entscheidung für die Literatur um einen bewußten Akt handelt, der das Selbstverständnis der Generation Ben Jellouns charakterisiert. Neben dem politischen Bewußtsein bedeutet dies auch ein erhöhtes Sprachbewußtsein: Auf Französisch zu schreiben, war nie ein „unschuldiger" Vorgang. Auch in diesem Zusammenhang könnte man Césaire als Modell in Betracht ziehen. Insbesondere der *Cahier d'un retour au pays natal* stellt einen Bewußtseinsprozeß dar, bei dem das soziale Erwachen untrennbar mit der poetischen Wortergreifung verbunden ist.

Die Wortergreifung, das Durchbrechen des Schweigens, ist eines der Leitmotive – im doppelten Wortsinn von Ursache und literarischem Motiv – der postkolonialen französischsprachigen Literaturen des Maghreb sowie Schwarzafrikas.[196] Ben Jellouns Wortergreifung weist die für diese Phase

[195] G. Toësca, *Itinéraires et lieux communs. Poésie du Maghreb*, Paris 1983, S. 215.

[196] Vgl. H.-J. Lüsebrink, *Schrift, Buch und Lektüre in der französischsprachigen Literatur Afrikas*, 1990, inbesondere S. 162-193. Als Beispiel für das Motiv der Wortergreifung, das die Mehrheit der Autoren charakterisiert, sei hier Abdellatif Laâbi genannt. Er vertritt ein poetisches Selbstverständnis, das Sprechen als revolutionären Akt definiert: „Je veux dire ce que se tait/ On a retiré la parole à des millions d'hommes/ Le silence est devenu le destin des impuissants/ et la misère donne des haut-parleurs aux lâches", in: *Règne de barbarie*, (1976), S. 94.

der postkolonialen Literaturen charakteristische Verbindung avantgardistischer Positionen und Schreibweisen mit gesellschaftlichem Engagement auf.[197]

3.3 „L'aube des dalles"

Ben Jellouns erstes Gedicht stellt die Fragen der *Souffles*-Gruppe nach der Zukunft des Landes, sowie nach dem Dichter und seiner gesellschaftlichen Funktion.[198] Es nimmt Bezug auf reale Ereignisse, denen ein symbolischer Stellenwert zukommt. Zum Entstehungshintergrund heißt es in *L'écrivain public*:

> Mes premières phrases ont surgi d'une blessure. Avec maladresse et mélancolie. Des morceaux de poème se sont imprimés dans ma tête, sur mon front en ce jour de mars 1965 où des gamins, des hommes et des femmes sans travail, sont descendus dans les rues de Casablanca. Un soulèvement spontané, arrêté par la mitraille. (S. 108)

„L'aube des dalles" ist entstanden als Reaktion auf die blutige Niederschlagung von Studenten- und Volksaufständen in der Amtszeit des Innenministers General Mohammed Oufkir, dessen Name mit Ungerechtigkeit, Folter und namenlosem Entsetzen assoziiert wird. Die inhaltlich dargestellte Gewalt des Jahres 1965 wird durch die Häufung der Plosive b, d, d auf der Lautebene im Titel noch zusätzlich betont. Die Ereignisse in Rabat und Casablanca finden sich auch im ersten Roman *Harrouda* wieder, wo es im Kapitel „Vendredi les cendres" zu einer Befreiung der Kinder und Vögel kommt, die erst als großes Fest gefeiert und dann niedergeschlagen wird.

---

[197] Eine ähnliche Verknüpfung von literarischer und politischer Avantgarde trat schon bei den französischen Surrealisten der zwanziger Jahre auf, die den Autoren von *Souffles* und auch Ben Jelloun nicht unbekannt waren.

[198] Die Frage Friedrich Hölderlins: „[...] wozu Dichter in dürftiger Zeit?" (in dem Gedicht „Brot und Wein") erhält im Kontext der Avantgarde- und Post- oder Neo-Avantgardebewegungen der „Dritten Welt" eine neue, globale, historische Dimension. Die Aktualisierung dieser Frage, die selbstverständlich nicht nur Hölderlin beschäftigte, verbindet Zeitbedingtes mit Überzeitlichem, ein weiteres Anliegen der *Souffles*-Autoren: das einer Modernisierung mit historischer Tiefe. Der griechische Dichter Giorgos Seferis, eines der Vorbilder Ben Jellouns, stellte Hölderlins Frage seinem Gedichtband *Logbuch II* (Schwifting 1981) als Motto voraus; vgl. dazu D. Coulmas, „Giorgos Seferis", in: Heinz Ludwig Arnold (Hg.), *Kritisches Lexikon zur fremdsprachigen Gegenwartsliteratur*, München, 11. Neulieferung, S. 11.

Das erste Gedicht zeugt, wie die ersten Gedichtbände *Hommes sous linceul de silence, Cicatrices du soleil* und *Le discours du chameau,* von einer historischen und politischen Bedingtheit des Schreibens. Ben Jelloun, der an den Aufständen teilnahm, wurde nicht inhaftiert, sondern im Juli 1966 zum Militärdienst einberufen. Den hatte die Regierung nicht zuletzt mit der unterschwelligen Zielsetzung eingeführt, die aufständische Jugend zum Schweigen zu bringen.[199]

Das Gedicht entstand in den Kasernen von El Hageb und Ahermoumou (Juli 1966 bis Dezember 1967), wo Ben Jelloun seinen Militärdienst verrichtete. Der Tonfall schwankt zwischen Wut, Verzweiflung, Entrüstung und Protest gegenüber der Repression des autoritären Staats und den elenden Lebensumständen des Volkes.[200] Auch in dieser Hinsicht könnte man *Cahier d'un retour au pays natal* als Modell betrachten, denn Césaire verlieh darin nicht nur seiner persönlichen „rage" Ausdruck, sondern er rief auch zur Rebellion auf.

In Ben Jellouns Gedicht ist die Rebellion bereits in vollem Gange. Vor dem Hintergrund der Straßenschlacht mit den durch die Luft fliegenden Pflastersteinen fragt seine Dichterfigur nach ihrem Wert. Den Höhepunkt bildet dabei die doppelte Thematisierung der Emigration. Auf einer kollektiven Ebene wird das Schicksal der Arbeitsimmigranten angesprochen, auf der individuellen Ebene der dargestellten Dichterfigur wirft der Text einen Blick in die Zukunft des Autors.

Die in „L'aube des dalles" auftretende Verschränkung von biographischer Motivation und literarischem Motiv charakterisiert Ben Jellouns weitere Entwicklung. Für die nach einer Einheit von literarischer und politischer Avantgarde strebenden Künstler der *Souffles*-Gruppe war die Auseinandersetzung mit den aktuellen sozialen Konflikten selbstverständlich. Die soziale Determinierung der Kunst war eine Phase der Entkolonisie-

---

199 Vgl. dazu das Vorwort zur Gesamtausgabe der Gedichte. Zu *Souffles* siehe die im deutschen Sprachraum wegweisende Arbeit von S. Heiler, *Der marokkanische Roman französischer Sprache. Zu den Autoren um die Zeitschrift 'Souffles'(1966-1972)*, in: *Neue Romania*, 9, 1990.

200 Zu den Verletzungen der Menschenrechte in Marokko vgl. die von Amnesty International erstellte Anthologie *Länger als 1001 Nacht/ Plus de 1001 nuits*, hrsg. von Autorenkollektiv 79, U. Fehrmann/ U.M. Fiechtner/ S. Vesely, Tübingen 1982 [Schriften für Amnesty International 5]. Der Band vereint von politischen Gefangenen in der „Zitadelle", dem marokkanischen Zentralgefängis in Kenitra, geschriebene Gedichte. Die meisten der Texte entstanden in arabischer Sprache, neben den französischen enthält die Sammlung auch spanisch geschriebene von Mustapha Kemal.

rung. Der mit der Unabhängigkeit einhergehende Epochenumbruch führte jedoch nicht nur zu einer einseitig-sozialen Funktionszuweisung, sondern er eröffnete im kulturellen Feld auch ungeahnte neue Möglichkeiten, die sich inhaltlich und formal in einer überschäumenden Experimentierfreude niederschlugen. Ben Jelloun verband in den Gedichten die ästhetische Absicht mit Gesellschaftskritik. Verglichen mit den Romanen könnte man in den Gedichten eine stärkere Betonung der Problematik der gesellschaftlichen Stellung des Dichters in einem im Umbruch befindlichen Land wie Marokko, d.h. in der 'Dritten Welt' feststellen.

3.3.1 Der Titel und die Konnotationen der Dämmerung

Die Substantive „aube" und „dalles" bilden eine kontrastreiche Metapher mit einer viele Titel Ben Jellouns auszeichnenden suggestiven Kraft. Beide Substantive sind Teil von Ben Jellouns „Grundwortschatz", wobei das metaphorisch reichhaltigere „aube" häufiger vorkommt als „dalle"; zu erinnern ist beispielsweise an die sprechenden „dalles" in der Gasse des Geburtsortes Fes.

Entfernt man sich vom Schriftbild, ist eine andere, phonetische, Lesemöglichkeit zu vernehmen: „L'aube Dédale". Der versteckte Hinweis auf Dädalus, den Erbauer des Labyrinths, und seinen Sohn Ikarus, eröffnet zahlreiche Interpretationsmöglichkeiten. Die Flügel als Werkzeug der Flucht und des Aufsteigens, das falsch eingesetzt zum Absturz führt, sind, auch ohne explizite Hinweise im Text, die diese Interpretation stützen, auf die Poesie zu beziehen. Die gesamte Bedeutungsentwicklung, angefangen von der Weltflucht im ersten Teil bis hin zum letzten mythologischen Abschnitt, bestätigt diese Auslegung.

Das Auf- und Absteigen sind zwei für die Lyrik Ben Jellouns charakteristische Formen der Bewegung, deren sinnbildliche Funktion noch an anderen Beispielen auszuführen ist. Die Abwärtsbewegung wird durch die Verbindung mit Orpheus zu einer Leitisotopie. Durch die gegenläufige Aufwärtsbewegung des Volksaufstands (soulèvement) entsteht eine tiefenstrukturelle Spannung, die den oberflächlichen thematischen Gegensatz verstärkt.[201]

[201] Auf der Linie der Katabasis des Orpheus steht eine Reihe von Begriffen wie „tombeau" (S. 16), „creuser la Fosse" (sic! S. 16), „sortir de dessous les dalles" (S. 17), „ensevelir les cadavres" (S. 20).

Auf einer ersten Bedeutungsebene bezieht sich das Auf- und Absteigen allerdings nicht auf den Mythos, sondern auf die sozialen Gegensätze, auf das gänzlich unmythologische Elend, insbesondere von Kindern und Frauen, in Marokko.

Darüber hinaus liefert das Substantiv „dédale" mit der Bedeutung von Labyrinth, Irrgarten und Durcheinander Ansatzpunkte für weitere Interpretationen und Hinweise auf das Weltbild des Autors, denn es bezieht sich auf das Motiv der „errance".

Oxymora, Paradoxa und analoge rhetorische Figuren charakterisieren Ben Jellouns gesamtes lyrisches Werk. Kontrastreiche und gegensätzliche Bilder sind ein Kennzeichen des poetischen Sprachgebrauchs im allgemeinen; bei Ben Jelloun sind widersprüchliche Bedeutungen jedoch ein Stilmerkmal, das auch seine narrativen Texte sowie deren Titel auszeichnet. Ein Grund für das gehäufte Auftreten dieser Figuren in der Lyrik könnte im Anspruch Ben Jellouns bestehen, die komplexe Widersprüchlichkeit des Lebens wiederzugeben. Mit seinen Gedichten will er sich, wie es im Vorwort zur Gesamtausgabe heißt, in das „lebendige Herz der Dinge hineinversetzen". Daher auch das gehäufte Auftreten natürlicher Polaritäten des Lebens: Tag und Nacht, Schlaf und Wachen, Spannung und Entspannung, Leben und Sterben.

Aus den Reibungen und Ambivalenzen widersprüchlicher Bedeutungsbereiche entstehen neue divergierende Bilder, deren Wirkung intensiver ist als die von nicht-mehrdeutigen Metaphern. Die ungewöhnliche Verbindung der Dämmerung mit Pflastersteinen und/oder Grabplatten illustriert den Ursprung der Poesie besser als tausend Worte. Als Beispiel metaphorischer Übertragung zeugt sie von der poetischen Verbindung unzusammenhängender oder widersprüchlicher Referenzbereiche. Die so erzeugten logischen Brüche verleihen der Poesie Ben Jellouns ihre Ausdruckskraft und Prägnanz.[202]

Dämmerungen können, zumal in der Poesie und dies auch ohne Pflastersteine, Entgegengesetztes auf einmal bedeuten. Ben Jellouns Dämmerung ist eine Metapher für die Poesie und die Vielschichtigkeit der poetischen Sprache. Die Dämmerung ist häufig die Zeit des Schreibens, wie etwa in

---

[202] Die Prägnanz dieser Bildlichkeit widerlegt die These der „verächtlich gewordenen Ungenauigkeit der Metapher", von der H. Blumenberg spricht. In: „Ausblick auf eine Theorie der Unbegrifflichkeit", S. 441, in: A. Haverkamp (Hg.), *Theorie der Metapher*, Darmstadt ^{2}1996.

L'enfant de sable.[203] Darüber hinaus läßt sich ein weiterer Bezug zu Césaires *Cahier d'un retour au pays natal* herstellen, wo der refrainartig wiederholte Vers „Au bout du petit matin..." die Stunde der beginnenden Morgendämmerung zum Sinnzentrum des Gedichts macht.[204]

In der islamischen Tradition ist die Dämmerung die rituelle Zeit des ersten der fünf täglichen Gebete, die den Ablauf des Alltags ebenso regelt wie den besonderer Festtage.[205]

Die durch die Dämmerung konnotierte Sonne ist eine Leitmetapher des Gesamtwerks, die das Land Marokko, den Maghreb und den Süden symbolisiert. Ihr Bedeutungsbereich, der das radiale Ausstrahlen von Licht und Wärme enthält, umfaßt das Leben und die Hoffnung, aber auch Trockenheit und Verletzung, wie aus dem Titel von *Cicatrices de soleil*, einem späteren Gedichtband, hervorgeht. Der Sonnenaufgang (aube), ebenfalls ein werkübergreifendes Bild, stellt mit dem Aufsteigen das erwachende soziale Bewußtsein und die Poesie dar. Ben Jelloun versucht mit Hilfe der bildlichen Mehrdeutigkeit das Unsagbare zu sagen, er weist auf die erhebende Kraft der poetischen Sprache hin, die er mit einem sozialkritischen Anliegen verbindet. In anderen Texten nähert er sich dem Unaussprechlichen via Mystik.

3.3.2 Die äußere Form und die Grundstruktur

In dem mehr als siebenseitigen Gedicht, es zählt zu den längeren im Gesamtwerk, halten sich Langform und Kurzform in etwa die Waage. Auf einer freien Form basierend wechseln sich vershafte Passagen mit denen des Prosagedichts ab. Wie in Baudelaires *Le Spleen de Paris* und Rimbauds *Les illuminations*, an denen sich Ben Jellouns Vorbilder Aimé

---

[203] „Nous allons habiter cette grande maison. Le soleil y est précoce et l'aube tumultueuse. C'est normal; c'est l'heure de l'écriture, le moment où les pièces, les rues et étages de la maison s'agitent ou plutôt sont agités par la fabrication des mots qui viennent s'entasser, puis s'étaler, se mettre dans un certain ordre [...]", *L'enfant de sable*, S. 109.

[204] Unter den zahlreichen „Aube"-Gedichten der französischen Literatur sei hier nur A. Rimbauds „Aube" erwähnt, das Ben Jelloun sicher nicht unbekannt gewesen ist.

[205] Ben Jelloun greift diese Zusammenhänge in *L'enfant de sable* auf. Anläßlich einer Taufe heißt es dort: „Au 7ème jour de la naissance, dit le narrateur, le grand-père égorge un mouton, à l'aube, après la première prière. Il prononce la „Fatiha", lève les mains au ciel et prie Dieu pour que ce garçon soit homme de bien [...]", (S. 28).

Césaire und Saint-John Perse orientierten, liegt eine unregelmäßige Struktur vor, die sich den Regeln traditioneller Metrik entzieht.

Die Art, in der Ben Jelloun in den längeren Gedichten Themen, Gedanken und Emotionen ausführt, ist charakteristisch für die zeitgenössische frankophone Poesie. Wie bei Césaire und Léopold Sédar Senghor spielt der Rhythmus eine strukturierende Rolle. Besonders wichtig sind daher Wiederholungen, die auf der Lautebene, in der Semantik und im lyrischen Diskurs auftreten. Phoneme, Wörter, Themen, Metaphern und die Abfolge der verschiedenen Sprecherfiguren sind davon betroffen.

Ein zweites Strukturprinzip ist die Narration. Das Gedicht erzählt eine Geschichte mit chronologischem Handlungsablauf, der von einem lyrischen Ich vermittelt wird, dessen Gedanken und Empfindungen einen Teil der Handlung ausmachen. Die Verwandlung dieses Ichs zum Dichter gliedert sich in drei Hauptteile, die wiederum in mehrere Sequenzen aufgeteilt sind.

- Der erste Teil schildert den Ausgangszustand vor der Verwandlung des Sprechers vom passiven Nichtsnutz zum sozial anteilnehmenden Menschen. Auslöser dieses Bewußtseinsprozesses sind die Aufstände der Bevölkerung und deren gewaltsame Unterdrückung.
- Der zweite und kürzeste Teil beschreibt das Dilemma des engagierten Dichters in einem Land der 'Dritten Welt'. Das Volk, mit dem er sich nun identifiziert und für das er sich einsetzt, lehnt ihn ab. Diese dem Tod des Ego gleichkommende Ablehnung bildet eine Klimax.
- Im dritten Teil erweitern die Figuren Orpheus und Prometheus den historischen Konflikt um eine mythologische Dimension, die überzeitlich, jedoch nicht zeitlos ist: Das individuelle Ego erwacht auf einer höheren Stufe zu neuem Leben.

Dieses Handlungsgerüst läßt das Ineinandergreifen von testimonialer, mythologischer und poetischer Funktion erkennen. Ben Jelloun setzt bei der Darstellung historischer Konflikte symbolische und metaphorische Sprechweisen ein, wodurch die Plastizität der poetischen Sprache hervortritt.

Die Hoffnung, das Leitwort der ersten Strophe, nimmt eine im Titel enthaltene Konnotation auf; sie bildet zusammen mit „Dämmerung", „Erwachen", „Jugend" und „Sonne" einen kohärenten Bedeutungsbereich. Der Versuch einer Definition in den ersten vier Zeilen schlägt fehl. Hoffnung läßt sich weder aus persönlicher noch aus historischer Sicht bestimmen, die einzige positive Aussage besteht darin, daß sie mehr ist als eine „idée vertébrale". Die Bestimmung dieses undefinierten Mehr ist die Aufgabe des Gedichts. Worin besteht es? Bezieht es sich auf die ideelle, im Attribut „vertébrale" enthaltene Vorstellung einer stützenden Achse oder auf eine materielle Realität? In dieser Verbindung kommt das für Ben Jelloun charakteristische Denken in Gegensätzen zur Geltung, eine Gemeinsamkeit, die er mit seinem Vorbild Jorge Luis Borges teilt. Die Hoffnung wird umschrieben, zunächst antinomisch, in gegensätzlichen Bildern. Später kommt die Verzweiflung, die der Hoffnung entgegengesetzte Kraft hinzu, weshalb das Gedicht ein Lehrstück für die literarische Umsetzung von synthetischem Denken ist.

Dem negativen Auftakt („l'espoir n'est pas") ohne erkennbare Sprecherfigur und ohne Bestimmung von Raum und Zeit, folgt eine Konkretisierung durch die Hinwendung zum Persönlichen. Die zweite, mit dem Personalpronomen „du" beginnende Strophe verstärkt zunächst die Nicht-Definierbarkeit: „Tu ne peux même pas parler d'espoir. Tu ne sais pas ce que c'est." (S. 13)

Die zweite Strophe beruht auf der durch die Wiederholung der Anrede „à toi" oder „tu" am Anfang jeder Zeile besonders betonten Dialogsituation. Der sich nicht zu erkennen gebende Sprecher kennt das angesprochene Du offenbar in seinem Innersten. Ein Dialog des Sprechers mit seinem Gewissen? In der Tat entwarf Ben Jelloun bereits in diesem Gedicht eine Sprechsituation, die er in vielen Gedichten variierte, und die er in den Romanen zu einem komplexen Rollenspiel der Erzählerfiguren erweiterte. Ein konstitutives Merkmal dieser Vielstimmigkeit sind direkte Rede und Gesprächssituation. Der soziale Raum ist die Stadt, keine bestimmte Stadt, auch wenn Anspielungen auf Fes und Tanger unübersehbar sind, sondern die Stadt allgemein, im Gegensatz zum Land. Dieser städtische Lebensraum ist von Konflikten zerrissen:

> [...] entre la misère et le faste, entre l'orgueil et
> la lumière dissoute
> à toi la ville de cristal et de couleurs, ville de plastique de vols
> et de putains, ville qui se donne aux ricains hilarants, ville de bidonvilles (S. 13)

Ohne genannt zu werden, erscheint hier Tanger, die Stadt des Betrugs und des Verrats, der neben Fes im weiteren Werk die Rolle eines Protagonisten zukommt. Die Beschreibung des urbanen Raums dient als Aufhänger für die übergreifende Problematik der Dritten Welt, die mit den „bidonvilles" und den amerikanischen Touristen aufgegriffen wird. Die USA stehen in

Opposition zur arabischen Welt. Das Feind-Paradigma ist in diesem Gedicht besetzt mit den Begriffen Krieg, Dekadenz und Tourismus.[206] Mit der Gegenüberstellung von Orient und Okzident skizziert Ben Jelloun hier einen Konflikt, dessen Bedeutung in seiner Lyrik stetig wachsen wird.

Die dem angesprochenen Du gemachten Vorwürfe setzen die negative Situation des Anfangs fort. Die drastisch dargestellte Mittelmäßigkeit und Inkonsequenz sind unter der paradigmatischen, das Gesamtwerk bestimmenden „absence" einzuordnen:

Quand un camarade te secoue, tu te perds dans la confusion douce et amère. L'événement te traverse dans toute ta transparence, dans toute ton absence.
Tu es absent. (S. 14)

Die Abwesenheit ist hier als erste Bilanz eines Bewußtseinszustandes zu verstehen. Bei der Erläuterung der Hoffnung kommt damit ein weiterer negativer Aspekt hinzu. Das angesprochene Du lebt nicht in Harmonie mit den Mitmenschen, es versteckt sich vor der sozialen Verantwortung, es „vegetiert wie eine Pflanze" (S. 14). Der Konflikt zwischen Indidividuum und Gesellschaft bildet somit den Ausgangspunkt der handlungsrelevanten Ereignisse des Gedichts. Am Ende dieser Strophe steht die Frage:

Quand seras-tu concerné?
Quand sauras-tu que la souffrance est commune, que sous le soleil méditerranéen du ministère du Tourisme il y a des fronts à relever? (S. 14)

Die Frage nach der Betroffenheit leitet über zum „ministre du Tourisme", der für das Zerrbild der marokkanischen Identität verantwortlich ist, die bei der Definition von Hoffnung eine wichtige Rolle spielen wird. Das Ministerium für Tourismus repräsentiert mit seinem exotischen Identitätsentwurf den Feind im Inneren der marokkanischen Gesellschaft im Gegensatz zum äußeren Feind USA. Der Hinweis auf die vom Tourismus geprägten Muster der Fremd- und Selbstwahrnehmung macht deutlich, daß Identität und Alterität nicht objekthaft vorgegeben, sondern diskursive Konstrukte in einem Raum von Machtkonstellationen sind. Das Gedicht offenbart mit der hervortretenden Funktion der Stereotype eine Begleiterscheinung der

[206] Ich verwende hier und in den folgenden Interpretationen den Begriff Paradigma im Sinne einer Bedeutungseinheit, die auch außerhalb des Textes existiert in Unterscheidung zur Isotopie, die eine kohärente Bedeutungslinie im Text bildet.

Globalisierung, allerdings aus einer Sicht, die den devisenbringenden Tourismus als erniedrigende Invasion der „Ersten Welt“ darstellt.

Vor der Beantwortung der Frage nach der Betroffenheit findet ein erster entscheidender Perspektivenwechsel statt. Es erscheint ein lyrisches Ich:

Je vivais jalousement en plein dans ma torpeur animale.
Incapable de verité jusqu'au jour où mon quartier s'éleva en flammes avec ses dalles pour balles et des poteaux télégraphiques pour barricades, avec son sang et ses veines, avec sa démence et sa haine... (S. 14)

Der durch die „dalles“ hergestellte Bezug zum Titel hebt die Bedeutung dieser Stelle hervor, wobei der Gebrauch des Imperfekts auf die frühere, das Paradigma der Abwesenheit konstituierende, Befindlichkeit des Sprechers hinweist. Der Auslöser der Veränderung ist der Aufstand im Stadtviertel:

Je ne pouvais plus continuer à enterrer ma racine, à l'étouffer dans l'oubli ordinaire, l'oubli de tous ceux qui me regardent et me traversent, de ceux qui me haïssent en silence dans le mépris. (S. 14)

Das dem Blick der Mitmenschen ausgesetzte Ich erweist sich als identisch mit dem zuvor angesprochenen Du. Der Revolution entspricht auf individueller Ebene die Metamorphose, die hier nicht als allmähliche Persönlichkeitsveränderung verläuft, sondern abrupt und schockartig. Die Persönlichkeitsveränderung ist ein weiteres Leitmotiv, das das Gesamtwerk, vor allem auch die Romane, charakterisiert.

Das Ereignis, das das Leben des Sprechers in ein Vorher und ein Nachher teilt, ist das Verschwinden eines Menschen: „Un homme a disparu ce matin.“ (S. 14) Dieser für sich stehende, wie die Überschrift einer Zeitung wirkende Satz faßt ein dramatisches Geschehen zusammen und zieht die Aufmerksamkeit des Lesers auf sich. Die formale Hervorhebung unterstreicht die Bedeutung dieser fast beiläufig wirkenden Aussage.

Im nächsten Wechsel der personalen Deixis tritt dem soeben erschienenen „je“ ein unpersönliches „on“ gegenüber:

On me dit que la poésie ne peut rien
les mots s'enroulent dans un linceul de sang
Le verbe se coagule en poings levés [...] (S.14)

Der Wechsel in die Gegenwartsform betont die Ereignishaftigkeit der Veränderung. Die Konfrontation des unpersönlichen „on“ mit dem Ich führt den vorhandenen Konflikt mit veränderten Vorzeichen fort. Das Ich erscheint jetzt als Dichter, als lyrisches Ich im eigentlichen Wortsinn, das dem kollektiven „on“ der Gesellschaft gegenübersteht. Deren ablehnende Haltung gegenüber der Poesie zwingt ihn zur Stellungnahme.

3.3.3 Dialog und fingierte Oralität

Mit dem „Du“, dem „Ich“ und dem „man“ sind die Sprecherrollen des Gedichts verteilt. Die Verwendung des Dialogs in einer mündlichen Kommunikationssituation verdient besondere Aufmerksamkeit.

Der Dialog ist seit den Anfängen der arabischen Dichtung ein beliebtes Gestaltungsmittel.[207] Freilich verwendet Ben Jelloun den Dialog nicht den Konventionen der Tradition entsprechend, die auf einer strengen sozialen Hierarchie beruhte. Allerdings ist eine Zuordnung zur *engagierten Dichtung* des zwanzigsten Jahrhunderts, die eine radikale Abkehr von der arabischen Poetik vollzogen hat, auch nicht ganz stimmig und zumindest dahingehend zu korrigieren, daß Ben Jelloun die Auseinandersetzung mit Gegenwartsproblemen nicht absolut setzt, sondern im Gegenteil stets um Erinnerung an das kulturelle Erbe bemüht ist.[208]

Die (binnenpragmatische) Kommunikationssituation ist mehrschichtig und polyfunktional. Das Rollenspiel des lyrischen Ichs auf der Suche nach seiner Identität konstituiert einen Dialog, der als äußerer Rahmen fungiert, sein Thema ist die Innenwelt des Ichs.

Die Dialogsituation basiert auf der Dialogizität oder dem Prinzip der Polyphonie, das in späteren Gedichten und in den Prosatexten perfektioniert wird. Der Höhepunkt des Dialogs des Ichs mit sich selbst besteht in einer imaginierten Aussprache mit dem von den Schuhputzern repräsentierten Volk.

---

[207] So setzte z.B. Imru' al-Qays das Verfahren in seiner *Muᶜallaqât* ein. Vgl. dazu J.E. Bencheikh, *Poétique arabe*, Paris 1989, S. 162f.

[208] Vgl. dazu S. Zeghidour, *La poésie arabe entre l'islam et l'Occident*, Paris 1982, inbes.: „La poésie engagée“, S. 211-215. Eindeutige Parallelen finden sich dagegen in der marokkanisch-arabischen Poesie der siebziger Jahre, deren auffälligste Tendenzen die Thematisierung sozialer Konflikte sowie formale und sprachliche Experimente waren. Vgl. A. Akkar/ M. Berrada, „Les thèmes et les formes de la littérature moderne arabe écrite“, in: C./ Y. Lacoste (Hg.), *L'état du Maghreb*, Paris, S. 304-308, hier: S. 305.

Beides, der Gewissensdialog und die imaginierte Zwiesprache mit den schuhputzenden Kindern sind Verfahren fingierter Oralität. Sie entsprechen der eingangs erwähnten Programmatik von *Souffles* und sollen den thematischen Bezug zum Volk und dessen Kultur vertiefen.

Obwohl, oder vielleicht auch weil, heimlich entstanden, ist das Gedicht nicht für das stille Kämmerchen, sondern für die Lektüre „à haute voix" bestimmt. Darin kann man sowohl eine Anknüpfung an die arabische Tradition als auch eine an die der französischsprachigen engagierten Poesie erkennen. Die dialogische Grundstruktur steigert durch Appelle, Ausrufe und Fragen an den Leser den Affektgehalt. Der Ausdruck von Emotionen dominiert in diesem Gedicht.[209] Auffällig ist das Fehlen eines „nous". Dies weist auf die sozialen Integrationsschwierigkeiten des Dichters hin.

Die poetisch fingierte Mündlichkeit beruht auf einer höchst bedeutsamen Auslassung: die Verwendung der französischen Sprache wird weder explizit noch zwischen den Zeilen angesprochen. Dies zu erwähnen ist wichtig, weil die sprachliche Ordnung des Gedichts einen Raum darstellt, der semiotisch bedeutsam ist. Insofern trägt das Französische entscheidend zur inhaltlich dargestellten Zerrissenheit bei. Der Sprung zwischen dem kulturellen Bedeutungspotential des Französischen und der referentiellen Wirklichkeit des Textes bildet eine für das Verständnis des Gedichts grundlegende Leerstelle, die zu füllen dem Leser überlassen bleibt. Zwischen dem im Gedicht thematisierten Streben nach Volksnähe und seiner Artikulation in französischer Sprache liegen Welten. Im Gedicht erscheinen sie nur unterschwellig in der Tiefenstruktur als unüberwindbare Abgründe.

Eine Komponente der Dialogstruktur ist die Frage. Bezugnehmend auf den verschwundenen Menschen heißt es:

> et l'homme, cet homme qui n'est plus revenu
> un corps
> qu'on a dissous dans l'acide sulfurique
> un corps
> qu'on a trempé dans la chaux
> Que dira
> le vent à l'érosion
> Que dira
> le sabre à la nuque déchirée

[209] Die „emotive Funktion" in der Terminologie Roman Jakobsons. „Linguistik und Poetik", in: H. Blumensath (Hg.), *Strukturalismus und Literaturwissenschaft*, Köln 1972.

Quand de cet homme il faudra se souvenir
Cet homme a disparu dans la clarté du matin
Aurait-il été un prophète libérateur?
(14/ 15)

Die Frage „Que dira?“, hier noch metaphorisch entpersonalisiert, nimmt das „Qui dira?“ aus späteren Gedichten vorweg. Es ist die Frage nach dem Dichter. Wer sonst, wenn nicht er, bewahrt die Erinnerung an den verschwundenen Menschen? Ist die Poesie wirklich machtlos („la poésie ne peut rien“)? Wenn Dichtung die Welt nicht verändern, sondern ihr nur durch Benennen eine besondere Form des Sinns geben kann,[210] ist damit die Funktion des Dichters erfüllt? Bei den folgenden Gedichten wird darauf zu achten sein, wie Ben Jelloun die Frage nach der Rolle der Dichtung aufgreift und seine Antwort revidiert. Aus analytischen Gründen ist die Unterscheidung von zwei Bereichen unabdingbar, die Ben Jelloun selbst nicht immer getrennt hat, was von einem Dichter freilich nicht unbedingt zu erwarten ist, auch wenn er sich mit poetologischen Fragen auseinandersetzt. Der erste Bereich ist die literaturimmanente Betonung der poetischen Funktion der Sprache, d.h. der Text als ein „Werk der Sprache“, der zweite ist die soziale Funktion der Poesie, d.h. die nur im Verhältnis zur Wirklichkeit bestimmbare Bedeutung von Dichtung – als Subfeld des symbolischen Felds der Kunst – in der Gesellschaft.[211]

Die zitierte Passage enthält die Funktionszuweisung des Erinnerns. Der Dichter als Bewahrer der Erinnerung, auch und vor allem wenn diese schmerzlich ist, diese Vorstellung gehört zu den Grundlagen von Ben Jellouns literarischem Selbstverständis. In der Analyse von „La remontée des cendres“ werden wir sehen, wie er diese vielleicht grundlegendste Aufgabe oder Funktion der Dichtung mit dem Thema des Todes verbindet.

Die Frage ist ein syntagmatisch bedeutsames Element des Gedichts, das nicht nur die Bedeutungsentwicklung strukturiert, sondern gleichzeitig auch einen Hinweis auf die immanente Poetik gibt.[212] Die aufgeworfenen

---

[210] Vgl. R. Selbmann, *Dichterberuf. Zum Selbstverständnis des Schriftstellers von der Aufklärung bis zur Gegenwart*, Darmstadt 1994, S. 251.

[211] Vgl. dazu R. Jakobson: „Weder Tynjanov noch Mukarovsky, weder Sklovskij noch ich selbst - wir proklamieren nicht die Selbstgenügsamkeit der Kunst, sondern verweisen darauf, dass die Kunst ein Bestandteil des gesellschaftlichen Systems ist, ein Element, das mit anderen Elementen in Beziehung steht [...]“, R. Jakobson in: *Poetik. Ausgewählte Aufsätze 1921-1971*, Frankfurt a.M. 1979, S. 78.

[212] Zur immanenten Poetik vgl. R. Selbmann, a.a.O., S. 1-6.

Fragen artikulieren typische (Selbst-)Zweifel und Ängste von Dichtern und stellen diese in einen marokkanischen Kontext. In der übernächsten Strophe kommt ein weiteres wichtiges Thema hinzu, das Aufschluß über das poetische Selbstverständnis des Autors gibt:

> pourquoi
> encore
> implorer ton seigneur et ne pas vomir la haine ricaner incendier
> blasphémer et sortir nu dans la vérité orthogonale
> (S. 15)

Mit Rebellion und Bildersturm, hier noch zögerlich in Frageform angedeutet, bestimmt Ben Jelloun eine Funktion seiner Poesie. Die Frage „pourquoi" richtet sich wieder an das „Du", das in Opposition zur sozialen Umwelt steht, dieses Mal gegenüber den Fremden. Der Tourismus, ein Thema, das in späteren Texten erweitert wird, bildet eine semantische Opposition, die auf dem Feindbild USA basiert:

> car tu n'es pas à montrer marchandise négative pour un folklore nié
> non tu n'es pas à montrer
> tu pourras faire peur aux ricains qui marchent sous notre soleil pour enterrer les fantômes du Vietnam
> oui
> va
> rejoindre tes semblables même s'ils ne veulent pas de toi [...] (S. 15)

Der Wechsel von der Negation zum „oui" markiert eine Wende, denn er entwirft eine affirmative Sicht des Du, das aufgefordert wird, sich zu solidarisieren, ohne deshalb den Status des Außenseiters ganz aufzugeben. Der Imperativ bestätigt einen positiven Identitätsentwurf, der dem in die soziale Verantwortung hineingewachsenen Subjekt seine Andersheit in der Gruppe zugesteht. Damit erhält die Definition von Hoffnung erstmals einen positiven Wert. Die Solidarisierung gegenüber der Fremdgruppe der amerikanischen Touristen schließt eine kritische Sicht der eigenen Gesellschaft nicht aus:

> Comment se taire encore
> tout ne disparaissait pas sous son regard
> pas même les cris de cette épouse qui accouchait dans du linge sale
> en l'absence de l'homme

> ni ces enfants de quartier rasant le sol et qui ne peuvent pas jouer aux enfants,
> ramassant des mégots, s'accrochant au pan d'une veste étrangère (S. 16)

Mit der Unmöglichkeit des Schweigens gegenüber sozialen Mißständen bringt Ben Jelloun ein weiteres Element seines poetischen Selbstverständnisses zur Sprache. Die kritische Bestandsaufnahme der marokkanischen Gesellschaft beginnt mit den Frauen und den Kindern. Auch diese Reihenfolge ist repräsentativ für die bestimmenden Themen des Gesamtwerks. Frauen und Kinder bilden den Ausgangspunkt einer Opposition, die ein Leitmotiv bei der Darstellung der marokkanischen Gesellschaft ist. Wenn man bedenkt, daß schwangere Frauen in Marokko einen fast heiligenähnlichen Status genießen, läßt sich kaum ein drastischeres Bild vorstellen als das einer Geburt auf schmutzigen Laken. Die Abwesenheit des Mannes stellt mit der Thematisierung der Abwanderung der arbeitsfähigen Männer ins Ausland einen weiteren Bezug zur gesellschaftliche Wirklichkeit her. Die bettelnden und Zigarettenstummel sammelnden Kinder sind ein Teil dieser Realität. Ben Jelloun verfällt dabei an keiner Stelle in einen larmoyanten Tonfall, sondern er bleibt auf der Höhe der poetischen Sprache.

Die Abfolge der Themen ist durchdacht, sie bildet wie die der Sprecherfiguren ein Strukturprinzip, das die Paradigmatik bestimmt. In der nächsten Strophe kommt dieser inneren Logik folgend eine neue semantische Opposition hinzu:

> Le ciel pouvait choir
> tout semblait être né pour le servage
> et pourtant sous ce feu incandescent
> il y a eu le réveil
> mais qui creuserait le premier tombeau au boulevard de la ville?
> Toutes les vies se rassemblent là chaque soir
> ivres de creuser la Fosse
> Fosse réelle
> juste avant l'aube
> Fosse qui se recouvrirait de mousse pendant que le jour se lèverait
> sur d'autres blessures
> (S. 16)

Der Abschnitt bildet mit seiner eindringlichen Bildlichkeit einen Höhepunkt des Gedichts. Die erste Zeile beinhaltet den Gegensatz von oben und unten und die Bewegung des Fallens. Der Himmel ist ein erster Hinweis auf den Bezug zum Titel, der mit dem Ereignis des „réveil“ offenbar wird. Das Erwachen des Volkes aus der Knechtschaft steht im Zeichen des Feuers, aber es beschwört auch die todbringende Gewalt herauf. Die Frage, wer das erste Grab ausheben wird, versieht die im Fallen des Himmels angedeutete Abwärtsbewegung mit einer konkreten, auf die soziale Wirklichkeit bezogenen Bedeutung. Es handelt sich um eine „Fosse réelle“. Die Bedeutung des ausgehobenen Grabe(n)s geht freilich über das Referentielle hinaus. Wie sonst ließe sich die Großschreibung von „Fosse“ erklären. Aus phonetischer Sicht handelt es sich um eine Anspielung auf Fes, den Geburtsort des Autors. Der in arabischer Schreibweise „Fass“ lautende Ortsname bedeutet Hacke, so daß die Metaphorik des Ausgrabens mit einer arabischen Anspielung verstärkt wird. Fes ist auch im übertragenen Sinn ein Ausgangspunkt, an den Ben Jelloun geradezu obsessiv immer wieder zurückkehrt.[213]

Das Ausheben des Grabens geht zeitlich dem Sonnenaufgang voraus. Es ist dadurch mit der Morgendämmerung verbunden, die in der letzten Zeile der Strophe paraphrasiert wird: „pendant que le jour se lèverait sur d'autres blessures“. Die nächste Strophe setzt die „Fosse“-Isotopie in der Frageform fort:

> Qui
> argentera la Fosse
> cette homme qui taille les pierres
> cet autre qui traîne une naissance
> cette famille qui pleure un père parti quelque part au-delà de l'Enceinte?
> les treize cents petits cireurs
> de mon quartier?
> (S. 16)

Die Antwort auf diese rhetorische Frage ist der Dichter selbst. Seine Poesie „versilbert“ das Grab des Todes. Deshalb wird er in der folgenden Zeile gefragt: „Les petits cireurs, tu les connais, toi?“ Die in der gesprochenen Sprache übliche Verdoppelung des Du betont den herausfordernden Charakter der Frage, sie unterstreicht den Wirklichkeitsbezug, der bereits in der Nennung der Zahl 1300 hervortritt. Die Zahl, als Symbol statistisch verifizierbarer Wirklichkeit, bewirkt einen „effet de réel“ (R. Barthes). Die Antwort bestätigt den Bezug zur Kinderarbeit:

> oui
> de ma peau

---

[213] Vgl. dazu insbesondere Ridha Bourkhis, *Tahar Ben Jelloun: La poussière d'or et la face masquée*, Paris 1995; und Bengt Novén, *Les mots et le corps*, Uppsala 1996.

vous êtes treize cents
à sortir de dessous les dalles à l'inexprimable
et répandre l'acier de vos larmes
(S. 16/17)

Die Dialogsituation hebt die Unmittelbarkeit der Konfrontation des Dichters mit der Lebenswelt hervor. Selbst das Emporkommen der Kinder ist hier nicht nur metaphorisch zu lesen, sondern möglicherweise auf die unterste soziale Schicht der auf Friedhöfen lebenden Kinder zu beziehen. Es versteht sich von selbst, daß diese nicht in der Lage sind, „den Graben zu versilbern"; ihrer ausweglosen Situation kann – und soll – jedoch der Dichter Ausdruck verleihen.

Die Bedeutung, die der Thematik der Kindheit zukommt, entspricht der semantischen Logik des Gedichts, das ja die Frage nach der Hoffnung und damit die nach der Zukunft stellt. Die folgenden Strophen führen das Thema aus und verschärfen den Tonfall der Anklage. Die Ungerechtigkeit der Machtverhältnisse kommt im Gegensatz von oben und unten zur Geltung. Die in allen marokkanischen Städten anzutreffenden schuhputzenden Kinder beugen sich herab zu den Schuhen der Reicheren. Der Höhepunkt dieser Sequenz bestätigt diese Interpretation:

A l'insu du soleil dont vous êtes les enfants
- comme dit l'Occident -
vous tendez vos corps à portée et l'on marche sur vos
poitrines
(S. 18)

Die Kritik gilt hier nicht nur den auf Tourismusplakaten verbreiteten Klischeevorstellungen der westlichen Welt, sondern dem Ungleichgewicht der geopolitischen Machtverhältnisse zwischen Nord (oben) und Süd (unten). Dessen Opfer sind die Kinder, die darunter am meisten leiden.

Wir befinden uns, wie die Fortsetzung des Dialogs zwischen dem Dichter und den Kindern bestätigt, vor dem Spannungshöhepunkt:

Oui je connais les petits cireurs
lexique de la misère en spirale
espérance meurtrie
Ils envahissent mes nuits
mon sommeil tranquille
de ma peau
ils sont devenus de ma peau

oui je me ferai petit cireur
je dormirai
de votre sommeil famélique
mais si vous ne voulez pas de moi?
si vous me chassez
où irai-je avec ma mémoire retrouvée?
(S. 18)

Dieser atemberaubende Dialog des Dichters mit den schuhputzenden Kindern, die zugleich Volk und Zukunft repräsentieren, enthält eine Vision des Exils. Ein soeben durch die sozialen Konflikte zum Bewußtsein erwachter Dichter, der von denjenigen, für die er schreibt, abgelehnt wird, fragt nach seinem Platz in der Gesellschaft. Dieser Ort wird für Ben Jelloun wie für viele maghrebinische Schriftsteller französischer Sprache das Exil sein. Auch wenn an dieser Textstelle nicht alle Facetten zur Sprache kommen, handelt es sich um einen mehrdimensionalen Konflikt. Die am Anfang gestellte Frage nach der Hoffnung erscheint jetzt in einem neuen Licht. In Ländern wie Marokko ist die Hoffnung der schuhputzenden Kinder auf eine bessere Zukunft eine trügerische Kraft, die in den Untergang führt („espérance meurtrie").

Welchen Sinn hat die Literatur in Ländern der Dritten Welt mit hoher Analphabetenrate? In einer ums Überleben kämpfenden Bevölkerung, die Kultur oder Poesie gleichgültig gegenübersteht, haben Intellektuelle sich stets dieser Frage zu stellen. Das lyrische Ich schlüpft hier in die Haut der kleinen Schuhputzer. In der Dramaturgie des Gedichts kommt diese Identifikation einer Prüfung gleich. Der Sprecher besteht sie, denn er ist bereit, bis zum Äußersten zu gehen und den Platz der Schwächsten einzunehmen; er befindet sich im *enthusiastischen* Zustand einer sozial verantwortlichen Inspiriertheit; er identifiziert sich mit den schuhputzenden Kindern, sogar mit ihrem Unbewußten, mit ihrem „sommeil famélique". Der Sprecher hat versucht, seine Stellung in der marokkanischen Gesellschaft zu bestimmen. Diese ist geprägt vom schlechten Gewissen des Intellektuellen und geplagt von Zweifeln über die Rolle des Dichters. Die in diesen Zeilen enthaltene Verzweiflung ist der Ausgangspunkt eines in vielen späteren Texten erscheinenden Leitmotivs, das, auch wenn es nicht immer unmittelbar an der Textoberfläche thematisiert wird, Schreiben als eine Tätigkeit darstellt, für die sich der Autor schämt.[214]

---

[214] Zum Thema der schuhputzenden Kinder vgl. auch Driss Chraïbis *Les boucs* (1955), der das von Ben Jelloun dargestellte Dilemma von Kinderarbeit und Emigration auf den

Die eindringlich dargestellte Marginalität des Schriftstellers beschreibt die Position der Kultur in der Gesellschaft. Ben Jelloun gibt damit nicht nur seine Lage in Marokko wieder, sondern die aller maghrebinischen Schriftsteller.[215]

Die soziale Situierung des Dichters ist damit jedoch noch nicht abgeschlossen, das Gedicht noch nicht an seinem Ende. Nach einem durch größeren Zeilenabstand markierten Einschnitt setzt sich der Dialog fort:

> Non
> tu n'es pas du pays de ton enfance
> tu n'as rien vu
> tu n'as rien connu
> ni les murs noirs des prisons
> ni la terre retournée
> ni le bordel d'enfants pour homosexuels de l'Occident
> [...]
> Tu n'as connu de ton pays que la douceur du soleil que vantent les panneaux publicitaires
> tu n'as connu de la douleur que la rumeur
> pas même les mille brûlures du ciel
> pas même la honte
> *la honte de ton silence*
> (Hervorhebung des Autors, S. 19)

Hier stellt das lyrische Ich im Zwiegespräch mit sich selbst fest, daß es die Realität seines Landes nicht „wirklich" kennt, daß es sie nicht am eigenen Leib erfahren hat. Bemerkenswert ist die Selbstbezichtigung des Exotismus, bei der es nicht nur um die Wahrnehmung der Wirklichkeit und ihre klischeehaften Verzerrungen geht, sondern um ihre Erfahrung. Im thematischen Zusammenhang des Gedichts läßt sich kein schwerwiegenderer

---

Punkt brachte. Der Schluß des Romans ist eine Rückblende, in der ein zehnjähriger Schuhputzer von einem Priester den „guten" Rat erhält, nach Frankreich zu emigrieren.

[215] Vgl. dazu die Antwort von Mustapha Fersi, dem Generalsekretär des Tunesischen Schriftstellerverbands, auf die Frage nach der Beliebtheit des Schriftstellers im Volk: „Détrompez-vous. Certes, chez nous, le développement de l'instruction se fait à grands pas. Mais considérée au niveau de la nation, cette démarche est encore trop lente. Or, les analphabètes taxent l'écrivain de privilégié puisqu'il utilise des mots que la masse n'emploie pas. Il évoque des problèmes qui ne l'atteignent pas. Et, même si l'on est près du peuple, force est de subir cet ostracisme. L'écrivain, vous le voyez, est un marginal malgré lui, un mal aimé. Il faut qu'il meure pour qu'on lui reconnaisse quelque talent." In: F.P. Kirsch/ N. Becker, *Le Maghreb. Livre du maître*, S. 52, Frankfurt a.M. 1984.

Vorwurf vorstellen als der, ein Leben wie das der Tourismusplakate geführt zu haben.

Die Auseinandersetzung mit sich selbst wird zu einer Selbstvernichtung, deren Radikalität dem jugendlichen Impetus des Textes entspricht. Das lyrische Ich gesteht sich nicht einmal mehr das Recht zu, sich dafür zu schämen, daß es die Schmerzen (erste Zeile) seines Landes, die „Verbrennungen des Himmels“ nicht kennt. Die – soeben unter Schmerzen „geborene“ – Dichterfigur hat die Feuerprobe nicht bestanden und spricht sich ihre Existenzberechtigung ab.

Auch die Problematik der Position des Dichters ist damit nicht abgeschlossen, sie kann gar nicht abgeschlossen werden, weshalb sie in den folgenden Texten immer wieder aufbrechen wird. Die „brûlures du ciel“ verweisen bereits auf den Titel „Cicatrices du soleil“. Die hier angesprochene Scham wird im Nachwort der gleichnamigen Gedichtsammlung als Konflikt und Motiv des Schreibens erneut aufgegriffen.

3.3.4 Mythenreprise in der 'Dritten Welt': Orpheus, die Schuhputzer und der afrikanische Prometheus

Der nun folgende typographische Einschnitt markiert den Beginn des zweiten Hauptteils. Die Darstellung der „Geburt des Dichters“ erfolgt mit Orpheus und Prometheus in klassisch-abendländischer Gestalt. Dem Tod des *ego* folgt die Auferstehung auf einer mytho-poetischen Ebene. Nach der Selbstauslöschung erscheint der Dichter als Orpheus. Wie Orpheus, der in der Trauer über den Tod Eurydikes die Kraft findet, die Götter der Unterwelt herauszufordern, steigt das lyrische Ich aus dem marokkanischen Hades herauf. Eine weitere orphisch-prometheische Inszenierung des dichterischen Selbstverständnisses also?[216] Eine weitere poetische Selbststilisierung in klassischer Topik? Wohl kaum. Das Gedicht ist ein kontrastives Beispiel immanenter Poetik aus der Gegenwartsliteratur, in der die Problematisierung des Dichtens an die Stelle der mythisch überhöhten

---

[216] Vgl. dazu E. Kushner, *Le mythe d'Orphée dans la littérature française contemporaine*, Paris 1961; zur afrikanischen französischsprachigen Lyrik: J.-P. Sartre, *Orphée noir*, Paris 1948; sowie W. Storch (Hg.), *Mythos Orpheus. Texte von Vergil bis Ingeborg Bachmann*, Leipzig 1997. Jean-Paul Sartre, „Orphée noir“, in: Senghor, Sedar Léopold (Hg.), *Anthologie de la nouvelle poésie nègre et malgache*, Paris 1948, S. IX-XLIV ; zitiert nach der vierten Ausgabe 1977.

Selbstdarstellung tritt. Inhalt, Intention und Schreibweise sind repräsentativ für das Gesamtwerk. In der zeitlosen Gestalt des Mythos erhält die Thematik eine neue Dimension. Der Dichter findet nach dem qualvollen Durchlaufen des Geburtskanals – das Erwachsenwerden, die Individuierung in der marokkanischen Gesellschaft – zu neuem Leben. Die Auseinandersetzung um die Rolle und den Standort des Dichters in der Gesellschaft verläuft nun auf einer universellen Ebene. Mit Orpheus erhält das gespaltene lyrische Ich eine zusätzliche Instanz. Bisher führte es einen Dialog mit seinem Du und seinem Volk. Orpheus erweitert die interne Kommunikationssituation um eine mythologische Instanz. Zur marokkanischen Wirklichkeit kommt mit der Mythologie eine universelle Dimension hinzu. Indem Ben Jelloun zur Maske des Orpheus greift, erhält die poetische Selbstreflexion einen neuen Horizont. Das Hinzuziehen des Urvaters der Poesie legt die innere Logik des Gedichts frei, das vom biographischen Ursprung der Poesie handelt. Dieser Logik folgend, wird Orpheus noch in der ersten Zeile mit der marokkanischen Wirklichkeit konfrontiert:

Tu sais Orphée, dans notre pays la corruption est de rigueur: à l'ouvrier qu'on exporte pour les mines de l'Occident, on demande quelque cinq cents dirhams pour le passeport, un peu plus de mille pour l'embauche et quelque centaines pour le maintien.
Non tu ne le savais pas. (S. 19)

Auch diese in der Form des Prosagedichts dargestellte Konfrontation ist geradezu emblematisch. Sie stellt der Dichtung die rauhe Wirklichkeit eines Landes gegenüber, das die arbeitsfähige Bevölkerung zur Emigration zwingt. Ben Jellouns Mythenreprise aus der Sicht der „Dritten Welt“ entspricht nicht der „parole dépolitisée“, die Roland Barthes als Merkmal des Mythos bezeichnete.[217] Die mit politischen Inhalten aufgeladene Mythenreprise bildet das genaue Gegenstück zu Barthes' Definition. Sie stürzt den mythischen Heros in die Komplexität der Gegenwart, sie konfrontiert ihn mit den erdrückenden Problemen der Menschen und entzieht ihm damit seine beglückende Klarheit.

Das Interesse an den konkreten Lebensumständen von gesellschaftlich ausgeschlossenen oder unterdrückten Menschen ist ein herausragendes biographisches Merkmal Ben Jellouns. Das spätere Studium der Sozialpsychiatrie in Paris, die journalistischen Artikel zur Immigrationspro-

---

[217] R. Barthes, *Le mythe, aujourd'hui*, in: Œuvres complètes, Bd. 1, S. 681-719 ; hier: S. 707 ff..

blematik und eine Reihe der literarischen Texte bestätigten den über die Literatur hinausgehenden Anspruch dieses Engagements. Aufschlußreich ist der Gesprächston, in dem die Kommunikation zwischen Poesie und Wirklichkeit geführt wird. Die Einleitung mit „tu sais" insinuiert eine Vertrautheit wie unter alten Bekannten. Sie dient der Vorbereitung und Bestärkung der abschließenden Verneinung „non tu ne le savais pas". Diese Negation entspricht der argumentativen Logik, die darauf hinausläuft, daß die Poesie (Orpheus) angesichts der von Elend und Verbrechen heimgesuchten Gesellschaft keine Liebeslyrik sein kann:

> Non Orphée tu ne peux pas modeler ton hymne à l'amour les vents t'avaient parlé de l'âpre liberté
> existence sans oracle (S. 19).

Ist das eine Erklärung für die fehlende Eurydike? In gewisser Weise ja, denn wie Césaire, der in *Cahier d'un retour au pays natal* die *négritude* an die Stelle der geliebten Frauenfigur setzt, verwendet auch Ben Jelloun eine symbolische Ersetzung. Seine *négritude* ist eine vom marokkanischen Volk ausgehende *marocanité*.

Aus biographischer Sicht wäre eine zusätzliche Erklärung denkbar. In *L'écrivain public* berichtet Ben Jelloun neben der Erschießung der Aufständischen von einer gescheiterten Jugendliebe: „Je ne sais pas si j'écrivais parce que l'amour m'avait blessé ou parce que j'étais brisé dans le corps de ceux qui étaient tombés sous les balles." (S. 109)

Könnte man infolge dieses Hinweises in einem fiktionalen Text mit autobiographischem Charakter von einer Kompensierung der fehlenden Liebesthematik sprechen? Aus den weiteren im Gedicht enthaltenen Informationen läßt sich nicht darauf schließen. In der nächsten Zeile erhält Orpheus die Aufforderung, in die afrikanische Gegenwart zurückzukommen:

> A présent reviens
> reviens sur la terre nubile
> reviens à l'Enceinte qui regorge de sang
> reviens voir les bergers dans la ville
> visage d'airain
> femmes sans voile dans les rues répandant les boules de feu
> enfants de toutes les rues dans la folie et le désordre
> reviens sur ton ventre hurler avec les veuves de Mars
> reviens Orphée
> le chemin est amer
> [...]

reviens tracer tes pas dans le goudron incandescent
tailler les dalles de la chair robuste
[...]
éblouir les nuits sanglantes du feu
de Prométhée africain
(S. 19/ 20)

Damit die Dichtung wieder einen Sinn erhält, soll sich Orpheus am Aufstand beteiligen. Die Beteiligung des afrikanischen Prometheus an der Rebellion ist ein mythischer Akt. Geschichte und Mythos vereinen sich in der Poesie. Die Wiederholung der Imperative erzeugt einen Effekt der Dringlichkeit, und sie steigert die Dramatik der Situation.

Der erneute Wechsel der Anrede im letzten Abschnitt bedeutet eine Hinwendung an das eigene Volk:

Et vous autres
vos yeux sont ravagés par la rouille de la honte
vous avez trempé vos mains dans la rage et le cri étouffé
toutes volubiles vos mains
écrasent des morceaux de flamme
(S. 21)

Hier sind die Kollaborateure angesprochen, die Komplizen der Niederschlagung der Aufstände. In späteren Gedichten erscheinen sie als „frères" und Totengräber der Hoffnung.[218]

Im Anschluß daran bleibt nur die Bilanz:

Que restera-t-il?
rien que des miroirs hérissés
rien que des plaines hurlantes
rien que des fouets brûlants
face à ce mirage qui n'en finit pas
Non Orphée
le soleil n'est pas couché ce soir
(S. 21)

---

[218] Vgl. dazu *Discours du chameau:* „Mais il y a pire../ il y a les „frères"/ les fossoyeurs de notre espoir [...]. Les „frères" les fossoyeurs, les larmes aux yeux, massacrent les camarades/ on nettoie la capitale et on se lave le sexe/ on préside la prière et on oublie", in: *Discours du chameau*, S. 144.

Die Frage nach dem, was Bestand hat, ist mehrschichtig. Sie bezieht sich auf den sozialen Kontext der historischen Ereignisse und auf die Dichtung. Sprecher ist das lyrische Ich, das mit sich einen Gewissensdialog führt. Der aufgerichtete oder störrische Spiegel ist die Poesie, die nur Trugbilder hervorbringen kann. Die affektgeladene Metapher für die Literatur modelliert die Leidenschaftlichkeit der Beziehung des Dichters zur Sprache. Die Affektivität wird durch das dreimalige „rien que" und eine apokalyptische Metaphorik des Untergangs noch gesteigert. Auch die Korrespondenz von thematischem und rhetorischem Durcheinander – schreiende Ebenen und brennende Peitschen in chiastischer Stellung – unterstreicht den Affektgehalt.

Das Gedicht endet mit einem Aufschrei, mit einer pathetischen Bilanz, die eine Vision der weiteren Entwicklung eines Werkes enthält, das im Zeichen der Verzweiflung und Verletzung stehen wird. „Ce mirage qui n'en finit pas" verweist auf die referentielle Wirklichkeit, das, was nicht Poesie ist, sie jedoch endlos antreibt. Die Affektivität der hohen Stillage ist somit dem Redegegenstand angemessen. Die dargestellte Verletzung betrifft elementare Fragen des Menschseins und ist daher auch über die intensiven Gefühle – Wut, Verzweiflung, Trauer, Furcht – nachvollziehbar.

Der letzte Satz nimmt noch einmal die fingierte Dialogsituation auf. Das lyrische Ich wendet sich mit einer vokativen Affirmation an Orpheus, sein Über-Ich. Die verneinende Anrede „non Orphée" fungiert nicht als (eine die Aussage in Frage stellende) Verneinung, sondern als Bestätigung, die den Eindruck von Endgültigkeit erzeugt. Der letzte Satz erhält dadurch, daß der Angesprochene eine Symbolgestalt ist, einen universellen Wert. Er setzt einen poetischen Schlußpunkt und gibt der zuvor angesprochenen Endlosigkeit eine letzte Wendung. Die nicht untergehende Sonne nimmt nämlich das Thema des Ursprungs auf und führt zum Titel des Gedichts zurück. Das Erwachen des Bewußtseins ist irreversibel. Das Licht der Erkenntnis wird von keiner Nacht oder Dämmerung bedroht. Die Erkenntnis ist allgegenwärtig, wie aus dem zeitlosen Jetzt des Adverbs „ce soir" hervorgeht.

Das Gedichtende stellt mit der nicht verheilenden Wunde einen schmerzhaften Anfang dar, der den Ausgangspunkt von Ben Jellouns literarischem Werk bildet. Dieses legt die gesellschaftlichen und historischen Ursachen der „blessure" frei, die sein Schreiben motivieren, seine eigene Verletzung und die innere Zerrissenheit eines Dichters in einem postkolonialem nordafrikanischen Land. Ausgehend von einer Situation äußerster

Verzweiflung stellt das Gedicht die Frage nach der Hoffnung. Die Schwierigkeit sie zu beantworten gibt Auskunft über die Gesellschaft, in der sie gestellt wird. Die Antwort besteht in der Verbindung von Revolution und Poesie, in der Einbindung der poetischen Kreativität in den sozialen Kontext. Ben Jellouns Gedicht fände in einer Geschichte der engagierten Poesie seinen Platz. Erhaben über ideologischen Dogmatismus, gestaltet es in einem dramatischen Stakkato das Aufsteigen von Gefühlen der Scham, Schuld, Angst, Wut und Verzweiflung. Das lyrische Subjekt gibt während der Suche nach Hoffnung seine Hingabe an die poetische Sprache zu erkennen, wodurch das Ausdruckspotential der engagierten Lyrik erweitert wird.

Das zuerst publizierte Gedicht enthält neben der Affektmodellierung und der Betonung der poetischen Funktion weitere Merkmale des späteren Werks:

- die Konstellation von Geschichte, Biographie und Poesie
- die Betonung des gesellschaftlichen Engagements
- eine zum Düsteren und Unheilvollen neigende Bildlichkeit
- die Mischung von Stimmen und Sprachebenen
- die Übersetzung von arabischer Mündlichkeit in die französische Schriftlichkeit
- die Verschränkung von Lyrik und Prosa, Geschichte und Mythos
- die literarische Metareflexion, hier in Verbindung von immanenter Poetik und Mythenreprise.

3.4 Von *Hommes sous linceul de silence* bis *A l'insu du souvenir*

Die in den sechziger Jahren verbreitete Tendenz zur Politisierung unter den marokkanischen Schriftstellern ist in *Cicatrices du soleil*, einer Sammlung mit Gedichten und kurzen Prosastücken (1972), deutlich zu erkennen. *Cicatrices du soleil* ist nach Aussagen Ben Jellouns eine Fortsetzung und Ergänzung von *Hommes sous linceul de silence*.[219] Die ersten und die weiteren Gedichtbände sollen weniger ausführlich analysiert werden als „L'aube des dalles", dem als literarischem Ausgangspunkt besondere Aufmerksamkeit zukam. Das Augenmerk richtet sich im folgenden auf die Entwicklung der im ersten Gedicht aufgezeigten Themen und Schreibweisen. Ausgehend von der Darstellung von Kulturkonflikt, Nord-Süd-

[219] Siehe „Entretien avec Tahar Ben Jelloun", in: *Intégral*, 3/4, 1973, S. 27, 28.

Verhältnis und Emigration werden Hinweise auf die interkulturelle Schreibweise gesucht. Schließlich ist der erste Gedichtband 1971 erschienen, im Jahr, als Ben Jelloun nach Paris wechselte. Daher wird zu fragen sein, wie die persönliche Erfahrung des Lebens in Frankreich die literarische Perspektivierung beeinflußte.

3.4.1 *Hommes sous linceul de silence*

Einige Vorbemerkungen zu den übergreifenden Themen und zur Struktur der frühen Gedichtbände sind unverzichtbar. Der erste, *Hommes sous linceul de silence*, setzte die in „L'aube des dalles" entwickelte Poetik konsequent fort. Der Titel, ein kleines Meisterstück poetischer Sprache, verdichtet eine Fülle morphologischer, rhetorischer und metaphorischer Strukturen. Thematisch findet das Schwanken zwischen Hoffnung und Verzweiflung, ausgedrückt in einer Bildlichkeit des Lichts und der Dunkelheit, des Lebens und des Todes, seine Fortsetzung. Der Titel thematisiert die Stimmlosigkeit und das Schweigen des marokkanischen Volkes, das von einem Leichentuch bedeckt ist. Demgegenüber erscheint die Poesie als Kraft des Lebens und der Dichter als derjenige, der das Leichentuch lüftet.

Beispielhaft für diesen Motivkomplex ist das zweite Gedicht „Un feu crépite au fond de la gorge". Das Bild des Feuers setzt die in der Dämmerung enthaltene Vorstellung von strahlender Wärme fort, ebenso wie die Isotopien des Brandes und der Hitze, die durchaus ambivalente Bedeutungen aufweisen können. Die Suche nach Hoffnung artikuliert sich weiterhin als wütender Aufschrei, jedoch mit der klaren Aufforderung zum Widerstand. Dementsprechend klar sind Pragmatik und Rollenverteilung: „Homme je vous parle" (S. 28) lautet der erste Satz. Hier spricht ein selbstbewußtes und zielorientiertes Ich. Ben Jelloun inszeniert nun erstmals die dichterische „prise de la parole". Die mit „vous" angesprochenen Männer werden dazu aufgerufen, sich um die Zukunft ihrer Kinder zu sorgen, d.h. sich gegen die Abwanderung, in die Städte oder nach Frankreich, zu wehren („on enlève vos enfants", S. 28). Der Sprecher solidarisiert sich abermals mit dem Volk, hier mit der Landbevölkerung. Dies impliziert eine Stellungnahme. Worin ist diese zu erkennen? Wer nimmt den teilnahmslos zusehenden Eltern die Kinder weg? Ben Jelloun hütet sich davor, ein eng umrissenes Feindbild zu entwerfen. Für das Problem der Abwanderung der Landbevölkerung in die Städte und die Nichterfüllung der damit verbundenen Hoffnungen soll kein Sündenbock gefunden werden: Es ist kein Gedicht gegen Fortschritt und Modernisierung. Dennoch stellt das Bild der ungläubig im Fernsehen die Mondlandung bestaunenden marokkanischen Männer („vous regardez la télé dans votre tour de silence", 28) nicht zufällig einen Gegensatz zwischen zwei Welten her:

> Vous hochez la tête
> des Américains sur la lune
> vous n'y croyez pas
> vous hochez la tête
> (S. 29)

Die Mondlandung als Inbegriff des technologischen Fortschritts, ein symbolischer Akt mit universellem Führungsanspruch, war ein amerikanisches Unternehmen. Insofern setzt das Gedicht die in „L'aube des dalles" aufgenommene Opposition: USA – Marokko/ arabische Welt/ Süden fort, ohne daraus jedoch ein konkretes Feindbild zu konstruieren.

Aufgrund der dem ersten Gedicht zugrundeliegenden (Inszenierung der) Wortergreifung und der damit verbundenen Appellstruktur drängt sich die in der Sekundärliteratur gängige Klassifizierung dieser Gedichtsammlung unter der Rubrik „engagierte Poesie" geradezu auf.[220] Das Vorwort von Abraham Serfaty, einem der bekanntesten politischen Oppositionellen Marokkos, das Zitat von Frantz Fanon im Vorspann – beide fehlen in der Gesamtausgabe –, die das Titelgedicht eröffnende Anredeform „camarade" und viele inhaltliche Hinweise lassen kaum Zweifel an der Richtigkeit dieser Einschätzung aufkommen. Dennoch ist sie um eine wesentliche Nuance zu korrigieren, wie die weitere Interpretation zeigen wird.[221]

Auch die Inszenierung des Sprechens, verbunden mit einer immanenten Poetik, findet eine konsequente Fortsetzung. Das erste titelgebende und auch das zweite Gedicht thematisieren die Ebene der „énonciation". „Hommes sous linceul de silence" beginnt mit einer Frage: „Camarade,/ es-tu vacciné contre toutes maladies toutes?" Sie ist an einen potentiellen Arbeitsemigranten gerichtet und denkt damit die in „L'aube des dalles" nur

---

[220] Vgl. R. Bourkhis, *Tahar Ben Jelloun: La poussière d'or et la face masquée*, Paris 1995, S. 155ff.

[221] Bourkhis, der von seinem analytischen Ansatz durchaus in der Lage wäre, die korrigierende Einbeziehung der ästhetischen Dimension vorzunehmen, unterläßt dies jedoch. Er datiert die Abkehr von der „engagierten Poesie" sehr viel später am Beispiel von Ben Jellouns Nachwort zu der Anthologie *La mémoire future*, Bourkhis a.a.O., S. 159.

angedeutete Problematik der Emigration zuende. Der Gegensatz Marokko – Frankreich (ici – là-bas) wird mit konkreten Namen benannt: „ce n'est pas comme ici là-bas à Gennevilliers, Aubervilliers ou Argenteuil“ (S. 25).

Die personale Deixis der Gedichte besteht aus dem „je“ des Dichters, das sich an ein kollektives „Vous“ wendet, mit dem es sich als „nous“ verbunden fühlt. Darauf aufbauend werden die aus „L'aube des dalles“ bekannten Gegensatzstrukturen von Sprechen und Schweigen, Steigen und Fallen, Leben und Sterben entfaltet.

Das zweite Gedicht beginnt mit einem direkten Sprechakt: „Hommes je vous parle“. Die konstatierende Tonart des Appells läßt die an sich selbst zweifelnde Dichterfigur vergessen. Hier spricht ein Orpheus, der seinem Volk etwas zu sagen hat. Der Dichter, das Elend der Kinder, der potentiellen Arbeitsemigranten, im Blick, will aufrütteln und ruft zu Taten auf.

Dadurch, daß der Band vermutlich noch in Marokko entstanden ist, gewinnt die Auseinandersetzung mit der Frage der Emigration an Schärfe. Die eindringliche Sprechweise klingt fast wie eine Warnung an das eigene Volk, sich den – für Ben Jelloun bevorstehenden – Schritt in die Emigration gründlich zu überlegen. Die Warnung enthält aber auch eine Aufforderung zum Kampf, eine Absage an Lethargie und Resignation.

Das überwiegend auf Marokko bezogene Paradigma der arabischen Welt erhält dabei konkretere Konturen. Dies ist deswegen festzuhalten, weil dadurch Veränderungen im Verhältnis zur marokkanisch-arabischen und zur französisch-europäischen Kultur zum Ausdruck kommen. Bilanzierend läßt sich feststellen, daß in *Hommes sous linceul de silence* die Empathie für die marokkanische Kultur überwiegt, während Frankreich als Teil des Paradigmas „westliche Zivilisation“ erscheint, das mit Profitgier und der Illusionswelt der Moderne assoziiert ist.[222] Die Werte, auf denen die dominierende und ausbeutende abendländische Gesellschaftsform beruht, werden entmystifiziert.[223] Beim Kontakt der beiden Kulturen kommt es zu keinem Austausch oder gar zu einer Begegnung. Der dementsprechend bittere Ratschlag an die Arbeitsimmigranten lautet: „Assasine en toi l'Arabe/ tu es porteur de germes de barbarie“ (S. 25) Damit erfogt eine Abrechnung mit dem Mythos der „mission civilisatrice“ der französischen Nation.

---

[222] Vgl. insbesondere das Gedicht „Attends voir“, in *Pc*, S. 34.

[223] „[...] en-contact-permanent-avec-toutes-les illusions-et-les rêves. Attends-voir“, in: „Attends voir“, S. 34.

3.4.1.1 Die schwarze Sonne der Melancholie

Die in „L'aube des dalles" aufgenommene Dekonstruktion der Mythen bezieht sich auch auf die eigene Gesellschaft. Der Blick auf die Welt steht weiterhin im Zeichen der Sonne, doch in den wütenden Aufschrei mischt sich nun die Melancholie. Das aus der französischen Lyrik wohl vertraute Motiv der dunklen Sonne illustriert nicht nur die Befindlichkeit des Dichters, sondern die des ganzen Volkes: „Nous reste l'obscur beau soleil noirâtre" heißt es in „Les tigres agonisent" (*Pc*, S. 43).[224] Der intertextuelle Bezug zu Nerval ist zwar nicht sinnkonstituierend, doch auch nicht irrelevant.

Mit dem Bild der schwarzen Sonne – einer Variation des Bildes der Dämmerung (Subjektinversion, Oxymoron) – bezieht sich Ben Jelloun auf seine afrikanische Befreiungsmythologie, die er mit der Figur des afrikanischen Prometheus ebenfalls in „L'aube des dalles" aufgenommen hatte. In der Metapher der Sonne – das Sinnbild des Südens schlechthin –, die durch die Gegensatzstruktur des Oxymorons und die Inversion besonders hervortritt, laufen die verschiedenen historischen, mythologischen, soziopolitischen und meta-poetischen Bedeutungsebenen zusammen. Das Scheitern des marokkanischen Volkes ist eingebunden in den historischen Zusammenbruch der Mythen des afrikanischen Kontinents:

> Nous arrêtons l'image d'une tendresse retournée
> [...]
> peau tannée
> par le soleil complice
> peau tissée des nuits durant
> avec le mythe l'homme un lion
> qui porte l'Afrique sur le dos
> (ebenda).

Die schwarze Sonne der Melancholie ist außerdem eine Antwort auf die in „L'aube des dalles" gestellte Frage: „Que restera-t-il?" (S. 22), die sich nicht nur auf das historische Schicksal eines Kontinents, sondern auch auf

[224] In Gérard de Nerval berühmten Gedicht „El desdichado", das auch Ben Jelloun nicht unbekannt gewesen sein dürfte, heißt es: „Ma seule Etoile est morte, — et mon luth constellé/ Porte le *Soleil* noir de la *Mélancolie*" [Hervorhebung d. Autors], in: *Französische Dichtung. Von Corneille bis Gérard de Nerval*, hrsg. von H. Helbling/ F. Hindermann, München 1991, S. 390. Das lyrische Ich erscheint bei Nerval zudem in der Gestalt des Orpheus.

die Poesie bezieht. Der Schluß von „Les tigres agonisent“ wiederholt in einer Mikroszene den Tod und die Wiedergeburt des Dichters aus „L'aube des dalles“:

> Nos jours à la mue de l'été éclatent
> face à l'épave
> agonisent les tigres
> dans la nuit
> l'aube décimée
> la main tentaculaire efface l'œil mort.
> L'homme sinistré se relève. (S. 47)

Zum Vergleich der Schluß von Nervals Gedicht:

> Et j'ai deux fois vainqueur traversé l'Acheron:
> Modulant tour à tour sur la lyre d'Orphée
> Les soupirs de la Sainte et les cris de la Fée.

Auch hier steht am Ende ein – sogar zweifacher – Sieg über den Tod. Während Nerval die Leitfrage der *Chimères*, die nach der Identität, in diesem Gedicht mit der „lyre d'Orphée“ (für die Poesie) beantwortet, erscheint bei Ben Jelloun kein Ich, sondern ein kollektives Er, das für das marokkanische Volk steht. In „Aube des dalles“ dagegen bildete die Frage „Qui suis-je?“, die auch in den Romanen als Leitmotiv erscheinen wird, den semantischen Ausgangspunkt. Ein intertextueller Bezug zu Nervals Gedicht läßt sich vor allem auf der Ebene des Stils, und zwar in der Mischung von Traum, Mythos und Wirklichkeit zu einem komplexen Ganzen ausmachen.

Nach der Zusammenfassung von Themen und Schreibweisen des ersten Gedichtbandes ist nun die interkulturelle Situation unter dem Aspekt der Rezeption zu erläutern. Wie stellt sich das Engagement für das eigene Volk und den afrikanischen Kontinent im Rahmen der interkulturellen Pragmatik dar? Inwiefern sind antizipierte Rezeptionserwartungen zu beobachten?[225]

---

[225] Der Begriff „interkulturelle Pragmatik“ soll nach der Definition im Kapitel zum kulturellen Feld auf Entstehungsvoraussetzungen und Erwartungshaltungen eingehen, die die frankophone Literatur bestimmen, und damit den jeweiligen Standpunkt des Autors gegenüber der textimmanenten kulturellen Situation, sowie gegenüber der kulturellen Perspektive des Lesepublikums. Die interkulturelle Pragmatik umfaßt somit den Bereich der postkolonialen Literatur, in dem das Verhältnis von Zentrum (die Kolonialmächte) und Peripherie (die ehemaligen Kolonien) verhandelt wird.

Zunächst fällt die Betonung der binnenpragmatischen Kommunikation auf. Dialoge finden statt, sogar sehr intensive, jedoch vor allem auf der von Marokko repräsentierten Seite des Südens. Das polyphone Prinzip dient der Inszenierung von Dialogen zwischen Dichter und Volk, deren Besonderheit in der Betonung der Dichterfigur besteht, die eindringlich an das Volk appelliert.

Die interne Appellfunktion ist freilich auch hinsichtlich der externen Pragmatik zu untersuchen, sofern man die interkulturelle Konstellation nicht nur an den Inhalten festmachen will, denn der Appell an das eigene Volk und den afrikanischen Kontinent richtet sich auch an die französischen Leser.

Ben Jelloun, der vor der Publikation des ersten Gedichtbandes noch keine feste Größe im frankophonen literarischen Feld war, konnte zum damaligen Zeitpunkt keine genaue Vorstellung seines Publikums haben. Die Erwartungen der sich den Problemen der „Dritten Welt" zuwendenden Linken waren ihm jedoch gewiß nicht unbekannt. Daß er ihnen entgegenkam, läßt sich nicht nur aus der zugrundeliegenden Befreiungsideologie schließen, sondern auch aus den fehlenden Ambivalenzsignalen. Weder bei der Perspektivierung des Blicks auf die unterdrückte Welt noch bei der des Blicks auf Frankreich und den Okzident treten Brüche oder ironische Distanzierungen auf.

Die interkulturelle Pragmatik zeichnet sich in diesem ersten Gedichtband durch eine klare Frontenbildung aus, wobei sich der französisch schreibende Dichter eindeutig auf der marokkanischen Seite verschanzt. Diese nicht-ambivalente Perspektivierung erfüllte zweifelsohne den Erwartungshorizont der französischen Linken. Ob die unbedingte Parteinahme für die marokkanische Seite ein Akt unwillkürlicher Sympathie des Autors ist oder eine bewußt eingesetzte diskursive Strategie, läßt sich wohl kaum eindeutig entscheiden. In der marokkanischen Rezeption, die dem Band ebenfalls überwiegend Anerkennung zollte, wurden auch Bedenken gegenüber der lyrischen (Selbst-)Inszenierung als „Dichter des Volkes" laut. Der Autor selbst brachte in diesem Band die Ambivalenzen lediglich binnenpragmatisch in der Auseinandersetzung mit dem Medium der Poesie („l'œil mort", S. 46) zum Ausdruck, allerdings treten diese wegen der dominierenden Appellfunktion nur im Hintergrund in Erscheinung; das Medium der französischen Sprache wird dabei nicht problematisiert. Bei der Darstellung und der Konzeption interkultureller Zusammenhänge ist darüber hinaus zu berücksichtigen, daß diese bei Ben Jelloun keineswegs nur von rationalen Überlegungen gesteuert, sondern von den vielfältigen, oft widersprüchlichen Erfahrungen mitbeeinflußt werden, die sowohl in biographischen als auch in literarischen Kontexten stehen. Der Band enthält eine ideologische Botschaft, doch die überwiegende Mehrheit der Gedichte zeichnet sich durch eine kühne Ästhetik aus, deren Wurzeln im Symbolismus liegen. Zuweilen erreicht die Bildlichkeit eine surrealistische Qualität, die frei von jeglicher bewußten ästhetischen Gestaltung zu sein scheint. Mit der Verbindung von formalem Experiment und gewagter Bildlichkeit im Rahmen einer komplexen polyphonen Sprechsituation schuf Ben Jelloun sein unverwechselbares poetisches Markenzeichen, das seine Chancen auf dem symbolischen Markt erheblich steigern sollte.

Ohne den biographischen Zusammenhang überstrapazieren zu wollen, läßt sich festhalten, daß der im Jahr des Umzugs nach Paris erschienene Gedichtband die Weichen für Ben Jellouns weitere literarische Laufbahn stellte. Gerade die Fokussierung der poetischen Bedeutungsvielfalt im Brennpunkt einer gut strukturierten Semantik der Eindeutigkeit konnte vom europäischen Publikum als Zeichen von Engagement und Kompetenz in dem neu entstehenden, nachkolonialen Feld der maghrebinischen Literatur verstanden werden. Aus einem Abstand von dreißig Jahren zeigen sich dabei auch die Konturen des Zeitgeists der ausklingenden sechziger und der frühen siebziger Jahre, die dem interkulturellen Bewußtsein des Autors Grenzen setzten. Inwieweit er diese Limitationen in späteren Werken überschreiten oder anders perspektivieren sollte, werden die folgenden Analysen zeigen.

3.4.2 *Cicatrices du soleil*

Auch der an *Hommes sous linceul de silence* anknüpfende Band *Cicatrices du soleil* setzt Themen und Schreibweisen von „L'aube des dalles“ fort. Der Dämmerung und dem revolutionären Feuer folgt nun mit den Narben ein anderer Aspekt des werkübergreifenden Sonnenmotivs. Die Thematik der Wunde bezieht sich abermals gleichzeitig auf das sprechende Subjekt des lyrischen Ichs und auf das Kollektiv des marokkanischen Volks.

Der als Abstieg in die Hölle der marokkanischen Gesellschaft zu lesende Band gliedert sich in fünf Kapitel. Das vierte schließt mit dem wiederveröffentlichten „L'aube des dalles".[226] Die Gedichte des ersten Abschnitts sind dem marokkanischen Volk gewidmet, die des zweiten handeln von Einzelschicksalen; im dritten bis fünften Abschnitt treten Kinder, Tiere, Bäume und Pflanzen als Protagonisten auf. Auffällig ist die Betonung der Stadt als Ereignisraum. Fes und Tanger, aber auch Marrakesch werden nunmehr zu wiederkehrenden Motiven. Das Stadtmotiv verdiente eine ausführlichere Analyse, als sie hier geleistet werden kann; seine Bedeutung kommt auf der Handlungsebene, in den modellierten Weltbildern und als Träger von Diskursen zur Geltung. Die Stadt ist ein zentrales Motiv der marokkanischen Lyrik[227] und Narrativik. Als Symbol des von der Modernisierung verletzten Landes (Tenkoul, a.a.O. S. 89) erfüllt sie eine semiotische Funktion,[228] die viele Möglichkeiten eröffnet: die Stadt als Diskursproduzent. An die Stelle der traditionellen, auf realistischen Beschreibungen basierenden Raum- oder Personendarstellung treten das Raum-Erzählen – das Raunen der Stadt – und die Thematisierung der Stadt als Wahrnehmungsraum. Der zuweilen wie eine Schicksalsmacht auftretende „genius loci" setzt sich aus verschiedenen, sich überkreuzenden und vermischenden Diskursformen zusammen.

Strukturell bilden das erste Gedicht „Cicatrices du soleil" und das letzte „Qui se souvient de la terre brune" eine Klammer. Das erste und das letzte Gedicht sind thematisch miteinander verbunden, ebenso wie die anderen Gedichte miteinander in Beziehung stehen. Hervorzuheben ist das Nachwort „Postface/ L'écriture", in dem Ben Jelloun seine meta-literarischen Standpunkte darlegt. Wie in „L'aube des dalles" ist der dominierende Ton anklagend bis rebellisch und die Stimmung überwiegend düster.

---

[226] In der hier benutzten Gesamtausgabe sind die Kapitel nicht mehr numeriert wie in den früheren Editionen. Aus werkgenetischer Sicht ist zu erwähnen, daß im dritten Gedichtband *Les amandiers sont morts de leurs blessures* die beiden ersten — *Hommes sous linceul de silence* und *Cicatrices du soleil* — erneut publiziert worden sind. Sämtliche Titel signalisieren mit ihren Schlüsselwörtern — Tod, Wunden, Schweigen — bereits bekannte Inhalte und eine überwiegend düstere Stimmungslage.

[227] A. Tenkoul, *Littérature marocaine d'écriture française. Essais d'analyse sémiotique*, Casablanca 1985, S. 89.

[228] Vgl. Ch. Bonn, *Problématiques spatiales du roman algérien*, Algier 1986; ders., „Entre ville et lieu, centre et périphérie: la difficile localisation du roman algérien de langue française", in: *Itinéraires d'écritures*, Sondernummer in: *Peuples mediterranéens*, 30, 1985, S. 185-195; ders., „L'ubiquité citadine. Espace de l'énonciation du roman maghrébin", in: *Peuples méditerranéens*, 37, 1986, S. 57-65.

3.4.2.1 Das Titelgedicht

Cicatrices du soleil
Déposées sur le voile du regard
elles fument des pensées de sable
c'est la chute
la parure.

Suspendues au sommeil séculaire
elles retournent les racines d'une saison.

La terre
de connivence avec le ciel
retient la mer
délivre l'écume
retourne l'étoile tatouée sur notre front
„le front c'est le Sud".

Un siècle en faux
labouré par l'écriture du ciel
un livre radié de toutes les mémoires:
l'imposture;
l'œil recueilli dans une cuiller
donne au matin
la mort douce.

Das erste Gedicht stellt zweifellos eine Herausforderung an den Leser dar, und zwar nicht nur an den europäischen.[229] Dieser die Freiheit der dichterischen Sprache voll auskostende Auftakt, der den Titel des Bandes abgibt, soll etwas ausführlicher analysiert werden. Die surrealistische Bildlichkeit stellt den Leser vor erhebliche Schwierigkeiten; das bislang noch nicht analysierte Titelgedicht erscheint zunächst als ein Akt der poetischen Subversion der logischen Nachvollziehbarkeit von Sprache und Bildlichkeit. Es vollzieht eine Abgrenzung nach zwei Seiten, einerseits gegenüber der „engagierten Poesie" und andererseits gegenüber der surrealistischen „écriture automatique", die der Entfaltung imaginativer oder unbewußter Assoziationswelten freien Lauf läßt.

---

[229] Dies dürfte auch ein Grund dafür sein, daß Helmut T. Heinrich das Titelgedicht nicht für die deutsche Übersetzung des Bandes ausgewählt hat; in: *Die Mandelbäume sind verblutet*, Berlin 1979/ Mainz 1996.

Worin besteht nun die Schwierigkeit? Die Sprechgegenstände sind durchaus gängig: „cicatrices, soleil, regard, sable, chute, racines, terre, ciel (2x), mer, écume, étoile, livre, écriture, mémoires, imposture, matin, mort", auch die damit assoziierten Bilder und Konnotationen erzeugen eine dem Leser Ben Jellouns vertraute Vorstellungswelt. Fraglich ist allerdings, worauf sich die Narben beziehen. Sind es die der Sonne oder die von ihr verursachten? Die Unklarheit wächst, weil die beiden folgenden Versgruppen den Titel zum grammatikalischen Subjekt haben. Allerdings liegt die Vermutung nahe, daß in der ersten Strophe das Szenario der Wüste entworfen wird. Zumindest weist die Verbindung von Sonne und Sand darauf hin. Hinzu kommt die Verwendung des Verbs „fument", das das Verwehen des Sandes über einem Dünenkamm beschreiben kann. Bezieht man die Narben auf den der Sonne ausgesetzten Naturraum der Wüste, tritt ein erster Sinnzusammenhang hervor. Der verwehende Wüstensand, möglicherweise im Licht der gleißenden Sonne, vermittelt eine intensive Atmosphäre, doch wo ist der Vermittler dieses Bildes?

Der „voile du regard", die Verschleierung des (beobachtenden) Subjekts ist ein Stilmittel, das Ben Jelloun in Form eines Maskenspiels des lyrischen Ichs bereits mehrfach einsetzte. Auch in den Romanen ist die Erzählsituation meist verschleiert, zuweilen bleibt sie es bis zum Schluß, wie etwa in *Les yeux baisés*.

Ein Merkmal des Subjekts ist seine Verletzung. Die Wunde („blessure") ist jedoch nicht nur das erste Objekt der Poesie, sondern auch die sprechende Instanz selbst. Aus den vorausgehenden Analysen ging hervor, daß die Sonne für den Süden – Marokko, Maghreb, Afrika, arabische Welt – in Opposition zum europäischen Norden steht. Auf diesen Süden beziehen sich die Narben des Titels.

Die Variation der syntaktischen Konstruktion des Titels in „voile du regard" weist auf semantische (Oppositions-)Strukturen hin. Die paradoxe Wendung „Schleier des Blicks" – es heißt nicht „verschleierter Blick" – verweist auf die nicht sichtbare Welt hinter den Erscheinungen. Eine andere Interpretationsmöglichkeit läßt das verschleierte Auge sonnenverursachte Narben aufweisen. Zieht man den arabisch-islamischen Kontext heran, eröffnet die Kombination von Schleier (arab. hiĝâb, himâr, milhafa) und Blick in Verbindung mit der Sonne eine Fülle von Interpretationsmöglichkeiten, die hier nicht ausgeführt werden können. Ein Bezug zu sufistischen Texten ist wahrscheinlich, weil diese mit der Wahrnehmungssymbolik arbeiten. Vor allem die Vorstellung des Schleiers, der bereits in der mystisch konnotierten koranischen Sure des Lichts („An-nûr“) erwähnt wird, ist zentral in der sufistischen Erkenntnislehre.[230] Die sufistische Frage nach der Erkenntnis der Wahrheit ist durchaus übertragbar auf die im Gedicht enthaltene Infragestellung der Wahrnehmung.

Das Syntagma des Rauchens oder Verwehens der „Gedanken aus Sand“ wiederholt die Genitivkonstruktion des Subjekts („Narben der Sonne“). Wie das Subjekt ist auch das Objekt eine rätselhafte Metapher. Das Bild der „Gedanken aus Sand“ ist jedoch leichter nachzuvollziehen, da der Sand Zerrinnen und Vergänglichkeit evoziert, was im figurativen Raum der Wüste nur schlüssig ist.[231] Einerseits ist es die Stilfigur der belebten Natur – die wahrnehmende Instanz sieht, wie die Wüste denkt –, andererseits ist es umgekehrt die Stilfigur der Übertragung von Natürlichem auf Menschliches: Der Fluß der Gedanken erhält die im Sand enthaltene Konnotation des Zerrinnens.[232]

Läßt sich die erste vierzeilige Versgruppe resümieren? Im Gegensatz zu der verschleierten und rätselhaften Atmosphäre des Anfangs enden die letzten beiden Verse in konstatierender Eindeutigkeit: „c'est la chute/ la parure“. Damit ist, die vorausgegangenen Interpretationen haben es gezeigt, die Poesie selbst gemeint. Die Bewegungen des Steigens und Fallens versinnbildlichen die Dichtung, die hier poetisch als „parure“ (Schmuck) bezeichnet wird.

Der Leser begegnet der Konstellation „Schleier-Blick-Rauch“ in dem Gedicht „J'ai mal dans notre solitude“[233] wieder:

> l'indignation
> telle la cendre
> voile ou fumée
> vient loger dans nos yeux

---

[230] L. Massignon bezeichnete in seiner Studie zu al-Hallâğ den Schleier als: „[...]un rideau interposé entre le chercheur et son objet, entre le novice et son désir, entre le tireur et son but.“, in: *Opera minora*, Paris 1969, Bd. 3, S. 699.

[231] Die übertragene Verwendung des Verbums „fumer“ erinnert an Victor Hugos Gedicht „Rêverie“ in : *Les Orientales*, XXXVI, wo zudem ein ähnliches Stimmungsbild entworfen wird: „Oh! laissez-moi! c'est l'heure où l'horizon qui fume/ Cache un front inégal sous un cercle de brume/ [...]“, (Paris: Gallimard 1966, S. 166).

[232] Zur Konnotation des Sandmotivs vgl. auch die Analyse von *L'enfant de sable.*

[233] In: *Le discours du chameau*, S. 148.

In beiden Gedichten ist der getrübte Blick auch ein betrübter Blick: Er verleiht einer Befindlichkeit Ausdruck. Getrübt ist der Blick auf die Welt, die Verbindung zwischen Ich und Welt. Entrüstung und Asche sind die Schlüsselbegriffe der Zustandsbeschreibung, die in beiden Textstellen das individuelle (lyrische) Ich in ein noch unbestimmtes Kollektiv einbindet. Aus dieser Einbindung in eine Gemeinschaft, mag sie auch gestört sein, entsteht Sinn. Plötzlich erscheint ein kohärentes poetisches Universum:

La terre
de connivence avec le ciel
retient la mer
délivre l'écume
retourne l'étoile tatouée sur notre front
„le front c'est le Sud".

Die Einheit der Strophe kommt in den Alliterationsreihen der Plosive „k" und „t" und der Reibelaute „v" und „f" zum Ausdruck. Die mit „terre" beginnende T-Kette kulminiert im sinnentscheidenden Vers in einem Stakkato: „retourne l'étoile tatouée sur notre front"; die mit „connivence" beginnende „v"-Kette gipfelt in der Wiederholung von „front".

Die Strophe ist nach dem Prinzip konzentrischer Kreise strukturiert. Allerdings steht dabei der äußerste mit dem innersten in Verbindung. Das im kollektiven „notre" aufgehobene Ich korrespondiert mit dem durch die Elemente – Erde, Himmel und Wasser – repräsentierten Universum. Die Verbindung zwischen Mikro- und Makrokosmos stellt der Stern her, der die mit der Erde beginnende Kette der natürlichen Elemente abschließt und zum Menschlichen (Stirn) überleitet.

Das doppeldeutige Wort „front" verbindet das Ich mit einem Wir. Im Sinne von Stirn bezieht es sich auf das wahrnehmende Subjekt. Die Stirn kann auch stellvertretend für das wahrnehmende Organ des Auges interpretiert werden. Dies läßt sich durch den kulturellen Kontext erschließen. In der in Marokko weit verbreiteten Praxis des Tätowierens mit Henna ist das auf die Stirn gezeichnete Auge eines der zentralen Motive. Ben Jelloun verwendet dieses Motiv in mehreren Texten, insbesondere in *Les yeux baissés*, einem Roman, in dem die Augenmetaphorik die gesamte Handlung strukturiert. Der auf die Stirn tätowierte Stern spielt auch im Bestattungsritual eine Rolle; so heißt es in dem der verstorbenen Großmutter gewidmeten Text „Mourir comme elle": „Une étoile sur le front [...]". Im Sinne von Front verweist das Wort auf den Nord-Süd-Konflikt.[234] Der Schleier des Blicks und die Narben der Sonne erhalten damit eine eindeutige referentielle Zuordnung: Es handelt sich um den Süden, die arabische Welt und den afrikanischen Kontinent.

Im Anschluß an diese Klärung der Fronten folgt im letzten und längsten Abschnitt eine historische Vertiefung. Ein Jahrhundert währt der Betrug an der arabischen Welt bereits. Nach dieser niederschmetternden Bilanz endet das Gedicht, wie es begonnen hat, in surrealistischer Bildlichkeit: „l'œil recueilli dans une cuiller/ donne au matin/ la mort douce." (S. 51) Die wahrnehmende Instanz (das lyrische Ich) ist dargestellt als ein auf einem Löffel aufgesammeltes Auge, bzw. als ein zwischen Löffeln – als verfremdender Metapher für die Augenlider – befindliches Auge. Die Assonanzen in „l'œil-recueilli-cuiller" (œ, c und ll) betonen auf der lautlichen Ebene die eklatante Bildlichkeit. Die Zeit des Geschehens? Der Morgen, die Stunde des Schreibens und der Poesie. Die Zeit der Dämmerung nimmt der entschwindenden Wahrnehmung jenen bitteren Beigeschmack, den der Kontext hätte erwarten lassen und sorgt für ein versöhnliches Licht, ja für eine süßliche Atmosphäre, die das letzte Wort als Schlußpunkt bekräftigt. Hier liegt erneut eine Korrespondez zwischen Inhalt und lautlicher Ebene vor. Das „c" in „douce" schließt das im Titel einsetzende und das ganze Gedicht durchziehende Säuseln der „s"-Laute ab. Die Harmonie des Ausklangs kommt auch in der chiastischen Stellung der „d"- und „m"-Laute in den letzten beiden Zeilen zur Geltung (donne-matin/ mort-douce). Die positive Wendung wird dadurch unterstrichen, daß der Dichter, „l'œil recueilli", sein Entschwinden nicht passiv erleidet, sondern aktiv gestaltet („donne au matin/ la mort douce.").

In dem positiv konnotierten Leitmotiv des Todes laufen mehrere Themenstränge zusammen. Wesentlich ist die Verschränkung der Todesthematik mit der Poesie. Darüber hinaus zeigt sich, daß Ben Jelloun seine Vorstellung vom Tod und vom Sterben in das Leben einbindet. Die Suche nach einer „belle mort" ist ein werkübergreifendes Motiv, das auch den Handlungsabläufen der Romane zugrundeliegt. In *Harrouda* lesen wir „Alors la mort [...] c'est une certaine douceur, c'est presque un poème" (S. 13); „J'eus le sentiment que c'était cela le visage de la mort heureuse" heißt es im Borges-Kapitel, einer zentralen Stelle in *L'enfant de sable* (S. 178). Das Motiv des schönen Todes regiert das Schicksal von Ben Jellouns

[234] Vgl. dazu die Analyse in Kap. 3.5.6.1.

Figuren, wie ein weiteres Zitat aus *L'enfant de sable* zeigt: „Etre enfin illuminée par l'idée de cette mort heureuse qui a le pouvoir de m'affranchir de tout ce qui pèse sur moi comme une éternelle malédiction." (S. 180)

3.4.2.2 Die Intertextualität

Das bereits erwähnte letzte Gedicht des Bandes „Qui se souvient de la terre brune" bildet eine autonome Einheit, nimmt jedoch die Fäden des ersten auf und ergänzt sie mit Informationen zur Sprechsituation und zum poetischen Kontext. Zum Thema des sozialen Elends im marokkanischen Rifgebirge, dem Hauptanbaugebiet des Haschischs, kommt auf einer zweiten Ebene eine poetische Reflexion hinzu. Die Bezüge zu „Cicatrices du soleil" verlaufen überwiegend auf dieser zweiten Ebene.

Auf der ersten thematischen Ebene stellt das Motiv der „blessure" die intratextuelle Verbindung her. Die Isotopie der Wunde springt förmlich ins Auge: „les plaies", „cicatrices", „blessure" (2x), und sie leitet zu anderen, wie der des Todes („mort", „suicide") und des Wahnsinns („éclaté", „démence" (3x), „fêlure" (2x)) über.

Auf der zweiten Ebene stellt das erste Gedicht die Praxis der im zweiten ausgeführten immanenten Poetik dar. Darin heißt es: „je suspends le dire. Je ne nomme plus. Je laisse la main/ fouiller au risque de survivre". Die „Suspendierung" des Kommentars zur poetischen Praxis ist jedoch das auffälligste Merkmal des ersten Gedichts. Außerdem stellt sie eine Anspielung auf Mallarmés berühmte Definition des Symbolismus in „Réponses à des enquêtes" dar, wo es heißt: „*Nommer* un objet, c'est supprimer le trois quarts de la jouissance d'un objet, c'est supprimer le trois quarts de la jouissance du poème qui est faite de discerner peu à peu; le *suggérer*, voilà le rêve." (Hervorhebung des Autors)[235] Das zweite Gedicht hält sich nicht an diese Vorgabe, sondern besteht, im Gegensatz dazu, zu einem großen Teil aus metapoetischen Aussagen. Der entscheidende Abschnitt, in dem diese Praxis der „Kommentar-Suspendierung" und des Nicht-Benennens angewandt wird, nimmt unmittelbar Bezug auf das in „Cicatrices du soleil" entworfene Ineinandergreifen von Mikro- und Makrokosmos.

Der Abschnitt beginnt mit der metaphorischen Konfiguration Sonne-Auge-Wüste: „C'est arrivé un jour où le soleil dansait dans leurs yeux. Ce

[235] Stéphane Mallarmé, „Réponses à des enquêtes", in: *Œuvres complètes*, Paris [Pléiade] 1945, S. 869.

fut un siècle distillé dans la fable du désert." Im Anschluß daran erscheint wieder der elementare Makrokosmos mit Himmel, Meer und Sternen. Die Auflösung der materiellen Körperlichkeit erfolgt im Motiv der Gischt (écume): „Le corps assisté par l'écume se dissipait dans la/ transparence du souvenir". Mit dem Entschwinden des Körpers in der Erinnerung schließt sich der poetische Kreislauf, denn die Poesie, das Werkzeug des Erinnerns, provoziert die Auflösung der groben Materie in der feinstofflichen Aura erinnerter Verletzungen.

3.4.2.3 „Que mon peuple me pardonne"

Nachdem das erste Gedicht den Bezug zur arabischen Welt in einer surrealistischen Bildlichkeit hergestellt hat, folgt in „Que mon peuple me pardonne" ein Dialog des Dichters mit seinem Volk, bei dem die Probleme der marokkanischen Bevölkerung ganz unvermittelt zur Sprache kommen. Die selbst in den offiziellen staatlichen Statistiken mit 65% angegebene Analphabetenrate (nach einer Statistik der UNESCO aus dem Jahr 1979 sind es 78,6%) relativiert die Bedeutung schriftlicher Literatur. Ben Jelloun stellt sich diesem Problem, indem er sich zum Sprachrohr des Volkes erklärt. Die Gedichte „Marrakech l'œil" und „La planète des singes",[236] die die Abrechnung mit den Klischeebildern des Marokko-Tourismus' von „L'aube des dalles" fortsetzen, sind beispielhaft für den provokativen Pioniergeist der *Souffles*-Autoren. Repräsentativ ist das Aufwerfen von Fragen nach dem künstlerischen Schaffen und der nationalen Identität, der Einsatz einer gewagten, nur der dichterischen Freiheit verpflichteten Sprache und die Anklage sozialer Mißstände.

Beim Thema Tourismus, einer interkulturellen Problematik *par excellence*, fällt zuerst ein ausgeprägter Anti-Amerikanismus auf. Das Unbehagen an den devisenbringenden Touristen hat, wie schon in „L'aube des dalles", tiefere Gründe. Die unmittelbare Entrüstung richtet sich gegen die als entwürdigend empfundene Besichtigung von Armut, vor allem der Kinder („Marrakech l'œil"). Die große Bedeutung von Blicken in den maghrebinischen Ländern ist bekannt, sie wird in „Marrakech l'œil" durch die Nennung des Auges im Titel hervorgehoben.[237] Neben der Erniedrigung

[236] Ben Jelloun zitiert den gleichnamigen Film bzw. die 1963 erschienene Romanvorlage von Pierre Boulle.

[237] Zum Blick vgl. Kap. 1.3.

durch voyeuristische Blicke und Kameras, richtet sich die Entrüstung gegen die den Stereotypen des Tourismus zugrundeliegende Weltanschauung. Diese wird in „La planète des singes“ als menschenverachtend und rassistisch denunziert:

> Attention aux BICOTS
> ils sont voleurs et puants
> ils peuvent vous arracher votre cervelle
> la calciner et vous l'offrir sur tablettes de terre muette;
> [...]
> Et puis envoyez-vous un Arabe
> il est nature, un peu sauvage
> mais d'une virilité...
> (S. 85/86)

Ein weiterer bereits in „L'aube des dalles“ anklingender Kritikpunkt ist die Ignoranz der Touristen und ihre Blindheit gegenüber der sozialen Wirklichkeit des Landes, die wenig mit den Tourismusplakaten gemein hat.

3.4.3 Die Poetik der Differenz

Das Nachwort zu „Narben der Sonne“ beginnt mit den Sätzen: „J'écris pour ne plus avoir de visage. J'écris pour dire la différence“. Wie ist diese Berufung auf die Gesichtslosigkeit einerseits und die Differenz andererseits zu verstehen? Ben Jelloun will, wie er sagt, einen Pakt mit dem Leser herstellen: „Ce qui m'unit à ceux qui peut-être me lisent ou me liront, c'est d'abord ce qui me sépare.“

Während in den Gedichten die Poetik der Differenz vor allem thematisch hervortrat, konzentriert sich das Nachwort auf die Kommunikation zwischen Autor und Leser. Diese den Gedichten nachgeschobenen Überlegungen sind als poetisches Manifest zu lesen, das auf einer impliziten Diskurspragmatik beruht:

A) Der Autor
Bei dem im Nachwort enthaltenen Kommunikationsmodell fällt die Selbstdarstellung des Ichs (Sender) auf. Der Dichter bildet die zentrale Achse des Textes. Seine Aktionsformen werden in einer parataktischen Satzstruktur beginnend mit „J'écris“ zusammengefaßt: „J'écris, je me donne, je dis, je recupère, je fixe, j'ouvre“. Der letzte Satz „Je découvre la honte“ bezieht sich auf das Subjekt, das sich mit seinen Schwächen und Fehlern („fai-

blesses, insuffisances, illusions, écarts") auseinandersetzt. Der im ersten Satz geäußerte Wunsch nach Gesichtsverlust („pour ne plus avoir de visage") erhält in der Kette von Ich-Sätzen eine Erklärung. Die Auflösung des Ichs oder des schreibenden Subjekts stellt die Instanz des Autors ganz in den Dienst des Volkes, für das er *eigentlich* schreibt, das ihn aber nicht lesen kann.[238]

B) Der Code

Der Code, die poetische Sprache, erscheint in einer überwiegend kritischen Sicht. Die grundsätzlichen und daher transkulturellen Überlegungen weisen über das Schreiben in französischer Sprache und die Interkulturalität hinaus. Die Frage nach dem Dichter (Sender/ Subjekt) endet in der Sprache, sie führt zu der Erkenntnis, daß Literatur sprachlich konstruierte Wirklichkeit ist. Die Anklage wird zur Anklage des Wortes: „Je dénonce. La parole. J'enlève le voile. La parole." Schreiben heißt, sich der Ambivalenz der Sprache, dem „équivoque tremblement des mots", auszuliefern. Der im Titelgedicht eingeführte Schleier bezieht sich auf die Sprache. Aktivitäten wie entschleiern, aufdecken und anklagen, die speziell die engagierte Poesie auszeichnen, werden damit in Frage gestellt. Schreiben ist, so Ben Jelloun, kreative Gestaltung von Sprache, doch das Ergebnis sind miteinander verbundene und verbrauchte Worte: „Me reste la survie de la parole liée et consommée". Hierin eine Verbindung zu Derridas Begriff der „différance" zu sehen, liegt nahe, erstens, weil Derridas Vorstellung der sprachlichen Zeichen als Produzenten einer permanenten Bedeutungsverschiebung der Auffassung Ben Jellouns sehr nahe kommt, und zweitens, weil sich Ben Jelloun damit auch auf die Differenz von Schrift und gesprochener Sprache bezieht, die einen zentralen Ausgangspunkt der Arbeiten Derridas bilden.[239]

C) Der Leser

Der Pakt mit dem Leser zeugt von einer symbiotischen Tendenz, die von einer gegenläufigen Tendenz der Trennung unterlaufen wird. Der Wunsch

---

[238] Vgl. die Metapher des Gesichtsverlustes zur Beschreibung von Jean Genet: „Pour lui, l'écrivain est celui qui arrive à ne plus avoir de visage. Genet n'a d'écoute que pour les autres", in: *A l'insu du souvenir*, S. 333.

[239] Vgl. J. Derrida, *L'écriture et la différence*, Paris 1967 sowie *De la grammatologie*, Paris 1967. Freilich ist die Auffassung Ben Jellouns, der die gesprochene Sprache entschieden aufwertet und den Übergang in das System der Schrift als irreparablen Verlust betrachtet, der Derridas diametral entgegengesetzt.

nach Kommunikation und Vereinigung mit dem Leser wird durch das komplexe und außerdem interkulturelle Verhältnis von Autor, Leser und Text zu einem Spiel mit mehreren Unbekannten. Ben Jellouns Literatur ist kein Ort des Sich-Findens: „l'écriture est un territoire où il [der Leser] ne peut se reconnaître". Im beiderseitigen Wissen um das Scheitern der Begegnung und in der Anerkennung der unaufhebbaren Differenz beruht jedoch die Möglichkeit einer „reconnaissance implicite".

Die dem marokkanischen Orpheus zugewiesene Tonart ist nicht jubilierend, nicht einmal mehr pathetisch, sondern nüchtern und resigniert. Ben Jellouns erneute poetische Bestandsaufnahme minimalisiert die in „L'aube des dalles" ohnehin bereits in Frage gestellte Bedeutung der literarischen Tätigkeit.

Der letzte Satz greift die in „L'aube des dalles" empfundene Scham über das eigene Schreiben auf. Ben Jellouns Darstellung des prinzipiellen Ungenügens der Literatur gegenüber der Wirklichkeit erreicht hier einen kaum mehr zu unterbietenden Tiefpunkt.

Die in den vorausgehenden Gedichten auf der Objektebene dargestellten Dimensionen der Interkulturalität – Nord-Süd-Konflikt, Dialog der Kulturen, innergesellschaftliche Kulturunterschiede – werden im Nachwort nicht mehr aufgegriffen. Statt dessen denkt der Dichter über die prinzipielle Begrenztheit der Möglichkeiten und Formen der Kommunikation mit seinen Lesern nach. Die in den Texten thematisierte interkulturelle Problematik kommt dabei nicht zur Sprache. Diese Auslassung ist, positiv gewendet, ein Plädoyer für die Universalität der Kunst: Die Poesie ist ein transkulturelles Medium, das zwar die Grenzen zwischen Nord und Süd überwinden kann, das aber nicht zu falschen Vorstellungen hinsichtlich des Dialogs zwischen Leser und Autor verleiten sollte.

Nach soviel Engagement, Kommunikation und symbiotischen Sehnsüchten stellt sich abermals die bei der Interpretation von „L'aube des dalles" aufgeworfene Frage nach Eurydike. Der Leser muß sich noch gedulden. Der mythologisch, psychoanalytisch, motivgeschichtlich oder auch nur intuitiv begründete Verdacht, daß Thanatos und Eros Hand in Hand gehen, steht noch im Raum. Ob er berechtigt ist, sollen die folgenden Analysen zeigen. Aus der Sicht des Gesamtwerks kann die Frage nach der Liebe erweitert werden zu der nach dem anderen Geschlecht. Wann erscheinen in den Gedichten die ersten Anzeichen der in den Romanen zentralen Frauenperspektive?

3.4.4 *Le discours du chameau*

Die unter dem Titel *Le discours du chameau* (1974) versammelten Gedichte wurden in *Les amandiers sont morts de leurs blessures* zusammen mit *Cicatrices du soleil* erneut veröffentlicht. Die Gedichte leisten eine der arabischen Welt gewidmete Erinnerungsarbeit; sie stellen das in „L'aube des dalles" dargestellte Schwanken der unterdrückten Bevölkerungsgruppen zwischen Hoffnung und Verzweiflung in ein klares Oppositionsverhältnis. Dessen weitester Rahmen sind die Machtverhältnisse zwischen dem Westen und der arabischen Welt. Die Thematik der Zerrissenheit zwischen den Kulturen wird an den Beispielen des marokkanischen und des palästinensischen Volkes präzisiert, wobei die vom Kulturkonflikt verursachten Traumata im Mittelpunkt der Gedichte stehen.

Ein kurzer Blick auf die vier Epigraphen der Kapitelanfänge verrät die literarischen Vorbilder. Neben Giorgos Seferis, Ghassan Kanafani und Mahmud Darwich ist vor allem Friedrich Nietzsche zu erwähnen, der mit zwei Zitaten vertreten ist, die das poetische Selbstverständnis erläutern.[240] Der erste, *Also sprach Zarathustra* entnommen, handelt von Wahrheit und Lüge, Rache und Gerechtigkeit:

> ...Je déchire votre toile, afin que votre rage vous fasse sortir de votre caverne de mensonge et que votre vengeance apparaisse derrière vos paroles de 'justice'.
> Car il faut que l'homme soit délivré de la vengeance: ceci est pour moi le pont qui mène aux plus hauts espoirs, c'est mon arc-en-ciel après de longs orages.

Eine einzige Ersetzung, „voile" statt „toile", würde genügen, um ein perfektes Ben Jelloun-Pastiche herzustellen.[241] Doch nicht nur der erste Abschnitt, sondern Thema und Schreibweise des gesamten Zitats heben die, im biographischen Teil erwähnte, außerordentliche Bedeutung des deutschen Philosophen für Ben Jelloun hervor. Bereits die Vorstellung des „pont qui mène aux plus hauts espoirs" in Verbindung mit dem Gedanken der Gerechtigkeit ist dem Leser seit „L'aube des dalles" wohl vertraut. Im nächsten, dem zweiten Kapitel vorangestellten, Nietzsche-Epigraph erscheint das bereits mehrfach erwähnte Motiv der Scham über das eigene

[240] Zum Nietzsche-Bezug vgl. Amrane el Maleh, „Le Discours du chameau ou une littérature de rupture", in: *Intégral*, 10, 1975, S. 28; sowie Abderrahman Tenkoul, a.a.O., S. 104f.

[241] Vgl. etwa: „La mer parle et la vague se retourne dans les mains de l'enfant qui déchire le voile." im Nachwort von *La mémoire future*, (S. 209).

Schreiben: „... Afin que je parle en paraboles, que je boite et bégaye comme les poètes: et en vérité j'ai honte de devoir encore être poète.“ (*Also sprach Zarathustra,* S. 227). Ben Jelloun identifiziert sich hier voll und ganz mit der Scham des Philosophen, der stammelt wie ein Dichter. Er schämt sich für sein „parler en paraboles“, eine Fortführung des der Sammlung vorangestellten Epigraphs von George Séféris, der mit dem Satz beginnt „Si je te parle par légende et par paraboles [...]“ (S. 201).

Die Stillage der Gedichte ist anders, als die inhaltlich sehr passenden Nietzsche-Zitate erwarten lassen. Im Gegensatz zum zornigen Pathos früherer Gedichte klingt in diesem Band eine fast asketische Ästhetik der Trauer und des Schmerzes an, in der das innere Grollen zwar noch vernehmbar, aber nicht mehr tonangebend ist. Die stilistische Sparsamkeit äußert sich auch auf der Ebene der Versstruktur, die von der Dominanz kurzer bis kürzester Syntagmen geprägt ist. Die Zeilen bestehen meist aus Einheiten von einem bis zu drei oder vier Wörtern.

A. Tenkoul stellte in einer überzeugenden Analyse dieses Gedichtbandes die Gegenüberstellung von arabischer Welt und Okzident dar. Dem ist aus der Perspektive der vorliegenden Studie nur hinzufügen, daß der springende Punkt dieses Oppositionsverhältnisses die Differenz ist. Aus heutiger Sicht ist es leicht festzustellen, daß Ben Jelloun geradezu blindlings in die „Differenz-Falle“ ging. Der von ihm eingenommene Standpunkt betont die hierarchischen und die oppositiven Strukturen des Verhältnisses zwischen den Kulturen. Die Darstellung der arabischen Welt folgt einem einfachen Strickmuster, sie erscheint als Opfer und in ihrer Andersheit befangen. Die Figur des Kamels hat eine eindeutige Signalwirkung, die am arabischen kulturellen Kontext keinen Zweifel aufkommen läßt. Allerdings vermittelt Ben Jelloun ein dem Postkartenklischee entgegengesetztes Bild von Maghrebinität und Arabität. Das Kamel steht für den Dichter und sein revolutionäres Anliegen. Die zentralen Anliegen sind die Unterdrückung und die Differenz, mit ihnen verbunden ist die Kritik der Dekadenz der westlichen Zivilisation.

Beispielhaft für diese Modellierung der kulturellen Gegensätze ist das letzte Gedicht „Depuis ce matin j'ai la peau rouge“ (S. 170). Die Identifikation der arabischen Welt mit den nordamerikanischen Indianern vereint mit engagierter Botschaft, surrealer Bildlichkeit und immanenter Poetik neuerlich die Pfeiler von Ben Jellouns Lyrik. Der marokkanische Orpheus präsentiert sich folgendermaßen: „je ne suis qu'un chameau/ un chameau peau rouge qui vous retourne la consternation dans/ des morceaux d'étoiles déchues". Zurückblickend auf „L'aube des dalles" ist damit ein weiterer Schritt der Ernüchterung vollzogen, der dazu beiträgt, die poetische Funktion der Sprache und die gesellschaftliche Funktion der Poesie auseinanderzuhalten. Freilich zahlt der Dichter für die Erkenntnis dieser Trennung einen hohen Preis; die am Ausgangspunkt des lyrischen Werks stehende Frage nach der Hoffnung erübrigt sich damit: „je ne suis pas en deuil/ j'ai simplement confisqué le droit à l'espérance". Da die Frage nach der Hoffnung kein rein persönliches Anliegen des Dichters ist, sondern die Erwartungen der 'Dritten Welt' betrifft, ist das Aufgeben der Hoffnung ein Schritt, mit dessen Folgen sich die kommenden Kapitel beschäftigen werden.

3.4.5 *La mémoire future* – das Ende der engagierten Dichtung?

Die Herausgabe der vielbeachteten Gedichtsammlung *La mémoire future. Anthologie de la nouvelle poésie du Maroc* (1976) zeigt eine weitere Facette der kulturvermittelnden Tätigkeit Ben Jellouns. Die Anthologie vereint französischsprachige und arabischsprachige Dichter. Im Vorwort gibt Ben Jelloun einen Überblick der wichtigsten Tendenzen und Probleme der marokkanischen Gegenwartslyrik. Der Band richtet sich explizit auch an ein marokkanisches Publikum. Die Polemik um die französische Sprache erklärt Ben Jelloun als falsche Polemik zwischen denen, die die politische Frankophonie rechtfertigen wollen und denen, die den Gebrauch der französischen Sprache als ideologische Entfremdung und Verrat an der arabischen Kultur betrachten. Ben Jellouns Position weist, ganz der von *Souffles* entsprechend, über die ideologischen Bedenken hinaus:

> L'écriture en langue française n'est pas un choix: elle est le résultat de la violence coloniale. L'important, c'est de s'exprimer, de dire, d'écrire, et de ne pas se résoudre au silence, surtout quand la langue maternelle a été occultée par la colonisation. (S. 10)

Eine derart pragmatische Haltung ist rar unter den französischsprachigen Autoren des Maghreb, doch Ben Jelloun konnte sie, wie die vorausgehenden und die nachfolgenden Interpretationen zeigen, selbst auch nicht konsequent durchhalten.

In dem „Le poète, ni guide ni prophète" betitelten Nachwort definiert der Herausgeber seine interkulturelle Poetik. Er zitiert Salah Stétié, Rimbaud, Adonis und Octavio Paz, um den Standort der marokkanischen Poesie im Fadenkreuz von Orient und Okzident zu erläutern.

Zum Zeitpunkt der Publikation ist Ben Jelloun seit mehreren Jahren Mitarbeiter bei *Le Monde*, was nicht nur seine Funktion als Vermittler zwischen den Kulturen, sondern auch seine Schreibtechnik beeinflußte. Der Text erweckt den Eindruck eines Manifests. Doch die journalistische Schreibpraxis und die übersichtliche, in acht Punkte untergliederte Anordnung der Thesen, die den Erwartungen und Ansprüchen eines Nachworts mehr als gerecht zu werden scheinen, können nicht über den poetischen Stil der Äußerungen hinwegtäuschen. Ben Jelloun mischt auch hier die Wasser und gleitet zwischen einem sachlichen und objektbezogenen Stil und der poetischen Sprechweise hin und her. Vor allem die Definition der Dichtung ist selbst Poesie:

> La mer parle et la vague se retourne dans les mains de l'enfant qui déchire le voile. Le poème est obstacle sur le chemin du temps rectiligne. Le poème épelle l'étoile et l'urgence du futur. (S. 209)[242]

Zurückblickend auf die bisherigen Analysen des poetischen Selbstverständnisses stoßen wir auf bekannte Elemente. Ben Jelloun definiert sich weiterhin als Stimme des stimmlosen Volkes: „Pourquoi être à l'écoute du peuple?" (S. 210), als Stimme, die sich gegen das Verschweigen und Vergessen erhebt, und als Stimme der Imagination. Die Berufung auf das Volk beschränkt sich nicht darauf, die Funktion des Dichters festzulegen, sondern sie verortet den Ursprung der Poesie im Volk. Dabei grenzt sich Ben Jelloun ebenso dezidiert von der folkloristischen Volksdichtung wie von der „engagierten Poesie" ab:

> [...] je dénonce le danger que représente la fausse poésie, la non-poésie qui sévit malheureusement dans la plupart des pays dits du Tiers-Monde. Il s'agit de ce qu'on appelle assez facilement la „poésie engagée". Il arrive qu'on trompe la vérité et l'on tombe, par souci de sincérité et de réalisme, dans la démagogie sans en être tout à fait conscient. (S. 208)

Diese sicher nicht nur an die Adresse der marokkanischen Dichterkollegen, sondern auch an sich selbst gerichtete Mahnung mündet in ein Plädoyer für dichterische Freiheit. Ben Jellouns Standpunkt koinzidiert voll und ganz mit dem von Abdelkebir Khatibi, der im Bandinneren mit einem Brief an Ben Jelloun zu Wort kommt. Khatibi wendet sich darin gegen ideologische

---

[242] Weitere Beispiele für den poetischen Sprachgebrauch gibt R. Bourkhis, a.a.O., S. 42.

Vorgaben, ruft aber gleichzeitig zur Auseinandersetzung mit der Geschichte auf:

> Trop de discours idéologiques ont écrasé le dire poétique. Et d'abord le discours politique et le témoignage. Je n'ai rien à témoigner. [...] Nous avons à séjourner dans le chant essentiel, à incliner l'histoire dans ce séjour. [...]
> Entendons-nous: je ne mets pas en cause la responsabilité historique du poète, à supposer que celle-ci soit énoncé dans le texte même, et non par des déclarations idéologiques.[243]

Im Gegensatz zu Khatibi betont Ben Jelloun die Funktion des „témoignage"; die testimoniale Funktion liegt einem nicht geringen Teil seiner Texte zugrunde, insbesondere bei der Auseinandersetzung mit Immigration und Rassismus. Im Ganzen betrachtet bilanziert Ben Jelloun im Nachwort zur Anthologie marokkanischer Poesie auch sein eigenes Werk. Aufgrund der darin enthaltenen Absage an eine engagierte Dichtung mit realistischem Zuschnitt zählt es zu seinen wichtigsten poetologischen Stellungnahmen.

Hinsichtlich der arabischen Kultur sei ein Zitat von Adonis wiedergegeben, das auch Ben Jellouns Standpunkt beschreibt: „Aujourd'hui, le poète arabe doit sentir en lui l'effondrement de ces anciens concepts et arracher ce que lui cache la réalité vécue. La poésie doit être notre destin humain".[244] Mit den alten Konzepten sind die arabischen Poetiken und die sie tragenden Wertvorstellungen angesprochen. Mit der Hinwendung zur gelebten Wirklichkeit ist allerdings nicht kruder Realismus gemeint, sondern die Aufhebung der Spaltung von Poesie und Leben, von Imagination und Körperlichkeit, die die Realität von Träumen und Phantastischem verdrängt.

3.4.6 *Les amandiers sont morts de leurs blessures.* Die Isotopie des Todes: der schöne Tod

Dieser Band, der in späteren Auflagen zusammen mit *Cicatrices du soleil* und *Discours du chameau* veröffentlicht worden ist, markiert einen Wendepunkt. Ben Jelloun schrieb zwar weiterhin Lyrik und Prosa, doch fortan veränderte sich das Verhältnis zugunsten der Narrativik. Zwischen 1976 und 1998 erschienen siebzehn Bände mit Prosa, hingegen nur zwei mit Gedichten. Thematisch fällt auf, daß sich Ben Jelloun wie in den zwi-

---

[243] A. Khatibi, in: T. Ben Jelloun (Hg.), *La mémoire future*, Paris 1976, S. 65.
[244] Zitiert nach T. Ben Jelloun: „Le poète, ni guide ni prophète", S. 207.

schenzeitlich veröffentlichten Romanen *Harrouda* und *La réclusion solitaire* der Frau und der Problematik der Geschlechterbeziehungen zuwandte. Der Titel weist noch nicht auf die Liebesthematik hin, doch das zweite der drei Unterkapitel ist überschrieben mit: „Poèmes par amour".

Die Titelseite der bei Maspero erschienenen Originalausgabe bringt mit einer arabische Kalligraphie den leitmotivischen Bezug zur arabischen Welt zum Ausdruck (Abb. 4, S. 399). Die metaphorische Konfiguration des Titels läßt auf thematische und poetische Kontinuität schließen. In der Tat setzten die Motive von Baum, Tod und Wunde den für Ben Jelloun charakteristischen Prozeß der Metaphorisierung in Gang. Die Verbindung zur arabischen Welt besteht im historischen Bezug auf die israelische Besetzung und Räumung palästinensischer Siedlungen, sie gibt die Orientierung an der Zeitgeschichte aus arabischer Sicht zu erkennen. Dieser Wirklichkeitsbezug vermischt sich erneut mit den meta-poetischen Überlegungen über das Medium, das ihn herstellt: Poesie als bildliches Nachdenken über Poesie und Welt. Die Figur des Dichters im figurativen Diskurs ist definiert durch die Bezüge zu seinem Medium auf der einen Seite und durch die zur Welt auf der anderen.

In formaler Hinsicht bemerkenswert ist, daß Ben Jelloun nach ersten Versuchen als Romancier abermals kurze Prosatexte unter die Gedichte mischt und, wie in den vorausgehenden Gedichtbänden, die Gattung des Prosagedichts einbringt. Dies bestätigt, daß bereits der Dichter mit der Prosa experimentierte und dabei Erzählformen wie den fiktionalen Brief einsetzte, die ein fester Bestandteil der Romane sind.

Der Band beginnt mit einem in Briefform verfaßten Prosagedicht über den Tod von Ben Jellouns Großmutter. Der offensichtlich autobiographische Bezug, die Affektivität und die vorwortähnliche Situierung des Textes sollten nicht zu einer ausschließlich biographischen Lektüre verleiten, denn das Todesmotiv bildet eine vielfältig konnotierte und werkübergreifend bedeutsame Isotopie. Für diese ist „Mourir comme elle" als Schlüsseltext zu betrachten.

Die thematische Reichweite des Textes hinsichtlich der Darstellung des Todes liegt in der um das Todesmotiv kreisenden Dichtung Ben Jellouns auf der Hand. Das „comme" der Überschrift weist auf ein exemplarisches Sterben hin. Das harmonische Ableben nach einem erfüllten Leben in der Geborgenheit der Familie bildet den semantischen Gegenpol zum in vielen Gedichten thematisierten entfremdeten Sterben. Beginnend mit „L'aube des dalles" bilden die Variationen des sinnlosen und absurden Todes ein Leitmotiv der Gedichte. „Mourir comme elle“ bringt dagegen eine fast heitere Tonart in die ansonsten von Molltönen bestimmte Trauermelodie. Mohammed Loakira, ein anderer marokkanischer Dichter, formulierte den Wunsch nach einem schönen Tod folgendermaßen: „Nous voudrions mourir dans le chaud“, d.h. wie J. Déjeux interpretierte, nicht in der Gleichgültigkeit, der Kälte, der „errance“ oder im erniedrigenden Exil.[245]

Der Wunsch, in der Wärme zu sterben, tritt aus interkultureller Perspektive noch schärfer hervor. Der Text schildert nämlich nicht nur inhaltlich einen idealen Tod, sondern er entwirft auch ein Modell der Würde und der kulturellen Harmonie. Die Einbindung in die arabische Kultur sticht vom ersten Abschnitt an ins Auge:

Ta grand-mère est morte hier. Elle est partie le matin, à l'aube. Heureuse et belle. Une étoile sur le front et un ange sur chaque épaule. Son dernier regard fut pour toi. Elle a même dit que le soleil ce jour était pour tes mains froides, loin du pays, et qu'il faudra que tu te maries. Elle a souri puis elle est partie sur un cheval. On pense que c'est un cheval ailé. Nous avons vu de notre terrasse le ciel s'ouvrir et acceuillir au crépuscule une petite étoile. [...] Nous nous sommes parfumés avec le bois fumé, encens du paradis. Le jardin où elle aimait prier était en fleurs. (S. 177)

Während das angesprochene Subjekt unter der Situation des Exils leidet („tes mains froides, loin du pays“), gab es für die Großmutter keinen Bruch mit der Tradition. Das islamische Todesritual („Une étoile sur le front et un ange sur chaque épaule“) bedeutet die Vollendung eines erfüllten Lebens. Der Aufstieg in den Himmel auf einem geflügelten Pferd, eine direkte Anspielung auf den Propheten Mohammed, und der „encens du paradis“ offenbaren sinnlich und bildhaft die islamische Tradition.[246] Der Text ist ein Musterbeispiel für arabisch-islamische Konnotationen, wobei deren Bedeutung so eindeutig ausfällt, daß sie auch bei einem mit einer anderen Kultur verbundenen Leser ankommt.

Die inhaltliche Ebene der Interkulturalität soll hier nicht weiter ausgeführt werden. Wenden wir uns statt dessen der Perspektivierung zu. Zwei

---

[245] M. Loakira im letzten Gedicht des Bandes *Chants superposés*, Tanger 1977; zitiert nach J. Déjeux, „Poésie marocaine“, in: *Francofonia*, III, Nr. 5, 1983, S. 75-87, hier S. 83; Déjeux schreibt das Zitat fälschlicherweise dem Dichter M. Nissaboury zu, nennt jedoch den richtigen Titel Loakiras.

[246] Gemeint ist der Himmelsritt Mohammeds. Weitere motivgeschichtlich und auch poetologisch in Frage kommende Bezüge, wie etwa eine Anspielung auf Pegasus, erscheinen mir, aufgrund der Eindeutigkeit des islamischen Kontextes, hier nicht relevant zu sein.

Aspekte sind zu unterscheiden, erstens die Betrachtung des Lebens vom Tod her. Dem Sterben kommt wie schon in „L'aube des dalles“ eine poetologische Dimension zu. Der Blick des Dichters auf die Welt geht vom Tod aus und ist das Ergebnis einer Wiedergeburt, die einer Metamorphose gleichkommt.

Zweitens bezieht sich das als „belle mort“ gestaltete Motiv auf die mütterliche Linie, den literarischen Ausgangspunkt Ben Jellouns.[247] Die tiefenstrukturelle Bedeutung des Textes kommt erst unter diesem Blickwinkel zur Geltung. Die zum Paradigma der Mutter gehörige Großmutter steht für die gesamte mündliche und populäre Kultur. Wie die vorausgehenden Analysen gezeigt haben, stützt Ben Jelloun sein ganzes Schaffen auf die in diesem Kulturmodell enthaltenen Werte.

„Mourir comme elle“ vermittelt nicht nur inhaltlich das Ideal eines exemplarischen Todes, sondern der Text verabschiedet – mit einem nostalgischen Blick – auch das mono-kulturelle, auf die arabische Kultur ausgerichtete Modell. Die mütterliche Linie ist deswegen keineswegs wie eine Nabelschnur durchtrennt, aber sie wird in dieser Integrität nicht mehr möglich sein.

Der Text beinhaltet überdies die Vorstellung einer Verwurzelung in der eigenen Kultur bis über den Tod hinaus. Er ist deswegen ein unverzichtbarer Teil dieses Bandes und ein Fluchtpunkt des Gesamtwerks. Der Bezug auf die Metaphorik des Titels kommt mit dem zweiten Text, wieder in Briefform, noch deutlicher zum Vorschein, weil er mit dem ersten kontrastiert. „Les amandiers sont morts de leurs blessures“ vermittelt das Bild einer „radikalen“, zum Tod führenden Entwurzelung, deren Brutalität der Harmonie des ersten Textes diametral entgegengesetzt ist.

Thematisch sind die beiden Brieftexte die Vorder- und Rückseite ein und derselben Medaille. Sie illustrieren das Thema der Ver- und Entwurzelung in der arabischen Kultur. Der zweite Text greift mit der israelischen Siedlungspolitik einen historischen Konflikt auf, der von der arabischen Welt in seltener Einigkeit wie eine gemeinsame Wunde empfunden wird. Indem sich Ben Jelloun in seinen Gedichten und Presseartikeln kontinuierlich mit Palästina auseinandersetzt, nimmt er die Rolle eines Sprechers der

---

[247] Aus der Vielzahl möglicher intertextueller Bezüge sei hier nur Simone de Beauvoirs *Une mort très douce*, (1964), hervorgehoben, wo die Schriftstellerin an ihre verstorbene Mutter erinnert. Ein weiteres, allerdings späteres, Beispiel wäre Roland Barthes, der insbesondere in *La chambre claire* auf den Tod der für ihn so wichtigen Mutter eingeht (in: *Œuvres complètes*, III, Paris 1995, S. 1155).

arabischen Welt ein; der dritte, Mahmud Darwich gewidmete Prosatext bestätigt diese Auslegung. Der Palästinenser dient Ben Jelloun als Vorbild eines engagierten Dichters: „Il n'est pas poète engagé. Il est le poème. Il n'est pas militant. Il est poète." (S. 181). Auch die im Titel enthaltene Identifizierung des Dichters mit dem Land („Mahmoud Darwich: une terre orpheline") vollzieht Ben Jelloun in vielen Gedichten. Die hier zugrundeliegende Position, die „verwaist" und engagiert ist, aber nicht ideologisch verblendet sein will, ist repräsentativ für diese Etappe der marokkanischen Literatur. Am pointiertesten formulierte wohl Abdelkebir Khatibi beide Standpunkte.[248]

Darwich verkörpert den verwaisten Menschen, die Figur des Dichters sowie die entwurzelten Völker. Dabei ist nicht nur an den Kolonialismus zu denken, sondern auch an die Emigranten, die sich in Frankreich als Gastarbeiter verdingen. „Un homme venu d'une autre durée" schildert die Fahrt eines solchen Waisen in der Pariser Metro von der Station Denfert-Rochereau zur Porte-de-la-Chapelle.

Auch das zweite, „Poèmes par amour" betitelte Kapitel handelt vor allem von Einsamkeit und Isolation. Die – lange erwartete – Begegnung mit Eurydike, das Auftauchen der Frau und der Liebesthematik, bringt keinen Stimmungsumschwung. Wäre dies der Fall, hätte der Titel „Poèmes d'amour" gelautet. Die fehlende Kommunikation wird kaum ausgeglichen, jedenfalls nicht in dem Maße, daß es zu einer Überwindung der Einsamkeit ausreichte: „Aimer, c'est célébrer en permanence la rencontre de deux solitudes, fêter leur révélation quotidienne, fêter leur éclatement possible dans la mort, la poésie."[249]

Liebe erscheint hier als Begegnung zweier Einsamkeiten, bei der eine Überwindung der Einsamkeit nicht völlig ausgeschlossen ist, doch eine erfüllte Liebeserfahrung bleibt virtuell („éclatement possible"). Diese Vorstellung ist festzuhalten, weil sie zum einen die Darstellung des Verhältnisses zwischen den Geschlechtern und zum anderen den Bereich der zwi-

[248] Bezüglich der Verwaisung des Schriftstellers vgl. Khatibis Gedicht „Orphelin" in: *Le lutteur de classe à la manière taoïste*, (Paris 1976), S. 13-14.

[249] In: „Les filles de Tétouan", zitiert nach der Erstausgabe von *Les amandiers sont morts de leurs blessures* (Paris 1976, S. 40); der Text ist nicht in der sonst zitierten Ausgabe der *Poésie complète* enthalten. Die in „Les filles de Tétouan" zusammengestellten Episoden schildern Hintergründe und Zusammenhänge von Liebesbeziehungen, sie verdeutlichen den Aspekt des Scheiterns der zwischengeschlechtlichen Kontakte. Daß der Text nicht in die Gesamtausgabe aufgenommen wurde, mag an der willkürlichen Anordnung der Textfragmente und der etwas oberflächlichen Erotik liegen, mit der die Thematik versehen ist.

schenmenschlichen Kommunikation schlechthin charakterisiert, der nicht nur textintern relevant ist, sondern auch hinsichtlich der Kommunikation zwischen Autor und Leser auf der Ebene der äußeren Pragmatik. Diese Liebeskonzeption weist auf nicht geschlechterspezifische Entfremdungserscheinungen hin. Auch die Frauen sind verwaist, wie der Schluß von „Les filles de Tanger“ nahelegt: „Les filles de Tanger se sont réveillées ce matin. Elles avaient du sable entre les seins. Assises sur un banc du jardin public. Orphelines.“[250]

Das dritte und letzte Kapitel des Bandes, „Asilah: saison d'écume“, vereint poetische Momentaufnahmen in der am Meer gelegenen „Hauptstadt der arabischen und afrikanischen Schriftsteller“, wie sie auch bezeichnet wird. Formal handelt es sich um Variationen der lyrischen Kurzform, die die marokkanische Lebensweise in Verbindung mit der Landschaft mit einer lichtüberfluteten Leichtigkeit beschreiben, die Ben Jelloun keineswegs fremd ist.[251]

Die Texte mit ihrer Elementarpoetik leben von den Wechseln zwischen Innensicht und Außensicht. Das lyrische Ich der Gedichte tritt wie gewohnt nur selten direkt, sondern meist versteckt als anonyme sprechende oder wahrnehmende Instanz in Erscheinung.

Die Einbindung in die marokkanisch-arabische Kulturlandschaft bringt der letzte Text, „J'étais prophète de la sagesse et de la verité“, ironisch gebrochen zum Ausdruck. Schon der Titel parodiert die erhabene arabische Tradition des Dichter-Propheten mit einem nahezu unerschütterlichen Wahrheitsanspruch. Die Parodie arabischer Tradition setzt sich fort mit „Je suis le fou d'Aïcha/ plus belle que la lune/ pure comme ma folie“ (*Pc*, S. 223). Die Bezüge zur arabischen Literatur und Kultur kommen damit nicht nur in den Namen zur Geltung (Aïcha, Rahma, Rouhania, Nachoude), sondern insbesonders im Bezug zu „Le fou d'Aïcha“, einem der bekanntesten Gedichte der arabischen Poesie überhaupt. Der Autor Qays ibn Mulawwah (7./8. Jh.), aufgrund seiner unerlaubten Liebe zu Laylâ ein legendärer „fou d'amour“, erlangte unter dem Beinamen „Mağnûn“ (= Narr, Verrückter) traurige Berühmtheit.[252] Die Intertextualität des Gedichtes treibt auch mit

---

250 S. 198; zur Bedeutung der Verwaisung vgl. die Kapitel zur Biographie und zur Interkulturalität.

251 Als Beispiel sei an *La réclusion solitaire* erinnert, wo Gischt und Licht in Opposition stehen zum grauen Immigrantendasein in Paris.

252 Mağnûn, ein Beduine, der die in seinem Stamm lebende Laylâ liebte, diese jedoch aufgrund der Stammesgesetze nicht heiraten durfte, irrte als Verstoßener in der Wüste um-

anderen kulturellen Konnotationen („exil des chiens“, „toutes mes épouses ont été infidèles“) ein ironisches Spiel.[253] Der Schluß des Gedichts parodiert eine mündliche Erzählsituation:

> écoutez moi
> je vais vous raconter...
> je lui ai donné une chèvre...
> non
> je ne suis pas fou
> donne-moi une cigarette et continue l'histoire...
> (*Pc*, S. 224)

Eine solch selbstironische Unbeschwertheit ist in der Lyrik Ben Jellouns eine Seltenheit. Die Analyse der Romane wird zeigen, ob der Wechsel zum Erzählen in Prosa diesbezüglich eine Veränderung bedeutete. Die hier am Ende auftretende spielerische Betonung der Erzählsituation, soviel sei hier vorweggenommen, ist ein Verfahren, das Ben Jelloun in fast allen Prosatexten einsetzt.

3.4.7 *A l'insu du souvenir*

Die zum Teil in den früheren Gedichten hervorgetretene Neigung zur lyrischen Kurzform wird in diesem Band zum formbestimmenden Prinzip. Die mit kurzen Prosatexten gemischten Gedichte kultivieren teilweise eine mit dem japanischen Haiku vergleichbare lyrische Knappheit, mit der auch Abdelkebir Khatibi experimentierte. Die Parallelen bestehen allerdings weniger in der formalen Kürze, als vielmehr in der bildlichen Präzision beim Entwurf überzeitlicher Momentaufnahmen.

---

her, wo er in Freundschaft mit wilden Tieren lebte. Gebrochenen Herzens nahm er keine Nahrung mehr zu sich, magerte zum Skelett ab und verlor den Verstand.

[253] Die im Hohenlied enthaltene und damit zur gemeinsamen Basis der drei Schriftreligionen gehörende Formel „Schön wie der Mond“ ist in der klassischen arabischen Poesie weit verbreitet, und daher ein Klischee des arabischen Schönheitslobes. Vgl. dazu Th. Bauer: „Die mit weitem Abstand häufigste Art, die Schönheit des Gesichts dichterisch zu gestalten, ist der Vergleich mit dem Mond oder der Sonne. Dies dürfte gleichzeitig das häufigste Bild in der Liebesdichtung aller islamischen Völker sein. Der Vergleich ist alt und kommt schon im Nasîb der ältesten arabischen Qasîden vor. Allerdings ist das Bild zu keiner Zeit auf die Liebesdichtung beschränkt gewesen.“ In: ders., *Liebe und Liebesdichtung in der arabischen Welt des 9. und 10. Jahrhunderts. Eine literatur- und mentalitätsgeschichtliche Studie des arabischen Gazal*, Erlangen 1996 [Habilitationsschrift], S. 218 und ff.

Das erste Gedicht „Ma patrie est un visage“, ein Anthologiestück, folgt nicht der Kurzform, sondern ist eines der längsten der Sammlung und darf in einer interkulturellen Untersuchung nicht fehlen.

Ma patrie est un visage
une lueur essentielle
une fontaine de source vive
C'est une main émue
qui attend le crépuscule
pour se poser sur mon épaule
C'est une voix
de sanglot et de rire
un murmure pour les lèvres qui tremblent
Ma patrie n'a d'horizon
qu'une tendresse retenue
dans des yeux noirs
plus de visage une larme de lumière
sur les cils
C'est un corps de tourments
précieux
comme une touffe de racines
voisin de la terre chaude
C'est un poème
engendré par l'absence
un pays à naître
au bord du temps et de l'exil
après un sommeil profond
suspendu à un arbre
aux branches fragiles
frappées par le vent
Ma patrie est une rencontre
qui a eu lieu sur un lit de feuillage
une caresse pour dire
et un regard pour dormir
un pays à l'écart des morts
tant le souvenir est meurtri
[...]
Reste ce poème
pour le deuil tardif
d'une patrie qui n'a plus de visage
(*Pc*, S. 231/32)

Das Gedicht kann als eine Zwischenbilanz des „Exils“ oder der Trennung von Marokko gelesen werden. Ben Jellouns neuerliche Standortbestimmung greift die in „L'aube des dalles“ gestellte Frage nach der Poesie auf. Das lyrische Ich stützt sich bei seiner Situierung im interkulturellen Feld auf die Poesie. Mit der metaphorischen Gleichsetzung von Heimat, Gesicht, Quelle, Stimme, Körper, Erde und Poesie schließt sich das Loch der „absence“.

3.4.7.1 Der Blick auf die „Heimat“: zwischen Nostalgie und Utopie

Erst die letzten drei Zeilen heben die in der Gegenwartsform präsentierte Heimat in der Vergangenheit auf, wodurch ein zeitlicher Gegensatz von einst und jetzt entsteht. Diese zeitliche Teilung betrifft auch die semantische Struktur, denn der mit Wärme, Licht und Leben charakterisierten Heimat wird in den letzten drei Zeilen die Trauer um deren Verlust gegenübergestellt. Allerdings wird die retrospektive, durch die Topoi *locus amoenus* und *ubi sunt* angedeutete, Ausrichtung von einer utopischen Perspektive konterkariert. „La patrie“ ist ein Projekt („un pays à naître“), das gerade erst zum Leben erweckt wurde („après un sommeil profond“) und sich noch im Schwebezustand befindet: „suspendu à un arbre/ aux branches fragiles/ frappées par le vent“.

Der Blick auf Marokko ist, wie die Zeitstruktur erkennen läßt, ebenfalls gespalten. Zwischen der in allen Farben und Gefühlen der Wärme erinnerten Vergangenheit und einer in die Zukunft projizierten utopischen Hoffnung steht ein Jetzt, das geprägt ist von tödlicher Erinnerung, Trauer und Schmerz („souvenir meurtri“, „blessé, deuil tardif“). Diese Befindlichkeit ist durch und durch charakteristisch für Ben Jellouns Gesamtwerk.

Die tellurische Metaphorik ist in *A l'insu du souvenir* besonders ausgeprägt. Das erste Gedicht bildet einen gelungenen Auftakt für die im Titel angekündigte Thematik des Erinnerns. Die scheinbare Einfachheit der elementaren Metaphern wird durch ein Netzwerk von Beziehungen zwischen den einzelnen Bildern kompliziert; als Beispiel sei hier nur auf das Verfahren des Vergleichens hingewiesen: „un corps de tourments précieux *comme* une touffe de racines voisin de la terre chaude“ (meine Hervorhebung). Die Grundstruktur bildet die als verkürzter Vergleich eingesetzte Metapher, von der ausgehend sich die Substitutionen für den Begriff „patrie" aneinanderreihen.[254]

3.4.7.2 Die interkulturelle Ethik

Die Vermenschlichung des Nichtmenschlichen (der Natur) und umgekehrt die Entmenschlichung des Menschlichen oder seine Verwandlung in Natur, ist eines der bevorzugten metaphorischen Verfahren Ben Jellouns. Diese rhetorische Übertragung liegt den Sinnbildungsprozessen vieler Texte zugrunde; von ihr ausgehend lassen sich auch die Sinnangebote und die Absicht dieses Textes erkennen.

Die Vermenschlichung des abstrakten Begriffs der „patrie" erfüllt mehrere Funktionen. Die metonymische Ersetzung des Abstraktums „patrie" durch „visage" ist ein gängiges Verfahren von Literatur, das zunächst eine offensichtliche Absicht verfolgt, die der Rückführung von Abstraktem in Persönliches, wodurch Identifikationsmöglichkeiten entstehen.

Diese und analoge rhetorische Gleichsetzungen erfüllen eine diskursive Funktion: „patrie" wird durch „visage" ersetzt, „visage" ist gleichbedeutend mit Mensch und daher auch mit „parole",[255] „voix", „sanglot" und „rire" („C'est une voix/ de sanglot et de rire"). Wie äußert sich Marokko (= patrie = visage = voix = parole = poésie = poète, usw.), welche symbolischen Äußerungsformen werden ihm zugewiesen? Abschließend sind die im Text genannten Äußerungsmodi Schluchzen und Lachen („sanglot, rire") noch kurz zu erläutern.

Mit einem weinenden und lachenden Marokko verwendet der Dichter eine universelle Sprache, die von allen Menschen, unabhängig von Alter, Hautfarbe, Sprache und Geschlecht, verstanden wird. Lachen und Weinen gehören zum transkulturellen Code, mit dem sich beispielsweise ein britischer Lord mit chinesischen Bauernkindern verständigen könnte. Dieser Code leitet über zu den impliziten, kulturell geprägten Kommunikationsformen. Lachen und Weinen sind Teil einer prä-rationalen, auf der emotiven Funktion beruhenden Sprache, die das Gedicht wiederbeleben soll.[256]

---

[254] In Anlehnung an É. Lévinas könnte man hier „visage", ein Synonym der „patrie", mit „Antlitz" (visage) übersetzen. Lévinas verwendet den Begriff „visage" nicht phänomenal, sondern er bezeichnet damit die Weise des Erscheinens des Anderen.

[255] Vgl. z.B. die Substitutionsketten in „La remontée des cendres", die „corps" mit „voix" ersetzt und mit „et devient un visage/ une parole/ une vie" endet (*Pc*, S. 412/413).

[256] Gemäß dem zitierten Kommunikationsmodell von R. Jakobson.

Die Zuordnung dieses affektiven Codes der Menschlichkeit zu Marokko beinhaltet einen Gegensatz zu den rationalen Verständigungsformen der Sprache. Auch wenn Frankreich, Europa oder der Okzident nicht explizit erwähnt werden, ist der Gegensatz zu der von rationalen Diskursformen bestimmten Welt vom Leser doch mitzudenken. Dies um so mehr, als die Semantik auf dieser Gegensatzstruktur beruht. Die expliziten Zuweisungen der „patrie“ gehören alle dem außerrationalen und positiv konnotierten Bereich des Menschlichen, vor allem des Zwischenmenschlichen an („main émue, rencontre, caresse“, usw.).

Die positive Konnotierung der kulturellen Implikationen entwirft ein unterschwelliges und indirektes Feindbild. Dieses wird durch die Identifikation des lyrischen Ichs mit der „patrie“ („Mon visage est de ce ciel obstiné“) und die Isotopie des verletzten Subjekts und der Gebrochenheit („blessé, chute, défiguré, rompue, douleur“) noch verstärkt. Damit setzen die Beziehungen des sprechenden Subjekts zur Welt die interkulturelle Dynamik in Gang.

Wiewohl das Gedicht kulturelle Trauerarbeit leistet, stehen die abschließenden Worte „Reste ce poème/ pour le deuil tardif/ d'une patrie qui n'a plus de visage“ nicht in einem reinen Gegensatzverhältnis zu den vorausgehenden Bedeutungslinien. Erinnern wir uns an den programmatischen ersten Satz aus dem Nachwort von *Cicatrices du soleil*: „J'écris pour n'avoir plus de visage“. Die Metapher der Gesichtslosigkeit erscheint vor diesem Hintergrund nicht nur als Verlust, sondern auch als poetische Intention des Gedichts, die in der Kommunikation mit dem Leser ihre Bestimmung hat.

3.4.7.3 Völkerverständigung im Zeichen der humilitas

Um dieses Kapitel abzuschließen, sei ein weiteres Gedicht hinzugezogen, in dem die Darstellung des Landes in anderen Bahnen verläuft:

> Etranger,
> prends le temps d'aimer l'arbre
> accoude-toi à la terre
> un cavalier t'apportera de l'eau, du pain
> et des olives amères
> c'est le goût de la terre et des semences de la mémoire/
> c'est l'écorce du pays
> et la fin de la légende

ces hommes qui passent n'ont pas de terre
et ces femmes usées
attendent leur part d'eau.
Etranger,
laisse la main dans la terre pourpre
ici
il n'est de solitude que dans la pierre.
(*Pc*, S. 283)

Der Text enthält eine Einladung an einen nicht näher definierten Fremden, sein Thema ist die Gastfreundschaft. Daraus ergeben sich zwei Konsequenzen. Die erste ist eine semantische Opposition von Fremdem und Eigenem; die zweite betrifft die Kommunikationssituation. Der Sprecher tritt als Gastgeber auf, der zur Verständigung einlädt, oder abstrakter formuliert, zur Auseinandersetzung mit Alterität, womit es sich um eine interkulturelle Kommunikationssituation handelt.

Die Darstellung des Eigenen konzentriert sich auf zwei Bereiche, zum einen auf die mit der Aufforderung zur Verständigung und zum Verstehen verbundene Gastfreundschaft („un cavalier t'apportera"), zum anderen auf die Armut der besitzlosen und an Wassermangel leidenden Landbevölkerung (Männer ohne Land und „femmes usées attendent leur part d'eau"); deren implizite kulturelle Konnotierung ist das Elend der 'Dritten Welt'.

Das Gedicht heischt keineswegs um Mitleid, sondern es fordert zur Bescheidenheit oder zur *humilitas* auf. Das lateinische Wort ist in diesem Zusammenhang aussagekräftiger, weil es die Vorstellung der Bodennähe (humus > humilis) enthält. Der Imperativ „accoude-toi à la terre" ist ein Beispiel für die tellurische Ethik der Lyrik Ben Jellouns. Eine interkulturelle Lektüre des Gedichts stößt auf eine mit dem Aufruf zur Bescheidenheit verbundene, nicht pauschal an *den* Okzident, sondern an den Diskurs der kolonialen Überlegenheit gerichtete, Einladung zum Dialog.
Resümierend läßt sich im ersten Gedicht eine ambivalente Aussagestruktur feststellen. Der Dichter identifiziert sich teils mit seinem Land, teils entzieht er sich dem nostalgischen Sog des Erinnerns, indem er schreibt. Die mit dem Schreiben verbundene Absicht ist jedoch die Auflösung von Identitäten, der persönlichen ebenso wie der „imaginierten Gemeinschaft" (B. Anderson) der „patrie".

Die Inszenierung dieses widersprüchlichen poetischen Diskurses erfolgt innerhalb eines dynamischen Netzwerks metaphorischer und metonymischer Substitutionen, die austauschbar und deren Funktion und Bestimmung kontextabhängig sind.

Im zweiten Gedicht nimmt Ben Jelloun den Themenbereich der „hospitalité“ vorweg, der ihm als Ausgangspunkt für die Kritik an Fremdenfeindlichkeit und Rassismus dient. Damit setzt er die in den Texten zur Emigration (*La réclusion solitaire*, *La plus haute des solitudes*) begonnene Entwicklung einer interkulturellen Ethik fort, die er in *Hospitalité française* und *Le racisme expliqué à ma fille* noch weiter ausführt.

3.5 *La remontée des cendres*

Der anläßlich des Golfkriegs 1991 geschriebene Gedichtband ist einer der eindringlichsten des Autors. Das Titelgedicht „La remontée des cendres“ vereint zu unterschiedlichen Zeitpunkten geschriebene Texte und ist als Bilanz des Nahost-Konflikts zu verstehen, wobei dem Golfkrieg eine besondere Bedeutung zukommt. Die darin beschriebenen Bilder des Krieges könnten einer Nachrichtensendung entnommen sein: Ein anonymer Beobachter steht vor einem mit Leichen übersähten Schlachtfeld in einer Wüstenlandschaft. Ben Jelloun nimmt dabei wie in den früheren Gedichtbänden den Blickwinkel der arabischen Welt ein.[257] Dem ersten Gedicht folgen unter dem Titel „Non identifiés“ weitere, die, wie das erste, ebenfalls dem Gedenken der Toten gewidmet sind.[258] Die Texte wurden zweisprachig veröffentlicht, die Übertragung ins Arabische erstellte Kadhim Jihad in Zusammenarbeit mit dem Autor. Außerdem sind den Gedichten fünf Illustrationen des irakischen Malers Azzawi beigefügt; in der Mitte des Buches, zwischen dem französischen und dem arabischen Teil, befindet sich das einzige zweiseitige Bild. Der ikonographische Beitrag unterstreicht das pazifistische Anliegen der Gedichte. Die schwarz-weißen Zeichnungen bringen den Schrecken und das entsetzliche Leid des Krieges bildlich zum Ausdruck (Abb. 5, S. 400).

Die Berichterstattung über den „Golfkrieg“ in den Massenmedien ließ selbst bei europhilen arabischen Intellektuellen Zweifel an der ethischen

---

[257] Vgl. insbesondere *Le discours du chameau*, wo Israel und die USA als Aggressor der arabischen Welt gegenüberstehen.

[258] Carolina Diglio verweist auf die *Spoon River Anthology* von Edgard Lee Masters als Vorlage. In: dies., „La memoria dalle ceneri: *La remontée des cendres* di Tahar Ben Jelloun“, in: *Annali. Sezione Romanza*, XXXV, 1, 1993, S. 83-99; hier: S. 83.

Glaubwürdigkeit des Westens aufkommen. Für Ben Jelloun, der sich als Vermittler zwischen den Welten begreift, stellten die damaligen Diskussionen eine Herausforderung dar, denn er konnte weder die pro-irakische Solidarität für Saddam Hussein in der arabischen Welt gut heißen, noch die mit den USA in Frankreich und der westlichen Welt. In Marokko kam es wie in den anderen Ländern des Maghreb zu Massenkundgebungen für Saddam Hussein.[259] Ben Jelloun begegnete dieser Herausforderung, indem er sich auf das seiner Meinung nach Wesentliche besann. Mit den Mitteln der Poesie zeigt er das Schicksal des einzelnen Menschen und auf einer symbolischen Ebene die überzeitliche Dimension des Krieges. Auf alle unterdrückten Völker hinweisend, transzendiert er den zeitgeschichtlichen Rahmen und den historischen Horizont des Islamkonflikts. Ausgehend von einem Krieg, faßt er alle Kriege ins Auge. Tonangebendes Thema ist erneut das Nichtfaßbare, die Unbegreiflichkeit des Todes. Der Dichter sieht wie in „L'aube des dalles“, seinem ersten Gedicht dem Tod ins Auge und setzt an, über das Unfaßbare zu sprechen; mit den Mitteln der Poesie verleiht er den Toten (s)eine Stimme, um sie so gleichsam ins Leben zurückzuholen.

Das Titelgedicht ist Beispiel für ein in mythologisierender Metaphorik zum Ausdruck gebrachtes humanitäres Engagement. Auf einer poetischen Metaebene, reflektiert es zudem die Poetik des Autors, die das Unfaßbare anvisiert. Diese „Poetik der Nacht“ erkundet Dinge, die über den Verstand hinausgehen und die Entwicklung von Subjektivität prägen, wie etwa die Auseinandersetzung mit Affekten und Begehrensstrukturen, besonders in Verbindung mit Liebe, Eros, Sterben und Tod.[260]

3.5.1 Das Vorwort

Das in der Gesamtausgabe nicht enthaltene Vorwort des Bandes enthält eine weitere aufschlußreiche Stellungnahme Ben Jellouns zu seinem poetischen Selbstverständnis. Diese Erläuterung von Wirklichkeitsbezug und Wirkungsabsicht ist jedoch keineswegs als „explication du texte“ zu verstehen. Im Gegenteil, Ben Jelloun schlüpft bereits im Vorwort in die Rolle

---

[259] Weiterführende Informationen zum Golfkrieg gibt die gemeinsam herausgegebene Sondernummer der Zeitschriften „Esprit“ und *Les Cahiers de l'Orient: Paysages après la bataille*, 6 (Juni 1991).

[260] Vgl. dazu das Kapitel „Die Poetik der Nacht“.

des Dichters. Der erklärende Duktus des Anfangs geht bald in eine poetische Sprechweise über. Das Vorwort verwandelt sich in der Auseinandersetzung mit dem Thema Krieg in eine Art Prosagedicht, das eine kurze Analyse verdient. Zusammen mit den anderen Vor- und Nachworten ist es Bestandteil einer paratextuellen Poetik. Folgende Funktionen der Poesie sind besonders hervorgehoben:

- Sie schafft historisches Bewußtsein. Ihr Hauptanliegen ist es, gegen das Vergessen vorzugehen.
- Sie verfügt über eine erhebende Kraft, die für die Wahrung und Wiederherstellung der Menschenwürde sorgen kann.
- Sie entspringt einer inneren Notwendigkeit.

Während die beiden ersten Funktionen sozialgeschichtlich bedingt sind, verweist die dritte auf die subjektive Sinnstiftung. Gerade weil es absurd ist, mit poetischen Mitteln die genannten Funktionen erfüllen zu wollen, ist sie unverzichtbar.

Mit dem Stilwechsel in die poetische Sprache bezieht Ben Jelloun auch formal den Standpunkt des Dichters. Die wesentliche Aussage des Vorworts könnte man mit dem spanischen Schriftsteller Juan Goytisolo folgendermaßen zusammenfassen: „Allein die Poesie, der Aufschrei der Poesie, vermag die tiefe Verzweiflung des Menschen in diesen dunklen Zeiten der Barbarei, Feigheit und Ohnmacht zum Ausdruck zu bringen“.[261]

3.5.2 Der Titel

Der Titel des Gedichts ist wie immer suggestiv und rätselhaft, wobei die metaphorische Formulierung genaue Bezüge zum Thema herstellt und die wesentliche Aussage zusammenfaßt.[262]

Das Präfix „re“ des Substantivs „remontée“ verweist auf die Zyklizität. Das zugrundeliegende Verb „monter“ wird meist intransitiv gebraucht – im Gegensatz zum stets transitiven „élever“ – und bedeutet hier ein unwill-

---

[261] Juan Goytisolo „Der Rückzug der Demokraten“, in: *Literaten und der Krieg*, in: Text + Kritik, 124, X/1994, S. 10.

[262] Ein motivgeschichtlicher Überblick zum Stichwort „Asché“ in der Poesie würde den Rahmen dieses Kapitels weit überschreiten. Hinzuweisen ist jedoch auf einen maghrebinischen Vorläufer. Die Gedichtsammlung *Cendres* (1934) von Jean Amrouche, einem der Gründer der französischsprachigen Literatur des Maghreb, ist ein Ausgangspunkt der literarischen Bestimmung von Maghrebinität. Amrouches dichterisches Selbstverständnis als „orphelin“ war wegweisend für die nachkommenden Generationen.

kürliches Aufsteigen. Die Bewegung des Aufsteigens in einem Kreislauf bildet die zentrale Metapher des Gedichts. Der Gegensatz von oben und unten, eine der semantischen Basisoppositonen, ist zumindest phonetisch bereits im Titel enthalten. Laut gelesen ergibt die Genitivkonstruktion „des cendres" das Verb „descendre". Zieht man die Erläuterungen des Vorworts hinzu, wird klar, daß sich das Aufsteigen auf die poetische „Aktivität" bezieht: „Alors la poésie se soulève" (S. 6). Ben Jelloun unterstreicht mit dem Gebrauch eines reflexiven Verbs die Unwillkürlichkeit des Dichtens. Er stellt sich selbst, den Autor und seine Tätigkeit, in den Hintergrund. Wie ist dies zu verstehen? Bescheidenheit, Selbstverleumdung oder Tod des lyrischen Subjekts? Nein, keineswegs, es handelt sich eher um eine Strategie der Selbstdarstellung, deutet der Titel doch auf die „élévation", die erhebende Wirkung der poetischen Aktivität, hin. Diese gibt letztendlich die Figur des Dichters zu erkennen, der den Toten eine Stimme verleiht.

Ein weiterer Bedeutungsbereich des Steigens und Fallens besteht im Kreislauf von Leben und Tod. Tiefenstrukturell überschneidet sich diese Bedeutung mit der des Wandels, der Metamorphose. Insofern vermittelt der Titel die Vorstellung einer Analogie von Poesie und Leben. Beide geschehen scheinbar unabhängig vom Willen des Subjekts. Dichten ist wie Sterben und Geborenwerden ein Vorgang, der den Willen des einzelnen Menschen überschreitet. Ben Jelloun begreift seine Poesie, wie er im Vorwort der Gesamtausgabe seiner Gedichte hervorhebt, in Verbindung mit Geburt und Tod, den elementaren Rätseln des Lebens.

In seiner ursprünglichen Bedeutung bezieht sich das Aufsteigen auf die „cendres", ein Wort, das im Französischen synonym für den Leichnam und die verbrannten sterblichen Überreste gebraucht wird. Asche und Tod enthalten mit dem Kreislauf des Lebens Nietzsches Vorstellung von der ewigen Wiederkehr des Immergleichen. Mit dem sich stets wiederholenden sinnlosen Sterben von Soldaten in der Geschichte der Menschheit evoziert Ben Jelloun das Bild des zerstörerischen Todes, das offensichtlich in Opposition zur, oben erwähnten, Isotopie des „glücklichen Todes" steht. Das oben analysierte, anläßlich des Todes der Großmutter geschriebene Gedicht „Mourir comme elle" ist exemplarisch für die Art des Sterbens in Harmonie.[263]

---

[263] In: *Les amandiers sont morts de leurs blessures,* (1976), S. 11, 12.

3.5.3 Die Grundstrukturen

Das in freier Vers- und Strophenform geschriebene Gedicht verwandelt sich von einem „discours aux morts" in einen „discours des morts",[264] wobei die poetische Qualität durch die gattungseigenen Vorgaben von Totenklage und Anklage noch erhöht wird. Der lyrische Charakter des Gedichts, das auch Prosapassagen enthält, manifestiert sich in der ausgeprägten Rhythmisierung, den Verszeilen, Lauteffekten und Wiederholungsstrukturen. Obwohl nichts dem Zufall überlassen ist, bleibt der Anschein von spontaner Assoziation erhalten. Der Ausdruck persönlicher Betroffenheit, mit einem klaren Bezug zur historischen und politischen Wirklichkeit, enthält einen Appell an die Menschheit. Durch die Polyphonie entsteht dabei eine ausgeprägte innere Pragmatik, die jedoch nicht auf Kosten der äußeren geht, denn der Bezug zum Leser ist klar definiert.

Die hohe Affektivität des Gedichts kommt in einer Mischung von Wut, Protest und Trauer zum Ausdruck. Saddam Hussein wird nicht namentlich erwähnt, doch der historische Kontext und die wiederholten Hinweise auf den „fossoyeur" geben ihn eindeutig zu erkennen. Die Anklage von Saddam Hussein gilt, wie aus dem letzten Abschnitt hervorgeht, allen Despoten und Diktatoren, auch denen des Okzidents.

Die Entwicklung des Themas ist an die Abfolge von Sprechern und die von ihnen angesprochenen Themen gebunden. Zuerst erscheint ein lyrisches Ich, das allerdings nicht durch das Personalpronomen „je" zu erkennen ist, sondern das aus dem Verborgenen das Einsammeln der toten Körper schildert. Diese beobachtende Instanz ist es, die die Toten zu Wort kommen läßt, deren Stimmen sich zu einem lyrischen Wir verdichten. Als dritter Sprecher ergreift die Romanfigur Moha aus dem Roman *Moha le fou, moha le sage* das Wort.[265] Am Gedichtende kehrt der verdeckte Beobachter des Anfangs zurück.

Während der Raum gleich in der ersten Zeile angegeben wird, bleibt die temporale Deixis unbestimmt. Dies ist kein Zufall, sondern Teil einer Strategie der Entzeitlichung, die der Wirkungsabsicht des Gedichts ent-

---

[264] Es muß einer vergleichenden Motivgeschichte überlassen bleiben, ob sich Ben Jelloun mehr auf das arabische Modell *Risalât al-Ǧufran* (1033) von al-Maʿarrî bezieht als auf die europäische Tradition von Lukian, Fontenelle, Fénelon, Lord Lyttleton, Mary Wortley Montagu, Mathew Prior, Vauvenargues, Voltaire, u.s.w. Ben Jelloun zitiert den arabischen Text in *La nuit sacrée*, (S. 98).

[265] Vgl. dazu die Analyse von *Moha le fou, Moha le sage* im Kapitel 5.3.

spricht, das sich aus mehreren zu unterschiedlichen Zeitpunkten geschriebenen Texten zusammensetzt. Die Ortsangabe Euphrat und Tigris unterstützt die zeitliche Entgrenzung, die durch die Nennung von Sand und Wüste in der zweiten Strophe noch zusätzlich verstärkt wird.

In den ersten Zeilen beschreibt der Beobachter, wie die Leichen in schwarze Plastiksäcke verpackt werden. Der erste Satz „Ce corps qui fut un corps" rückt das entwürdigende Wegpacken der Leichname in den Vordergrund und stellt mit dem Gegensatz zu den lebenden Körpern das Verhältnis von Vergangenheit und Gegenwart dar. In der zweiten Zeile setzt Ben Jelloun mit dem Satz „ramassé par une pelle qui ne se souviendra d'aucune douleur" eine seiner bevorzugten rhetorischen Figuren ein. Die Vermenschlichung eines leblosen Gegenstandes läßt durch die mechanische Anonymität des Wegräumens menschlicher Körper die Entwürdigung noch stärker hervortreten. Der Blickpunkt der leblosen Schaufel betont die Unmenschlichkeit des Geschehens. Diese erste Sequenz findet im Folgesatz ihren Abschluß: „mis dans un sac en plastique noire".

Ben Jelloun verwendet das Bild des Sacks häufig. Als schwarzer, Leichen und Leichenteile enthaltender Plastiksack, jedoch ist es eindringlicher als andere Varianten, wie etwa der mit Sand gefüllte Sack.[266] Das Einsammeln der Leichen wird mehrfach aufgegriffen, so von Moha, einer der Sprecherfiguren: „Aujourd'hui des pelles m'ont ramassé et jeté dans ce puits." (S. 408) Die daran anschließende Strophe beginnt mit: „Une vie ramassée dans une couverture/ une vie ficelée/ elle ne pèse pas lourd" (S. 408). Der Abschluß der Sack-Sequenz bildet zugleich einen Höhepunkt der Darstellung des Feindes. Von den Toten der Alliierten heißt es:

> Ils ont compté leurs morts.
> Des mains délicates
> des mains gantées de blanc les ont retirés au sable
> des bras robustes les ont déposés dans les cerceuils.
> Le deuil de rigueur les livra recouverts du drapeau et de la légende
> Le jour les accompagna jusqu'au cimetière.
> Ils ont nommé leurs morts
> corps entiers et âmes anoblies

---

[266] Bemerkenswert ist insbesondere die Version in *L'auberge des pauvres*, wo die weibliche Hauptfigur von sich sagt: „Je suis un sac plein d'histoires, je suis un dépôt de toutes les histoires qui arrivent à Naples, [...]", (S. 48). Im selben Roman tritt die Metapher auch in Verbindung mit dem Thema der Zeit auf: „[...] des sacs de poussière pour compter le temps [...]", (S. 20).

don aux vertes prairies
pour le souvenir sous verre
et l'ombre douce
et la grâce des cieux.
(S. 411/ 412)

Das Bestattungsritual der Alliierten steht in krassem Gegensatz zum Leicheneinsammeln auf der irakischen Seite. Jeder der angeführten Aspekte steigert diesen Kontrast. Die Hervorhebung der aus seiner Sicht hyperbolisch wirkenden Würde (empfindsame Hände, weiße Handschuhe, starke Arme) läßt keinen Zweifel, auf welcher Seite der Dichter steht. Um diesen Gegensatz abzuschließen, blendet er erneut die irakische Seite ein:

Qui nommera nos morts?
tas de cendres oubliés au bord de la route
membres épars dans les carcasses abandonnées.
(S. 412)

Hier zeigt sich nicht nur die Bedeutung der Eröffnungsszene für die Entwicklung der semantischen Strukturen, sondern auch eine mit Wut gemischte Trauer. Der Standpunkt des Beobachters ist auf der Seite der Verlierer. „Nos morts", das sind die irakischen Soldaten, und das „wir" ist die arabische Welt.

Bei der im Gedichtanfang angelegten Basisopposition ist jedoch auch an die Bedeutung des Körpers im Gesamtwerk zu erinnern. Ridha Bourkhis linguistischer Studie zufolge sei das Wort „corps" repräsentativ für das Werk Ben Jellouns und überdies eine persönliche Obsession des Autors.[267] Dem Körper kommt zweifellos eine Bedeutungsvielfalt zu, die Ben Jellouns Metaphorik und Stil charakterisiert. Der Körper steht aber auch für das unmittelbare Leben, er symbolisiert die Wahrheit, die in den Texten angestrebt, doch nie erreicht werden kann. Deshalb ist die Literatur für Ben Jelloun ein Verrat. Die sinnliche Welt des Körpers mit den Verletzungen, Narben und Spuren, die das Leben darin hinterlassen hat, ist hingegen eine unhintergehbare Kategorie. Schreiben ist der – stets zum Scheitern verurteilte – Versuch, diese unhintergehbare Körperlichkeit in den Text hinüberzuretten.

[267] R. Bourkhis, *Tahar Ben Jelloun: La poussière d'or et la face masquée. Approche linguistique*, Paris 1995, S. 116.

Der erste Vers „ce corps qui fut un corps“ bildet als Anapher, die sich über drei Seiten erstreckt, den ersten Abschnitt des Gedichts, und eine erste semantische Opposition. Die Anonymität der Toten ist entwürdigend. Um ihnen ihre Menschenwürde zurückzugeben, werden ihre Lebensgeschichten rekonstruiert. Es geht, wie das letzte Wort der ersten Strophe signalisiert, um die „absence“. Die aus „Fehlen“, „Mangel“ und „Tod“ bestehende semantische Isotopie, eine der Leitlinien des Gesamtwerks, bildet eine Tiefenstruktur dieses Gedichts.

Die Variation der Anapher stellt die Menschenwürde wieder her, indem sie die Körper mit Seele, Namen und Gesicht versieht: „ce corps qui fut une âme, un nom et un visage“, um anschließend das im Titel enthaltene Thema des ewigen Kreislaufs aufzunehmen: „retourne à la terre des sables“ (S. 397).

In der vierten Strophe kommen die Sprache und der Blick hinzu: „Ce corps qui fut une parole ne regardera plus la mer en pensant à Homère“ (S. 397). Das Lachen („Ce corps qui fut un rire“, S. 398) und die Träume vervollständigen schließlich den Prozeß der Wiederbelebung. Der Satz „Ce corps qui fut un rêve est une maison dévastée.“ (S. 399) verdient besondere Aufmerksamkeit, weil er mit dem Haus eine weitere, wenn auch weniger ausführliche Isotopie als die des Körpers aufnimmt. Er weist zudem die charakteristischen Züge der Bildung der metaphorischen Bedeutungsfelder auf, die noch eingehender zu analysieren sind. Ben Jelloun dreht hier die zu Beginn gebrauchte Figur um, indem er ein belebtes Wesen, einen Menschen, durch einen Gegenstand, ein Haus, darstellt. Es folgt die Ausschmückung dieser Figur mit einer ausführlichen Beschreibung des Hauses. Daran schließt dann die Einbindung dieses Bildes in die konnotative Tiefenschicht des Textes an. Verbunden mit den Schlüsselbegriffen „absence“ und „silence“ verweist es auf die im Gedichtanfang angelegten Grundstrukturen (S. 399).

3.5.4 Die lyrischen Sprecherrollen

Die Wiederherstellung der Menschenwürde ist die dem gesamten Gedichtband zugrunde liegende Motivation. Das zur-Sprache-Bringen dieses Anliegens bildet eine weitere, auf dem Gegensatz zum (Ver-)Schweigen beruhende, semantische Opposition. Erstmals thematisiert in der zweiten Strophe mit „ces corps voués à l'oubli“ und wiederaufgegriffen in der dritten Strophe mit „Pas même les souvenirs ardents des premiérs amours“

wird diese Opposition bis zum Schluß stetig variiert und erweitert. Zusätzlich hervorgehoben durch das letzte Wort „silences" am Ende des Gedichts, bildet sie eine weitere Grundstruktur des dichterischen Selbstverständisses Ben Jellouns. Durch die Gleichsetzung von Schweigen und Vergessen erhält dieser Gegensatz eine historische Dimension.

Die zentrale Bedeutung des Sprechens in diesem Gedicht manifestiert sich in zwei Bereichen: erstens in den direkten Thematisierungen (Denotationen), die durch den Prozeß der Metaphorisierung eine Fülle rhetorischer Bedeutungsverschiebungen nach sich ziehen (Konnotationen), zweitens in den verschiedenen Stimmen (Polyphonie), die für eine ausgeprägte Binnenpragmatik sorgen.

Die zahlreichen Verben und Substantive aus dem Wortfeld belegen die Bedeutung des Sprechens. Die erste, bereits zitierte Stelle „ce corps qui fut une parole ne regardera plus la mer en pensant à Homère" stellt eine Verbindung zum Ursprung der Dichtung her. Dieser Vers besteht aus einer Kette metaphorischer Ersetzungen (Körper ⇨ Wort ⇨ Blick ⇨ Denken ⇨ Homer), deren Verbindungen weder zufällig erfolgen noch auf den Reim (mer – Homère) zurückzuführen sind, sondern die auf die Bedeutung der Poesie aufmerksam machen.

Die Fortsetzung lautet:

Il ne s'est pas éteint. Il à été touché par un éclat du ciel brisant la parole et le souffle.
Ces cristaux mêlés au sable sont les derniers mots prononcés par ces hommes sans armes. (S. 398)

Hier wird das zentrale Bild des Kreislaufs aufgenommen. Typisch ist dabei das Schwanken zwischen der denotativen Bedeutung an der Textoberfläche und den unterschwelligen Konnotationen. Erst ersetzt das Wort den Menschen. Dieses Bild bleibt zunächst bestehen: Nicht der Mensch ist tot, sondern das Wort wurde zerfetzt, und die zerstreuten Kristalle haben sich mit Sand vermischt. In der letzten Zeile kommt dann zur ersten rhetorischen Ersetzung eine zweite hinzu (Kristalle für zerfetzte Wörter), beide werden durch die erste denotative Bedeutungsebene ergänzt, als die letzten von den Soldaten gesprochenen Worte.

Ein weitere Dimension des Sprechens kommt in der Verschachtelung verschiedener Stimmen und Sprecherrollen zur Geltung. Ähnlich wie in den Romanen entsteht durch die Thematisierung des Sprechens eine metatextuelle Ebene. Die erste Stimme spricht von der mythischen Tiefenebene aus:

Une voix monte d'un puits sec
elle vient d'un siècle très ancien
quand Babylone était une prière.
A l'époque le monde ne pouvait mourir
les enfants disaient: 'Le monde est souffrant mais il ne va pas mourir!'
(S. 400).

Hier kommt eine Binnenebene hinzu, auf der die Stimmen andere Sprecher zitieren. Die Erwähnung der Kinder in diesem Zusammenhang verweist auf die historische Dimension des Sprechens. Aus der Kinderperspektive stellt sich die Frage nach der Erinnerung in der Zukunft eine Betrachtungsweise, wie sie im oben besprochenen Titel *La mémoire future* enthalten ist:

On me dit: le deuil de nous-mêmes est dans le regard des enfants.
Qui leur dira l'histoire de nos défaites?
Nous croiront-ils?
Je les vois cracher sur les visages défunts
tant de verbes inutiles.
Ah le verbe, les mots, la litanie des affamés
pain amer enfoui dans la terre basse
je les vois courir ramasser nos savates
ils font un feu avec des poèmes écrits par des généraux
et incendient notre mémoire.
Ils ne crachent plus.
Ils ne parlent plus.
Ils oublient.
Image sur image
voix de rivière
sommeil éternel dans le lit des blessures
des papillons noirs escortent notre silence.
(S. 402/ 403)

Das Sprechen erscheint hier als historischer, vielleicht vergeblicher, aber unbedingt nötiger Akt, ohne den Schweigen und Vergessen und damit der Tod, der „ewige Schlaf im Bett der Verwundungen", triumphieren würden. Diese Überlegungen verweisen auf den Dichter, die oberste Sprecherinstanz des Gedichts. Doch bevor dieser selbst ein wenig mehr aus dem Schatten tritt, läßt er Moha auftreten. Die Figur ist wie im Roman eine Maske des Autors. Sie steht auf der dritten Stufe der internen Pragmatik.

Mohas Auftreten (S. 406) bildet den Höhepunkt des Gedichtes. Der intertextuelle Bezug zur gleichnamigen Romanfigur ermöglicht eine klare funktionale Zuordnung. Wie im Roman ist Moha der Fürsprecher der „dignité“ (S. 407) und Hüter der Erinnerung: „Moha descendit dans les puits, trempa ses pieds dans l'eau noire puis dit: C'est cela ma mémoire.“ (S. 406) Wie im Roman lebt er auf einem Baum und einem Friedhof (S. 407). Moha verkörpert die Gegenbewegung zu dem im Titel erwähnten Aufsteigen: „J'arpente l'abîme./ Je descends.“ (S. 408). Moha verdeutlicht die erdverbundene Dimension der Literatur Ben Jellouns, er ist ein Erdwesen: „Je nourris la terre et verse mes paroles dans le sang de la terre./ J'irrigue les racines d'arbre au printemps tardif“. (S. 408) Aufgrund seiner Stellung im lyrischen Diskurs ist er ein Zwitterwesen: kommentierender Sprecher und zugleich am Kriegsgeschehen Beteiligter, dessen Leichnam in einen Brunnen geworfen wird.

Erst nach Moha erscheint auf den letzten vier Seiten ein übergeordnetes Wir, das für die Gesamtheit der Gefallenen steht, um die entscheidenden Fragen aufzuwerfen:

> O gens du Bien!
> Vous qui parlez de dignité et de courage
> vous qui parlez comme des dictionnaires
> vous qui érigez la Loi et le Droit
> dites-nous si nous sommes dignes sous terre
> corps et âmes confondus
> [...]
> O vous, hommes puissants,
> un siècle de mort vous rejoint:
> cette poussière ocre à l'horizon, ce sont les Peaux-Rouges qui se lèvent.
> Eux aussi marchent
> pieds nus sur la terre brûlée.
> Eternels.
> (S. 410/ 412)

Erst hier werden erstmals, wenn auch indirekt, in koranischem Vokativ, die USA angesprochen. Die „Rothäute“ stehen auf einer Seite mit dem irakischen Volk, auf der Seite aller unterdrückten Völker, in deren Namen hier gesprochen wird.

Im vorletzten Abschnitt schließlich wird der in der ersten Strophe eingenommene Beobachterstandpunkt geklärt. Der Wechsel zur Prosa markiert einen deutlichen Übergang in jene andere Ebene, die den Rahmen bildet, von dem aus die vorausgehende Polyphonie inszeniert worden ist. Es ist der Blickpunkt desjenigen, der das Einsammeln und Verpacken der Leichen in schwarze Plastiksäcke beobachtet und seine Gedanken dabei schweifen läßt.

Auf der vorletzten Seite rückt er seine Maske ein wenig zur Seite. Die Fragen: „Qui comptera nos morts?“, „Qui nommera ces restes?“ verweisen auf die ewige Figur des Dichters und Narren, die der letzte Prosaabschnitt des Gedichtes evoziert:

> Cet homme est tous les hommes. Il a fait toutes les guerres. Il est mort plusieurs fois. Il ne cesse de renaître. [...] Cela fait des milliers de jours et de saisons qu'il marche. On dit qu'il est atteint d'errance. On dit qu'il est fou. Sa bouche est fermée sur des siècles de mots. Ses yeux, grands et étincelants, restent ouverts. Ils voient loin, au-delà des murs et des montagnes. Au-delà de tous les silences. (S. 413)

Mit diesem Dichter-Porträt vollzieht sich ein Wechsel vom Hören zum Sehen. Der Dichter hört keine Stimmen mehr, sondern er sieht das Wesen der Dinge, er symbolisiert das Leben, den Gegenpol zum Schweigen, das den Tod bedeutet. Damit hat er, jenseits des Schweigens, jenen Standpunkt erreicht, zu dem die „élévation“ der Poesie führen kann.

Die Stimmen folgen keiner linearen Anordnung, sondern dem Bewußtseinsstrom, dem den Impressionen und den Impulsen des lyrischen Beobachters folgenden Kreislauf. Allerdings tritt der versteckte Beobachter am Schluß etwas aus dem Schatten. Dieses Hervortreten ist deshalb besonders bedeutsam, weil es sich um eine überzeitliche Figur des Dichters handelt, die wohl auch als Projektion des Autors betrachten werden könnte.

Die Thematisierung des Sprechens gibt Aufschluß über die Sprechsituation des Gedichts, wobei die Mischung von Totenklage und Totengespräch eine dialogische Sprechsituation erzeugt, die in den in direkter Rede wiedergegebenen Ausrufen und Fragen zur Geltung kommt. Ben Jelloun verfolgt dabei keine didaktische Absicht, sondern will erinnern. Zu diesem Zweck zersplittert er die dialogische Grundstruktur, indem er die Stimmen der gefallenen Soldaten als polyphones lyrisches „Wir“ ergänzt (S. 411). Dem „nous“ gegenüber steht das „ils“ (S. 411, 412), das sich auf den Feind bezieht, der nicht namentlich genannt werden muß, weil ohnehin jeder weiß, daß damit die USA gemeint sind. Schließlich gibt es noch ein vokativisches „vous“, das an die Menschheit insgesamt und an die Mächtigen dieser Erde gerichtet ist: „Ô vous, hommes puissants“ (S. 412).

Bei den eingesetzten Stimmen handelt es sich um eine Variation der „prise de la parole“, auf die wir bei der Besprechung des ersten Romans *Harrouda* zurückkommen werden. Wie in den Romanen stellt sich die

Frage nach der Identität: „Une autre voix: [...] Qui parle du fond de cette fosse?/ Moi?/ Je ne suis plus“ (S. 401). Mit der Inszenierung und Infragestellung des Sprechers kommt ein Thema zum Vorschein, das Ben Jellouns Gesamtwerk charakterisiert.

Das der Wortergreifung zugrundeliegende Prinzip ist die Mündlichkeit. Die Lebendigkeit der direkten Rede steigert und akzentuiert den Kontrast zum Leitmotiv des Todes, da es sich bei den Sprechern ja um Tote handelt. Erst gegen Ende wird hinter diesen Stimmen vage die Instanz eines lyrischen Ichs erkenntlich, das sie zu Wort hat kommen lassen.

Die Sprechsituation ist damit wie in den Romanen durch eine Vielzahl von nicht immer eindeutig identifizierbaren Stimmen fragmentiert. Die mit dem unbestimmten Artikel versehenen Stimmen („une voix“, S. 400, 401, 404, 405) steigen aus der Tiefe auf. Die dafür eingesetzten Bilder des Brunnens und des Grabens verweisen auf den Ursprung des Wortes: „C'est du fond du puits, c'est du fond des âges que les mots arrivent. C'est de ce lieu, arrière-pays de la démence, qu'on mesure le temps.“ (S. 407) Ben Jelloun hebt hier die durch die Ursprungsorientierung bewirkte mythologische Entzeitlichung wieder auf und bewerkstelligt dadurch eine Entmythologisierung des „am Anfang war das Wort“-Themas.

Durch die verschiedenen in direkter Rede zu Wort kommenden Stimmen geht der beschreibende Stil in einen szenischen über. Das mündliche Sprachregister belebt den Text, es macht ihn unmittelbarer und eindringlicher. Zudem kommunizieren die Toten mit dem Leser. Auch wenn es sich um vom lyrischen Ich imaginierte Stimmen handelt, verfügen sie über eine gewisse Autonomie und setzen realistische Kontraste zur sonst überwiegend symbolischen Redeweise. Obwohl es sich um kein Gebet handelt: „Et moi/ Je refuse la prière de l'absent“ (S. 404), trifft die Sprechweise zuweilen den Tonfall des Gebets. Die zahlreichen Appelle, Ausrufe und Fragen sind an eine höhere Instanz gerichtet, die allerdings *expressis verbis* weder religiös noch transzendental definiert ist. Es sind vielmehr allgemeine, an die Menschheit gerichtete Fragen.

Die eingesetzten Stimmen zeigen wie in den Romanen die Funktion des „écrivain public“, des Sprachrohrs des Volkes. Beschreibend ist in diesen Passagen lediglich die ausgesprochen realistische Darstellung der Situation der Leichen, deren Stimmen hörbar gemacht werden. So heißt es beispielsweise:

D'une autre fosse, une autre voix: [...]
Je me suis endormi dans d'autres corps vidés de leurs entrailles
ils étaient encore tièdes
cela qui bouge n'est pas un bras
c'est un chat affamé frappé par la foudre
(S. 402)

Die verschiedenen Sprecher sind wie in der zitierten Stelle durch Doppelpunkt oder Anführungszeichen markiert und klar von der übergeordneten Instanz des Beobachters zu unterscheiden, ihr geistiger Standpunkt ist jedoch identisch. Ben Jelloun holt damit die Lebendigkeit des öffentlichen Platzes in das Genre der Totenklage. Dabei entsteht die charakteristische doppelte Kommunikationssituation: Die Stimmen der fiktiven Welt sprechen miteinander und es findet ein Dialog zwischen den Stimmen der Toten und dem Beobachter statt. Beide sprechen auch den Leser oder den Zuhörer an und transzendieren die Binnenebene des Textes. Im übertragenen Sinn ist damit auch das Ziel des Gedichtes erreicht: Die Toten werden im Bewußtsein des Lesers wieder lebendig und dem Vergessen entrissen.

3.5.5 Die Dynamik des Metaphernsystems

Das Gedicht ist mehrsträngig strukturiert durch teilweise miteinander verbundene Metaphern. Diese erzeugen jene Unmittelbarkeit von Eindrücken und Impulsen, die wie in Träumen, Visionen oder Gedanken plötzlich erscheinen und unerwartete Verbindungen eingehen. Drei Organisationsprinzipien sind dabei zu unterscheiden: Die Wiederholung, die Variation und die semantische Äquivalenzen oder Oppositionen erzeugende Wiederholung. Diese Kombinatorik verdient eine ausführlichere Untersuchung.

Die Art der Wirklichkeitsdarstellung erinnert an die französischen Symbolisten, um so mehr, als diese zu den Vorbildern der Souffles-Gruppe gehörten. Dennoch entspricht Ben Jellouns Absicht keineswegs der von Mallarmé, denn sein Gedicht soll zur Wirklichkeit führen und nicht umgekehrt. Noch weitreichender ist der marokkanisch-maghrebinische Kontext. Die bereits erwähnte Bezugnahme auf die mündlich überlieferte Volkskultur bildet die literarische Basis Ben Jellouns. Durch sie hält er sich den Zugang zu den archaischen Bildern und Archetypen offen, die in der untergehenden mündlichen Tradition noch in Umlauf sind. Die moderne Dimension dieser Symbolik ist Ben Jelloun aufgrund seiner sozialpsychiatrischen Ausbildung vertraut. Er setzt sich bewußt mit den kulturellen Symbolen auseinander, um „ewige Wahrheiten" auszudrücken.[268]

Die im Titel enthaltene Aufwärtsbewegung bezieht sich auch auf das Aufsteigen des Unbewußten in das Bewußtsein und in diesem Gedicht auf das Hervorholen der vom Versinken ins Vergessen bedrohten Toten. Die Strophe, in der der Anfangsrefrain wieder aufgenommen wird, verdeutlicht die auf dem Gegensatz von oben und unten beruhende Dynamik des Auf- und Absteigens:

> Ce corps qui fut un corps
> a sombré dans le rêve.
> Il parle en fendant la terre
> cherchant sa maison, sa femme et ses enfants.
> Il rôde sous vos pieds à l'heure où les tambours se taisent.
> C'est une voix qui n'est oublieuse de rien
> Elle effleure les mains innocentes
> fouille dans le sommeil paisible
> (S. 412)

Das Unten ist repräsentiert durch die Erde. Die unter der Erde verscharrten Toten leben in der Traumwelt des Unterbewußtseins fort und stören den „sommeil paisible" der Oberwelt.

Wie alle zentralen Gegensätze ist auch der von Höhe und Tiefe Gegenstand mehrerer Metaphern, die auf einer Elementarsymbolik basieren. Deren einzelne Bereiche bilden ein System von Metaphern, das ein großes Potential möglicher Beziehungen freisetzt.

Die Isotopie des „Unten" setzt sich aus folgenden Substantiven zusammen: enfer (S. 401), abîme (S. 401, 405, 408), puits (S. 405), fosse (S. 401), cimetière (S. 398, 403), fond de la glaise (S. 403), chute (S. 404), tombe (S. 407), fossoyeur (S. 408), sous vos pieds (S. 412). Die wichtigsten Verben sind: retomber (S. 405), tomber (S. 406), descendre (S. 406, 409). Das Unten ist darüber hinaus in anderen Ausdrücken wie „pluie des cendres" (S. 405, 408) konnotiert.

Unter den zahlreichen Konnotationen ist die Verbindung mit dem Titel die bedeutendste. Das Aufsteigen und Herabfallen der Asche symbolisiert den Kreislauf des Lebens. Diesen auf die Zerstörung und die von den Krie-

[268] Vgl. Jung, C.G., *Der Mensch und seine Symbole*, Olten und Freiburg i.Br. [12]1980, S. 93ff.

gen geforderte Menschenopfer bezogenen Teufelskreis klagen die verschiedenen Sprecher an.

Eine weitere Dimension des Gegensatzes von oben und unten besteht in der Verbindung zum Sprechen. Das Wort ist in den Kreislauf des Steigens und Fallens eingeschlossen: „Nos paroles ne traversent pas la pierre humide./ Elles tombent au fond du puits en dessinant des cercles à l'infini.“ (S. 405) Trotz dieser Ausweglosigkeit ist das Sprechen ein Muß für den Dichter, dessen Bestimmung darin besteht, seine Stimme zu erheben. Hier zeigt sich ein weiterer Aspekt der „élévation“: Die Stimmen steigen von unten auf, aus der Erde. Im letzten Abschnitt erscheint dann auch die Figur des Dichters als Teil des ewigen Kreislaufs: „Il ne cesse de renaître“. Er verkörpert die der Zerstörung entgegengesetzte kreative Kraft und die positiven Werte: „il croit à l'âme, à la pensée et aux choses; une prairie fleurie, un parasol pour l'amour, le rire et l'amitié, l'enfance et le courage...“ (S. 413).

Eine weitere mit der Sprache und mit dem Unten assoziierte Dimension ist die Erinnerung. Die Figur des Moha unternimmt den dazu erforderlichen Abstieg: „Moha descendit dans le puits, trempa ses pieds dans l'eau noire puis dit: C'est cela ma mémoire.“ (406) Moha, der als Hüter der Erinnerung außerhalb der historischen Zeit steht, erinnert an den oben erwähnten, mythischen und gleichzeitig entmythisierenden Ursprung der Worte: „C'est du fonds du puits, c'est du fond des âges que les mots arrivent.“ (S. 407).

Ein anderes elementares, durch den Schauplatz der Wüste hervorgehobenes Symbol ist das Wasser. Durch den Brunnen mit dem Unten verknüpft repräsentiert es den Kreislauf.

Der Bedeutungsbereich des Wassers beinhaltet weitere Gegensätze, deren beiden Pole Tod und Leben sind. Das Wasser symbolisiert das Leben in Form der Quelle (S. 411) und den Tod, der als braunes (S. 400), bitteres (S. 401), schweres (S. 405), schwarzes (S. 406) oder trübes Wasser (S. 408) erscheint. Substantivisch ist das Wasser repräsentiert durch den Fluß (S. 398, 401, 403, 406, 411), die Tränen (S. 398, 401, 409, 411), den Ascheregen (S. 400, 401, 405, 408) und das Meer (S. 406, 408). Die Gemeinsamkeit dieser Bildern besteht im Kreislauf, der positive semantische Pol aus der Menschenwürde: „notre dignité: quelques gouttes d'une eau rare, de la rosée ou de la pluie“.

Der Tod, das Leitmotiv des Gedichts, steht in unmittelbarer Verbindung mit der Erde und dem Unten. Dieser aus Hölle, Brunnen und Graben zusammengesetzte Bedeutungsbereich ist bereits erwähnt worden. Darüber hinaus ist der Tod assoziiert mit Starre (S. 397), Schweigen (S. 397), Abwesenheit, Wüste (S. 397), Vergessen (S. 397) und erscheint als das die Wortergreifung der verschiedenen Sprecher auslösende Verbrechen.

Die Todesmetaphorik nimmt Bezug auf die historische Wirklichkeit. Neben der symbolischen Bedeutung kommen auch das Kriegsgeschehen und frühere Kampfhandlungen zur Sprache, wie z.B. ein Giftgaseinsatz gegen die Zivilbevölkerung. Die exakte Zeitangabe, die einzige im Gedicht, hebt den historischen Charakter hervor:

> On a couvert deux villages d'une moustiquaire de mort
> enfants et bêtes figés dans leur sommeil
> une mort tranquille à Halabja et à Anap en cette brève nuit du seize mars mille neuf cent quatre-vingt-huit.

Die spärlichen Fakten werden nur in wenigen Beschreibungen ausgeführt. Durch die poetische *Verdichtung* des Grauens entsteht eine universelle Ebene. Ausgehend von der konkreten Kriegshandlung weitet sich der Blickwinkel auf die geschichtliche Dimension des Golfkrieges und die Situation der arabischen Welt im 20. Jahrhundert:

> Qui dira aux enfants de nos enfants que l'histoire arabe n'est plus un
> conte oriental, une histoire d'amour et de jardin parfumé, une passion
> où la cruauté est un malentendu, où la mort est pudique, où la
> vie est un chant à quatre saisons.

In diesem geschichtlichen Zusammenhang erscheint auch die Figur Saddam Husseins:

> L'homme qui s'est pris pour l'astre des cours 'lugubrés'
> est un homme qui dort et fait des rêves
> aucune de ses victimes ne le rejoint dans son sommeil [...]
> il agit à voix basse.
> (S. 406)

Die Art der Charakterisierung des Diktators ist bezeichnend: Er schläft ruhig, er schickt sein Volk gewissenlos in den Tod. Die weitere Darstellung erfolgt in mythischen Kategorien: „Tous les cent ans surgit de nos marécages un prophète, pas même un homme, mais un oiseau à tête de cheval, assez grand pour cacher le soleil, assez lourd pour perpétuer la nuit, arrachant la peau, les songes et l'espoir.“ (S. 407)

Zur Darstellung der historischen Wirklichkeit bleibt dem Dichter nur der Mythos. Die Beschreibung der Geschichte in mythischen Bildern ist jedoch mitnichten als Enthistorisierung aufzufassen, vielmehr setzt Ben Jelloun erneut die eingesetzten Mytheme in einen historischen Kontext. Aus der Sicht des Mythos ist auch das Ende des unbegreiflich Bösen absehbar: „mais le portrait du fossoyeur veille./ Le 'Sauveur de la nation' n'est qu'un oiseau funeste ..." (S. 411).

Die in „La remontée des cendres" eingesetzten Stilmittel und Themen sind in den Gedichten *und* in den Romanen von zentraler Bedeutung. Das Gedicht erfüllt mit seinem politischen Weltbezug eine klare pragmatische Funktion, wobei tellurische Kraft und engagierte Metareflexion zu einem Ganzen verschmelzen. Deshalb ist das Gedicht, diesbezüglich mit einem Gebet vergleichbar, universell und zutiefst persönlich. Auch sein zentrales Anliegen, die Wiederherstellung der Menschenwürde, weist eine fast ins Religiöse übergehende ethische Dimension auf.

Abschließend ist noch die zweisprachige Veröffentlichung des Gedichts zu vermerken. Es ist der einzige gleichzeitig französisch und arabisch veröffentlichte Text Ben Jellouns, was darauf hinweist, daß *La remontée des cendres* mehr als andere an die arabische Welt gerichtet ist. Damit sind wir einer interkulturellen Ethik auf die Spur gekommen. Diese jedoch soll nicht mehr von der Poesie ausgehend analysiert werden, sondern im Kapitel zu den Romanen, in denen sie wesentlich deutlicher hervortritt.

4. Im „Entre-deux“ von Poesie und Prosa

Ein Aspekt, der, wie viele der hier analysierten, eine ausführlichere, in diesem Fall sogar eine eigenständige, Untersuchung verdient hätte, ist die gattungspoetische Innovation der französischsprachigen Literaturen des Maghreb. Der Rahmen der gattungstheoretischen Diskussion ist definiert durch die historische Situation der postkonialen, *per se* interkulturellen Gegenwartsliteratur. Auf eine ahistorisch-essentialistische Definition der Gattungen, sei sie nun dreipolig, wie die klassischen Modelle von Aristoteles oder Goethe, oder zweipolig, wie das Todorov'sche, kann zwar weitgehend verzichtet werden, doch eine völlige Auflösung gattungsgeschichtlicher Grundbegriffe in der Intertextualität oder der *écriture* soll ebenfalls vermieden werden. Ein operationalisierbarer Gattungsbegriff setzt die Annahme eines Merkmalsbündels ebenso voraus wie die Vorstellungen fließender Grenzen, permanenter Reibungen, Vermischungen und Verschiebungen der beteiligten Entitäten.[269]

Die Tendenz zur Ausbildung hybrider Genres ist mit diesen gattungsgeschichtlichen Grundsatzfragen jedoch längst nicht erschöpft. Erst wenn man die literaturgeschichtliche Entwicklung auf ihre interkulturelle Dimension überprüft, eröffnet sich die ganze Bandbreite der Fragestellung. Die maghrebinische Literatur erscheint unter dem Aspekt der hybriden Genres im postkolonialen Kontext gleichsam als *primus inter pares*. Bekanntlich unterscheidet sich die Literatur des islamischen Kulturkreises *per definitionem* durch die Vermischung von Gattungen, die in der europäischen Kultur stets getrennt worden sind. Der arabische Begriff „adab“ für Literatur geht zurück auf die in der Verwaltung der Kalifenhöfe angestellten Schriftsteller des 8. Jahrhunderts. Die „adab“-Texte zeichnen sich durch eine frappierende Heterogenität aus:[270]

---

[269] Vgl. weiterführend hierzu den Eintrag „Gattungstheorie und Gattungspoetik“, in: *Literatur- und Kulturtheorie*, hrsg. von A. Nünning, Stuttgart 1998, S. 175-178.

[270] Vgl. hierzu das Stichwort „adab“ in: *Dictionnaire de l'Islam. Religion et civilisation*, Paris 1997, S. 34-37.

[...] en feuilletant un ouvrage d'adab, [on ne peut manquer] d'être frappé par son apparente et extrême hétérogénéité. On y trouve en effet une succession de fragments: citations d'œuvres en vers ou en prose, versets coraniques, dits de Mahomet ou de ses compagnons, proverbes, aphorismes, anecdotes sérieuses ou plaisantes, dialogues, discours et récits tirés de la vie de personnages historiques ou légendaires, etc. Ces fragments sont le plus souvent rapportés tels quels sans être intégrés dans un discours unique.[271]

Desgleichen ist die für europäische Maßstäbe fundamentale Trennung von literarischen und nicht-literarischen Texten weitgehend unbekannt. Der Koran, der bekanntlich auch als bestimmendes ästhetisches Modell der arabischen Literatur gilt, vereint Reim und Prosa in einer derart vielschichtigen Weise, daß der Text bis heute an seiner Faszination für die Leser nichts eingebüßt hat und nach wie vor eine Herausforderung für die Deutungsgeschichte darstellt. Der Tendenz zu hybriden Gattungen entspricht ein hohes Maß an, ebenfalls bereits im Koran auftretender, Intertextualität und Interdiskursivität.[272] Dementsprechend gründet auch der Begriff des „adab"-Autors auf dem einzelnen schreibenden Subjekt, als vielmehr auf dem Gedanken der Transmission und der Kette der Überlieferer:

[...] son auteur, d'ailleurs, qui s'inscrit toujours dans un réseau de maîtres investis d'autorité *(sanad),* n'étant lui-même considéré qu'en sa qualité d'intermédiaire, de transmetteur d'un déjà-dit que son nom authentifie.[273]

Dieser kulturelle Hintergrund bleibt auch bei Autoren wie Ben Jelloun, die sich bisweilen deutlich von der klassisch-arabischen Tradition distanzieren, nicht ohne Auswirkungen. Die für die gesamte maghrebinische Literatur so charakteristische Hybridisierung der Gattungen bestätigt somit die hier vertretene These des Schreibens im „Entre deux".

Selbstverständlich bildet die Hybridisierung von Poesie und Prosa auch in der europäischen Kultur eine breite und wichtige, mit der Entstehung der Moderne zusammenhängende, Tradition. Deren Entwicklung fand bereits

[271] A.a.O. S. 35.

[272] „Le texte d'adab est aussi un espace ouvert, il est pris dans un système de renvois à d'autres textes, à d'autres discours. Il ne prend sens qu'en référence à tous ceux qu'il convoque et qui étaient, sans nul doute, présents à l'esprit du lecteur ou de l'auditeur de l'époque. Sa signification est donc, fondamentalement, variable et relative; elle ne peut être appréhendée qu'à partir de l'ensemble des discours par rapport auxquels il se situe pour fonder sa propre véridiction, qu'il les réfute ou qu'il s'en réclame;", ebenda.

[273] Ebenda.

im Zeitalter von Empfindsamkeit und Frühromantik mit Jean-Jacques Rousseau einen ersten Höhepunkt. Bei wem sonst ist die Poesie der Prosa derart deutlich ausgeprägt? Der mexikanische Meisterpoet und Kulturtheoretiker Octavio Paz erkannte aus diesem Grund in Rousseaus Schreibweise den Beginn der Moderne:

> Si la literatura moderna se inicia como una crítica de la modernidad, la figura que encarna esta paradoja con una suerte de ejemplaridad es Rousseau.[274]

Ohne die Problematik der europäischen Moderne auf den maghrebinischen Kontext übertragen zu wollen, weist die zugrundeliegende Konstellation Gattungsmischung-Epochenumbruch doch Vergleichsmöglichkeiten auf. Besonders bemerkenswert scheint mir die von Paz im weiteren festgestellte Rolle der Empfindsamkeit zu sein, denn der erst in der Romantik voll entwickelte Kult der Sensibilität stellte einen Höhepunkt der Vernunftkritik dar. Diese äußerte sich bekanntlich in einem Diskurs des Körpers, dem auch bei Ben Jelloun eine herausragende Rolle zukommt. Wie die Früh- und Hochromantiker läßt er den Körper sprechen, in Form von Träumen, Symbolen und Metaphern, in einer eigenartigen Allianz des Sakralen mit dem Profanen und des Sublimen mit dem Obszönen. Dies aber ist, so Paz, die Sprache der Poesie, nicht die der Vernunft.[275] Zu ergänzen ist freilich der im Surrealismus begründete Glaube an das Unbewußte und den Zufall, sowie an die subversive Kraft des Begehrens und die revolutionäre Funktion der Erotik, die Ben Jellouns Poetik ebenfalls auszeichnen.[276] Damit kann dieser Punkt, der im Hinblick auf die Vernunftkritik im Kapitel zur Romanpoetik erneut aufzugreifen ist, hier abgeschlossen werden. Hinzuweisen ist lediglich noch eine weitere Beobachtung von Octavio Paz, die uns auf dem Weg in die Moderne ein Stück in die Gegenwart führt:

> El romanticismo mezcló los géneros. El simbolismo y la vanguardia consumaron la fusión entre prosa y poesía. Los resultados fueron monstruos maravillosos, del poema en prosa de Rimbaud a la epopeya verbal de Joyce. La mezcla de los géneros y su final abolición desembocó en la crítica del objeto de arte. La crisis de la noción de obra se manifestó en todas las artes pero su expresión más radical fueron los *ready-made* de Duchamp. Consagración

[274] O. Paz, *Los hijos del limo*, Barcelona/ México [1974] zitiert nach der Ausgabe von 1985, hier: S. 57.
[275] A.a.O. S. 58f.
[276] Zum Surrealismus vgl. a.a.O., S. 147ff., hier: 194.

irrisoria: lo que cuenta no es el objeto, sino el acto del artista al separarlo de su contexto y colocarlo en el pedestal de la antigua obra de arte. [...]
¿Fin del arte y de la poesía? No, fin de la „era moderna" y con ella de la idea de „arte moderno". [...] Para los románticos, la voz del poeta era la de *todos;* para nosotros es rigurosamente la de *nadie.* Todos y nadie son equivalentes y están a igual distancia del autor y de su yo. [...] El poeta desaparece detrás de su voz, una voz que es suya porque es la voz del lenguaje, la voz de nadie y la de todos. Cualquiera que sea el nombre que demos a esa voz – inspiración, inconsciente, azar, accidente, revelación –, es siempre la voz de la *otredad.*[277]

In diesen Äußerungen, die sich unmittelbar auf das soeben interpretierte Gedicht „La remontée des cendres" beziehen lassen, erscheint der Autor als „Moment der Konvergenz verschiedener im Text kursierender Stimmen". Paz' Definition des Autors als „zufälliger Kristallisation der Sprache" spielt, so I. Hassan, unverkennbar auf das Ideengut von Foucault, Derrida und Barthes an.[278] Die Vorstellung einer Stimme der Alterität, die in der Poesie ihren Ausdruck findet, konnte in den Gedichtinterpretationen bestätigt werden, sie läßt sich auch auf die Polyphonie der Erzählerstimmen in den Romanen übertragen.

Vor diesem literatur- und ideengeschichtlichen Hintergrund versteht es sich beinahe von selbst, daß auch bei Ben Jelloun, dem Leser der französischen Romantiker, der Symbolisten und nicht zuletzt auch von Octavio Paz, Poesie und Prosa nicht zu trennen sind. Er mischte Poesie und Prosa als Dichter und als Romancier. Aus werkgenetischer Sicht stand die Poesie am Anfang, doch die Überschrift meint weniger die biographisch-chronologische Entwicklung als vielmehr die Qualität des Verhältnisses von Lyrik und Narrativik. Ben Jellouns Selbstverständnis ist, wie der erste Teil dieser Arbeit gezeigt hat, von der Poesie her zu erschließen, auch wenn dies zumindest in der westlich-europäischen Rezeption bisher weitgehend verkannt wurde.[279]

---

[277] O. Paz, a.a.O. 223f.

[278] I. Hasssan, *The Dismemberment of Orpheus*, London 1982, S. xiii.

[279] Diese verzerrte Rezeption ist auf eine Tradition zurückzuführen, die, von Jean-Paul Sartre mit dem Ausschluß der Poesie aus dem „empire des signes" angeregt, zumindest die Entwicklung von Literatur- und Kulturwissenschaft in Frankreich zu prägen scheint. Die oft grundlegenden, nicht selten bahnbrechenden Arbeiten von Autoren wie R. Barthes, J. Derrida, M. Foucault und G. Genette scheinen, so unterschiedlich sie auch ausgerichtet sein mögen, dem unglücklichen, von Sartre initiierten Trend zu folgen. Sartres einseitige utilitaristische Definition des Schriftstellers als „prosateur" sollte sich bei den emergenten maghrebinischen Literaturen zu einer folgenreichen Fehlrezeption führen, deren Korrektur

Die Annäherung an die Prosa und die Romanform begann mit der Kurzprosa und dem Prosagedicht. Darüber hinaus ist insbesondere auf die weniger offenkundigen in der Lyrik angelegten Themen und Vermittlungsweisen hinzuweisen. Einige für Ben Jelloun charakteristische Verfahren, die üblicherweise nicht sofort mit der Lyrik assoziiert werden, wie die Polyphonie oder die Aufsplitterung und das Kaschieren des Sprechers, finden sich in fast allen narrativen Texten wieder. Der poetische Charakter äußert sich zudem in der dichten Überlagerung von Bedeutungsstrukturen, in einer Prosa, die wie eine Übertragung des freien Verses erscheint sowie in der formalen Komposition. Im ersten Roman *Harrouda* sind die Texteinheiten angefangen von der Zeile, über die Paragraphen bis hin zu den Kapiteln aufgebrochen und auch typographisch heterogen. Der Protagonist und Erzähler gibt sich nicht zu erkennen und bleibt im Hintergrund, so daß man auf jene a-psychologische Erzählweise schließen könnte, für die Todorov Homers *Odyssee*, Boccaccios *Decamerone*, die Geschichten aus *Tausendundeiner Nacht* und Potockis Roman *Le manuscrit trouvé à Saragosse* als Modelle angeführt hat. Dies ist umso naheliegender, als das in diesen Texten eingesetzte Prinzip der eingelegten Geschichte in der Tat eines wichtiges literarisches Modell Ben Jellouns ist.[280] Ein gewichtiges Argument spricht allerdings gegen eine solche Einordnung: Obwohl die literarische Figur und mit ihm das Subjekt fast verschwindet, gewinnt die Beschreibung der subjektiven Befindlichkeit – eines der traditionellen Definitionskriterien von Poesie – an Bedeutung. Die scheinbar vertriebene Psychologie der literarischen Figur kehrt auf diese Weise nicht nur wieder in den Text zurück, sondern sie wird zum Motiv, zur entscheidenden Antriebskraft der Handlung.

Der Zusammenhang von Prosa und Poesie ist jedoch nicht nur am Verführungspotential der Romanfiguren und deren psychologischen Qualitäten festzumachen. Über die textimmanente Dramatik der psychologischen Konflikte ebenso wie über die dadurch bewerkstelligte Verführung des Lesers als wirkungsästhetischer Kategorie hinausgehend, weist der gat-

---

längst überfällig ist. In dieser Hinsicht ist das Beispiel Ben Jellouns repräsentativ, zumindest für die französisch-maghrebinischen Beziehungen. Im Bereich der schwarzafrikanischen und karibischen Literaturen sind die Weichen aufgrund der eminenten Bedeutung L. S. Senghors und A. Césaires etwas günstiger für die Rezeption der Poesie gestellt.

[280] T. Todorov, „Les hommes-récits“, in: *Poétique de la prose*, Paris 1971, S. 78-91; hier: S. 78ff. Ben Jelloun zitiert Potockis Roman in *L'auberge des pauvres;* vgl. die Analyse im letzten Kapitel dieser Arbeit.

tungsgeschichtliche Aspekt eine interkulturelle Bedeutung auf. Um die Darstellung der gattungsbedingten Veränderungen möglichst präzise darzustellen, fasse ich die wesentlichen literarischen Themen, Erzählweisen und Funktionen der Lyrik zusammen.

Die bestimmenden Themen und Leitmotive waren das marokkanische Volk und die arabische Welt, repräsentiert von Palästina als historischer Wunde mit hohem Symbolwert. Der Ausgangspunkt war die Frage nach der Hoffnung für die Chancenlosen und Verwaisten, für Kinder, Frauen und (potentielle) Arbeitsimmigranten, oder, abstrakter formuliert, die geopolitische Problematik der Zukunftschancen der 'Dritten Welt'. Während dem Aufgreifen dieser zentralen Frage des Postkolonialismus noch keine besondere Bedeutung zuzumessen ist, scheint mir die Perspektivierung dieser Frage höchst aufschlußreich zu sein. Ben Jelloun stellt die Referenz auf die geopolitischen Verhältnisse in den Zusammenhang von Text und Autor, indem er den Themenbereich der Poesie und der poetischen Tätigkeit damit verbindet. Bliebe zu fragen, ob diese Themen auch in den Romanen auftreten, ob der marokkanische Orpheus neben dem Engagement für „das Volk" nun die Liebe und die zwischenmenschlichen Beziehungen entdeckt.

Mit der Kombination von Engagement und poetischer Metareflexion sind zugleich die Leitlinien genannt, deren Fortführung in der Romanform zu überprüfen ist. Eine Konsequenz des inhaltlichen Engagements war die Pluralisierung der Sprecherrollen. Mit dem Prinzip der Polyphonie kamen, wie anhand von *La remontée des cendres* belegt wurde, die unterdrückten, sprachlosen Bevölkerungsgruppen und die anonymen Opfer des Krieges zu Wort. Ein auffälliges Merkmal der Benjellounschen Polyphonie war die Maskierung des lyrischen Ichs oder, narratologisch formuliert, das Kaschieren der Erzählsituation. Die Gedichte bilden beginnend mit „L'aube des dalles" eine Abfolge von Toden und Wiedergeburten der Dichterfigur, die als Ausdruck einer wenn nicht labilen, so doch variablen Identität zu sehen sind, die verschiedene Rollen in der interkulturellen Pragmatik erprobt.

Auch wenn auf eine theoretische Vertiefung der gattungsorientierten Analyse verzichtet werden soll, ist die Hybridisierung der Gattungen hinsichtlich der Interkulturalität zu überprüfen. Ein allgemeiner Aspekt der Hybridisierung ist die Vermittlung von tellurischen Formen und avantgardistischem Impetus. Diese kommt im Nebeneinander von klaren Botschaften und einem komplexen System von metaphorischen Ersetzungen innerhalb eines Gedichts zum Ausdruck.

Leser, die in Unkenntnis der Lyrik erst hier einsteigen, dürfen *Harrouda* gleichwohl als eine Matrix des erzählerischen Werks betrachten. Auch wenn Schreibweise, Stil und Themen überwiegend aus der Lyrik oder den Experimenten mit der Kurzprosa abgeleitet sind bildet der als Laboratorium der weiteren narrativen Entwicklungen zu betrachtende Text die entscheidende Annäherung an die Romanform. Der werkgenetische Schwellentext ist daher unter dem in den zahlreichen Untersuchungen kaum berücksichtigten Aspekt des Übergangs zu analysieren.[281]

Ebenso besteht diesbezüglich bei der Darstellung der Geschlechterproblematik noch Klärungsbedarf. Die thematisch und literaturpsychologisch ausgerichteten Studien sind hinsichtlich des Schwellencharakters des Textes zu ergänzen. Aus der werkgenetischen Perspektive geht hervor, daß die Thematisierung der Frau und die Einbeziehung der Frauenperspektive den Übergang von der Lyrik zur Prosa markieren, nicht im Sinne einer einmaligen Überschreitung, sondern als kontinuierlicher Austausch, der in den Texten der unterschiedlichen Werkphasen auf je eigene Weise stattfand.

Auf der Basis dieser Überlegungen sind insbesondere die „Wortergreifung" der Mutter, die den Mittelpunkt von *Harrouda* bildet, zu beleuchten, ebenso wie das Nachwort, in dem die Wortergreifung als nicht-fiktional bezeichnet und dadurch hervorgehoben wird. Die Frau steht nicht nur am Anfang, in der Mitte und am Schluß des Textes, sondern sie bildet auch den Fluchtpunkt der verschiedenen Erzählperspektiven. Harrouda symbolisiert das Volk. Sie wechselt ihre Gestalt und reinkarniert in verschiedenen

---

[281] Ch. Bonn bemerkte kursorisch, daß die beiden ersten Romane *Harrouda* und *Moha le fou, Moha le sage* die Linie der Gedichte fortsetzten, die Ben Jelloun in der *Souffles*-Zeit geschrieben hatte; vgl. Ch. Bonn/ N. Khadda/ A. Mdarhri Alaoui (Hg.), *Littérature maghrébine d'expression française*, Vanves 1996, S. 13. Auch wenn im deutschsprachigen Raum die späteren Erfolgsromane mehr die Aufmerksamkeit auf sich zogen, wurde die grundlegende Bedeutung des ersten als schwer zugänglich eingestuften Textes doch erkannt und hervorragend analysiert, vgl. S. Heiler, A. Rothe. Auf der französischen Seite haben J. Arnaud, J. Déjeux, Ch. Bonn, M. Gontard, um nur die prominentesten Spezialisten zu nennen, über *Harrouda* gearbeitet. Das größte Interesse fand der Roman in Marokko, weshalb eine Aufzählung der Titel den Rahmen dieser Anmerkung sprengen würde, siehe Bibliographie.

historischen Zeiten.[282] Das Volk ist bereits in der Poesie positiv überdeterminiert. Die Frau steht nicht nur für die Volkskultur, sondern auch für den „discours de subversion".[283] In dieser symbolischen Überdeterminierung der Figur liegt ihre psychologische Verflachung begründet.

Aus diesem Grund sollen die auf die Frauenfiguren gerichteten Perspektivierungen gegen den Strich gelesen werden. Damit betreten wir den Bereich der geschlechterorientierten Literaturwissenschaft und der *Gender Studies*, deren Stärke darin besteht, Rollenspezifik und Erzählverfahren einer gegenläufigen Lektüre zu unterziehen.

---

[282] Vgl. dazu O. Ben Taleb: „*elle n'est pas un personnage*, mais beaucoup plus: elle est une figure qui synthétise plusiers traits sociaux et psychologiques exprimant les avatars et les réalités possibles de notre histoire", (Hervorhebung des Autors) S. 67.

[283] M. Zahiri, „La figure du père dans le roman marocain", in: *Présence Francophone*, 30, 1987, S. 113.

5. Die Romane

Seit Mitte der achtziger Jahre hat die französischsprachige Literatur Marokkos gegenüber der algerischen zunehmend an Gewicht gewonnen. Im Maghreb insgesamt steht der Roman, die jüngste, an europäischen Modellen orientierte Gattung, an erster Stelle. Vor dem Hintergrund des vorausgehenden Kapitels drängt sich die Frage auf, wie weit die französischsprachigen Schriftsteller westlichen, speziell französischen Rezeptionserwartungen entgegenkommen. Völlige Klarheit wird sich über diesen Sachverhalt, bei dem produktionsästhetische, textimmanente und rezeptionsästhetische Faktoren in einer interkulturellen Konstellation aufeinandertreffen, wohl kaum erzielen lassen, zumal die Dominanz des Romans ein kulturübergreifendes Phänomen der Gegenwartsliteratur darstellt. Als Dichter hätte Ben Jelloun weder in Frankreich noch im Maghreb jene herausragende literarische Position erreicht, die er heute einnimmt.

Die fundamentale, im vorausgehenden Kapitel erläuterte, Bedeutung der Poesie wird dadurch keineswegs relativiert, doch sie ist zu ergänzen mit dem Hinweis auf die Bedeutung des narrativen Genres. Erst der Spielraum der Narrativik eröffnete Ben Jelloun die vollen schriftstellerischen Entfaltungsmöglichkeiten. War die Poesie das Laboratorium, in dem – entgegen dem Diktum J.-P. Sartres – sehr wohl engagierte Formen entwickelt wurden, stellt sich die Narrativik als Raum der Verwirklichung des in der Lyrik entdeckten Potentials der Literatur dar.

Neben der Flexibilität bei der Darstellung dramatischer zeitgeschichtlicher Ereignisse scheint vor allem die Unterwanderung der gattungskonstituierenden europäischen Konventionen die Attraktivität des Romans auszumachen. Die Überschreitung der Gattungsgrenzen wurde in der kurzen Geschichte der maghrebinischen Literatur zu ihrem Markenzeichen. Schriftsteller wie Mohammed Dib, Kateb Yacine, Rachid Boudjedra, Mohammed Khaïr-Eddine und Tahar Ben Jelloun mischten in ihren Romanen und in ihren Gedichten erzählende, lyrische und dramatische Schreibweisen. Dies verdeutlicht, daß durch die Auseinandersetzung mit einem gemeinsamen Themenrepertoire im Zuge der Entkolonisierung neue interkulturelle Schreibformen und neue Formen der Wirklichkeitsdarstellung entstanden. Im Gegensatz zum französischen *nouveau roman* zeugen die Texte von Mohammed Dib, Tahar Ben Jelloun und Mohammed Khaïr-Eddine von einer barocken Fabulierfreude. Deren Wurzeln liegen, wie A. Khatibi in einer Studie zu A. Meddeb bemerkte, im Übersetzen „arabischer Redundanz" ins Französische.[284]

5.1 *Harrouda*

Der erste Roman Ben Jellouns markiert einen doppelten Übergang, zum einen formaler, zum anderen biographischer Art. Der Aufenthalt von lateinamerikanischen, anglo-indischen, schwarz-amerikanischen oder frankoarabischen Schriftstellern in den Metropolen ist nicht nur ein marktstrategischer Schritt, sondern oft auch einer ins Exil, in jene Räume zwischen den Welten, wie sie vor allem die – von H. Bhabha als „in-between-spaces" bezeichneten – multikulturellen Großstädte darstellen.[285] In diesen Laboratorien des „Entre-deux" entstanden viele der „großen Werke" der Literatur des zwanzigsten Jahrhunderts; selbst wenn sie im geographischen Sinn nicht dort geschrieben wurden, oder wie die meisten Romane Ben Jellouns in Frankreich und in Marokko oder an mehreren Orten entstanden sind, gingen sie aus einer kulturellen Situation des „Entre-deux" hervor. Bhabhas Begriff der „Unhomely Lives" bringt diese Situation auf den Punkt. Aufgrund dieser *Unbehaustheit* sind die binären Oppositionen zwischen öffentlich und privat, Vergangenheit und Gegenwart, hier und dort, in Frage gestellt. Für Ben Jelloun und die Mehrheit der postkolonialen Autoren gibt es weder ein Zurück zu einer – allemal fiktionalen – Reinheit des Ursprungs noch die Projektion einer utopischen Verwurzelung im anderswo. In ihren Texten äußert sich dies nicht nur in der räumlichen, sondern auch in einer zeitlichen Dimension des „Entre-deux". Die für die zeitgenössische lateinamerikanische Literatur charakteristische Koexistenz verschiedener historischer Zeiten, die Gleichzeitigkeit des Ungleichzeitigen, wie in Alejo Carpentiers *Los pasos perdidos,* (1953), tritt auch in der

---

[284] A. Khatibi: „[...] ou plutôt la transformation d'une redondance, non pas dans son sens péjoratif habituel, mais dans sa signification multiple: surabondance d'humeur, excès, perte, répétition, amplification, superfluité, enflure, excès d'ornements rhétoriques; toute une économie de la surenchère [...]", in: *Maghreb pluriel*, S. 200.

[285] H. Bhabha, *The Location of Culture*, London/New York 1994.

maghrebinischen Literatur auf, und der Roman ist das prädestinierte Medium ihrer Modellierung. Das Aufeinandertreffen von Archaik und Modernität ist vom ersten Roman an ein Leitmotiv Ben Jellouns.[286]

In der umfangreichen Sekundärliteratur zu Ben Jellouns Romanen ist die werkgenetische Bedeutung des Übergangs von der Poesie zur Prosa nicht erkannt worden; und dies obwohl durchaus bekannt ist, daß der Roman in Europa das bevorzugte Medium neuer Schreibweisen, in der arabischen Welt jedoch eine importierte Gattung ist. Die vorherrschende Rezeptionsweise tendiert zur Verdrängung der Poesie.[287]

Freilich reicht das Konstatieren und Beschreiben der kulturellen Kluft, die die Adaption des Romans als Gattung bedeutete, längst nicht aus. Dem mit der Verwendung der Romanform einhergehenden Kulturtransfer ist vielmehr eine primäre Bedeutung beizumessen. Die Tatsache, daß der Wechsel von Marokko nach Paris mit Ben Jellouns Übergang von der Poesie zum Roman zusammenfällt, kann vor diesem Hintergrund kaum mehr als zufällig betrachtet werden. Auch wenn er danach weiterhin Gedichte schrieb und diese in Frankreich veröffentlichte, entwickelte er sich zum Romancier, allerdings zu einem, der die Poesie in seinen Romanen liebevoll pflegte.

Ausschlaggebend waren möglicherweise außerliterarische Faktoren wie die veränderten Rezeptionserwartungen. Das geringe Interesse der westlichen, vor allem der anglophonen, Welt an arabischer Literatur ist hinlänglich bekannt, ebenso wie die Tatsache, daß es sich vor allem auf die Gattung des Romans konzentriert. Das französische Interesse an der arabischen Literatur ist aus historischen Gründen ausgeprägter und durch die neu entstandenen frankophonen Literaturen verstärkt worden. Doch auch hier dominiert die Gattung Roman. Die kulturelle Kluft wird dadurch noch betont, daß im Maghreb und der arabischen Welt die Poesie ein größeres Publikum hat als der Roman. Der Wechsel der Gattung ist ein Indiz

---

[286] Vgl. dazu H. Abdel-Jaouad, „The Dialectics of the Archaic and the Post-modern in Maghrebian Literature Written in French", in: *Studies in 20th Century Literature*, Vol. 15, 1, 1991, S. 59-76.

[287] Etwa R. Saïgh Bousta, die sich der poetischen Transformation bewußt ist (S. 64), aber dennoch projektiv von *Harrouda* ausgeht: „*Harrouda* est certes le volet inaugural de l'écriture romanesque de Tahar Ben Jelloun. A ce titre, son récit sollicite un intérêt marqué dans les parcours d'une écriture dont il est l'élan matriciel", in: „Polysémie et motricité discursive. Pour une lecture de Harrouda", in: *Nouvelles du Sud*, 11, 1989, S. 61-101, hier S. 65.

für den Eurozentrismus und Okzidentalismus, der auch auf dem französischen Buchmarkt herrscht.

Um die Thematik des postkolonialen Romans einzugrenzen, ist es sinnvoll Perspektiven auszuwählen, die die grundlegenden Fragen bündeln. Drei Fragenbereiche erfordern bei der Analyse der Romane Tahar Ben Jellouns besondere Beachtung:

1. Wie entwickeln sich die bisher aufgezeigten inhaltlichen und formalen Tendenzen im Feld der interkulturellen Pragmatik?
2. Welche Auswirkungen hatte Tahar Ben Jellouns Emigration nach Frankreich auf seinen literarischen „Code"?
3. Änderte sich das literarische Wechselspiel von Selbst- und Fremdwahrnehmung, d.h. der Darstellung der eigenen und fremden Autostereotypen und Heterostereotypen?[288]

Die anschließende Analyse von *Harrouda* beansprucht mehr Raum als die folgenden, weil grundlegende Deutungsperspektiven erst zu entwickeln sind, auf die dann zurückgegriffen werden kann. Zur Beantwortung der erwähnten Fragenkomplexe sei zunächst der zeitgeschichtliche Hintergrund rekapituliert.

5.1.1 Literarisches Umfeld und kultureller Hintergrund

Zum Zeitpunkt der Veröffentlichung ist Ben Jelloun aufgrund seiner Lyrik und der Mitarbeit bei *Le Monde* eine feste Größe im literarischen Feld der maghrebinischen Literatur, jedoch keine herausragende Figur. Er hatte seine literarische Laufbahn Ende der sechziger Jahre in der zweiten Autorengeneration begonnen, die sich auf die Vorarbeiten von Kateb Yacine, Mohammed Dib, Albert Memmi, Mouloud Mammeri, Ahmed Sefrioui und Driss Chraïbi stützen konnte und sich gleichzeitig von ihnen abgrenzte. Diese doppelte Bewegung kam in der kulturellen und literarischen Ausstrahlung der Zeitschrift *Souffles* zur Geltung. Für die Entwicklung des Romans erwies sich dieser von radikalem Erneuerungswillen geprägte Zeitraum als besonders fruchtbar. Zu erwähnen sind die Marokkaner Mohammed Khaïr-Eddine, Abdelkebir Khatibi und Abdellatif Laâbi sowie der Algerier Rachid Boudjedra. Khaïr-Eddines „Roman" *Agadir* (1969) war an Experimentalität kaum mehr zu überbieten. Mit seiner thematischen Schär-

[288] Gemäß der Terminologie von P.R. Hofstätter, *Einführung in die Sozialpsychologie*, Stuttgart 1963; vgl. auch das Kapitel zum interkulturellen Feld in dieser Arbeit.

fe lieferte der kraftvolle Text einen Beitrag zur Erneuerung der Gattung Roman. Khaïr-Eddine erteilte eine Lektion in Sachen experimenteller Wirklichkeitsdarstellung, indem er nicht nur an den Grundpfeilern der realistischen Mimesis (Linearität, Kausalität, psychologisch vertiefte Charaktere, Korrespondenz Ich und Welt) rüttelte, sondern auch an den formalen Gesetzen des Genres, die er, in Anspielung auf den Inhalt, einem literarischen Erdbeben aussetzte. Khaïr-Eddines Text war – um im Bild zu bleiben – der Versuch eines Neuaufbaus, bei dem verschiedene Formen – dramatische, lyrische und romaneske – in eine neuartige Konfiguration gebracht wurden.

Die neue als „génération séisme" bezeichnete Autorengeneration trug ihren Namen zu Recht.[289] Zum einen weist der Name auf die von der Gruppe ausgelösten literarischen und politischen Erschütterungen hin, zum anderen gibt es wohl kaum ein besseres Bild für den historischen Trümmerhaufen, vor dem diese Autoren nach dem Ende der Kolonialzeit standen. Es ist eine Literatur nach dem Zusammenbruch des alten Systems, die sich den postkolonialen Konflikten und Schwierigkeiten stellt. Die zum Aufbau neuer sozio-kultureller Systeme nötige Tatkraft findet sich in allen ihren Texten wieder. Die Genremischung wurde zum literarischen Markenzeichen der narrativen Texte Khaïr-Eddines, die man treffend als dramatische Polyphonien oder Romangedichte („roman-poème") bezeichnete.[290]

Ein weiteres bahnbrechendes Werk der marokkanischen Literatur ist Abdellatif Laâbis *L'Œil et la nuit* (1969). Der Text, ebenfalls ein „Romangedicht", brachte die traditionellen Erzählmuster in eine mosaikartige Ordnung. Die Beispiele von Laâbi und Khaïr-Eddine unterstützen meine These des lyrischen Substrats. Beide schrieben ebenfalls eine poetische Prosa. Laâbi gilt wohl auch aus diesem Grund trotz eines umfangreichen Prosawerks als bedeutendster französischsprachiger Dichter des Maghreb.[291]

Abdelkebir Khatibis Roman *La mémoire tatouée* (Paris 1971) wäre eine vertiefende intertextuelle Studie wert, die die zahlreichen Bezüge zu *Harrouda* systematisierte; beide Texte sind bei Denoël erschienen. Die beiden Autoren waren befreundet, arbeiteten bei *Souffles* mit und lasen gegensei-

---

[289] Vgl. dazu Vf., „Die französischsprachigen Gegenwartsliteraturen des Maghreb", in: *Kritisches Lexikon zur fremdsprachigen Gegenwartsliteratur*, 43. Neulieferung, 1997, S. 1-33; insbesondere S. 18ff.

[290] Vgl. dazu J. Noiray, *Littératures francophones*, 1. Le Maghreb, S. 123ff.

[291] Die Romane von Khaïr-Eddine, Laâbi und Ben Jelloun u.a. analysierte S. Heiler, allerdings ohne dabei den Aspekt der Intertextualität in den Mittelpunkt zu stellen.

tig ihre Texte vor der Veröffentlichung. Ben Jelloun schilderte in *La soudure fraternelle*, daß das Ende der Freundschaft wohl auch durch die literarische Konkurrenz bedingt war.[292]

Schließlich ist abermals Rachid Boudjedra zu erwähnen, dessen Roman *La répudiation* (1969) Ben Jelloun sowohl hinsichtlich der formalen Erneuerung als auch der thematischen Provokation als Modell gedient haben könnte. Boudjedra, der sich ebenfalls vom Titel her auf die Frau bezieht, führt die Problematik der patriarchalischen Gesellschaftsstrukturen am Beispiel der verstoßenen Mutterfigur aus. Thematisch orientierte Untersuchungen haben auf die Nähe von Ben Jellouns erstem Roman zu seinen Kontexten hingewiesen.[293] Auch die Studie von Anne-Marie Nisbet zu den Frauenfiguren in den maghrebinischen Literaturen geht auf die beiden Romane ein.[294]

Zusammenfassend ist das Junktim von formaler und inhaltlicher Erneuerung in den genannten Texten festzuhalten, wobei alle genannten Autoren das autobiographische Schema einsetzten. Über die Fragmentierung und Entlinearisierung der erzählten Geschichte und des Erzählens hinausgehend, fällt eine Tendenz zur Aufhebung der Merkmale des abendländischen autobiographischen Erzählens auf. Die Erinnerungen sind weder chronologisch geordnet, noch aus einer durchgängigen Retrospektive wie-

---

[292] „Il [Ben Jelloun über Khatibi, d. Vf.] a été mon premier lecteur. Mon estime et mon admiration pour lui allaient grandissant. [...] Grâce a lui, mon premier texte fut présenté et publié dans *Souffles*.“, T. Ben Jelloun, *La soudure fraternelle*, Paris 1994, S. 31-36; hier: S. 31.

[293] J. Arnaud, „Le roman maghrébin en question chez Khaïr-Eddine, Boudjedra, Tahar Benjelloun“, in: *Revue de l'Occident musulman et le Méditerranée*, 22, 1976, S. 59-67; die literaturpsychologisch vorgehende R. Saïgh Bousta zog in ihrer ausführlichen Untersuchung auch Driss Chraïbis *Passé simple* (1954) mit hinzu, ebenda; sowie dies. in einer überarbeiteten Version: *Lecture des récits de Tahar Ben Jelloun. Ecriture, mémoire et imaginaire*, Casablanca 1992, S. 14-42.

[294] A.-M. Nisbet, *Le personnage féminin dans le roman maghrébin de langue française des indépendences à 1980. Représentations et fonctions*, Québec 1982. Neben den genannten untersuchte Nisbet auch Albert Memmis, *La statue de sel*, Paris 1953, *Le scorpion*, Paris 1969, sowie viele andere Romane. Mit beschreibenden Typologien vermittelt sie einen guten Überblick über das umfangreiche Textmaterial, allerdings fehlt bei der Analyse von *Harrouda* der kritische - um nicht zu sagen feministische — Blick, oder zumindest eine Lektüre gegen den Strich des männlichen Engagements für die Emanzipation der unterdrückten Frau. Eine entschieden kritischere Betrachtungsweise nahm D. Brahimi in *Maghrébines. Portraits littéraires*, Paris 1995, ein, die ebenfalls themenorientiert verschiedene Frauentypen aus maghrebinischen Texten unterschied.

dergegeben. Der quantitative und der qualitative Abstand von Erzählen und Erleben ist schwankend. A. Memmes führte diese Abweichungen zurück auf die Einbindung in die maghrebinisch-arabische Kultur.[295]Er definierte die maghrebinische Autobiographie mit folgenden Kriterien:

- Die Bedeutung der Reise, auch als Metapher für das Schreiben.
- Die fragmentarische und inkohärente Beziehung zwischen Reisen und Schreiben.
- Die Aufhebung von Ichbezug und Wahrscheinlichkeit („souci de véracité").
- Die Fiktionalisierung.[296]

Diese Kriterien, die sich vor allem auf die mystische Tradition der biographischen Schreibformen des Sufismus beziehen,[297] lassen sich anhand der quasi-autobiographischen Romane der maghrebinischen Gegenwartsliteratur bestätigen,[298] allerdings sind sie so weit gefaßt, daß man sie auch zur Definition moderner und postmoderner Textbeispiele heranziehen könnte. Damit ist Memmes Argumentation nicht entkräftet, doch sie ist zu präzisieren, vor allem hinsichtlich der Fiktionalisierung, denn schließlich handelt es sich um *fiktionalisierte* Autobiographien, also um quasi-autobiographische Texte, deren Zielsetzung darin besteht, Erlebtes literarisch zu (re-)konstruieren, transformieren, deformieren, und überschreiten. Memmes bezeichnet die zeitgenössischen Texte als Autobiographien, obwohl er deren extreme Fiktionaliserung durchaus erkennt.[299] Stringent ist dagegen sein Hinweis auf die arabische Tradition der Heterogenität. Die polymorphe Heterogenität ist ein allgemeines Ordnungsprinzip der klassischen arabischen Literatur (al-adab).[300]

Bei einer Gegenüberstellung der westlichen und der arabischen autobiographischen Traditionen sind freilich auch die unterschiedlichen Subjektkonzeptionen zu berücksichtigen. Während in der westlichen Tradition Jean-Jacques Rousseau die individuelle Besonderheit zum unverzichtbaren Bestandteil autobiographischer Selbstdarstellung erhob, blieb auf der ara-

[295] A. Memmes, „Les soubassementes de l'autobiographie maghrébine", in: *Identité culturelle au Maghreb*, Publication de la Faculté des Lettres et des Sciences Humaines, Série „Colloques et Séminaires", 19, 1991, S. 175-183.

[296] Memmes, ebenda, S. 176.

[297] Der Begriff Sufismus bezeichnet gemeinhin die islamische Mystik (arab. tasawwuf).

[298] Gemäß der Terminologie von Franz K. Stanzel in: *Typische Formen des Romans*, Göttingen ^{4}1989, S. 268ff.

[299] Vgl. a.a.O., S. 179.

[300] Memmes, a.a.O., S. 180.

bischen Seite die Einbindung in kollektive Identität und Identitätskonzepte bis ins zwanzigste Jahrhundert relativ ungebrochen. Für die literarische Selbstfindung ist der Ausgangspunkt die Einbindung in eine Gemeinschaft, so problematisch diese auch immer sein mag. Daß dies selbst in den Texten der zweiten französischsprachigen Autorengeneration noch der Fall ist, zeigt Ben Jellouns *Harrouda* sehr deutlich. Anfangs tritt ein Wir-Erzähler auf, der sich erst allmählich, gegen große Widerstände und nicht bis zur konsequenten Herausbildung einer festen Ich-Identität, zum Ich-Erzähler entwickelt.

Ein weiterer von Memmes übergangener Aspekt ist die metatextuelle Ebene, auf der Erinnern und Erzählen zum Thema werden und damit zum Gegenstand eines erhöhten literarischen Selbstbewußtseins.[301] Auf diese selbstreferentielle Metaebene wurden zum Teil jene Sinnbildungsprozesse verlagert, die in traditionellen autobiographischen Texten überwiegend aus der erzählten Geschichte hervorgingen.

Vor dem Hintergrund der maghrebinischen Literatur dürfte klar geworden sein, daß Ben Jelloun – wie zuvor die Poesie – auch den Roman mit avantgardistischem Erneuerungswillen angehen würde. Ein realistisches und beschreibendes Erzählen stand nicht zu erwarten. Da seine Lyrik biographisch motiviert ist, diese Motivation jedoch in einer engagierten, ideologischen und zugleich metaphorisch-mythologischen Aussagestruktur umgesetzt wird, ist nun zu fragen, inwieweit die fiktionale Verwendung autobiographischer Schreibformen sich inhaltlich äußert. Das Augenmerk wird dabei auf der auffälligen Auslassung der Frau in der Lyrik und der Liebesthematik liegen.

Damit sind zwei literarische Themenbereiche angeschnitten, erstens die Stellung der Frau in Marokko und der arabisch-islamischen Welt und zweitens die zwischengeschlechtlichen Beziehungen. Geht man darüber hinaus auf den vom Autor eingenommenen Standpunkt der französischen Kultur ein, zeigt sich die interkulturelle Dimension dieser Themen. Auf den Gegensatz zwischen einer religiös und einer säkular begründeten Gesellschaft wurde im Kapitel zum kulturellen Feld bereits hingewiesen. Auch wenn es sich um einen idealtypischen Gegensatz handelt, der in den unterschiedlichen Verfassungen festgeschrieben ist, klaffen zwischen dem auf den Menschenrechten und dem Gleichheitsgedanken basierenden französisch-europäischen Frauenverständnis und dem islamisch fundierten

---

[301] Vgl. dazu S. Heiler, ebenda, S. 85-112.

doch Welten.[302] Diese Diskrepanz entfaltet Ben Jelloun vor allem in den späteren Romanen.

Ein Blick hinüber auf die französische Seite führt uns in den Pariser Mai 1968. Die von diesem gesellschaftlichen Umbruchsversuch ausgehenden kulturellen Impulse fanden zwar keinen unmittelbaren Niederschlag in den Arbeiten der damals aufsteigenden Intellektuellen, die sich von den Vorgängen auf der Straße eher distanzierten; aber ihr Nachhall und das Klima der Veränderung sind in den Arbeiten von Barthes, Cixous, Deleuze, Derrida, Foucault, Irigaray, Kristeva, Lacan und Todorov zweifellos zu vernehmen.[303] R. Barthes ging just in dieser Zeit als Gastdozent nach Marokko, und Ben Jelloun, sein „Musterschüler", gestaltete in seinem erstem Roman das marokkanische Pendant zum Pariser Mai als Handlungshöhepunkt.[304] Der revolutionäre Aufstand der Vögel und Kinder findet, wie von Foucault und Deleuze diagnostiziert, ohne Vermittlung von intellektuellen Repräsentanten statt und stellt als einschneidende Veränderung der Ereignisstruktur eine Art Kernhandlung dar.[305] Deshalb heißt es zu Beginn des dritten Kapitels, etwa in der Mitte des Buches: „Jusqu'à présent il ne s'est rien passé. [...] La suite est une fête." (S. 83) Die Ereignishaftigkeit des „Fests" tritt dadurch noch schärfer hervor,[306] daß der Text ansonsten auf Handlung im traditionellen Sinn weitgehend verzichtet und diese in die Imagination verlagert. Die daraus entstehenden „Handlungsformen" gehen

[302] Idealtypisch deswegen, weil die Lebenswirklichkeit von den gesetzlich festgeschriebenen Rechten abweicht, welche im übrigen auch nicht eben frauenfreundlich gewesen sind, wie die Tatsache zeigt, daß das Wahlrecht für Frauen in Frankreich erst nach dem Zweiten Weltkrieg eingeführt worden ist.

[303] Zu den weiterführenden Veränderungen des Selbstverständnisses der Intellektuellen und der Vorstellung vom Ende der Repräsentation - im doppelten Sinn des politischen Sprechens für andere und der künstlerischen Repräsentation vgl. W. Woodhull, *Transfigurations of the Maghreb. Feminism, Decolonization, and Literatures*, Minneapolis/ London 1993, S. 97ff.

[304] Vgl. Ch. Bonn: „Elève brillant de Roland Barthes [...]", in: ebenda, S. 11. R. Barthes' Gastdozentur an der Universität von Rabat wirkte sich nachhaltig auf das marokkanische Bildungssystem aus. Die Umstrukturierung des Lehrangebots der geisteswissenschaftlichen Fakultäten ist nicht zuletzt auf Barthes' Einführung der Semiotik zurückzuführen. Vgl. dazu, L.-J. Calvet, *Roland Barthes*, Paris 1990, insbesondere S. 209-213.

[305] Zu den entsprechenden Äußerungen Foucaults und Deleuzes vgl. M. Foucault, „Two Lectures", in: *Power and Knowledge: Selected Interviews and Other Writings, 1972-77*, hrsg. von Colin Gordon, New York 1980, S. 83

[306] Ereignis- oder sujethaft in dem von J. Lotman definierten Sinn, in: *Die Struktur literarischer Texte*, München 1972, S. 329-339.

aus den Vorstellungswelten hervor. Insofern stellt die – nur imaginierte – Wortergreifung der Mutter das zweite einschneidende Ereignis dar.

Die vom *mainstream* des Poststrukturalismus und Dekonstruktivismus ausgehenden Impulse zur Eurozentrismuskritik kamen, sieht man einmal von Michel Foucault und Roland Barthes ab, von auffallend vielen nicht in Frankreich geborenen Intellektuellen. Claude Lévy-Strauss, Pierre Bourdieu und der in Algerien geborene Jacques Derrida, Julia Kristeva und Tzvetan Todorov[307] stärkten und erneuerten nicht nur die weltweite Ausstrahlung und Anziehungskraft der großen Kulturnation, sondern sie setzten sich auch für eine Entkolonisierung des Wissens ein. Kulturgeschichtlich bemerkenswert ist das Zusammentreffen des vom Strukturalismus angeregten geisteswissenschaftlichem Paradigmenwechsels und der Frauenbewegung.

Hinsichtlich der Literatur seien hier nur das Aufkommen des Textbegriffs und die damit verbundene strukturalistische und poststrukturalistische Zeichenkonzeption erwähnt.[308] Die im Textbegriff enthaltene Gewebemetapher und die zeichentheoretische Erweiterung auf alle erdenklichen „Codes“ spielten eine zentrale Rolle in der zweiten Welle der maghrebinischen Literatur. Am Beispiel von Ben Jellouns erstem Roman lassen sich diese Verschiebungen veranschaulichen. So bilden beispielsweise die von Foucault als „Heterotopie“ bezeichnete Beschreibung von Räumen und die Vorstellung der Lesbarkeit von Räumen, speziell Städten, eine Grundstruktur von *Harrouda*.[309]

Wie bei den Gedichten sollen die folgenden Analysen keine erschöpfende Darstellung einzelner oder gar sämtlicher Romane leisten, sondern repräsentative Themen und Schreibweisen in ihren Wechselwirkungen zusammenfassen. Ausgehend von den in der Lyrik festgestellten Schwerpunkten – Oralität, Polyphonie, Alterität und Interkulturalität – stehen zwei Themen im Mittelpunkt, die die Übergänge von der Poesie zur Prosa markieren: die der Geschlechterrollen, insbesondere der weiblichen,

---

[307] Kristeva und Todorov sind in Bulgarien geboren; insbesondere letzterer zieht seine Herkunft in seine kulturtheoretischen Überlegungen mit ein.

[308] Vgl. hierzu R. Barthes, „De l'œuvre àu texte“, in: *Œuvres complètes*, II, [1971], Paris 1994, S. 1211-1218.

[309] Vgl. dazu M. Foucault, „Andere Räume“, in: *Aisthesis. Wahrnehmung heute oder Perspektiven einer anderen Ästhetik*, hrsg. v. K. Barck, P. Gente/ H. Paris/ S. Richter, Leipzig [5]1993, S. 34-46.

und die der Räume. Beide erhielten in der Gattung des Romans eine andere Qualität.

5.1.2 Ein Romangedicht ohne Handlung?

Die Versuche, den Inhalt von *Harrouda* wiederzugeben, verloren sich entweder in Paraphrasierungen, die mehr oder weniger ratlos das Mäandern des Textes widerspiegelten, oder in Hinweisen auf seine Handlungslosigkeit, Nicht-Resümierbarkeit und Polysemie. Aus der hier entwickelten werkübergreifenden Sicht sind verschiedene Leseweisen möglich. Bei einer figurenorientierten Lektüre kann das Romangedicht, so der Klappentext, als Text mit einem Ich-Erzähler gelesen werden, der sich an seine Kindheit und Jugend erinnert:

Der Erzähler und Protagonist denkt zurück an seine Kindheit in Fes, der Stadt der Tradition. Er und seine Altergenossen möchten das Geschlechtsteil einer Frau sehen. Drei Ereignisse prägen den Heranwachsenden: Der Besuch der Koranschule, der mit der Ermordung des Lehrers, dem „fqih", endet; der Besuch des Frauenbads; die als Kastration erlebte Beschneidung. Harrouda, eine Prostituierte mit magischen Fähigkeiten, und die Mutter sind die Frauenfiguren, die dem Jungen als Projektionsfläche von Begierden und Sehnsüchten dienen. Im Kapitel „Prise de la parole" erteilt der Erzähler seiner Mutter das Wort und läßt sie ihre Lebensgeschichte erzählen.

In Casablanca, der Stadt der Moderne und der Zukunft, nimmt er an Volksaufständen teil, in deren Verlauf Harrouda verhaftet wird.

In Tanger, der Stadt des Verrats und der Freiheit, lernt er Korruption, Verkommenheit und die trügerische Zeichenhaftigkeit der „Bilder" (Kino, Exotismus, Historisches, Mythen, Legenden) kennen. Der Protagonist verliert sich dabei in der Phantasiewelt des Kif, das die Männer im Café rauchen.[310]

Aufgrund der Namenlosigkeit könnte man die Bedeutung der Figurenperspektive als Widerspruch in sich auffassen. Daß dem nicht so ist, zeigt allein schon die Entwicklung eines semantischen Grundgerüstes. Die Ge-

---

[310] Mittels einer formalistischen Strukturanalyse stellte F. Gaudin drei Etappen fest: „I) 1. Désir: voir un sexe; 2. Désir: tuer le fqih. II) Révolte contre l'autorité. III) Visite de Tanger; Les signes négatifs; Le café." In: *Recherches sur l'œuvre romanesque de T. Ben Jelloun*, Tours 1983, [Thèse de 3e cycle] S. 9.

schichte begann in der Enge der Gassen von Fes und sie endet in Tanger, der am Meer gelegenen Stadt der Weite. Die Bedeutung des Meeres äußert sich auch bei der Charakterisierung von Fes, dem Ort der Herkunft: Die kulturelle Hauptstadt Marrokos wird durch sein Fehlen charakterisiert. Außerdem bewirkt der Gleichklang von „mer“ und „mère“ im Französischen eine mehrdeutige Verdoppelung des Ursprungsmotivs.[311] Die an Bedeutung kaum überschätzbare Mutterbindung soll überleiten zu einer psychologischen Vertiefung der figurenorientierten Lektüre:

Ein Junge beginnt seine Sexualität zu entdecken, seine Bedürfnisse werden jedoch von einer repressiven sozialen Umwelt unterdrückt, er flüchtet sich in Phantasievorstellungen. Zu der gesellschaftlich auferlegten Triebunterdrückung kommt später das Trauma der Beschneidung hinzu. Es folgt eine weitere schwere Traumatisierung: Der revolutionäre Aufstand für soziale Gerechtigkeit wird von den Machthabern gewaltsam niedergeschlagen. Auch als Erwachsener findet er keine Erfüllung und entflieht haschischrauchend der Wirklichkeit.

Zu der oben festgestellten Tendenz der Öffnung und Befreiung kommt somit eine zweite, gegenläufige hinzu, die das Paradigma des Mangels und der Unerfülltheit begründet. Berücksichtigt man, daß literarische Figuren nicht nur ein textimmanentes semantisches Potential entwickeln, sondern daß sie auch die Rezeption steuern, eröffnet ein Blick auf Erzählsituation und Perspektivierung eine weitere Dimension:

Der Leser erfährt die dargestellte Lebensgeschichte eines sich hinter verschiedenen Erzählermasken versteckenden Subjekts. Das vom Erzählvorgang erfaßte Blickfeld weitet sich kontinuierlich, erst auf die Stadtviertel von Fes, dann auf das ganze Land, und schließlich auf die weltoffene Stadt Tanger. Mit der räumlichen Öffnung vervielfältigen sich die Erzählerstimmen. Das erzählende Subjekt des Anfangs bleibt auch am Ende weitgehend vage und ungreifbar.

Der Eindruck inhaltlicher Unbestimmheit wird durch das Kaschieren der Erzählsituation noch verstärkt. Die Instabilität des Ich-Erzählers bestätigt die Unsicherheit der Ich-Identität des Protagonisten. Das Paradigma der „absence“ bestimmt sowohl das psychologische Potential der Figur, die nicht als Modellierung einer greifbaren Subjektivität erscheint, als auch

[311] Vgl. Ch. Bonn: „Tout le roman est construit à partir d'un mouvement vers la fête et la mer, depuis Fass, ville-mère sans la mer et sans le sable, jusqu'à la ville-à-venir où se trouve la fête“, a.a.O., S. 30.

das erzählerische Muster, das ebenfalls ohne klar erkenntliche Instanz auszukommen scheint.

5.1.3 Der erste Blick aufs andere Geschlecht – die Begründung der visionären Schreibweise

Ein hervorstechendes Merkmal von Ben Jellouns Schreibweise ist die Bildlichkeit. Aufgrund der damit einhergehenden außergewöhnlichen Bedeutung der Visualität soll vor der Textanalyse der Bezug zu Federico Fellini erläutert werden.

Während Ben Jelloun sich – ganz im Sinne von Harold Blooms *The Anxiety of Influence* – von literarischen Vorbildern distanziert, hat er sich stets zu seiner Neigung zum Film als Modell seiner literarischen Arbeit bekannt. Speziell Federico Fellini habe ihn intensiver als andere Regisseure inspiriert. Diesem Hinweis ging bislang erstaunlicherweise keine der dem Autor gewidmeten Untersuchungen nach.

Von Fellinis Filmen kommen vor allem *Roma* (1972) und *La voce della luna* (1990) als Gegenstand einer vergleichenden Analyse in Betracht. Ein erster Ansatzpunkt ist die autobiographische Gattung, denn beide Autoren gestalten ihre Lebensgeschichte als „Traum-Chronik". Wie Fellini inszeniert Ben Jelloun in *Harrouda* die Erinnerung in einer traumhaft-phantastischen Form, die man aufgrund ihrer ausgeprägten Raumsemantik als Traum-Topographien bezeichnen kann. Das sich erinnernde Subjekt läßt sich von seinen Phantasmen überwältigen. Das Schweifen und Schwelgen in den Erinnerungen ist die Film und Roman antreibende Kraft und die eigentliche Handlung.

Der Stadt kommt bei beiden der Status eines Protagonisten zu. *Roma* ist das Fresko einer in hyperbolischen Bildern eingefangenen Stadt. Charakteristisch hierfür ist die Szene der Restaurierung antiker Fresken. Während Fellini mit Rom eine Stadt in zwei Zeitschnitten (1938 und 1971) darstellt, ergänzt Ben Jelloun zum Ausgangspunkt Fes zwei weitere Städte und läßt die zeitliche Distanz zwischen Gegenwart und Vergangenheit im Dunklen.

Auf der Ebene der Figuren ist die Obsession des jungen Fellini für großbusige Frauen zu erwähnen. Wie Ben Jellouns Kinder von Fes sind seine Männerfiguren besessen von sexuellen Phantasien und suchen den Kontakt zu Prostituierten in heruntergekommenen Bordellen. Dieses Milieu korrespondiert ebenfalls mit dem von Ben Jelloun entworfenen. Zudem vermischen sich, genau wie in *Harrouda,* Vorstellung und Realität in einem Prozeß ständiger Metamorphose, der die Zeitstruktur entlinearisiert. Die halb-imaginierten, halb-realen Figuren wechseln permanent Zeit und Gestalt. Bei Fellini verwandelt sich eine kirchliche Prozession in eine Modenschau, bei Ben Jelloun nimmt Harrouda alle nur erdenklichen Verkörperungen an.

5.1.4 Der paratextuelle Raum: Titel, Epigraph und Widmung

Nachdem die Frau in der Lyrik Ben Jellouns lange kein Thema war, erscheint sie im ersten Roman im Glanze ihres orientalischen Namens auf der vorderen Umschlagseite.[312] Der für europäische Leser ohne Arabischkenntnisse exotisch klingende Name Harrouda ist von zwei Bedeutungen ableitbar: 1. in Aufruhr sein, wütend sein; 2. sich nicht unterordnen. Beide charakterisieren die Titelfigur auf treffliche Weise, deren Name außerdem eine mythische Frauengestalt bezeichnet. Ben Jelloun konstruierte seinen ersten Roman, wie sein erstes Gedicht, als Mythenreprise. Anders als Orpheus und Prometheus entstammt Harrouda jedoch der Volkskultur.[313] Damit stellt der Titel einen Bezug zu Marokko her, der eine Erwartungshaltung vorgibt.[314] Harrouda ist, wie es in Tahar Ben Jellouns Theaterstück *La fiancée de l'eau* heißt, eine „ancienne prostituée, vivant de mendicité, en marge de tous les ordres. [...] Initiatrice de jeunes gens à l'amour. Personnage éternel.“ (S. 12) Als Verkörperung von sexueller Initiation, Subversion und Veränderung steht sie auf der Seite der Kinder, gleichzeitig ist sie das Gegenstück zur Mutter, der anderen weiblichen Hauptfigur, die sich schweigend den patriarchalischen Herrschaftstrukturen unterordnet. Harrouda dagegen bricht die Tabus der im Patriarchat erstarrten islamischen Gesellschaftsordnung.

Der Titel verweist freilich auch auf Kateb Yacines *Nedjma* (1956), wo die titelgebende Frauenfigur ebenfalls eine allegorische Funktion bei der Darstellung der Landesgeschichte erfüllt. Yacine vollzog den Bruch mit

---

[312] Die Taschenbuchausgabe zeigt eine völlig verschleierte Frau von hinten in einer engen Gasse mit hohen Wänden. Zur kulturellen Markierung durch den Titel vgl. Heiler, a.a.O., S. 85ff.

[313] Vgl. dazu R. Saïgh Bousta: „Harrouda suggère dans l'imaginaire populaire la femme insubordonnée, la femme folle et qui, paradoxalement, n'est pas dépourvue de sagesse. Harrouda est ainsi une projection anticipée de „Moha le fou, Moha le sage“, in: a.a.O., S. 88.

[314] In dem Gedicht „Des choses cet été Marrakesch“ in *Cicatrices du soleil* heißt es: „J'ai vu l'instance divine manger un oiseau sur les genoux de Harrouda-La-Destinée“, *Pc*, S. 59.

der erzählerischen Linearität, seine symbolische und phantastische Schreibweise, die Sexualisierung der Räume sowie die Mischung von Prosa und Poesie gaben den Prototyp der französischsprachigen Literatur des Maghreb ab.[315] Während Kateb Yacine die Frauen in einer Figur gebündelt darstellt und diese aus der Sicht der nationalen Mission des Unabhängigkeitskampfes betrachtet, entwirft Ben Jelloun zwei Frauentypen, die zwar auch in nationale Geschichte und Entkolonisierung eingebunden sind (Harrouda), die aber darüber hinaus den Kampf der Frau gegen Patriarchat und repressive Staatsmacht repräsentieren. Mit der zurückgehenden Bedeutung des antikolonialen Kampfes ist eine Entwicklung der französischsprachigen Literatur angesprochen, die sich am Beispiel der in den Vordergrund tretenden Frauenproblematik vertiefen läßt. Yacines *Nedjma* zeigt, daß selbst inhaltlich und formal progressive Texte Frauenfiguren innerhalb eines nationalen Gedankengebäudes funktionalisieren; ob es sich dabei um einen fundamentalistischen, konservativen, laizistischen oder progressiven Nationalismus handelt, ist letztendlich sekundär.[316]

Ben Jelloun führt die Bedeutung der vom Titel hervorgehobenen Frauenfigur in einem dem Text vorangestellten Epigraph aus:

> Harrouda
> un oiseau
> un sein
> une femme
> une sirène
> taillés dans le livre.
> (S. 7)

Der Effekt der Rätselhaftigkeit erfüllt die Funktion des Vorspanns, der den Leser zur Lektüre verführen soll. Der Epigraph gibt bereits eine erste Antwort auf die Frage, wer oder was Harrouda ist und zwar im Paradigma der Metamorphose (Harrouda = Vogel = Busen = Frau = Sirene). Außerdem

---

[315] Zur Sexualisierung der Räume vgl. A. Khatibi, *Le roman maghrébin*, Rabat ^{2}1979, S. 104.

[316] Vgl. dazu W. Woodhull, *Transfigurations of the Maghreb. Feminism, Decolonization, and Literatures*, Minneapolis/ London 1993, S. 24. [316] Von den Intertexten ist noch der marokkanische Autor Abdelhak Serhane zu erwähnen, der in *Messaouda* (1983) die bewährte Formel des magischen Frauennamens übernahm. Selbst ein oberflächlicher Blick in den Text zeigt, daß die „intertextuellen" Bezüge nicht beim Titel aufhören. Zu den Parallelen zwischen *Harrouda* und *Messaouda* siehe J. Noiray, *Littératures francophones. I Le Maghreb*, Paris 1996, S. 58f.

eröffnet er die metatextuelle Ebene, indem er die gestaltwandlerische Frauenfigur als ein Produkt der Literatur ausweist („taillés dans le livre"). Die einzelnen Begriffe sind keineswegs zufällig, sondern sinnhaft angeordnet und mit je eigenen Bedeutungslinien verbunden, die den Text strukturieren. Aus den Gedichtanalysen sind folgende Konnotationen abzuleiten: „Oiseau" steht bei Ben Jelloun für die Freiheit und in Verbindung mit der Jugend, erotische Konnotationen sind insofern nicht auszuschließen, jedoch keineswegs dominant; „sein" konnotiert Zärtlichkeit und Geborgenheit, die Mutterbeziehung, das Motiv des verlorenen Paradieses auch im Sinne von Ursprung und Schoß, und insofern auch Sexualität; „femme" steht für die Unerfülltheit von Liebe und Begehren, sowie für gesellschaftliche Tabus; „sirène" konnotiert, nicht weit entfernt vom Vogelmotiv, Gesang und Verführung und damit die Poesie. Mit Ausnahme des Begriffs „Vogel" lassen sich alle anderen unter dem Paradigma „Frau" einordnen, wobei die erotisch-sexuellen Konnotationen konstant sind. Wertet man die Reihenfolge, fällt die synekdochische Ersetzung Harroudas mit einem Körperteil auf, der mit verschiedenen Bedeutungen assoziiert werden kann, wobei sich aus der Abfolge auf eine sexuelle Konnotierung schließen läßt. Erst nach der Gleichsetzung mit dem Busen folgt die Spezifizierung als Frau, die dann mit einer Sirene, dem mythischen Inbegriff der Verführung gleichgesetzt wird.[317] Die auf der nächsten Seite folgende Widmung „à ma mère" verstärkt die Bedeutung der Frau um ein weiteres Element. Der Romananfang, das geben diese Prä-Texte, die nach G. Genette zum Bereich der Paratextualität gehören,[318] klar zu erkennen, geht infolgedessen nicht mehr *in medias res*, wie oft festgestellt wurde, sondern er leitet zum Haupttext über:

Voir un sexe fut la préoccupation de notre enfance. Pas n'importe quel sexe. Pas un sexe innocent et imberbe. Mais celui d'une femme. Celui qui a vécu et enduré, celui qui s'est

---

[317] Die männliche Blicke besonders auf sich ziehende weibliche Brust, ein uraltes literarisches und kunstgeschichtliches Motiv, trat bereits in den Gedichten auf. Der Autor selbst verwies auf den autobiographischen Ursprung: „J'ai toujours eu l'obsession des seins. Je l'avoue, j'aime beaucoup les seins et les seins de toutes formes! Il y en a qui s'en tiennent à la paume de la main.. moi, j'aime bien m'y perdre. J'écrirai peut-être.. une anthologie des seins", aus: A. Rollin, „La nuit sacrée au peigne fin", in: *Lire*, November 1987, S. 139. Zum Motiv des Busens als Aspekt der Schönheit in der arabischen Liebesdichtung vgl. Th. Bauer, *Liebe und Liebesdichtung in der arabischen Welt des 9. und 10. Jahrhunderts. Eine literatur- und mentalitätsgeschichtliche Studie des arabischen Gazal*, Erlangen 1996, S. 305-308.

[318] G. Genette, *Palimpsestes. La littérature au second degré*, Paris 1982.

fatigué. Celui qui hante nos premiers rêves et nos premières audaces. Le sexe qu'on nomme dans une rue déserte et qu'on dessine dans la paume de la main. Celui par lequel on injurie. Celui qu'on rêve de faire et de réinventer. Les rues de notre quartier le connaissent bien. Les murs l'ont apprivoisé et le ciel lui a fait une place. Sur l'effigie de ce sexe nous éjaculons des mots. (S.13).

Aus dieser Inszenierung des Blicks aufs andere Geschlecht im *incipit* lassen sich mehrere Schlüsse ziehen:[319]

- Der Blick macht mit dem Verb „voir" den Anfang, doch er ist nicht direkt auf das weibliche Geschlechtsteil gerichtet, sondern indirekt, vermittelt durch die erinnerte Vorstellungswelt.
- Der Blick auf die Frau ist ein männlicher Blick, genauer der von Jungen, nicht der von Mädchen.
- Der Knabenblick reduziert die Frau auf das Geschlechtsteil.
- Der Blick der Jungen ist ein erinnerter Blick auf das imaginierte Geschlechtsteil. Er beruht auf Gegensatzstrukturen: Innen- und Außenwelt, Heimlichkeit und Öffentlichkeit, jung und verbraucht.
- Das imaginierte „wilde" Geschlecht ist das diskurserzeugende Prinzip, d.h. die Ursache des *visionären* Schreibens.[320]
- Der als Ejakulation bezeichnete Erzählerdiskurs zähmt die wilde, unkontrollierbare Imagination.
- Die Stadt ist ein Text, ein Ort, der Diskurse aufnimmt und hervorbringt. Die Stadt als Zeichensystem ist nicht nur Text (Gegenstand der Lektüre) etwa in Form von Grafittis, sondern auch Textproduzent.
- Die vom ersten Verb „sehen" zum letzten „ejakulieren" verlaufende „Handlung" besteht aus Vorstellungen.

Die thematischen und kulturellen Implikationen der Eröffnungssequenz (Kindheit, Phantasievorstellungen, Tabus, enge Gassen, Heimlichkeit) beruhen auf dem Gegensatz von öffentlich und privat, woraus sich auf eine gesellschaftliche Doppelmoral schließen läßt, die es verbietet, die inneren

---

[319] Eine narratologische Analyse des *incipit* erstellte A. Mdarhri Alaoui in: *Narratologie. Théories et analyses énonciatives du récit*, Rabat 1989, wo er außerdem fünf weitere Anfänge marokkanischer Romane verglich.

[320] Zum visionären Schreiben, einem Begriff, der auf das sufistische Textsubstrat verweist, vgl. P. van den Heuvel, „Mehrsprachigkeit und Exstase [sic]. Aktuelle Entwicklungen in der maghrebinischen Literatur", in: E. Ruhe (Hg.), *Europas islamische Nachbarn. Studien zur Literatur und Geschichte des Maghreb*, Bd. 1, Würzburg 1993, S. 47-60; sowie Vf., „Wie schreibe ich meine Lebensgeschichte? Autobiographisches Schreiben bei Tahar Ben Jelloun", in: E. Ruhe (Hg.), *Europas islamische Nachbarn. Studien zur Literatur und Geschichte des Maghreb*, Bd. 2, Würzburg 1995, S. 245-267.

Anliegen öffentlich zu machen. Vor dem Hintergrund des islamisch begründeten Blicktabus, das als Schutzmaßnahme vor unsittlichen Leidenschaften dienen sollte, kommt die provokative Kraft des Romanbeginns erst vollends zur Geltung. Der Autor thematisiert nicht nur Dinge, die nicht im Koran stehen, sondern plaziert das Begehren an die erste Stelle.[321] Dem Vorwurf des Voyeurismus beugt er vor, indem er den Blick zweifach vermittelt.

Die erste Vermittlungsebene ist die Beschreibung der Vorstellung eines weiblichen Geschlechts, die zweite ist die Reflexion über diese Beschreibung des imaginierten Geschlechts. Während die erste dem binnenfiktionalen Bereich der Erinnerung angehört, eröffnet die zweite die metaliterarische Ebene; es ist der erste Hinweis des Textes auf seine Entstehung und damit auf das, was er dem metatextuellen Diskurs zufolge sein soll: eine Ejakulation von Wörtern.

Die Metapher der Ejakulation findet sich *item* bei M. Khaïr-Eddine. Auch die Verbindung der Literatur mit dem Lustbegriff ist keine Erfindung von Roland Barthes (*Le plaisir du texte*), sondern bereits im Sufismus bei Ibn ᶜArabi vorhanden. Der im Maghreb intensiv rezipierte andalusische Mystiker setzte im Rahmen der Schöpfungsmetaphorik den Vorgang des Schreibens, das Eintauchen des Griffels in die Tinte, aus männlichem Blickwinkel mit dem Geschlechtsakt gleich.

Anstatt die verschiedenen Konnotierungen auszuführen (Lust, Orgasmus, Schreiben, Projektionen), genügt es, im Rahmen dieses Kapitels auf die Differenzqualität dieser Metapher für die Literatur hinzuweisen. Der Begriff Ejakulation könnte den Schluß nahelegen, daß die Lust am Text männlich ist, daß der Leser es mit Männerphantasien zu tun hat, deren Einbindung in den patriarchalischen Diskurs der Autor nicht reflektiert hat.

Dieser Annahme ist durch eine Analyse des Blickpunkts und des literarischen Blicks zu überprüfen, denn letztere verraten zuweilen mehr über den Blickenden als über das betrachtete Objekt. Wer erzählt aus welcher Perspektive? Gibt es Brüche, in denen der Autor seine (Emanzipations-)Maske ablegt und den patriarchalischen oder einen eindeutig männlichen Blickwinkel einnimmt? Ben Jelloun richtet die Kamera nicht direkt aufs andere Geschlecht, sondern indirekt in einem doppelten Schwenk nach innen und nach außen; der Fluchtpunkt der Innen- und der Außenperspektive ist das weibliche Geschlechtsteil. Der Leser blickt am Romanbeginn zunächst ins

---

[321] Gleichwohl nimmt sich sein Tabubruch verglichen mit Rachid Boudjedras Roman *La répudiation* vergleichsweise moderat aus; vgl. dazu auch J. Noiray, a.a.O., S. 53ff.

Bewußtsein der Kinder, dann auf deren nächste Umgebung, beides liegt in der Vergangenheit. Der Erzähler gibt auch in den folgenden Abschnitten weder sich noch den Abstand zu seinen Erinnerungen zu erkennen. Seine Anwesenheit ist nicht nur aus dem Signalwort „préocuppation“ abzuleiten, wie A. Mdarhri Alaoui beobachtet hat,[322] sondern auch stilistisch und durch die bildhafte Umsetzung des Erlebten. Seine psychologische Anteilnahme wird im zweiten Abschnitt deutlich, als er die Beschneidung erwähnt: „Nous faisons l'apprentissage de la douleur et nous baptisons le sang dans des mains chaudes. Tôt ils ont fêté notre passage à l'âge d'homme.“ (S. 13) Die von den Jugendlichen zu absolvierende „Lehre des Schmerzes“ ist für die Erwachsenen ein Grund zum Feiern (das Beschneidungsfest). Diese Darstellung impliziert zwei Umstände, erstens, einen männlichen Blickpunkt, denn dieses schmerzvolle Erwachsenwerden betrifft ausschließlich Männner, zweitens steht die sich erinnernde Instanz eindeutig auf seiten der Kinder. Der durch die personale Deixis markierte Gegensatz zwischen Kindern und Erwachsenen (nous – ils) ist der Anfang einer Isotopie, die den Text strukturiert. Es wäre durchaus reizvoll, die Mikroanalyse des ersten Abschnitts noch zu nuancieren, doch vor der weiteren Aufdeckung der kaschierten Erzählsituation sind andere wichtige Aspekte zu erwähnen.

Die synekdochische Ersetzung der Frau durch ihr Geschlechtsteil ist nicht nur als textimmanentes Verfahren zu sehen, sondern auch vor dem Hintergrund des islamischen Patriarchats. R. Boudjedra stellte diesbezüglich in *La répudiation* (Paris 1969) fest: „Les rapports qui régissent notre situation sont féodaux; les femmes n'ont qu'un seul droit: posséder et entretenir un organe sexuel.“[323]

Daraus geht hervor, daß der als Provokation konzipierte Beginn eines Textes, der sich der Emanzipation der unterdrückten Frau verschreibt, gleichzeitig eine feudalistisch-patriarchalische Optik einnimmt, wenngleich damit noch nicht geklärt ist, ob dieser Blickwinkel nur figurenimmanent ist und der Kritik einer anderen Erzählerinstanz ausgesetzt ist. Dies läßt sich nur durch eine Analyse der Erzählsituation und unter Einbeziehung des ganzen Textes beantworten.

---

[322] A.a.O., S. 254.

[323] Zitiert nach der *folio* Ausgabe 1326, S. 93.

5.1.5 Die Masken des Subjekts

Die Gestaltung der Erzählsituation weist den Text als typisch für die zweite Hälfte des zwanzigsten Jahrhunderts aus. *Harrouda* ist eine Fiktion, die das Schema der Autobiographie verwendet und umgestaltet; J. Noiray spricht von „une sorte d'autobiographie fantastique".[324] Dies ist dahingehend zu präzisieren, daß das „phantastische" Element in der visionären Schreibweise begründet ist. Diese besonders in den „textes parallèles" eingesetzte Schreibweise beruht auf den Visionen der sich erinnernden Instanz, die sich als assoziative Erinnerungsbilder einer linearen Darstellung entziehen.[325]

Die Abweichungen vom traditionellen Schema beruhen im wesentlichen auf Reduktionen von Figuren, Erzählerfiguren und den mit ihnen verbundenen Sinnbildungsprozessen. Besonders betroffen sind die Zeitrelationen, sowohl auf der Ebene des Inhalts, als auch auf der des Erzählerdiskurses. Weder das Alter der Figuren und die Dauer der erinnerten Ereignisse, noch der Abstand zwischen erlebendem und erzählendem Ich sind genau definiert. Drei Erzählinstanzen lassen sich jedoch unterscheiden:

- der Erzähler der Kindheit, der der Vergangenheit angehört und als „nous" und „je" spricht,
- der Ich-Erzähler, der das Erwachsenenalter und die Gegenwart repräsentiert,
- ein *Metaerzähler,* den man auch als impliziten Autor bezeichnen könnte.[326]

Der Übergang vom Wir zum Ich erfordert eine genauere Analyse, weil er nicht nur zwei Instanzen des Erzählers zu erkennen gibt, sondern auch eine weitere Erzählebene, den Metadiskurs, eröffnet:

> Du puits nous parvenaient les signes d'une vie parallèle: nos rêves n'étaient que des bulles qui butaient contre des corps indifférents, des corps vides qui annulaient le sens de notre écriture. Nous étions sans durée. Notre langage était un vol opéré à travers les ambiguïtés du discours ancestral: nous procédions par détour.

---

[324] J. Noiray, a.a.O., S. 130.

[325] Vgl. dazu S. Heiler, a.a.O., S. 113ff.

[326] Der Begriff Metaerzähler erscheint mir angemessener als die personifizierte Abstraktion des impliziten Autors, die zurückgeht auf W.C. Booth *The Rhetoric of Fiction*, Chicago/ London 1961, sowie S. S. Lanser, *The Narrative Act. Point of View in Prose Fiction*, Princeton 1981.

Je suspends le sens et ouvre la page de ma première illusion. Texte parallèle/ texte mobile/ vol:
(S. 31)

Der erste, mit „nous" beginnende Abschnitt bezieht sich auf die Kindheit und thematisiert den Beginn des Schreibens; der zweite, mit „je" eingeleite Abschnitt bezieht sich auf die zurückblickende Instanz des erwachsenen Ichs, dessen Schreiben in der Erzählgegenwart stattfindet und das die Basis für die Höhenflüge – und Abstürze – der Imagination ist.

Der Metaerzähler steht über dem erwachsenen Ich-Erzähler. Das Hervortreten seiner Funktion ist ein weiterer Hinweis auf die Modernität des Textes. Die Problematisierung und das Erzählen des Erzählens liegen in seiner Hand und machen einen wesentlichen Teil der „Handlung" aus. Die Abgrenzungen zwischen den einzelnen Instanzen sind indessen nicht immer eindeutig auszumachen, was Teil einer Strategie ist, die uns bereits in den Gedichten begegnete. Dieses literarische Maskenspiel ist eine ernste Angelegenheit, da sie aus der Suche nach Identität resultiert. Abdellatif el Alami hat in einer diskursanalytischen Untersuchung zur Funktion und Darstellung der Stadt Fes in *Harrouda* das fiktive Wir und das Ich mit dem Autor identifiziert.[327] Er stützte sich dabei nicht auf die Parallelen zwischen Autorenbiographie und Roman, sondern auf die eben geschilderten Ebenen der Narration, insbesondere die der Metaerzählung.[328]

Das als „itinéraire" bezeichnete Inhaltsverzeichnis deutet das Motiv der Lebensreise an, wobei sich das Subjekt hinter einer Vielzahl von Erzählerstimmen versteckt.[329] Dieses aus den Gedichten bekannte Verfahren erfuhr in der vom Einsatz autobiographischer Schreibweisen geprägten Prosa eine Komplexitätssteigerung. Dennoch verbirgt sich unter der auf der Textoberfläche inszenierten Vielstimmigkeit im Grunde eine einzige

[327] A. el Alami, „Discours et histoire de Fass dans Harrouda de Tahar Ben Jelloun", in: *Al Misbahiya*, 1, 1995, (Fes), S. 19-34.

[328] „[...] ces paragraphes intercalaires (d.h. die Metaerzählung, d. Vf.) ont une valeur métalinguistique, ils provoquent une pause dans la narration et un retour sur soi de l'écriture, dans son rapport référentiel avec elle même et avec l'espace qu'elle evoque, chose qui ne peut être réalisée sans implication directe du point de vue de l'auteur", a.a.O., S. 21.

[329] Das autobiographische Schema ist verknüpft mit der arabischen Reiseliteratur. Seit Ibn Ǧubairs Reisebericht (1227) und den berühmten „rihlas" der Nordafrikaner Ibn Battuta (geb. 1304) und Ibn Khaldun wurde das Genre oft aufgegriffen, vgl. dazu Vf. „Wie erzähle ich meine Lebensgeschichte? Autobiographisches Schreiben bei Tahar Ben Jelloun"; und: „Tahar Ben Jelloun", in: *Kritisches Lexikon zur fremdsprachigen Gegenwartsliteratur*, 1998.

Stimme. Die verschiedenen Erzähler, das kollektive Wir des Anfangs, das später erscheinende Ich und die zahlreichen anderen Stimmen, die teils anonym bleiben, teils historischen Persönlichkeiten zugeordnet sind, erzählen eine einzige Geschichte, die von Unterdrückung und Aufstand. Repression und anarchisches Aufbegehren beziehen sich sowohl auf die sozialen und politischen Ordnungssysteme (Familie, Staat, Religion) als auch auf die der inneren Triebstruktur. Die makrostrukturelle Perspektive ist ebenfalls eindeutig auf der Seite der Unterdrückten, auf ihr aufbauend entwickelt der Text ein verästeltes System semantischer Oppositionen, das bereits Gegenstand zahlreicher Untersuchungen war und daher nicht weiter ausgeführt werden muß (rein – unrein, Kinder – Erwachsene, Handwerker – Machthaber, usw.).[330]

Hinsichtlich der autobiographischen Elemente wurde *Harrouda* überwiegend negativ bestimmt. Die zugrunde gelegten Kriterien sind, selbst wenn sie europäische und arabische Traditionen der Gattung berücksichtigten, auf die Feststellung von Abweichungen angelegt.

Eine mögliche positive Bestimmung der mit dem Bruch der realistisch-beschreibenden Erzählweise verbundenen Phänomene besteht in der Analyse des Zeit-Raum-Verhältnisses. Die Schwächung der Chronologie steht in kausalem Zusammenhang mit der Betonung der Raumstrukturen. Die Tendenz zur Verortung kommt nicht nur inhaltlich im erwähnten Netz der semantischen Oppositionen zur Geltung, sondern auch auf der Diskursebene. Ben Jelloun projiziert das Prinzip der zeitlichen Abfolge auf die räumliche Anordnung. Die Syntagmatik der Räume läßt eine klare Abfolge erkennen, die der Biographie des Autors folgend als Öffnung zur Welt verläuft. Die chronotopische Dimension kommt nicht nur im Prinzip der Kombination zum Ausdruck, sondern die Orte und Räume weisen auch eine implizite Zeitstruktur auf.[331] Das Beispiel der Stadt Fes, die als Ursprungsmatrix fungiert, zeigt dies am deutlichsten. Fes, der Ort der Regression *ad uterum*, steht für die a-historische, bei Ben Jelloun allgegenwärtige

---

[330] Vgl. A. el Alami, a.a.O.; Ch. Bonn, „*Harrouda*, ou les villes et l'écriture du désir“, in: *Présence francophone*, 10, 1975, S. 9-33; S. Heiler, a.a.O.; A. Rothe, „Moi l'aigre. Roman marocain et autobiographie“, in: *Autobiographie et biographie. Colloque franco-allemand de Heidelberg*, hrsg. von M. Calle-Gruber/ A. Rothe, Paris 1989, S. 129-148.

[331] In Anlehnung an M. Bachtins Begriff des Chronotopos, der die raumzeitliche Gestaltung von kulturellen Räumen im Roman bezeichnet; vgl. dazu ders. *Formen der Zeit im Roman. Untersuchungen zur historischen Poetik*, Frankfurt 1989.

Zeit der Kindheit. Die Bedeutung der arabischen Schreibweise „Fass“ (= Hacke) weist auf eine Archäologie der Räume hin.[332]

Die Reduktion der autobiographischen Sinnstiftung tendiert in Ben Jellouns erstem Roman nicht zum Nullpunkt, sondern zur Umschichtung der Sinnstrukturen. Sinn entsteht aus der Einstellung der Literatur auf sich selbst, im visionären Schreiben auf einer metatextuellen Ebene. Die Besonderheit dieser reduzierten autobiographischen Sinnstiftung besteht darin, daß die Erinnerung nicht zum Problem wird. Der Erzähler verschwendet nicht einen Gedanken darauf, ob seine Erinnerungen der Wahrheit entsprechen oder nicht. Im Gegenteil, die Erinnerungen werden zum Vorwand für die maximale Entfaltung von Imagination und Phantasie.[333]Der Konflikt zwischen der Zuverlässigkeit der Erinnerungen und deren Veränderung durch das Schreiben auf der einen und dem Wahrheitsanspruch auf der anderen Seite ist schlichtweg nicht vorhanden.

5.1.6 Die autobiographische Sinnstiftung und der „discours du désir“

Ein Aspekt, auf den el Alami nicht eingeht, ist die autobiographische Erzählstruktur. Fragmentiert, de-linearisiert und chronologisch stark geschwächt, erzählt der Text doch eine Lebensgeschichte. Deren formale Besonderheit entspricht der Intention des Textes, das in konventionellen Autobiographien Nicht-Gesagte zu sagen und die etablierte Ordnung zu stürzen – auch in erzähltechnischer Hinsicht.

Die Wirklichkeitsbezüge beschränken sich auf einige symbolische Ereignisse und Orte wie Taufe, Beschneidung, Revolution, Koranschule, Hammam und Café. Ansonsten ist die Mimesis drastisch reduziert oder phantastisch verzerrt, woraus hervorgeht, daß es nicht auf die darstellende Abbildung, sondern auf die Darstellung dieser Erlebnisse und Orte ankommt. Deshalb ist das Schreiben, und zwar vom ersten Abschnitt an, ein Thema des Textes, das, trotz der Reduzierung von Handlungselementen und Ortsbeschreibungen das Bedeutungspotential erhöht. Drei geogra-

---

[332] Der a-historische Ursprungsmythos bildet nicht die einzige mit Fes verbundene Zeitform. Auf die anderen historischen und biographischen Zeitformen kann hier nur hingewiesen werden (Kolonialismus, Schulbesuch). Vgl. dazu Bengt Novén, *Les mots et le corps. Etude des procès d'écriture dans l'œuvre de Tahar Ben Jelloun* (Uppsala 1996), die wohl ausführlichste Untersuchung zur Komplexität des Ursprungsmythos' Fes.

[333] S. Heiler machte auf diese Eigentümlichkeit aufmerksam: „Die Erinnerung setzt die Einbildungskraft des Schreibenden in Bewegung“, ebenda, S. 114f.

phisch markierte Etappen für Kindheit, Jugend und Erwachsenenalter bleiben als leicht erkennbare Sinneinheiten erhalten: Fes, Casablanca und Tanger. Fes, die durch den Oued Bouhareb geteilte Stadt, ist besonders bemerkenswert, auch wegen den in Koranschule und Hammam gemachten Erfahrungen. Allerdings ist, wie aus dem *incipit* hervorging, die referentielle Darstellungsfunktion von der visionären Schreibweise nahezu vollständig überdeckt. Dies führt dazu, daß die Orte zwar handlungsrelevant und symbolwertig sind, aber in ihrer realen geographischen Beschaffenheit unterbelichtet bleiben. Statt dessen hebt Ben Jelloun den zeichenhaften Charakter der Räume hervor, die dadurch zu wichtigen Bedeutungsträgern werden.

Die meisten Untersuchungen erkannten das hierarchisch geordnete System binärer Oppositionen, das nicht nur die Räume, sondern die Bedeutung des ganzen Textes strukturiert. Auch der damit verbundene Handlungsstrang von Unterdrückung, Widerstand und Revolution ist von den meisten Kritikern wahrgenommen worden. Ein wesentlicher Aspekt, die dargestellte biographische Entwicklung, oder der Verlauf des *itinéraire*, in diesem semantischen Feld wurden bislang allerdings nicht ausreichend beachtet.

Die Entwicklung des Ichs verläuft als eine Desillusionierung, die wie in den Gedichten zwischen Hoffnung und Verzweiflung oszilliert. Zu einem Ende – im Sinne einer finalen Auflösung zuvor ausgeführter Konflikte, eines Prozesses in Form von Reue, Einsicht oder Erkenntnis, oder auch einer Erfüllung der Wünsche – kommt der Text erwartungsgemäß nicht, er verharrt vielmehr in der Schwebe oder, anders formuliert, er verliert sich in den unendlichen Räumen der Imagination.

Das am Textanfang eingeführte Leitmotiv des Begehrens bleibt bis zum Ende unerfüllt. Zwar kommt es mit der Adoleszenz zu sexuellen Erfahrungen, doch diese bleiben für den „Handlungsverlauf" irrelevant. Dementsprechend lapidar ist die Beschreibung des „ersten Abenteuers": „Quelques semaines plus tard, au cours de ma première aventure, j'étais englouti par le tourbillon d'une femme qui m'avait ouvert ses jambes", (S. 46). Diese dürftige Darstellung der Leidenschaft hängt völlig in der Luft, zumal in einem Text, der sich wie ein Kreisel um Formen und Ausdrucksweisen des Begehrens dreht. Offensichtlich beruht die Szene auf einer vom Leser zu ergänzenden Leerstelle (W. Iser), das Wesentliche wird nämlich nicht erwähnt: Die grenzenlose Enttäuschung der ersten sexuellen Erfahrung mit einer Frau. Bezeichnenderweise kommt die Szene ohne körperliche Beschreibungen aus, deskriptiv ist nur die Darstellung der Lust, wobei die des Mannes defizitär ist. Leidenschaft entwickelt nur die Frau und zwar im Übermaß, so daß der Mann davon verschlungen wird; auf weiterführende psychologisierende Interpretationen sei hier verzichtet. Festzuhalten bleibt, daß das Ich und damit die Stelle des männlichen Protagonisten und Erzählers leer bleiben.

Im ersten Roman lassen sich zweierlei Gründe hierfür ausmachen. Zum einen wird die Entwicklung einer echten Liebesbeziehung blockiert durch die beiden in den Vordergrund tretenden Frauenfiguren (die Mutter und Harrouda); zum anderen erscheint kein Protagonist, der in der Lage wäre, eine echte Beziehung zum anderen Geschlecht aufzunehmen. Der Ich-Erzähler kann sich von seiner überwiegend auf Sexualität reduzierten Begehrlichkeit nicht befreien. Insofern bestätigt sich die Vermutung, daß der im *incipit* entworfene Blick in seiner Grundstruktur bis zum Ende aufrechterhalten bleibt.

Die Romanfigur Harrouda, „premier amour" und überdies „fidèle et pure dans sa folie et son amour" (S. 110), ist ein Konglomerat aus Mythen, Erinnerungen und Projektionen, die in den Strudel des imaginierenden Erzählerdiskurses geraten. Diese Tendenzen sind auf den lyrischen Charakter des Textes zurückzuführen: Ben Jelloun reduziert die Wirklichkeitsdarstellung und verstärkt den Ausdruck der subjektiven Befindlichkeit.

Ben Jellouns erster Roman, der ansonsten die Verfahren der realistischen Beschreibung boykottiert, greift bei Darstellungen von Frauen auf Beschreibungen des Aussehens zurück, während dies bei den männlichen Figuren nicht der Fall ist.[334] Vornehmlich die Beschreibungen Harroudas lassen auf eine männliche Perspektive schließen: „Ses seins pèsent et pendent" (S. 17). Damit reiht sich Ben Jelloun ein in die patriarchalische Tradition, die dazu tendiert, männliche Charaktere mit geistigen und seelischen Qualitäten zu versehen, während sich die Darstellungen von Frauen auf das Aussehen konzentrieren. Die Frauenporträts orientieren sich infolgedessen überwiegend an dem auf der Opposition schön-häßlich beruhendem Kriterium der körperlichen Schönheit.

---

[334] Vgl. dazu unter dem Aspekt der Stimme, der in diesem Fall mit dem Blick koinzidiert, L. Ibnlfassi, „Whose Voice is it anyway?", in: *Bulletin of Francophone Africa*, Vol.3, 6, 1994, S. 25-31. Die Autorin vertritt eine feministische Kritik, die durchaus berechtigt ist, jedoch zu kurz greift. Außerdem übersieht sie, daß die seltenen Beschreibungen eine untergeordnete Rolle spielen.

Besondere Aufmerksamkeit verdient in dieser Hinsicht die – in kaum einem maghrebinischen Roman fehlende – Szene im Hammam. Diese enthält einige Brüche, in denen der emanzipatorische Blickpunkt des Erzählers in die Stereotype des Orientalismus des 19. Jahrhunderts zurückzufallen scheint. Zu fragen ist daher, ob es sich um eine marktstrategische Übernahme einer Orienterotik handelt, die auch im zwanzigsten Jahrhundert noch ihr Publikum findet, und dies nicht nur in Paris, einer traditionellen Hochburg des Exotismus. Die Szene ist geradezu übersättigt mit Bedeutungen, weshalb zu differenzieren ist, welcher Bedeutungsebene Priorität zukommt. Als reale Handlung gelesen, stellt sie die Erfüllung des im ersten Satz geäußerten Wunsches dar („Voir un sexe"). Als metatextueller Kommentar, ist sie ein Beispiel für Räume, in denen die Imagination und die Bedeutung zu gleiten beginnen. Der dampfige Raum spricht, Wörter tropfen von der Decke, es entsteht eine erotische Atmosphäre, die wie Dominique Ingres' berühmtes Bild *Le bain turc* (1862) eine eigentümliche, zwischen Realismus und Traumhaftigkeit schwankende Atmosphäre entwirft.[335] (Siehe Abb. 6, S. 401).

Diese Ansatzpunkte für eine weiterführende feministische Kritik sind allerdings im Gesamtzusammenhang zu sehen. Die Hammam-Sequenz korrespondiert nämlich mit einer späteren im Café. In spiegelbildlicher Weise stellt der Erzähler dort, fiktionsironisch gebrochen, die den Männern vorbehaltene Welt vor, freilich ohne eine weibliche Beobachterin einzuschmuggeln, die zur Kamera wird und die Erzählfunktion übernähme (S. 155-163). In einer eingeschobenen Binnenerzählung, die die Gesprächssituation des Cafés simuliert, wird die Geschichte einer Meeresnixe erzählt, die unschwer als Harrouda, die Sirene, zu erkennen ist; sie endet mit jenem für die benjellounschen Männerblicke besonders attraktiven Körperteil: „cette femme était humaine j'ai oublié de vous dire elle n'avait pas de poitrine" (S. 158). Die hier fehlende Nixenbrust könnte, führte man die geschlechterspezifische Interpretation fort, als Hinweis auf die Androgy-

---

[335] Damit soll keine direkte Verbindung zwischen Roman und Bild hergestellt werden. Eine Analogie im Bereich der mimetischen Verfahren ließe sich indessen behaupten, wobei die spezifischen Besonderheiten von Bild und Text zu berücksichtigen wären. Interessant ist in dieser Hinsicht die Entstehungsgeschichte des Gemäldes. Ingres inspirierte sich an einem Brief der Lady Mary Wortley Montagu, den diese während einer Orientreise verfaßte. Sie beschreibt darin den Traum einer Badeszene mit „200 Frauenzimmer[n]". Vgl. dazu Vigne, Georges, *Jean-Auguste-Dominique Ingres*, München 1995, S. 295ff; hier S. 299.

nität der mythischen Frauenfigur betrachtet werden.[336] Der Höhepunkt dieser selbstironischen Einlage war eine Anspielung auf schlüpfrige Hammam-Episoden in Fes. Nicht ironisch ist dagegen die Sexualisierung des Ortes („Aller au café fumer se masturber." S. 156), die auf die den Text antreibenden Trieb- und Begehrensstrukturen zurückzuführen ist und nicht auf eine einseitig sexistische Betrachtungsweise eines sich den Frauen überlegen fühlenden Mannes.

Während die Café-Szene karikierend überzeichnet, und deshalb durchaus realitätsbezogen ist, überwiegt bei der semantisch vielschichtigeren Hammam-Szene die Tendenz zur Entwirklichung. Insofern ist sie exemplarisch für die Raumdarstellung des Textes, der die referentielle Funktion reduziert bei gleichzeitiger Betonung der diskursiven Funktion. Das maurische Bad erscheint zwar vordergründig in der Tradition einer feuchtschwülen Erotik, die auf deskriptivem Voyeurismus beruht, seine Bestimmung ist jedoch die des Erzählens. An die Stelle der referentiellen Schreibweise tritt eine selbstreferentielle, bei der Räume ebenso wie Personen eine diskursive Funktion erfüllen.

Bei der Interpretation der Badeszene sind zwei Ebenen zu unterscheiden. Die inhaltliche des Begehrens – der Junge sieht das weibliche Geschlecht aus nächster Nähe; die metatextuelle des Phantasierens, die die Entstehung des literarischen Textes darstellt.

Der „discours du désir" erhält mit dem Frauenbad eine ideale Verortung, die den kausalen Zusammenhang beider Ebenen verdeutlicht.

Die Nichterfüllung des Begehrens, ein tiefenstrukturelles Motiv des Textes, tritt bei der Darstellung der Männerwelt besonders prägnant hervor. Eine Liebesbeziehung kommt nicht zustande. Es profiliert sich keine männliche Hauptfigur. Der Ich-Erzähler ist zwar an der Handlung beteiligt, bleibt aber im Hintergrund oder zieht sich ganz zurück, um anderen ebenfalls zum Teil anonymen Stimmen das Wort zu überlassen. Der prominenteste dieser Erzähler ist Moulay Idriss. Freilich kommt der legendäre Gründer und Schutzheilige der Stadt Fes. Seine Stimme dient der Thematisierung historischer Ereignisse, die einen großen Teil des Romans einnehmen.[337] Der Ich-Erzähler dagegen erhält lediglich in den metatextuellen Äußerungen ein Profil, das sich jedoch nicht zu physischen Präsenz verdichtet.

---

[336] Zur Interpretation der androgynen Isotopie vgl. R. Saïgh Bousta, a.a.O., S. 67ff.

[337] Vgl. dazu die klaren Ausführungen von A. el Alami, a.a.O., S. 26-34.

Damit können hinsichtlich der Thematisierung der Liebe und des weiblichen Geschlechts zwei Schlüsse gezogen werden. Die Frau erscheint entweder als Sirene, als mythologisches Phantasma in der Gestalt von Harrouda oder als Mutter. Die Erfahrung von körperlicher Liebe bleibt beschränkt auf eine unbefriedigende, korrumpierte und käufliche Sexualität.

Die Sexualisierung in der islamischen Gesellschaft und der Sextourismus von Homosexuellen und den Autoren der amerikanischen Beat-Generation in Tanger sind zwei Kritikpunkte der käuflichen Liebe, deren Erfahrung zur Desillusionierung des Protagonisten beiträgt. Das Ende des Textes in Tanger, der „ville prostituée“, entspricht insofern der inneren Logik der „Handlung“, und ist *ex negativo* sinnhaft.

Die Darstellung des Erwachsenwerdens als Enttäuschung endet in der Literatur: „Levez la main gauche et sachez que tout est mensonge“ (S. 182), so lautet der letzte Satz des Romans, der mit dem Hinweis auf seine eigene Romanhaftigkeit begonnen hatte. Bestätigt der Inhalt die Verlagerung der Sinnstrukturen auf eine metatextuelle Ebene? Nein, so konnte der Roman nicht enden! Der nächste Abschnitt wird zeigen warum.

5.1.7 Die „Wortergreifung“, die Mutter und die Differenz

Der hybride Text reizt die poetische Funktion der Sprache voll aus, ohne in ein bloßes Spiel mit den Signifikanten zu verfallen. In einer abschließenden „note“ erklärt der Autor: „L'entretien avec ma mère n'est pas imaginaire. C'est un texte vécu, une coupe opérée dans mon écoute.“ (S. 184). Damit bestätigt er den biographischen Bezug zur marokkanischen Wirklichkeit, denn die Mutter ist, wie der Leser der Lyrik weiß, literarische Figur und symbolische Repräsentantin der Volkskultur in einem. Insofern liefert dieses Nachwort zusammen mit den bereits analysierten Vor- und Nachworten einen weiteren Beitrag zu den poetologischen Stellungnahmen des Autors. Auch die interkulturelle Problematik kommt darin zur Sprache.

Ben Jelloun verteidigt die „prise de la parole“ der Mutter vor dem Vorwurf, sie sei „illusorisch“, weil in Französisch, der Sprache des Anderen, geschrieben (S. 184). Interessanterweise bringt er die Wortergreifung mit dem Koran in Verbindung. Mit Blick auf die von R. Barthes inspirierte zeichentheoretische Ausrichtung des Buches heißt es: „Chaque société a un écran où apparaissent les signes autorisés. Tout ce qui est en dehors de ces signes est condamné. Pour notre société l'ensemble de ces signes est un

Livre." (S. 184f.) Mit diesem Hinweis auf den Koran erhält die „Wortergreifung" eine gesamtgesellschaftliche und kulturübergreifende Tragweite,[338] die über die Befreiung der Frau hinausreicht. Damit ist aber auch die Intention des Textes genannt: Er soll die vom Koran ausgeschlossenen und tabuisierten Themen zur Sprache bringen.

Im zweiten Abschnitt des Nachworts stehen das Verhältnis von Schriftlichkeit und Mündlichkeit und die Wirklichkeitsdarstellung im Mittelpunkt. Ben Jelloun definiert die gesprochene Sprache abermals als „Quelle" seines Schreibens, allerdings mit der Einschränkung, daß eine Übersetzung der gesprochenen Sprache in die Schrift unmöglich sei:

C'est un discours qui au fond ne s'écrit pas et ne peut s'écrire. Et pourtant cette parole est devenue écriture: elle a changé d'espace. Elle a perdu quelque chose dans le passage. (S. 185).

Diese Aussage betrifft nicht die Gattungen, sondern den Übergang vom gesprochenen Wort zur geschriebenen Sprache im allgemeinen. Dennoch ist es kein Zufall, daß die Bewußtwerdung dieses Übersetzungsprozesses, der schließlich dem gesamten lyrischen Werk zugrundeliegt, erst am Ende des ersten Romans, derart formuliert deutlich wird. Ben Jelloun selbst nennt die Gründe dafür:

Mais c'est une convention que j'ai dû accepter. Je célèbre l'irréalisme de l'écriture. Le réel se maintient dans l'irréversibilité de la parole. La parole a été manipulée.
(S. 185)

Diese Sätze enthalten das Drama eines Dichters, der sich auf den Roman eingelassen hat. Die Auseinandersetzung mit den Konventionen des Genres hat ihre Spuren hinterlassen, doch der Dichter bietet der Weltbezogenheit der Gattung Roman und der in ihr enthaltenen Tradition realistischer Mimesis die Stirn, indem er den „Irrealismus des Schreibens zelebriert".

In einem letzten Abschnitt stellt sich der zum Romancier werdende Dichter erneut der Frage nach dem Sinn seines Schreibens. Dieser ist nicht im schriftlich fixierten Text zu suchen, sondern „ailleurs", in der „Äußerung selbst", und im Hören: „Il est l'écoute." (S. 186). Damit läßt der Autor die Interpretation seines Textes dort enden, wo er herkommt, in der unübersetzbaren Körperlichkeit der gesprochenen Sprache, in der Stimme der

[338] Bekanntlich bezeichnen sich die Muslime zusammen mit Judentum und Christentum, den beiden anderen Buchreligionen als „ahl al-kitâb" (Volk des Buches).

Mutter und den Stimmen der marokkanischen Gesellschaft, die allesamt von einer Gewalt geprägt sind, von der der Text Zeugnis ablegte.

5.1.8 Die Rezeptionsperspektiven im interkulturellen Feld und Auto-Exotik

Wie im ersten Kapitel ausgeführt, entstehen literarische Erfolge aus dem Konflikt von widersprüchlichen, an den Eigeninteressen orientierten Positionen (Autor, Verleger, Kritiker, Leser, Literaturwissenschaftler) im Rahmen einer bestimmten historischen Konstellation. Mit Bourdieu ist davon auszugehen, daß auch bei der Entstehung von Literatur die Erwartungen und Reaktionen der anderen im Feld auftretenden Akteure antizipiert werden.[339]

Man darf voraussetzen, daß Ben Jelloun der Erwartungshorizont des französischen Publikums, speziell der der sich für die „Dritte Welt" engagierenden Linken, vertraut war. Deren Positionen sind vermutlich ebenso in den Schreibprozeß eingegangen wie die der Semiotik und des Feminismus. Die Frage ist nun, welche Bedeutung man dem antizipierten Blick auf die Rezipienten zumißt. Der Begriff „Erwartungshorizont" darf nicht darüber hinwegtäuschen, daß es sich in der Regel um unterschiedliche, in sich heterogene Horizonte handelt. So sind die westliche und die arabische Rezeptionsperspektive in sich keineswegs homogen und kohärent. Der antizipierte Blick auf eine kulturübergreifende Rezeption ist kein exklusives Kennzeichen der französischsprachigen Literaturen der arabischen Welt oder außerhalb Frankreichs, sondern ein mit der Entkolonisierung und Globalisierung einhergehendes Phänomen, das zu den literaturgeschichtlichen Markenzeichen des zwanzigsten Jahrhunderts zählt.

Die Kriterien, die die interkulturelle Rezeption eines Textes bestimmen, entziehen sich zwar einer thesenhaften Zusammenfassung, doch der in der zweiten Hälfte des zwanzigsten Jahrhunderts vollzogene Wandel der Auffassung von Literatur ist unbedingt zu berücksichtigen. Die Verschiebung vom Werk- zum Textbegriff soll hier unter den Gesichtspunkten von Inhalt und Vermittlungsweise in die Analyse der Rezeption einbezogen werden.[340]

---

[339] Gemäß der Vorgaben aus dem Kapitel zum kulturellen Feld.

[340] Zur Problematik der marokkanischen Rezeption siehe A. Tenkoul, „Ecriture et discours critique: Cas de la littérature maghrébine d'écriture française", in: *Ecriture et oralité*, Revue de la Faculté des Lettres et des Sciences Humaines, 8, 1992, [Dhar el Mahraz/ Fes], S. 21-30.

Die Analyse von *Harrouda* hat gezeigt, daß die narrative Spannung aus dem Verhältnis von reduzierter Mimesis und gesteigerter Selbstreferenz entsteht. Eine Rezeption, die objektiver sein will als bloße Kritik, muß die formale Kreativität als Bewertungskriterium mit heranziehen.

Die experimentelle Schreibweise des Textes läßt die Bezüge zur marokkanischen Wirklichkeit und das Engagement für Kinder, Frauen und Handwerker in den Hintergrund treten. In *Harrouda* sind kulturelle und literarische Bedeutungsprozesse mindestens so wichtig wie das gesellschaftliche Engagement. Die assoziative und selbstreferentielle Schreibweise, sowie die nicht immer glückliche Umsetzung Barthes'scher Semiotik erschweren das Lesevergnügen erheblich. Der Vorwurf, die maghrebinische Literatur sei hermetisch, wird gerne mit Texten wie *Harrouda* begründet.[341] Trotzdem wurde gegen diesen experimentellen Roman, der es seinen Lesern gewiß nicht leicht macht, der Vorwurf der „complaisance" und der Auto-exotik erhoben.

Die heftigste Kritik kam von M. Boughali, der Ben Jelloun als „amuseur exotique" der blasierten Pariser Intelligentsia attackierte. Seine Argumentation geht von der marokkanischen Wirklichkeit aus. Seine Kritik konzentriert sich auf die „prise de la parole" der Mutterfigur und die darin enthaltenen Beschreibungen des ehelichen Liebeslebens:

> [...] c'est essentiellement à travers une sexualité très mal vécue et imposée comme une tare que l'auteur évoque sa mère à qui il attribue sans le moindre scrupule des témoignages et des plaintes qu'aucune Marocaine dans le contexte traditionnel ne pourra assumer.[342]

Boughalis Kritik, die sich übrigens mit der feministischen deckt, setzt am Wirklichkeitsbezug an. Selbstverständlich ist es unwahrscheinlich, daß eine „traditionelle" marokkanische Frau sich in dieser Weise über ihr Intimleben äußern würde. Doch dies Kriterium läßt die literarische Qualität der fingierten Wirklichkeitsaussage außer acht. Kritisierbar ist aus dieser

---

[341] Z.B. J. Déjeux, *Littérature maghrébine de langue française*, Ottawa 1973; oder H. Detering, „Das Beben der Sprache. Tahar Ben Jelloun und sein Prosatext *Harrouda*", in: *Frankfurter Allgemeine Zeitung*, 18.12.1990, S. 28.

[342] M. Boughali, „Tahar Ben Jelloun ou la plus basse des impostures", in: ders., *Espaces d'écritures au Maroc*, Casablanca 1987, S. 123-142; hier S. 126. Laïla Ibnlfassi fügt dieser Kritik hinzu: „et qu'aucune autre femme de n'importe quel milieu social ne pourra assumer non plus", in: „L'appropriation de la voix féminine par les écrivains masculins marocains,", in: *La traversée du français dans les signes littérarires marocains*, Toronto 1996, S. 55-63; hier S. 56.

Sicht vor allem das Nachwort, in dem der Autor den Wirklichkeitsbezug seiner imaginierten Wortergreifung reklamiert.

Mit weniger Empörung zu Papier gebracht, und daher differenzierter und weitreichender, ist die Kritik von Salah Natij,[343] der Ben Jelloun vorwirft, eine interkulturelle Kompetenz für sich in Anspruch zu nehmen, die über das literarische Feld hinausgeht. Sein Einwand gegenüber der kulturvermittelnden Leistung geht anders als der Boughalis von der Literarizität der Texte aus. Anhand der ästhetischen Verfahrensweisen demonstriert er vom Autor vorgegebene Rezeptionsmuster, die den europäischen Leser orientieren sollen. Dabei bezieht er sich nicht auf die Inhalte, sondern auf die Formen und Prozesse ihrer semiotischen Umsetzung.[344] Diesem Ansatz folgend erkennt er die Priorität der inneren Autoreferentialität gegenüber dem Anspruch der Wirklichkeitsdarstellung;[345] eine ebenso korrekte wie banale Erkenntnis.

Natij stützt seine Argumentation auf die Szene der Beschneidung. Aus der kritischen Darstellung des islamischen Rituals leitet er ab, daß der Erwartungshorizont der westlichen Leser die Perspektivierung bestimmte. Während für den muslimischen Leser die Beschneidung als selbstverständlich und normal empfunden werde, mache Ben Jellouns Version genau das Gegenteil daraus, nämlich ein Kastrationserlebnis mit traumatischen Folgen, woraus abzuleiten sei, daß er den Dialog mit dem europäischen Lesepublikum sucht.[346] Die Darstellung der Beschneidung führt Natij als Beispiel für die von Ben Jelloun betriebene „autoexotisation“ an.

Einmal abgesehen davon, daß auch ein islamisch erzogener Mensch eine kritische Haltung gegenüber religösen Ritualen einnehmen kann, wechselt Natij hier auf die Seite Boughalis, indem er von der außerliterarischen Lebenswelt ausgeht, um an ihr die literarische Darstellung zu messen. Trotz dieser Schwäche liefert Natij den Ansatz zu einer weiterführenden Kritik.

Die Bestimmung der Grenze zwischen kritischer Auseinandersetzung mit der eigenen Gesellschaft und strategischer Verwendung von Fremdste-

---

[343] S. Natij, „Dialogue interculturel et complaisance esthétique dans l'œuvre de Tahar Ben Jelloun“, in: *Poétiques croisées du Maghreb. Itinéraires et contacts de cultures*, 14, 1991, S. 35-41

[344] A.a.O., S. 36.

[345] A.a.O., S. 37.

[346] A.a.O., S. 40f.

reotypen ist zweifellos ein Kernproblem von Interkulturalität. Wie sind antizipierte ideologische Voraussetzungen des fremdkulturellen Rezipienten nachzuweisen? In der Literatur scheinen mir Mikroanalysen der jeweiligen Szenen eine unabdingbare Voraussetzung zu sein. Eine Lösung der interkulturellen Problematik wird freilich erst nach einer umfassenden Analyse der Perspektivierung möglich sein. Eine Lektüre gegen den Strich ist hierfür, wie am Beispiel der literarischen Blick gezeigt, unabdingbare Voraussetzung.

Die von Boughali und Natij aufgeworfene Frage der „auto-exotisation“ wird in den nachfolgenden Analysen erneut mit Nachdruck zu stellen sein. An Spuren auto-exotischer Darstellungen mangelt es nicht. Die von Boughali und Natij kritisierte Sexualisierung bei der Darstellung der eigenen Kultur, insbesondere der marokkanischen Frauen sind jedoch nur ein Bereich unter vielen anderen, bei dem selbstexotische Tendenzen auftreten können. Jede wertende Kritik sollte berücksichtigen, daß *Harrouda* ein Text ist, in dem ein Schriftsteller Blicke auf die eigene Gesellschaft literarisch inszeniert. Ob dieser Schriftsteller für das französische Publikum schreibt, ist nicht nur an der Auswahl der Motive – eine mythische Prostituierte, eine unterdrückte Mutter, schwatzende laszive Frauen im Hammam – und ihrer Perspektivierung abzuleiten, sondern auch aus dem Erzählvorgang.

Eine erste wichtige Spur, die auf die demonstrative Bezugnahme und Beanspruchung des eigenen kulturellen Erbes für westliche Augen hinweist, ist die erwähnte Szene der Rückführung in die mündliche Erzähltradition der „halqa“. Die so gestaltete literarische Mündlichkeit betrifft, wie am Beispiel der Mutter und der Muttersprache gesehen, den Entwurf von Weltbildern und Kulturmodellen. Sie bildet darüber hinaus einen *Diskurs der Mündlichkeit*, der auf einem System von Oppositionen beruht, bei dem die positiven Werte besetzt werden durch die Mutter und die Poesie, die für das Wesentliche (die Essenz der Dinge) stehen. Beides, der Diskurs der Mündlichkeit und seine weltanschauliche Funktion, prägen die Gestaltung und die Perspektivierung des Erzählvorgangs.

Eine zweite Spur bildet der bereits erwähnte literarische Blick, der als Kommunikationsform einen Sender und einen Empfänger erfordert. In *Harrouda* dominiert binnenfiktional ein männlicher Blick auf die Frau als Objekt (oder Empfängerin), der sich durch das Kaschieren des Betrachters auszeichnet. Der männliche Protagonist und Erzähler bleibt eine defizitäre

Figur, die sich fast ausschließlich durch Mangel und Unterdrückung der eigenen Identität auszeichnet.

Anders als in Natijs Artikel sollen bei der Ausführung dieser Themen neben den Romanen weiterhin deren Basis, die Gedichte, ebenso wie die Essays und die kulturtheoretischen Arbeiten mit einbezogen werden. Auf der Basis der vorausgehenden Analyse kann vor den traditionellen Gegensatzstrukturen nur gewarnt werden, zu vielschichtig und vermutlich auch zu unausgereift ist die Schreibweise dieses ersten Romans, als daß man ihn ausschließlich unter dem Aspekt der Wirklichkeitsdarstellung erfassen könnte. Die Bedeutung von *Harrouda* für das Gesamtwerk besteht in der Unausgegorenheit eines Textes, der die Entstehung einer Schreibweise dokumentiert.

5.1.9 „Tangertravestie“: Selbstdarstellung und Fazit

Die experimentelle Mimesis in *Harrouda* schwankt zwischen phantastischem Irrealismus und gesellschaftskritischem Realismus sowie zwischen der Mündlichkeit des marokkanischen Dialekts und der Schriftlichkeit des Französischen. Aus dem Nachwort geht hervor, daß das Verhältnis von Mündlichkeit und Schriftlichkeit von einem dritten Pol bestimmt ist. Es handelt sich um die Verfahren der fingierten Mündlichkeit, die gleichzeitig einen Verlust und einen Gewinn bedeuten.

Aus kultursemiotischer Perspektive besteht der Verlust in der Unübersetzbarkeit der Sprechsituation. Ben Jellouns Romane sind von diesem ersten Experiment an Versuche, die körperliche Zeichenhaftigkeit der Stimme einzufangen. Der Gewinn resultiert aus diesem zum Scheitern verurteilten Bemühen, denn die Stimme der Mutter, das Dialektarabische, ist nicht direkt und nur mit Verlusten ins Französische übersetzbar. Die scheinbare Unüberwindbarkeit dieser Kluft führt zur literarischen Zelebration des „Unwirklichen“. Anders ausgedrückt: Die für die Lyrik selbstverständliche Betonung der Poetizität der Sprache charakterisiert auch den ersten Roman. Der Text bezieht seine Mehrdeutigkeit aus der Spannung zwischen egozentrischer Selbstbezogenheit und Verankerung in der marokkanischen Kultur, auf deren Wirklichkeit er Bezug nimmt.

Zurückblickend auf die im ersten Teil erarbeiteten Ergebnisse ist eine auf die interkulturelle Situation der maghrebinischen Autoren zurückzuführende Kontinuität festgestellen. Die Vermutung, daß der im Hintergrund bleibende Erzähler (Protagonist/ lyrisches Ich) eine Umsetzung biographischer Konflikte ist, wird durch die autobiographische Struktur des Textes augenfällig. Die eklatante Diskrepanz zwischen autobiographischer Form und fehlendem, oder besser, verborgen bleibendem Subjekt wurde bislang nicht in ihrer werkgenetischen Bedeutung erkannt. Auch die Vernachlässigung der in der Lyrik angelegten Verfahren und Themen hat, wie die Untersuchung des ersten „Romans" zeigen konnte, viele Erkenntnisse blokkiert.

Die fehlende Männerfigur und der sich hinter anderen Stimmen versteckende Erzähler sind insofern weniger als postmoderne Inszenierungen karnevalesker Stimmenvielfalt oder a-zentrische Disseminationen zu betrachten, als vielmehr auf die in der Lyrik geäußerte und in den Nachworten betonte Scham über das eigene Schreiben zurückzuführen. Diese mit Sartre und der Bedeutungslosigkeit der Literatur gegenüber dem Elend der Welt – einem sterbenden Kind – begründete Scham braucht nicht interkulturell zu sein, aber es ist kaum vorstellbar, sie nicht auf das Französische zu beziehen, bedenkt man dessen historischen Ballast sowie dessen elitäre soziale Funktion in der Gegenwart.

Zu den positiven Merkmalen dieser Schreibweise zählt der Entwurf eines semiotischen Systems mit neuen, die Freisetzung der Imagination anregenden Bedeutungsträgern. Dies äußert sich in der kultursemiotischen Ausweitung des Text- und Lektürebegriffes. Das Lesen von Landschaften, Städten und Gesichtern ist ein in den Gedichten erprobtes von R. Barthes unabhängiges Verfahren.[347] Die poetische Sichtweise der Welt betrachtet Gesichter und Landschaften diachronisch und stößt dabei auf Spuren („traces"), die es zu bewahren gilt. Die Erinnerungen sind wie in der Lyrik und wie in den zeitgenössischen Texten von Abdelkebir Khatibi und Abdellatif Laâbi als Narben in den Körpern von Menschen, Städten und Landschaften lesbar:

La mémoire totale (haute dans les profondeurs) est hors du langage. Seule est possible une lecture déviée. Elle est visionnaire et se situe par-delà le réel. Cependant le parallèle textuel n'est pas imaginaire; il s'inscrit (s'écrit) dans le même corps. Ce corps s'est peut-être morcelé (multiplié ou divisé), mais il a gardé intactes ses cicatrices (tatouages); son étendue et son regard. Il cesse de (se) citer, il trace.
Lecture de l'autre étendue. (S.47)

[347] Vgl. die Analyse von „Ma patrie est un visage".

Ben Jellouns visionäre auf dem Sehsinn beruhende Schreibweise ist doppeldeutig, sie bezieht die nicht-sichtbare Welt mit ein, und richtet sich in die Zukunft und die Vergangenheit. Damit kommt das in „Cicatrices du soleil“ analysierte Motiv des „voile du regard“ zum Vorschein.

Der Blick kann die Erkenntnis der Welt stören, deshalb traten die Stimme und das Sprechen an dessen Stelle. Dies kommt in der Polyphonie der Erzählerfiguren zur Geltung, die, wie gesehen, häufig eine metatextuelle Inszenierung des sich verbergenden Erzählersubjekts ist. Ob diese sich hinter der Polyphonie verbergende Subjektivität mit dem Autor gleichgesetzt werden kann, was mit A. el Alami durchaus vertretbar erscheint, ist bis zur Analyse der weiteren Romane noch offen zu lassen.

Hinsichtlich der interkulturellen Entwicklung bestätigte sich die grundlegende Bedeutung der Lyrik. Thematisch erweiterte Ben Jelloun die in „Aube des dalles“ angelegte Kritik des Tourismus. *Harrouda* enthält einen historischen Abriß der ins Land gekommenen Fremden. Neben den gängigen Stereotypen richtet sich die Kritik gegen die koloniale Ausbeutung und den Sextourismus von Homosexuellen. Pauschalierungen vermeidend entwickelt der Autor dabei ein intertextuelles System, in dem Jean Genet nach Roland Barthes die herausragenden Referenzpunkte sind.

Hinsichtlich der Darstellung Marokkos webt Ben Jelloun auch in Paris lebend weiter am Teppich der eigenen Kultur. Die eigene Biographie dient ihm als Grundlage einer Schreibweise, deren wichtigste Neuerung gegenüber der Lyrik in der Dramatisierung der Erzählsituation durch die Betonung der Raumsemantik besteht. Auch bei der narrativen Verortung des Diskurses verzichtet der Autor weitgehend auf Beschreibungen. Das ist nicht ausschließlich als Abweichung vom realistischen Regelkanon einzuschätzen, sondern als eine vom Wirklichkeitsbezug unabhängige Selbstdarstellung des Textes.

Das Versteckspiel des Erzählers führt erstmals in den Kreis der Halqa. Wenn die Titelfigur Harrouda gegen Ende des Textes aus dem Mund des Geschichtenerzählers entweicht, bedeutet dies eine Rückführung der Geschichte in die fingierte Mündlichkeit, die in den folgenden Romanen stetig an Bedeutung gewinnen wird.

Bei diesem Rekurs auf die mündliche Erzähltradition stellt sich die Frage nach dem kulturellen Blickwinkel. Da die Szene völlig aus dem Zusammenhang fällt und der arabische Begriff „halqa“ zudem in Klammern erklärt wird („cercle qui se ferme autour du conteur“, S. 180) liegt die

Vermutung nahe, daß der Autor hier sein Augenmerk auf den Kreis des französischen Publikums richtet.

In *Harrouda* steht die Kamera auf dem Boden der marokkanischen Kultur. Alterität wird dadurch thematisiert, daß im vierten und fünften Kapitel die historische Serie von Blicken, die das Schicksal des Landes und der Stadt Tanger bestimmt haben, revidiert wird. Angefangen von mytho-poetischen Figuren wie Herkules und Sindbad, über Papst Sylvester II und Eugène Delacroix bis hin zu William Burroughs, Jack Kerouac, Jean Genet und Roland Barthes läßt Ben Jelloun Personen und Stereotype Revue passieren.[348]

Die kultursemiotische Ausrichtung des Textes führt zu einer Infragestellung jener Zeichen, die in der kulturellen Identität Marokkos eingeschrieben sind. Am Beispiel von Tanger wird die Darstellung der Wirklichkeit mit „Bildern" als Trugbild entlarvt:

> L'image.
> La représentation.
> Séduction du mensonge
> (S. 149)

Die Stadt selbst dient als Illustration für die Funktionsweise von Trugbildern: „Tanger travestie, maquillée aux couleurs hollywoodiennes avec la Kasbah en carton-pâte et la Grande Mosquée filmée en transparence." (S. 149). Die Stadt wird als Projektionsfläche fremder Heterostereotypen mißbraucht und dadurch zerstört: „Tanger mal filmée [...] Tanger mal écrite [...] La nommer la représenter c'était la détruire." (S. 150).

Anhand von Beispielen aus Film und Literatur setzt Ben Jelloun die in „Aube des dalles" aufgenommene Kritik der touristischen Fremdwahrnehmung in verschärfter und erweiterter Form fort.

---

[348] Vgl. dazu die hervorragende Analyse des Ineinandergreifens von Fremd- und Selbststereotypen von S. Heiler, ebenda; zu den Marokko-Reisenden insbesondere S. 113-119; zu Tanger als literarischem Motiv: *Horizons maghrébins*, 31/31, 1996: „Tanger au miroir d'elle-même"; Tanger als kulturgeschichtliches und literarisches Motiv: *Tanger, espace imaginaire*, Rabat/ Tanger 1992; mit einem Aufsatz von R. Saïgh Bousta zu *Harrouda*: „Tanger: lieu d'émergence des signes et support fonctionnel de l'écriture chez Tahar Ben Jelloun", S. 13-16; sowie H.J. Tischleder, *Tanger Frankfurt zum Beispiel*, Frankfurt 1995.

5.2 Immigrationsliteratur und interkulturelle Ethik

Das folgende Kapitel stellt eine entscheidende Phase von Ben Jellouns Entwicklung dar. Ausgehend von der bereits in den Gedichten erfolgten Auseinandersetzung mit der Emigration profilierte sich in den Texten zur Immigration die Besonderheit seines interkulturellen Engagements, das er nicht nur literarisch, sondern auch in den Medien zum Ausdruck brachte. Hierin zeigte sich nicht nur ein neuer Typus des Intellektuellen, für den die Selbstdarstellung in den Medien eine Selbstverständlichkeit ist, sondern auch eine werkübergreifende innere Antriebskraft, die auf eine ethische Grundlegung hinauslief, deren Entwicklung nun anhand der literarischen und essayistischen Texte zur Immigration nachzuvollziehen ist. Der Ort, an dem Ben Jelloun diese Ethik explizit formulierte, sind Vorworte und Aufsätze, die zu diesem Abschnitt seiner interkulturellen Entwicklung gehören.

5.2.1 *La réclusion solitaire*

In *La réclusion solitaire* begann Ben Jelloun seine literarische Auseinandersetzung mit der Immigration. Der Kurzroman enthält Ergebnisse aus seiner Dissertation über die emotionale und sexuelle Not der maghrebinischen Arbeitsmigranten in Frankreich. Die im Bereich der Sozial-Psychiatrie abgeschlossene Arbeit wurde in einer überarbeiteten Version unter dem Titel *La plus haute des solitudes. Misère sexuelle d'émigrés nord-africains* veröffentlicht. Beide Titel, der Roman und der Essay, bilden eine Einheit.

Hinsichtlich Ben Jellouns interkultureller Kompetenz stellt die psychologische Beratungstätigkeit für Gastarbeiter zweifellos eine Qualifikation dar, die wohl die wenigsten seiner Kritiker vorweisen können. Die genaue Kenntnis der Lebensbedingungen und der Entfremdungserscheinungen bildete einen Grundstock, auf den sich Ben Jelloun in den Romanen *Les yeux baissés* (1991) und *Les raisins de la galère* (1996) zurückgreifen konnte. Die kultursoziologische Linie von *La plus haute des solitudes* fand in *Hospitalité française* (1984) und *Le racisme expliqué à ma fille* (1998) ihre Fortsetzung.

Nachdem die Figur der Frau in *Harrouda* erschienen ist, daraus jedoch keine echte Beziehung zwischen den Geschlechtern hervorging, stellt sich abermals die Frage nach dem Zusammenhang von Alterität, Liebe und

Sexualität. Diese Themen stehen im Mittelpunkt von *La plus haute des solitudes* und *La réclusion solitaire;* beide Texte nehmen – wie *Harrouda* – den männlichen Blickwinkel ein, dessen Nuancen allerdings noch herauszuarbeiten sind. Die Perspektivierung ist verbunden mit dem Blick des Fremden, ein literarisches Verfahren, das in der französischen Literatur mit Montesquieu und Voltaire eine illustre Tradition aufweist.

Neben der doppelten Unerfülltheit der Liebe, der emotionalen und der körperlichen, enthalt *La réclusion solitaire* ein weiteres werkübergreifendes Thema. Die in „L'aube des dalles" dargestellte Spannung zwischen Hoffnung und Verzweiflung ist ein tiefenstrukturelles Motiv, das auch diesem Text zugrunde liegt; daß es aus der Lebenswelt gegriffen ist, bestätigen die in *La plus haute des solitudes* enthaltenen Interviews.

5.2.1.1 Die sozio-kulturellen und literarischen Kontexte

Die Maghrebstaaten sind als Auswanderungsländer prädestiniert für die mit dem Exil verbundenen Konflikte. Aufgrund des besonderen historischen Verhältnisses zu Frankreich kam es seit dem Ende des Zweiten Weltkriegs zu einer massiven Auswanderung, deren Verarbeitung in der Literatur relativ spät einsetzte. Ben Jelloun veröffentlichte seine Texte – wieder einmal – zum richtigen Zeitpunkt, als die soziale Problematik an Schärfe gewann und auch andere Schriftsteller das Thema aufzugreifen begannen.

Der französische Sonderweg bestand darin, den zwischen 1962 und 1993 geborenen Ausländerkindern automatisch die französische Staatsbürgerschaft zu verleihen. Zu der seit Ende des Zweiten Weltkriegs stetig gewachsenen Gruppe von etwa 1,4 Millionen Maghrebinern kommt die ihrer Kinder hinzu (ca. 1 Million), die zwar einen anderen Blickwinkel einnehmen als ihre Eltern, deren gesellschaftliche Integration jedoch nicht minder problematisch ist. Der Islam ist in Frankreich mit 4-4,5 Millionen Einwohnern muslimischer Herkunft zur zweitstärksten Glaubensgemeinschaft herangewachsen.[349] Eine weitere Besonderheit der französischen Immigrationspolitik besteht in der Ausgrenzung dieser Bevölkerungsteile in die

---

[349] Unabhängig davon, ob mit oder ohne französische Staatsbürgerschaft, und mit der Einschränkung, daß nur ein Teil praktizierende Gläubige sind. Zitiert nach K. Manfrass, „Migration aus den Maghrebländern nach Frankreich", in: *Frankreich Jahrbuch 1977*, Opladen 1977, S. 135-158; hier: S. 146.

Satellitenstädte, die *bidonvilles*, die zwischen 1953 und 1973 aus dem Boden schossen, und in denen 90% der *beurs* leben.[350] Die Tendenz zur Ghettoisierung zeigt sich auch auf dem heiligen Boden der „Ile de Paris", wo sich die maghrebinischen Einwanderer im *quartier sensible* „Goutte d'Or" konzentrieren. Der französische Paß schützt nicht vor Rassismus, sondern er hat, im Gegenteil, rassistisch motivierte Morde verursacht. Mehdi Charef verwandte in *Le Harki de Meriem* (1989) einen auf Tatsachen beruhenden Mordfall als Ausgangspunkt für einen Roman über das Schicksal der zu Frankreich übergelaufenen Algerier und deren Kinder.

Ben Jelloun bindet Marokkanität und Maghrebinität in den Immigrationstexten in eine übergreifende Arabität ein. Offensichtlich lassen die in Europa auftretenden Konflikte die arabische Kultur stärker als verbindendes Element hervor und die Distanz zur Berberkultur in den Hintergrund treten. Den Einwanderern, die sich als „beurs" organisierten, ging es um Prinzipielles, um das Recht auf Gleichheit und Anerkennung ihrer kulturellen Andersheit.

Der marokkanische Schriftsteller Driss Chraïbi hatte in seinem Roman *Les boucs* (1955) als erster maghrebinischer Autor Emigration und Immigration thematisiert. Chraïbi initiierte damit eine literarische Strömung, an der sich auch die Algerier Mohammed Dib, Mouloud Feraoun, Mouloud Mammeri, Rachid Boudjedra, Nabil Farès und der Tunesier Albert Memmi beteiligten, um nur die prominentesten zu nennen. Deren Texte sind klar zu unterscheiden von denen der „beurs", der in Frankreich geborenen oder aufgewachsenen Einwandererkinder, die eine eigenständige Weiterentwicklung darstellt.[351] Rachid Boudjedras *Topographie idéale d'une agression caracterisée* (1975) markierte den Beginn einer Serie, die mit Mohammed Dibs *Habel* (1977) einen ersten Höhepunkt fand.

---

350 Die Angaben entnehme ich A. Rothe, „Türken in Deutschland, Maghrebiner in Frankreich", in: *Ruperto Carola*, [Forschungsmagazin der Universität Heidelberg], 3, 1996, S. 23-29; hier: S. 24.

351 Zur Immigrationsliteratur vgl. die von Ch. Bonn herausgegebenen *Etudes littéraires maghrébines, 7, Littératures des immigrations 1. Un espace littéraire émergent*, Paris 1995 und *Etudes littérarires maghrébines, 8, Littératures des immigrations 2: Exils croisés*, Paris 1995; sowie die von M. Gontard in der Zeitschrift *Pluriel*, Nr. 4, (Rennes 1994) herausgegebenen Tagungsakten *Métissage du texte*; „Douce France. La Saga du Mouvement Beur. 1983-1993", in: *Quo Vadis*, [Sondernummer] (Paris) 1993; „De la culture arabe en France", in: *Qantara*, 26, 1997/98.

Für Ben Jelloun ist die Emigration, wie für Dib, eine Metapher der Literatur.[352] Der Text entsteht aus einem Verlust und einer Abwesenheit, die, wie in den Gedichten, mit der Geburt beginnt. Das Leben ist eine Serie von Verlusten, die der Ur-Trennung von der Mutter folgen und die das Motiv des Schreibens fortwährend erneuern. Daß den unter dem Paradigma der „absence" zu subsumierenden Verlusten auch der Stellenwert kollektiv historisch Erfahrungen zukommen kann, zeigten die Beispiele des Kolonialismus und Palästinas. Ben Jelloun machte bereits in „Aube des dalles" sowie in den folgenden Gedichten auf die der Auswanderung vorausgehenden Erniedrigungen aufmerksam, wobei er bemerkenswerterweise noch vor einer Anklage der Ausländerfeindlichkeit in Frankreich die menschenunwürdigen Verhältnisse in Marokko kritisiert hatte.

La réclusion solitaire fand weniger Beachtung als die späteren Bestseller, gleichwohl ist der Text unter literarischen Gesichtspunkten mindestens so interessant und anspruchsvoll wie diese. Da er außerdem ein weiterer Schwellentext ist, der einen Übergang im Gesamtwerk markiert, soll er die Analyse von Ben Jellouns Auseinandersetzung mit der Immigration eröffnen.

Dank der Vorarbeiten von L. Mouzouni, der den Text unter semiotischen Gesichtspunkten untersuchte, ist keine weitere Grundlagenarbeit erforderlich.[353] Mouzouni kritisierte die westliche Rezeption als einseitig metatextuell orientiert (ebenda, S. 109), um seinerseits die „pratique signifiante" wieder ans Licht zu bringen. Zur Orientierung des Lesers sei der Inhalt von „La réclusion solitaire" rasch zusammengefaßt:
Ein maghrebinischer Gastarbeiter lebt in Paris umgeben von sozialer Gleichgültigkeit und Kälte. Zwischen der Fabrikarbeit und der Einsamkeit seines Zimmers fast völlig abgeschottet von der Außenwelt, beschränken sich seine sozialen Kontakte auf wenige Personen. Die Zeit nach der Arbeit verbringt er größtenteils in seinem Zimmer, wo er vor der Einsamkeit fliehend ein ausgeprägtes Phantasie- und Traumleben führt. Menschliche Zuwendung erfährt er, wenn überhaupt, nur von einer Prostituierten, bis ihm die Palästinenserin Gazelle begegnet, mit der er eine echte Liebesbeziehung entwickelt.

---

[352] Vgl. dazu Ch. Bonn, 1996: S. 253f. Bonn betrachtet die Betonung der Literarizität und die Abkehr von der realistischen Beschreibung bei Boudjedra, Ben Jelloun und Dib als Indiz für die Überwindung der Identitätsproblematik und als Ausdruck der literarischen Reife.

[353] L. Mouzouni, *Le roman marocain de langue française*, Paris 1987, S. 108-129.

5.2.1.2 Der Titel und die Paratexte

Auf dem Titelbild der Taschenbuchausgabe ist ein Baum zu sehen, der zwar verwurzelt ist, dessen Stamm jedoch, eine Männerfigur mit Koffer und ohne Kopf, im Begriff ist zu brechen (Abb. 7, S. 402). Das Bild ist treffend, weil der Begriff der Entwurzelung nicht ganz zutrifft, obwohl der Text mit der Baummetapher arbeitet. Momo, der Protagonist, hält seine marokkanischen Wurzeln am Leben, zerbricht jedoch deswegen fast an der Einsamkeit.

Der Titel, zu deutsch „Einzelhaft", veranschaulicht zum einen den Zustand des Protagonisten, zum anderen ist er ein Zitat von J. Genet. Diese von der Sekundärliteratur nicht gesehene oder kaum beachtete Spur, sollte nicht leichtfertig als intertextuelle Spielerei unterschätzt werden. Vielmehr erweist Ben Jelloun dem Meister der radikalpoetischen Einsamkeitserfahrung und der „écriture du désir" seine Reverenz.[354] An intertextuellen Bezügen und Affinitäten, etwa zu Genets erstem Roman *Notre-Dame-des-Fleurs* (1948) mangelt es nicht. Der Blickwinkel des von der Gesellschaft ausgeschlossenen und eingesperrten Menschen, die damit verbundene Problematik der Sexualität, das Spiel mit Masken und Spiegeln, nicht nur als Thema der gebrochenen Erfahrung von Subjektivität und Identitäten, sondern auch formal in Form des Tagebuchs, und die extreme Poetisierung der Prosa zur Artikulation einer radikalen Subjektivitätserfahrung sind Ansatzpunkte für weiterführende Untersuchungen.[355] Ben Jelloun spielt zudem in mehreren Texten auf Genet an. Seine Vorstellung des Schriftstellers als Dieb, ein tragender Pfeiler seines Selbstverständnisses, geht auf Genet zurück. Die Metapher des Diebs dient, wie die weit häufiger gebrauchte der Geliebten (für die französische Sprache), der literarischen Selbstdarstellung im interkulturellen Feld: „Ich nehme das marokkanische Universum und transportiere es in die französische Sprache, die außerordentlich subtil ist und die ich sehr liebe: in sie habe ich mich eingeschlichen wie ein Dieb."[356]

---

[354] „C'est Jean Genet qui dit que nous sommes condamnés à une réclusion solitaire", in: S. Jay, „Tahar Ben Jelloun et „La réclusion" de l'écrivain", in: *L'Afrique littéraire et artistique*, 42, 1976, S. 58-60; hier: S. 58. Zum „Einfluß" Genets vgl. das Kapitel zur Biographie.

[355] Vgl. Genets *Journal du voleur* (1949). In *La nuit sacrée* trägt Ahmed in sein Tagebuch ein: „Je serai voleur" (S. 47).

[356] Aus: A. Reif, „Vorurteile aus Unwissenheit. Interview mit Tahar Ben Jelloun", in: *Universitas*, 44, Oktober 1989, S. 990-998; hier: S. 992.

In der Vorbemerkung zu *La plus haute des solitudes* greift Ben Jelloun den Titel auf, womit die Gefängismetapher expliziert und der intertextuelle Bezug zu seinem eigenen Roman hergestellt wird: „Ces hommes expatriés, condamnés à une réclusion solitaire [...]" (S. 9).

Der Text beginnt mit dem Motiv der Fragwürdigkeit der Sprache: „Alors les mots...". Der offengelassene Satz wird am Ende des Textes abgeschlossen: „Les mots m'ont tellement trahi que ce livre est un corps travesti." (S. 137) Dieser Abschluß vollzieht die Gegenbewegung zum Nachwort von *Harrouda*, wo die Literatur in die Wirklichkeit zurückgeführt wurde. Die Thematisierung des Sprechens und Schreibens als Verrat ist dagegen eine aus *Harrouda* bekannte Vorstellung. Allerdings sucht der Text keinen Ausweg in ein anderes, zuverlässigeres, Zeichensystem, wie das der Körpersprache. Auch die in *Harrouda* so ausgeprägte semiotische Codierung der Städte Fes und Tanger kommt hier nicht zur Geltung; Paris spielt bezeichnenderweise nur eine Nebenrolle.

5.2.1.3 Traumtopographien

La réclusion solitaire entwirft, wie *Harrouda*, eine Topographie der Träume, in der Raum, Zeit und Figuren der „logique du désir" gehorchen. Die Figuren sind keine Romanfiguren im traditionellen Sinn, sondern Stimmen, die verschiedene Funktionen erfüllen, insbesondere die des Ausdrucks affektiver Defizite. Ihre Bestimmung ist erneut die „Wortergreifung", die als Prinzip auf alle Figuren erweitert wird. Die Durchbrechung des Schweigens, der Zugang zum Wort, ist für sie, wie für die Figur der Mutter in *Harrouda,* von elementarer Bedeutung. Mit Hilfe von M. Foucaults *Histoire de la folie à l'âge classique* (Paris 1972) lassen sich die Hintergründe des Zusammenhangs von Schweigen, Eingesperrtsein und Wahnsinn erkennen. Nachdem sich der erste Roman auf die Ausgrenzung und das Eingesperrtsein der Frauenfigur konzentrierte, weist der zweite darauf hin, daß die in den Wahnsinn führenden Mechanismen des Auschließens und Wegsperrens auch die Situation der Gastarbeiter charakterisieren. Bei der Ghettoisierung der Gastarbeiter als moderner Form der „Auschließung der Nicht-Vernünftigen durch die Vernünftigen", die Foucault dem Zeitalter der Klassik zuordnete kommt allerdings noch der Faktor der neokolonialen Ausbeutung hinzu.

Der Mechanismus von Ausschließen und Einsperren führt dazu, daß die Figuren durch ihre Phantasmen und Träume bestimmt sind. Am deutlichsten zeigt dies die „Figur" des „Image", die weniger Person, als eine Mischung aus Projektionen und Visionen ist; ähnliches gilt für den „oiseau", dessen symbolische Funktion aus dem metaphorischen System Ben Jellouns zu erschließen ist; vergleichbares gilt auch für „Moha", eine der wichtigsten Stimmen Ben Jellouns, die in „La remontée des cendres" zu Wort kam und die zwei Jahre später Titelfigur eines eigenen Romans wurde. Als karnevalesker Aktivist und Repräsentant des marokkanischen Volks besteht seine Funktion in der Kontrastierung der nostalgischen Passivität der Emigranten. Neben diesen nur schwach personifizierten Abstraktionen treten auch Romanfiguren auf, die eine Subjektivität verkörpern: der „Blonde mit den grünen Augen", die Palästinenserin Gazelle und die Prostituierte. Eine dritte Gruppe besteht aus den abwesenden Personen, die in Marokko zurückgebliebene Tochter und der Vater, sowie eine Fremde, mit denen der Protagonist brieflich Kontakt aufnimmt.

Das Hauptproblem der Einwanderer besteht darin, wie man – d.h. Mann – eine unerträgliche Einsamkeit aushält. Hinzu kommt das sexuelle Verlangen das, wie in *Harrouda,* ein nicht geringes Problem darstellt. Die zwischenmenschlichen Blicke sind überwiegend vom Mann auf die Frau gerichtet. Dieser geschlechterspezifisch einseitige Blick ist freilich auch der eines Maghrebiners auf die französische Gesellschaft, das eigentliche Thema des Textes.

Wie in *Harrouda* gibt es zwei gegensätzliche Frauentypen, die Prostituierte und Gazelle. Sie verkörpern die käufliche und die echte Liebe, wobei der positive Wert der Palästinenserin Gazelle noch dadurch verstärkt wird, daß sie das Anliegen ihres Volkes symbolisiert. Der palästinensische Kampf um Freiheit und Land steht, wie die Gedichte gezeigt haben, an oberster Stelle in Ben Jellouns Wertehierarchie.

Besonders ausgeprägt ist die Raumsemantik, welche mit einer gleichzeitigen Schwächung der Zeitstrukturen einhergeht. Die Räume erfüllen eine emotive Funktion. Aufgeladen mit den affektiven und sexuellen Defiziten des Protagonisten erhalten sie eine eigene „Sprechweise". Der zentrale Ort, das Zimmer Momos, ist eine Zelle, die einen krassen Gegensatz von innen und außen herstellt. Der nach einem Ausweg suchende Protagonist steht sich gleichsam selbst im Weg, indem er sich in die Welt seiner Phantasien und Träume zurückzieht. Die assoziative und phantastische Tendenz seiner Äußerungen überträgt sich dabei auf die Zeitstrukturen, wodurch die Kohärenz der raum-zeitlichen Gestaltung deutlich wird.

5.2.1.4 Die interkulturelle Perspektivierung

Eine ausführlichere Analyse der Figurenkonstellation findet sich bei Mouzouni (ebenda, S. 109-115), für den hier beabsichtigten Überblick genügt eine Zusammenfassung. Ben Jelloun setzt das in *Harrouda* eingesetzte Erzählverfahren der Polyphonie fort. Der Protagonist und Erzähler tritt in den Hintergrund und überläßt anderen Stimmen das Wort, er spricht als „je" und „nous", womit die kollektive Dimension seiner Identität als Marokkaner und Emigrant zur Geltung kommt. Doch anders als in *Harrouda* geht er im Chor der Erzähler nicht mehr völlig unter, sondern seine Stimme bleibt vernehmbar.

Im Rahmen der vorliegenden Untersuchung ist der Aspekt der interkulturellen Perspektivierung hervorzuheben. Während der erste Roman fest auf dem Boden der marokkanischen Kultur stand, spielt der zweite zwar in Frankreich, doch die Perspektive bleibt marokkanisch-maghrebinisch: Die Kamera steht nun auf französischen Boden, während der Kameramann weiterhin Marokkaner ist.

Ben Jelloun beschreibt den Blick eines maghrebinischen Gastarbeiters auf Frankreich. Da er diesen Blick nicht nur objektiviert, sondern ihn zum Zentrum seiner Empathie macht, bestimmen die marokkanische Kultur und die arabische Welt die Perspektivierung des Textes.[357]

Die erzählerische Vermittlung des fremden Blicks basiert auf den in *Harrouda* erprobten Schreibweisen, insbesondere der Hydridisierung der Gattungen. Der Text, abermals ein „roman-poème" tendiert allerdings mehr zur Poesie als zur Prosa.

Die Sinnstrukturen und der Wirklichkeitsbezug stehen in einem ähnlichen Verhältnis wie in *Harrouda*. Die radikale Ästhetisierung einer soziologisch verifizierbaren Welt bestätigt das Plädoyer für die Freiheit der Kunst bei gleichzeitigem Engagement für die sprachlosen und ausgebeuteten Bevölkerungsgruppen. Die lyrische Sprache läßt mitnichten auf ein poetisches Spiel mit den Signifikanten schließen, allerdings geht sie häufig in eine metatextuelle Einstellung auf sich selbst über. Die in *Harrouda* unter dem Einfluß von R. Barthes aufgenommenen semiotischen Experimente fanden offensichtlich keine Fortsetzung, denn die Sprache ist das dominierende Zeichensystem, dem jedoch, wie aus dem Anfang und dem Ende des Textes hervorgeht, großes Mißtrauen entgegengebracht wird.

---

[357] Zum Begriff der Empathie als textanalytische Kategorie vgl. B. Wolter, ebenda, S.23-59.

Der kulturelle Standpunkt leitet sich in diesem Text aus dem Junktim von testimonialer und poetischer Funktion ab. Ben Jellouns Absicht ist es, Zeugnis abzulegen. Aus den schuhputzenden Kindern von „L'aube des dalles" sind erwachsene Gastarbeiter in Frankreich geworden. Gleichzeitig entzieht er sich den Konventionen der sozial-engagierten Literatur, indem er einen Text schreibt, der alle Gattungskonventionen sprengt, und eine radikale, höchst poetische Innensicht des „unhomely life" (H. Bhabha) entwirft.

5.2.2 *La plus haute des solitudes:* Die reflektierte Wahrnehmung

Bereits dem Titel der ersten umfangreicheren nicht-literarischen Publikation Ben Jellouns ist zu entnehmen, daß die Methode oder Betrachtungsweise, nicht rein psychologisch oder soziologisch ist. Die literarische Qualität wird in den Paratexten bestätigt, deren Aufbau eine normalerweise nicht mit einer sozialpsychiatrischen Studie verbundene Erwartungshaltung erzeugt. Die Anordnung von Widmung, Danksagung, „Présentation", „Remarque" und „Introduction" entwickelt eine Dramaturgie, die den subjektiven Zugang zur Erkenntnis privilegiert.

Die an den wandernden Wald im *Macbeth* erinnernde Widmung: „A la forêt arrachée/ et qui avance/ telle la prairie des Indiens" läßt keinen Raum für Ambivalenzen. Standpunkt und Blickwinkel des Betrachters sind, wie schon in den Gedichten eindeutig auf der maghrebinisch-arabischen Seite.[358] Die „forêt arrachée" ist die ins Kollektive erweiterte Leitmetapher des Baums aus *La réclusion solitaire,* die Indianer stehen für die arabische Welt.

Die Danksagung enthält die konventionellen Hinweise auf Helfer, Institutionen, und die Entstehung des Buches aus der Dissertation an der „École Pratique des Hautes Études". Ben Jelloun entlockt der traditionellen Klaviatur des Vorworts jedoch auch Klänge, die seinen unverkennbaren Stil zu erkennen geben: „Mes remerciements les plus vifs vont aux consultants maghrébins avec qui *j'ai échangé parole, regard, écoute*". (meine Hervorhebung, S. 6). Dieser erste Satz der Danksagung enthält eine Mini-Definition von Literatur. Der Austausch von Worten und Blicken sowie gegenseitiges Zuhören sind nicht nur die Konstruktionsprinzipien seiner

[358] Vgl. die Gleichsetzung der arabischen Welt mit den Indianern in der Interpretation von „La remontée des cendres".

Texte, sondern auch zwischenmenschliche Werte, die den Ausgangspunkt einer kulturellen Opposition bilden; *ex negativo* ist damit das Thema des folgenden Essays vorweggenommen: Die „hospitalité française“, sprich die französische Fremdenfeindlichkeit.

Aus der Analyse von *La réclusion solitaire* ging hervor, daß Ben Jelloun einen maghrebinisch-arabischen Blick einsetzt, wobei er sich selbst als Betrachter reflektiert. Diese Perspektive liegt auch im Essay vor, wie aus Vorspann („présentation“) und Vorwort hervorgeht. Er bezeichnet sich in einer eingeschobenen Bemerkung („remarque“, S. 10) als „observateur-observé“, um seine Anteilnahme deutlich zu machen: „Mon témoignage n'est pas celui d'un observateur neutre et innocent“ (S. 10) Die empathische Beteiligung an der Perspektivenführung führt auch im Essay zu dem aus den Gedichten und Romanen bekannten Verschwinden des Erzählers oder Betrachters und zum Verschmelzen mit dem betrachteten Objekt:

> Ma présence, ma pratique m'engageaient dans l'intériorité des autres; je ne sais pas jusqu'à quel niveau je m'y installais et, de ce fait, je ne sais plus qui observait qui. (S. 10)

Die sich ihrer selbst bewußte Betrachtungsweise beschränkt sich, wie in den Gedichten und Romanen, nicht auf die visuelle Wahrnehmung. Der Essay beruht mit dem Hören auf einer anderen Prämisse des poetischen Selbstverständnisses. Die oberste Maxime des Dichters war es, seinem Volk Gehör zu schenken.[359] Dabei handelte es sich gleichzeitig um ein moralisch-ethisches Gesetz und um ein Verfahren der Texterzeugung. In *La plus haute des solitudes* liegt dieses werkgenetische Prinzip in Reinform vor: „J'ai été une écoute. J'ai été à l'écoute d'un certain nombre de personnes venues consulter pour troubles sexuels ou plus exactement pour malaises physiologiques altérant leur sexualité.“ (S. 13)

Das Subjekt des Autors geht hier, bedingt durch die testimoniale Absicht, metonymisch in der Funktion des Hörens auf. Das Konstruktionsprinzip von Roman und Essay ist mithin das gleiche: Erzähler und Autor lösen sich in den Stimmen anderer auf.

Ausgehend von der Interkulturalität in *La plus haute des solitudes* sind die aus den literarischen Texten bekannten Themen zu erschließen: „absence“, insbesondere in Form affektiver und sexueller Defizite, Tod, „bles-

---

[359] Vgl. dazu das erste Kapitel zur Poesie; sowie T. Ben Jelloun „Le poète doit être á l'écoute du peuple“, in: *Revue de l'Occident musulman et le Mediterranée*, 22, 1976, S. 191-195.

sure“, Entwurzelung, Zerrissenheit zwischen den Kulturen, Identitätskonflikte. Der Gegenstandsbereich setzt sich überwiegend aus den Konflikten und Pathologien des interkulturellen Lebens zusammen.

Die von Ben Jelloun ausgewählten Fallstudien werfen ein anderes, konkreteres und grelleres, Licht auf die neokolonialen Formen der Ausbeutung, mit denen speziell die maghrebinischen Arbeitsimmigranten konfrontiert sind.

Ein weiteres Mal stellt Ben Jelloun das „Antlitz“ (É. Lévinas) des Menschen in den Mittelpunkt seiner Aufmerksamkeit. Von der Nation der Freiheit, Gleichheit und Brüderlichkeit fordert er nicht mehr als ein Mindestmaß an Menschlichkeit und kulturellen Respekt.

Mit dieser doppelten Darstellung von Emigration als konfliktiver und destruktiver Interkulturalität machte sich der Autor einen Namen als Fürsprecher der Einwanderer, der über das literarische Feld hinaus zu seinem Markenzeichen wurde. Nicht nur zu seiner Freude, denn bald fühlte er sich in eine Ecke gedrängt, die ihm nicht behagte, wie die weitere literarische Entwicklung zeigt.

5.2.3 Von „L'écriture la trahison“ bis *Hospitalité française*

Die essayistischen Texte führen uns zunächst zu einem poetologischen Aufsatz. In „L'écriture la trahison“ resümierte Ben Jelloun seine Position als marokkanischer Schriftsteller, der sich der französischen Sprache bedient.[360] Bezugnehmend auf J. Genet stellte er dabei den Aspekt des Verrats in den Mittelpunkt, der mit der in *La réclusion solitaire* geäußerten Sprachkritik korrespondiert. Im Wesentlichen wiederholt Ben Jelloun die bereits untersuchten Aussagen des Nachworts zu *La mémoire future*. Der seit *Harrouda* rückgängige Einfluß von R. Barthes kommt in der Literaturauffassung noch einmal deutlich zur Geltung: „Je ne pose plus la question: Que peut la littérature? J'en pose une autre: Que doit être aujourd'hui l'écriture?“ (S. 394).

Die im Nachwort von *Harrouda* als „Zelebration des Irrealismus“ bezeichnete Verschiebung der sozialen Funktion des Schreibens hin zur literarischen erscheint nun als eine nicht minder emphatische Zelebration des Verrats: „Célébrons alors la Trahison.“ (S. 393). Freilich beseitigt der literarische Hedonismus nicht die Ambivalenzen der Literatur. Am Ende des

[360] In: *Les Temps Modernes*, 33bis, Oktober 1977, S. 392-397.

Aufsatzes steht eine Frage, die *tel quel* Ben Jellouns erstem Gedicht „L'aube des dalles" entnommen sein könnte: „[...]qui es-tu, toi, Marocain, écrivant en français?" (S. 396). Die Antwort, ganz im Geiste Genets, ist uns bekannt aus den analysierten Gedichten und Nachworten:

> Peu de chose. Un élément vraiment négligeable. Que pèsent mes mots en syllabes latines (et même si elles étaient arabes) sur la terre felée d'un bidonville, sur le tissu de cette réalité qui m'obsède, cette réalité qui va au-delà des mots: l'injustice, la violence, la lutte pour la survie?
> N'est-ce pas l'insolence que d'écrire? (S. 396)

Diese Infragestellung des engagierten Schreibens nach Sartre geht über die interkulturelle Problematik des Schreibens in französischer Sprache hinaus. Ben Jelloun entwickelt kein orphisches Selbstverständnis, sondern schämt sich mit der Rückendeckung der großen Zweifler und Skeptiker – Bataille, Genet, Nietzsche – seines Schreibens. Er überläßt es dem Leser, eine Antwort zu geben, die der bi-kulturellen Literatur des Postkolonialismus einen höheren Stellenwert zumißt und ihren Sinn anerkennt.

5.2.4 Zwischen Multikulturalität und Postmoderne: Die Begründung einer interkulturellen Ethik

Die in *La réclusion solitaire* und *La plus haute des solitudes* angelegte Kulturkritik fand in *Hospitalité française* eine systematische Erweiterung. Das in der Neuauflage von 1996 ergänzte Vorwort stellt einen Höhepunkt und ein Resümee der konflikthaften und pathologischen Seiten von Interkulturalität dar. Der Essay, entstanden anläßlich der Ermordung des elfjährigen Taoufik Ouannes am 9. Juli 1983, schreibt die Geschichte des Rassismus in Frankreich.

Gäbe es einen Nobelpreis für Buchtitel, Ben Jelloun hätte ihn spätestens mit *Hospitalité française* erhalten. Wie so oft spielt der Titel mit den unterschwelligen Bedeutungen, die der Text dann ausführt. Hinter der vordergründigen Bedeutung lauert eine zweite konnotierte, die ein Paradox darstellt: Gastfreundschaft und französisch gehen nicht zusammen. Das Sträuben des Substantivs gegen sein Attribut nimmt die Hauptaussage des Buches vorweg: Frankreich geht eben nicht freundlich mit seinen Gästen um. Das korrekte Adjektiv müßte marokkanisch – oder maghrebinisch bzw. arabisch – lauten. *Hospitalité marocaine* wäre jedoch kein denkwürdiger

Titel, sondern bestenfalls geeignet für eine ethnographische oder sozialpsychologische Studie.

Dem Essay, der die historische Gewachsenheit von Vorurteilen und Fremdstereotypen ins Auge faßt, kommt bei einer Analyse des interkulturellen Felds der französisch-maghrebinischen Beziehungen eine wichtige Stellung zu. Was in den zuvor erschienenen Texten und selbst in der Erstausgabe des Essays noch zwischen den Zeilen herauszulesen war, macht der Autor im Vorwort der Neuauflage deutlich: Es geht um eine interkulturelle Ethik. Die Geschichte des französischen Rassismus richtet sich nicht gegen Frankreich, sondern gegen eine oftmals politisch ausgenutzte Einstellung unreflektierter Fremdenfeindlichkeit, deren Ursachen und Erscheinungsformen analysiert werden.

Die Auseinandersetzung mit dem Konfliktpotential der multikulturellen Gesellschaft ist Ausdruck einer interkulturellen Praxis, denn sie steht in einer Tradition, die französischer nicht sein könnte: Ben Jelloun stellt sich als Intellektueller in eine Tradition, die, im Gegensatz zur deutschen, den Intellektuellen durch gesellschaftspolitisches Handeln und Engagement definiert.

In der Zeit nach Sartre haben sich das gesellschaftliche Auftreten und der Stellenwert der Intellektuellen verändert. Die französisch-maghrebinischen Beziehungen sind für Ben Jelloun ein Prüfstein für die französischen Intellektuellen, deren Schweigen – d.h. Nicht-Handeln – er registriert.

Hatte Ben Jelloun bisher Denkmodelle von Barthes, implizit wohl auch von Foucault und Lacan, eingesetzt, bezieht er im Vorwort zu *Hospitalité française* mit Émmanuel Lévinas und Jacques Derrida eine neue theoretische Position. Im Spannungsfeld von Multikulturalität und Postmoderne findet Ben Jelloun bei Derrida und Lévinas eine ethische Grundlage, die seine eigenen Anschauungen subsumiert. Das daraus entwickelte Konzept wird im folgenden charakterisiert.

Wenn hier der chronologischen Entwicklung durch die Einbeziehung des 1997 ergänzten Vorworts vorgegriffen wird, so deshalb, weil es ein Modell der Interkulturalität entwickelt, mit dessen Hilfe auch die literarischen Texte klarer zu erfassen sind. Das Ineinandergreifen von gelebter und literarischer Interkulturalität war die Grundlage für die Entwicklung einer Ethik, die insbesondere in den Texten zur Immigration zum Ausdruck kam.

Die wesentliche qualitative Neuerung des interkulturellen Modells besteht in einer Kritik des Differenzbegriffs. Ben Jelloun korrigierte mit der Differenz die zentrale Kategorie des kulturwissenschaftlichen Trends, der seit den siebziger Jahren alle geisteswissenschaftlichen Disziplinen erfaßte und in den ehemaligen Kolonien enthusiastisch aufgenommen wurde. Diese Neupositionierung im kulturellen Feld erfolgte aus einer Perspektive, die an der gesellschaftlichen und politischen Praxis orientiert ist. Ben Jelloun nimmt, nach über zwei Jahrzehnten Leben in Paris, die Schwierigkeiten der Einwanderer und ihrer in Frankreich geborenen Kinder in aller Schärfe wahr und setzt sich weiterhin mit ihnen literarisch auseinander. Die Betonung der Unterschiede trägt wenig zur kulturellen Integration bei, diese Erkenntnis steht im Mittelpunkt der neuesten Texte *Les raisins de la galère* und *Le racisme expliqué à ma fille*.

5.2.5 *Les yeux baissés*

Der erste umfangreichere Roman nach dem „Prix Goncourt" brachte einen erneuten Perspektivenwechsel. Nach drei in Marokko spielenden Texten (*L'enfant de sable*, *La nuit sacrée* und *Jour de silence à Tanger*), die dort auch ihren kulturellen Schwerpunkt haben, steht in *Les yeux baissés* die Kamera erstmals auf beiden Seiten, in Marokko und Paris. Mit dieser Doppelperspektive inszenierte Ben Jelloun ein wahres Blickgewitter, das den besonderen Reiz dieses Romans ausmacht. Ausgehend von der Geschichte eines marokkanischen Gastarbeiters, der seine Familie nach Frankreich holt und selbst der Heimat verhaftet bleibt, geht es um das bi-kulturelle Leben seiner Tochter. Hauptfigur ist mithin abermals eine Frau, und ihr Blick auf die marokkanische und die französische Gesellschaft, das eigentliche Thema des Romans. Diese Doppelperspektive kommt in zwei Handlungssträngen zum Ausdruck, die, grob vereinfacht, mit zwei Erzählweisen korrespondieren: Die märchenhafte Schatzsuche in Marokko und die Emigration von Marokko nach Paris.

Werkgenetisch sind einige Konstanten zu erwähnen. Das bereits im ersten Gedicht „L'aube des dalles" entwickelte Leitmotiv des Schwankens zwischen Verzweiflung und Hoffnung erscheint in *Les yeux baissés* in einer interkulturellen Dimension. Die marokkanische Welt, repräsentiert durch das Dorf Imiltanout, ist einem schleichenden Verfall ausgesetzt und gleichbedeutend mit Aussichtslosigkeit, Leid und Untergang. Demgegenüber stellen Paris und das Leben in Frankreich die Hoffnung auf eine bessere Zukunft dar. Mit dem Gegensatz von archaischem Landleben und moderner Großstadt sind die thematischen Koordinaten vorgegeben, innerhalb derer die Emanzipation der Frauenfigur und ihre Suche nach einer Identität verläuft.[361] Auch erzählerisch verwendet der Autor bewährte Strategien, wie das Kaschieren der Erzählsituation hinter einer Vielzahl von Stimmen, deren Mehrdeutigkeit sich auf die Darstellung von Wirklichkeit auswirkt, indem sie der fiktionalen Welt eine grundsätzliche Mehrdeutigkeit verleiht.

Erwähnenswert ist auch der Zusammenhang zum vorausgehenden Text *Jour de silence à Tanger*, in dem Ben Jelloun erstmals die Vaterfigur in den Mittelpunkt stellte. Er selbst führte diesen Perspektivenwechsel auf seine eigene Vaterschaft zurück. Dieser biographische Hintergrund kann auch auf *Les yeux baissés* bezogen werden, wo es um die Vermittlung des kulturellen Erbes islamisch erzogener Eltern an ihre Kinder geht. Die Vater-Tochter Beziehung ist, wie die Mutter-Sohn Beziehung in *Harrouda*, eine Handlungsachse des Textes. Die Werte der traditionellen islamischen Erziehung, allen voran der absolute Respekt vor den Eltern, insbesondere dem Vater, verändern sich durch den Wechsel nach Frankreich schneller, als dies in Marokko der Fall ist.[362] Ein weiterer der Widmung entnehmbarer biographischer Bezug ist zu erwähnen: „Pour la petite bergère de M'Zouda" bezieht sich auf Ben Jellouns Frau Aïcha, einer in M'Zouda im

[361] D. Brahimi konstatierte das Fehlen moderner Frauen und Mädchen im Werk von Ben Jelloun: „Tahar Ben Jelloun. Portrait de jeune fille marocaine?", in: Y. Bénayoun-Szmidt/ H. Bouraoui/ N. Redouane (Hg.), *La traversée du français dans les signes littéraires marocains*, Toronto 1996, S. 181-187. Dem kann schwerlich widersprochen werden, doch vermittelt das bloße Feststellen der Dominanz eines archaischen Frauentypus noch keinen Erkenntisgewinn. Außerdem übersieht Brahimi, die sonst eine aufmerksamere Leserin der Texte Ben Jellouns ist, die für die Darstellung der Geschlechterverhälnisse fundamentale doppelte Perspektivierung der Erzählsituation. Da sie den impliziten Autor übersieht, schließt Brahimi vorschnell - aufgrund des offensichtlichen autobiographischen Bezugs - auf den Autor (S. 184f.).

[362] Ben Jelloun wurde nach eigenen Aussagen traditionell erzogen: „J'ai été élevé comme ça. Ce n'est pas tant une question de soumission que de pudeur. La contestation du père est tout simplement impensable. Ce n'est plus vrai maintenant et je n'élèverai pas ma fille comme ça, mais mon heroïne grandit dans les années septante", aus: I. Rüf, „L'écrivain public: Tahar Ben Jelloun", in: *L'Hebdo*, (Lausanne), 7.2.1991, S. 62, 63; hier S. 63.

Atlasgebirge, aufgewachsenen Berberin, die nach Paris emigrierte und deren Geschichte ihn zu diesem Text inspiriert hat.[363] Der Inhalt:

Ein Berbermädchen aus einem Dorf im Hohen Atlas ist die Hüterin des Geheimnisses eines verborgenen Schatzes. Das von den nach Frankreich emigrierten Männern verlassene Dorf steht unter dem Fluch ihrer Tante, die den „bösen Blick" hat. Am Tag, nachdem die Tante Knizas kleinen Bruder ums Leben brachte, holt sie der Vater nach Frankreich, wo die Familie im Araberviertel Goutte-d'Or lebt. Dort lernt sie Lesen und Schreiben, aber auch die Liebe und den Rassismus kennen. In den Wirren von kultureller Entwurzelung und Entdeckung stürzt sie sich in die Bilderwelt ihrer Phantasie, die sie immer wieder in ihre Kindheit im Dorf zurückführt. Auch die Heirat mit einem französischen Schriftsteller dämpft die interkulturellen Turbulenzen nicht. Schließlich kehrt sie zurück in ihr Dorf, um sich auf die Suche nach dem Schatz zu machen. Zurück in Paris, findet sie einen Brief ihres Mannes, der sie verlassen hat, um in Marokko zu leben.

5.2.5.1 Der Titel

Der Titel fällt insofern aus dem Rahmen, als er ohne Parodox oder Gegensätze auszukommen scheint und einen eindeutigen Bezug zum Islam und zur marokkanischen Kultur herstellt. Wie im Kapitel zum Blick in der islamischen Kultur ausgeführt, ist der Begriff des gesenkten Blicks koranischen Ursprungs. Im Kontext des Romans besteht der islamische Bezug jedoch vor allem im Respekt, der den Kindern gegenüber ihren Eltern abverlangt wird (S. 29, 123). Den Blicken kommen neben dieser soziokulturellen Dimension noch mehrere andere Bedeutungen zu. Das mit den Augen verbundene Spektrum von Wahrnehmungen und Empfindungen ist das Leitmotiv, von dem verschiedene Isotopien ausgehen. Diese sich teilweise überkreuzenden Bedeutungsstränge können hier nicht alle wiedergegeben werden, da sie sowohl in den Tiefenstrukturen als auch an der Textoberfläche verlaufen, so daß eine erschöpfende Analyse zuviel Platz beanspruchen würde.

Die Basis-Opposition besteht in der mit dem Kulturwechsel verbundenen Bedeutung des Blicks. Die Emanzipation der Protagonistin

---

[363] Weitere Informationen zur Verbindung von Biographie und Roman gibt der Film *Voyage au Maroc de Tahar Ben Jelloun. Mémoire d'en face*, Regie: Guy Saguez (La Sept/ Arte) 1996. Im Mittelteil stellt Ben Jellouns Frau ihren Geburtsort, das Dorf M'Zouda vor.

kommt durch das Erwidern und Nicht-Niederschlagen des Blicks gegenüber dem Mann zum Ausdruck. Dieselbe Protagonistin respektiert jedoch gegenüber ihrer Großmutter und ihren Eltern andere Anwendungsbereiche des gesenkten Blicks. Das Festhalten an den damit verbundenen Werten ist insofern interkulturell, als diese in Frankreich nicht respektiert werden.

5.2.5.2 Bedeutungsbereiche und Funktionen der Blicke

Sämtliche Figurencharakterisierungen des Romans enthalten eine Beschreibung der Augen oder des Blicks. Auch die Stellung der Figuren im semantischen Feld ist durch ihren Blick bestimmt. Von Slima, der Tante der Protagonistin, heißt es:

> En fait, je voyais les gens en couleurs, le vert étant réservé à ma tante; J'ajoutais un peu de jaune pour les yeux et du bleu sur les lèvres, organisant à ma guise sa tête de sorcière minée par la jalousie et la haine. (S. 19)

Slima spielt als Figur des Bösen eine zentrale Rolle im Handlungsablauf. Ihre Bedeutung geht jedoch über den Bereich der Figurenkonstellation hinaus. Sie gehört zu den „visages abîmés", die es in jeder Gesellschaft gibt.[364] Sie verweist auf die sozialen Mechanismen, die Kriminalität, Rassismus und Haß erzeugen: „Je ne suis pas un monstre, je suis un miroir, votre miroir [...]. Si je suis laide, c'est que je suis trop proche de vos pensées... Car elles sont malsaines, vos pensées." (S. 63) Slima erfüllt die Funktion eines Spiegels, der die paranoiden Mechanismen im inneren von Gesellschaft und Psyche zeigen soll.

Alle wichtigen Handlungen und Ereignisse enthalten Beschreibungen der Augen und des Sehens. Das Sterben des kleinen Bruders wird mittels Blicken dargestellt. Es beginnt mit einer Krankeit: „Il perdit la parole, puis la voix. Il nous regardait avec ses grands yeux, effrayé." (S. 17) Dem folgt die rapide Verschlechterung seines Zustands: „Ses yeux grandissaient pour acceuillir toutes les larmes de l'enfance. Il ne pleurait pas, mais fixait le ciel comme s'il interrogeait quelque étoile sur l'origine de cette souffrance." (S. 17) In der Sterbeszene heißt es schließlich: „Les yeux restaient ouverts. Il n'y avait plus rien dedans. Plus de larmes. Plus d'image. Ses mains crispées arrêtèrent définitivement la douleur." (S. 18) Der Tod defi-

[364] Vgl. dazu N. Lindenlauf, *Tahar Ben Jelloun. Les yeux baissés*, Brüssel 1996, S. 115f.

niert als Nicht-Sehen, als die Abwesenheit von Bildern, bildet eine Opposition zum Leben, dessen Kraft in der Fähigkeit des Sehens beruht.

5.2.5.3 Die verborgene Kamera: weibliches Schicksal aus männlicher Sicht

Nachdem auf die breite thematische Streuung der Blicke hingewiesen ist, soll nun die interkulturelle Entwicklung des Motivs am Beispiel der Protagonistin erläutert werden. Anhand der Hauptfigur läßt sich die weitere Bedeutung des visuellen Bereichs zeigen, denn deren Stärke liegt im Seherischen, von klein an praktiziert sie ein visionäres Bildersehen. Als Hüterin des Geheimnis des Schatzes verfügt sie über eine innere Kraftquelle, die sie zu einer starken und sympathischen Figur macht. Dies um so mehr als sie selbst erst herausfinden muß, worum es sich bei dem Schatz handelt.

Der Blick der Protagonistin scheint auch die Erzählsituation zu bestimmen, denn sie erzählt in der ersten Person ihr eigenes Leben. Freilich drängt sich vor dem Hintergrund der bisher gelesenen Texte der Verdacht auf, daß diese eindimensionale Pespektivierung mit einer Ich-Erzählerin nicht die ganze Wahrheit sein kann. Dieser Verdacht erhärtet sich beim Lesen, durch zwei Indizien. Zum einen wird die Distanz zwischen dem erzählenden und dem erlebenden Ich nie geklärt. Die für den Ich-Erzähler konstitutive Definition seines Standpunkts, von dem aus das Erlebte rekapituliert wird, fehlt. Zum anderen ist gleichwohl eine Distanz zwischen Erzählen und Erleben vorhanden. Dies geht aus der Kommentierung des Erlebten hervor, denn diese erfolgt von einem geistigen und psychologischen Standpunkt aus, der nicht dem des Mädchens entsprechen kann. Dieser Standpunkt ist in Benjellounscher Manier verborgen, und er wird in diesem Roman erst im Epilog aufgedeckt. Dort wird deutlich, daß die Geschichte Teil eines Romans mit dem Titel *Les yeux baissés* ist. Autor ist ein französischer Schriftsteller, den die Protagonistin geheiratet hat und dem sie ihre Lebensgeschichte erzählt hat. Ben Jelloun versteckt die Kamera – einschließlich Mikrophon – bis zum Schluß, sein Kameramann wäre in diesem Fall ein Franzose. Er gibt die Geschichte der Erzählerin nicht unmittelbar wieder, sondern er nimmt sie als Erzählung auf. Wie sich der doppelte Blick auf die Perspektivierung von Geschlechtern und Kulturen auswirkt, ist nun anhand der wichtigsten Handlungsetappen nachzuvollziehen.

5.2.5.4 Die Peripetien des Blicks

In Frankreich entwickelt die Protagonistin die Fähigkeit des fremden Blicks. Die erste Peripetie in der Darstellung von Interkulturalität ereignet sich im neunten und zehnten Kapitel. Der Schilderung des Kulturschocks nach der Ankunft in Paris (Kapitel sechs) und der allmählichen Eingliederung (Französischlernen, Schulbesuch, soziale Kontakte) folgt die Konfrontation mit dem Rassismus. Die Stürmung und Verwüstung des Araberviertels „Goutte-d'Or" durch die Pariser Polizei zeigen die Grenzen von Interkulturalität auf: „En revanche, je sentis pour la première fois, ce matin-là, que nous n'étions pas chez nous, que Paris n'était pas ma ville, et que la France ne serait jamais tout à fait mon pays." (S. 103) Dieser ohnehin deutliche Wendepunkt in der interkulturellen Entwicklung wird im folgenden Kapitel noch stärker markiert. Es versteht sich von selbst, daß eine Identifikation mit dieser Seite der französischen Wirklichkeit nicht möglich ist; eine Spaltung des Blicks auf die französische Gesellschaft ist unvermeidlich. Halt bieten dagegen die kulturellen und zivilisatorischen Werte:

> Pour moi, la France c'était l'école, le dictionnaire, l'électricité, les lumières de la ville, le gris des murs et parfois des visages, l'avenir, la liberté, la neige, Mme Simone, le premier livre que j'ai lu, [...]. (S. 109)

Die sprach- und buchorientierte Darstellung läßt den Blick des Schriftstellers, die eigentliche Erzählinstanz, erkennen. Diese im inneren Monolog erfolgende Bestandsaufnahme wird jäh unterbrochen vom Schrei einer Frau, „long et douloureux", deren fünfzehnjähriger Sohn Opfer eines Mordanschlags wurde: „Il était neuf heures dix, ce dimanche 27 octobre 1971, lorsqu'une balle traversa le cœur d'un enfant qui jouait flipper dans un café de la Goutte-d'Or" (S. 109). Dieser trockenen, doch nicht neutralen, Meldung folgt die Schilderung des Jungen:

> Il était gai, vivant et optimiste. Son corps était sur le trottoir, un sourire incrédule sur le visage, la main droite fermée sur des pièces de monnaie; serein, en paix et *regardant le ciel* comme si une force vive, en lui, *interrogeait les gros nuages* qui passaient, indifférents et hautains. (S. 110, meine Hervorhebung)

Die Ähnlichkeit mit der Sterbeszene des kleinen Bruders ist ein weiterer Hinweis auf die übergeordnete Erzählinstanz des Schriftstellers („Il ne pleurait pas, mais *fixait le ciel comme s'il interrogeait* quelque étoile sur l'origine de cette souffrance.“ (S. 17, meine Hervorhebung)). Freilich entspricht die Analogie der Beschreibungsmuster auch der Handlungslogik, derzufolge die Protagonistin sich an den Tod ihres Bruders erinnert fühlt. Das in Frankreich heranwachsende Berbermädchen lernt die Lektionen des Rassismus: „J'appris le sens du mot racisme“. (S. 111) Im erzählerischen Maskenspiel läßt dieses Kapitel die Position des Autors erkennen, der seine Kritik an der französischen Gesellschaft in den Mund des versteckten impliziten Autors legt.

Der konkreten Erfahrung im persönlichen Bereich folgt die Erkenntnis der historischen Dimension von Rassismus. Das Kapitel endet visuell, mit einer filmischen Dokumentation über die Judenverbrennungen in deutschen Konzentrationslagern. Die Beschreibung und Problematisierung von Rassismus beruht auf einer mehrfachen Verschachtelung von Blicken auf der binnenfiktionalen Ebene.

Die Protagonistin schildert sich beim Betrachten der Todesbilder im Dokumentarfilm. Ben Jelloun gestaltet den Schluß des Kapitels als dramatischen Blickwechsel zwischen der Protagonistin und den auf den Weg in die Gaskammern befindlichen Menschen. Ihr vom versteckten impliziten Autor entworfener Blick fällt, wiederum der Handlungslogik entsprechend, auf ein Kind: „Un enfant lève la tête au ciel et ne comprend pas ce que vient faire le soleil dans cet enfer, en ces jours funestes où la braise de la haine est un volcan furieux qu'aucun ciel n'éteint.“ (S. 114) Die Wiederholung des fragend zum Himmel gerichteten Blicks leitet über zum makabren Finale:

> Un enfant perdu, vite apprivoisé par la mort, lève les mains comme dans un jeu d'écolier. *Il nous regarde. Il me regarde. Je baisse les yeux.* Mes larmes scintillent. Le visage de cet enfant est là, dans mes larmes. L'image s'arrête. Dans la salle, c'est le silence et l'obscurité. Personne ne parle. Nuit et brouillard. Ce jour-là, je n'avais plus treize ans, mais mille ans. (S. 114f., meine Hervorhebung)

Der Blickwechsel zwischen Betrachter und Leinwand setzt einen dramatischen Höhepunkt. Das Hineinschlüpfen in die Haut des betrachteten Menschen, die Identifikation mit dem Opfer, verwandelt sich in Anteilnahme.

Die Szene expliziert die Bedeutung des gesenkten Blicks, und sie impliziert eine Weltsicht, die mit dem zeitlosen Antlitz des leidenden Menschen endet, womit abermals die ethische Dimension und der Bezug zu É. Lévinas zum Vorschein kommen. Das Motiv des sinnlosen Todes unschuldiger Menschen wurde im ersten Teil bereits untersucht; der Gedichtband

La remontée des cendres, dessen zentrales Motiv das Erinnern an die sinnlos gefallenen Soldaten ist, entstand im Publikationsjahr von *Les yeux baissés*. Im Zusammenhang des Gesamtwerks kommt dieser Szene zweifellos eine nicht minder zentrale Bedeutung zu. Der Bezug zum Titel macht deutlich, daß es sich um eine Schlüsselszene des Romans handelt.

Der zweite Einschnitt in der Darstellung der Interkulturalität erfolgt im zwölften Kapitel nach der Rückkehr in das Heimatdorf. Dort betrachtet die Protagonistin ihre eigene Blickweise: „*Moi, je regardais tout cela en étrangère*. Je ne versais pas une larme; j'observais les jeunes gens, essayant de *repérer des yeux* qui me feraient rêver" (meine Hervorhebung, S. 131). Sie sieht sich als Sehende und sie kommuniziert mit Blicken. Das Bewußtsein der eigenen Sehweise wird zum Indikator von Identität und Alterität:

> Rien n'avait changé, et pourtant tout m'y parut très vieux et très nouveau. Mes yeux n'étaient plus les mêmes, ils avaient vu autre chose, d'autres images s'y étaient imprimées, d'autres visages s'y étaient infiltrés. Je portais en moi tant de nouvelles choses que mon regard ne pouvait qu'être impitoyable. (S. 133)

Deutlicher kann man den kulturellen Blickwechsel nicht mehr formulieren. Im antizipierten Wissen, daß es sich um eine fingierte binnenfiktionale Ich-Erzählung handelt, tritt das Leitmotiv des Blicks noch deutlicher hervor. Es ist der versteckte Schriftsteller, der diese augenzentrierte Darstellung wählt. Aus dieser Szene geht hervor, daß für die jüngere Generation – die Protagonistin kommt im Paris der siebziger Jahre in die Schule – die Weichen des interkulturellen Lebens anders gestellt sind als für ihre Eltern. Die Darstellung ihres Blicks auf Marokko als „gnadenlos" entspricht abermals nicht nur inhaltlich, sondern auch formal der Handlungslogik, denn, obwohl von der übergeordneten Erzähldistanz arrangiert, stellt er keinen Bruch im Diskurs der Ich-Erzählerin dar.

Die Erfahrung einer anderen Kultur und der zweimalige Blickwechsel werden resümiert als Akkumulation von Bildern und Gesichtern. Die Verbindung von Bildern und Gesichtern beruht zwar auch auf dem Visuellen, sie geht jedoch über die sichtbare Welt der Erscheinungen hinaus. Die Speicherung der Gesichter verweist auf die ethische Ausrichtung der Blikke, denn es handelt sich nicht nur um memorierte „face-to-face"-Kontakte und die Erkenntnis der anderen, sondern vielmehr um deren Anerkennung in ihrer Andersheit. Diese Erfahrung kultureller Alterität verändert die Wahrnehmung der eigenen Identität. Deswegen erscheint bei diesem Ausflug in die Kindheit alles „très vieux et très nouveau“. Dadurch, daß sich nichts verändert hat, ja die Zeit stehen geblieben zu sein scheint, tritt die Veränderung der Betrachterin, die alles in einem neuem Licht sieht, um so krasser hervor. Ihr Blick auf die eigene Herkunft wird unerbittlich, doch das Ende der interkulturellen Entwicklung – sofern sie jemals endet – ist damit nicht erreicht.

Das zwölfte Kapitel ist wegen dem Blick auf die für immer verlorene Welt der Kindheit höchst bedeutsam. Die Blicke steigern die Spannung der Handlung noch zusätzlich. Die wenigen zwischenmenschlichen Kontakte der Protagonistin sind durch Blicke determiniert, die eine symbolische Funktion erfüllen. Ihre Begegnung mit einem stummen Mädchen namens Safia beginnt wie die meisten Personenbeschreibungen mit den Augen:

> Elle avait des yeux noirs en amande, une peau douce et mate, vivait à l'ècart depuis le jour où elle était devenue muette à la suite d'une forte fièvre. Elle ne pouvait pas parler. Elle regardait le monde et ne l'aimait pas. (S. 134)

Erst per Blick-, dann per Körperkontakt erkennen sich die beiden Mädchen als Schwestern im Geiste („comme deux sœurs, deux orphelines abandonnées“, S. 134). Daraufhin stellt sich heraus, daß Safia das Stummsein willentlich gewählt hatte, aus Protest gegen die miserablen Lebensbedingungen in ihrer Familie. Als die Stunde des Abschieds näherrückt, verschwindet Safia spurlos. Kniza findet sie am Friedhof. Die Symbolik der Szene ist außergewöhnlich unzweideutig. Safia sitzt, nun wieder verstummt, auf dem Grab von Knizas verstorbenen Bruder:

> Pas surprise de me voir, elle regardait l'horizon et ne disait rien. Je m'approchai d'elle, pris son visage entre mes mains et essayai de lire dans ses yeux. Ils étaient vides comme une maison abandonnée. (S. 140)

Das Mädchen wartet teilnahmslos und ohne Reaktionen auf ihren eigenen bevorstehenden Tod. Das Fazit könnte klarer nicht sein: Die Emigration ist zwar keine Lösung, doch Bleiben bedeutet Sterben. In der Serie der Sterbeszenen ist diese aufgrund ihrer unauflösbaren Ambivalenz besonders wichtig für die Darstellung der Interkulturalität. Das wird zusätzlich unterstrichen durch eine Schlüsselszene, die in der Chronologie der Ereignisse am Abend zuvor stattfand: Das Wiedersehen mit der Großmutter, die das kulturelle Gedächtnis repräsentiert. Ben Jelloun entwickelt den Dialog zwischen dem Marokko der Tradition (Großmutter) und dem Marokko der

Gegenwart (Enkelin) auf der Basis der Baum-Metaphorik. Die alte Frau, eine Variation der Figur des weisen Ratgebers, verbindet den Hinweis auf die Unaufhebbarkeit der Herkunft mit einer Warnung: „Méfie-toi des apparences, des images et des reflets dans l'eau. Tout cela passera. Seul te restera dans un coin du cœur la terre où tu as vu le jour." (S. 138) Als weise Frau weiß sie freilich auch, daß sich das Rad der Zeit nicht zurückdrehen läßt. Sie beschließt die Quintessenz ihrer Erkenntisse mit den Worten: „Va, sans te retourner, en toute tranquillité. Tu as ma bénédiction!" (S. 139). Der Respekt vor den Worten und der Person der Großmutter äußert sich selbstverständlich auch im Blick: „J'avais les yeux baissés en l'écoutant." (S. 139)

Die positive Darstellung der Figur der Großmutter ist nicht nur in diesem Text, sondern auch im Rahmen des Gesamtwerks kohärent. Der hier geäußerte Respekt vor der eigenen Herkunft dient nicht der Aufwertung einer sozial niedrigen Abstammung, sondern der Aufbewahrung der Vergangenheit in der Gegenwart. Die Szene ist eine eindringliche Darstellung der Kraft der Erinnerung im Fortschreiten des Lebens. Die Bewahrung der Erinnerung verläuft als Aufhebung im Hegelschen Sinne, sie verhindert nicht nur das Vergessen, sondern sie hebt das Erinnerte durch die Umsetzung in der Gegenwart auf eine neue Stufe.

Die Darstellung von Tod und Vergänglichkeit ist dialogisch. Es bedarf nicht nur der Figur, die die Rolle des Sterbenden inne hat, sondern auch einer zweiten, die diese beobachtet und mit dem daraus gewonnen Schmerz und Wissen weiterlebt.

Der hier zum Ausdruck kommende Respekt vor der Figur der Großmutter wurde bereits am Beispiel des Gedichts „Mourir comme elle" hinsichtlich seiner kulturellen Bedeutung analysiert. Durch den Bezug zu diesem Gedicht wird auch die biographische Dimension der emphatischen Darstellung von Großmutter und Kindstod deutlich. Ben Jellouns interkulturelles Engagement steht im Zeichen des großmütterlichen Rats, die Wurzeln nicht zu vergessen, auch wenn man sich von ihnen entfernt und verändert. Das ist das Thema dieses Romans, von dem jedoch auch Ben Jellouns gesamte literarische Entwicklung Zeugnis ablegt. Das integrative und ungebrochene Kulturmodell der Großmutter, die die mütterliche Linie – die Muttersprachen, den arabischen Dialekt oder eine der Berbersprachen, und die Volkskultur – repräsentiert, ist für Ben Jelloun wie für die Mädchenfigur im Roman zwar nicht mehr lebbar, aber es ist „aufhebbar" im Hegelschen Sinn, nicht zuletzt in Form von Literatur.

5.2.5.5 Der Blick der Liebe

Im Roman ist der interkulturelle *itinéraire* mit dieser Rückkehr nach Marokko noch nicht abgeschlossen. Die nächste Peripetie folgt im anschließenden dreizehnten Kapitel mit der Rückkehr nach Paris. Das große Fragezeichen der vorausgehenden Analysen, die Liebesthematik, wurde in den hier zunächst übersprungenen Romanen *L'enfant de sable* und *La nuit sacrée* aufgelöst. Auch in *Les yeux baissés* spielt die Liebe eine wesentliche Rolle bei der Entfaltung des kulturellen Konfliktpotentials:

> Le visage de l'amour devait se pencher sur moi et m'emporter loin de cette ville qui ressemblait de plus en plus à un grand magasin fermé pour cause de faillite avec les vitres brisées par où les chats entraient pour copuler en toute tranquillité. (S. 145)

Bevor die Protagonistin selbst die Liebe kennenlernt, denkt sie über die ihrer Eltern nach. Deren Darstellung ist Gegenstand einer Reflexion, in der sie als nicht darstellbar bezeichnet wird: „Tout regard qui se pose sur lui et tente de le faire parler est intrus, un regard de trop car couvert d'impudeur et de honte“ (S. 146). Der implizite Autor läßt die Erzählerin das islamische Blicktabu reproduzieren und verbindet es mit dem Topos der Unsagbarkeit. Ein Signal der Distanzierung von seiten des impliziten Autors ist bei dieser respektvollen, in der islamischen Kultur verwurzelten Darstellung der Liebe zwischen den Eltern nicht zu erkennen. Aufschlußreich ist die Verknüpfung von Sehen und Schreiben, die mit der Übersetzung von Blicken in Sprache („tente de le faire parler“) ein zentrales Verfahren der Wirklichkeitsdarstellung Ben Jellouns zu erkennen gibt. Die Wechselbeziehungen zwischen den verschiedenen Wahrnehmungsweisen, insbesondere Sehen und Hören, dienen der Infragestellung von Wirklichkeit und Wirklichkeitsdarstellung. In der vorliegenden Szene, die das Blicktabu aufrechterhält, wird die Infragestellung der islamischen Kultur verweigert. Diese Bedeutung bestätigt sich im folgenden Abschnitt, der die Schamhaftigkeit der elterlichen Liebe erläutert:

> Je ne me souviens pas avoir vu un jour mon père poser un baiser sur le visage de ma mère; et pourtant, leur amour est solide; sa force est dans cette beauté intérieure, discrète et jamais nommée. Il est tout entier dans un geste: les yeux baissés. (S. 146)

An Stellen wie diesen übernimmt die verborgene männliche Erzählinstanz den Blickpunkt der Erzählerin. Diese Identifikation bedeutet jedoch keinen

Bruch, sondern sie ist inhaltlich und erzählerisch schlüssig, weil der Erzähler mit ihr verheiratet und daher an der Handlung beteiligt ist. Die Reflexionen über die Art und Weise, in der sich Vater und Mutter lieben, werten die islamisch-arabisch-berberische Kultur auf. Das Aufgreifen des Titels unterstreicht und illustriert den Respekt vor der Tradition. Das Beispiel der Eltern dient nicht einer späteren Infragestellung vom übergeordneten Erzähler, doch es erfüllt, wie die Lebensweisheit der Großmutter, eine Kontrastfunktion: „Forcément l'amour que j'allais connaître était différent. Ni solide ni éternel, mais fulgurant." (S. 146)

Die Bedeutung von literarischen Blicken kommt beim Thema der Liebe besonders deutlich zur Geltung, weil Liebe eine intensive affektive Alteritätsbeziehung ist. Im vorliegenden Roman kommen zu den amourösen Bedeutungen noch weitere hinzu. Erstens handelt es sich um eine kulturübergreifende Beziehung; zweitens spielt der Autor mit den Perspektiven der Betrachter. Wurde der Roman bisher in der Ich-Form von der Protagonistin erzählt, kommen mit dem Beginn der Liebeshandlung weitere Erzähler dazu. Das entspricht der Logik des metafiktionalen Versteckspiels, denn schließlich ist die „große Liebe" der Protagonistin der Schriftsteller, der den Roman erzählt. Um sich nicht schon in der Mitte enttarnen zu müssen, schaltet er weitere Erzählerfiguren ein, die seine Präsenz weiterhin verbergen.

5.2.5.6 Die binnenfiktionale Polyphonie und der metatextuelle turn

Im vierzehnten Kapitel, das exakt die Mitte des Romans bildet, setzt Ben Jelloun die in der Lyrik angelegten und in den vorherigen Romanen erprobten Erzählverfahren der Polyphonie und der Pluralisierung der metatextuellen Kommentierung und Selbstdarstellung ein. Beide Verfahrensweisen tragen zu einer zunehmenden Fiktionalisierung von Handlung und Erzählvorgang bei, so daß es am Ende kaum mehr möglich ist, zwischen den Handlungssträngen und den ineinander verschachtelten Erzählebenen zu unterscheiden.

Zunächst tritt ein in die Protagonistin verliebter Maler als Erzähler auf, der sie Kniza nennt. Der neue Name ist ein erstes Indiz für die Pluralisierung der Identitäten. Mit dem Wechsel der Erzählsituation entsteht ein neuer Blickwinkel auf die Protagonistin.[365] Dem auf Blicken beruhenden

---

[365] *Focalisation externe* gemäß G. Genette, *Figures* III, Paris 1972, hier: S. 206ff.

Konstruktionsprinzip des Romans entsprechend, betrachtet der Maler – eine Inkarnation des Sehens und Sichtbarmachens – sich selbst („je regarde le ciel“, „Je te regarde“, S. 151; „Je te regarde“, S. 152) und Kniza als Sehende: „à ton regard lorsque tu ne comprends pas un mot ou un geste et tes yeux clignent doucement avec cette ironie en quête de complicité.“ (S. 151).

Aus der Außenperspektive kann der übergeordnete Erzähler bisher nicht erwähnte Eigenschaften der Protagonistin ergänzen, ohne selbst in Erscheinung treten zu müssen: Sie ist ein mit einer Aura ausgestattes Lichtwesen (S. 152, 153). Der nächste Wechsel der Erzählperspektive zurück zur Ich-Erzählerin macht klar, daß die Beziehung mit dem blickbesessenen Maler nur eine vorübergehende Affäre ist.

In Ermangelung eines geeigneten Partners flüchtet sie sich, wie der Protagonist aus *La réclusion solitaire,* in die Welt ihrer Visionen, in das Exil im Exil. Eine Mauer, die ihrem Fenster gegenüberliegt, dient als Leinwand ihrer Phantastievorstellungen. Das Verfahren der Spiegelung innerer Phantasmen in der Außenwelt der umgebenden Stadtlandschaft trat bereits in *Harrouda* auf. Wie dort erfüllt die Stadt als Leinwand auch eine metatextuelle Funktion: „Rien dans cette histoire n'est tout à fait comme on l'imagine; forcément puisque le mur face à ma fenêtre ne produit que des histoires incroyables.“ (S. 155) Wie in *Harrouda* ist die Stadt nicht nur Projektionsfläche, sondern auch Projektor. Die Korrespondenz zwischen Subjekt und Welt ist allerdings nicht spiegelbildlich, sondern verzerrt, nichts ist so, wie man es sich vorstellt, und die Geschichten, die dabei herauskommen, sind „incroyables“. Daß es sich dabei um eine *mise en abyme* der Literatur handelt, wird spätestens dann deutlich, als die Protagonistin zu schreiben beginnt, um diese Visionen zu verarbeiten.

Diese intermediale und metatextuelle Passage leitet über zu einer weiteren Vervielfältigung der Erzählerstimmen. Wie in den anderen Romanen kommen nun imaginierte Stimmen hinzu. P. Stolz spricht von einem „fiktionalen Strudel“, der im vierzehnten Kapitel entsteht, und die vorherige Linearität der Erzählweise durcheinanderwirbelt.[366] Die wichtigste dieser Stimmen ist „Victor“, eine intertextuelle Anleihe aus Miguel de Unamunos Roman „Niebla“ (1914).[367] Victor ist, so Stolz, eine Beschützerfigur, die

[366] Vgl. P. Stolz, „Phänomenologie des bikulturellen Lebens: ein Roman des „entre-deux-cultures“ von Tahar Ben Jelloun“, in: Neue Romania, 14, 1993, S. 377-394; hier: S. 386.

[367] P. Stolz, ebenda, S. 388f. In Unamunos Roman diskutiert der Autor erst mit dem Erzähler Víctor Goti und dann mit der Romanfigur Augusto Pérez, der sich verselbständigt

als fiktionale Erfindung seiner Autorin deren Unzulänglichkeiten korrigiert.[368] Aus dem Zusammenhang der vorliegenden Untersuchung ist der ausführlichen Interpretation von Stolz nur hinzuzufügen, daß der Ernst dieser Art von Intertextualität in der metatextuellen Spiegelung des Erzählvorgangs liegt. Die Verselbständigung der Erzählerfiguren in den eingeschobenen Binnenerzählungen, die daraus entstehende Verschachtelung, der „fiktionale Strudel", gehören zu den im ersten Teil analysierten Schreibstrategien Ben Jellouns, die bereits in der Lyrik auftraten. Die Einbeziehung Unamunos ist daher ähnlich tiefgreifend und weitreichend wie die des argentinischen Autors Jorge Luis Borges in *L'enfant de sable*.

Über intertextuelle Spielereien hinaus geht auch das Verhältnis zwischen der Protagonistin und Victor, der die Rolle einer Reflektorfigur übernimmt.[369] Freilich ist er umgekehrt auch Gegenstand von Beschreibungen aus der Sicht der Protagonistin, die selbstverständlich seine Augen berücksichtigen: „Ses yeux sont maintenus ouverts par un système de ficelles transparents. Ils sont très rouges." (S. 155).

Die Bedeutung Victors besteht, wie die der imaginären Figuren und Stimmen in anderen Texten auch, im dynamischen Effekt, den sie auf das Verhältnis von Geschichtsebene und Wirklichkeitsdarstellung ausüben. Inhaltlich entstehen daraus die zahlreichen psychologischen Konflikte zwischen Pragmatismus und Träumerei, die die Persönlichkeitsentwicklung der Protagonistin bestimmen und ihre Positionierung zwischen den Kulturen blockieren. Auf der Ebene der erzählerischen Vermittlung erweitert die Einbeziehung Victors ebenfalls das Spektrum der Erzählweisen, weil er unter anderem paradoxerweise die Funktion eines realistischen Korrektivs gegenüber den Traumdiskursen der Protagonistin erfüllt.

Während sich die Protagonistin mehr und mehr in ihrer Phantasiewelt verstrickt, sorgt der Vater für die nächste Peripetie im interkulturellen Prozeß, indem er beschließt, mit Kind und Kegel nach Marokko zurückzukehren (S. 163). Der spontane Widerspruch der Tochter stellt einen weiteren Bezug zum Titel her: „Baisse les yeux quand tu me parles. Quand mon

---

und schließlich weigert abzutreten, als sein Schöpfer beschließt, ihn durch Selbstmord aus der Handlung zu entfernen. Ben Jelloun äußert volles Verständnis für den binnenfiktionalen Konflikt zwischen Realität und Fiktion. Seine Schriftstellerfigur sagt: „[...] un personnage est d'abord une liberté [...] ce sont des êtres que je respecte parce que je leur dois mes livres, même si c'est moi qui les imagine." (S. 226f.)

[368] P. Stolz, a.a.O., S. 387.

[369] P. Stolz, a.a.O., S. 389.

père m'ordonne de baisser les yeux, je ne peux pas résister ou faire autrement." (S. 163/ 164) Bei diesem erneuten Wechsel wird deutlich, daß es im Leben zwischen den Kulturen kein Zurück mehr gibt. Der erwähnte Zusammenhang des Schwankens zwischen den Kulturen und der Dynamisierung der Wirklichkeitsdarstellung wird bei der Ankunft deutlich: „A l'aube du troisième jour, le village nous est apparu enveloppé de brume. Le pays est une fiction. Le village n'a pas bougé." (S. 168) Der weitere Verlauf von Handlung und Erzählweise bestätigt die ominöse Nebelbildung der Ankunft. Es folgt ein polyphoner Einschub, bei dem mehrere schwer zu identifizierende Erzähler zu hören sind, deren Stimmen wie Echos im Nebel sich verlieren. Die Protagonistin kommt im siebzehnten Kapitel wieder zu Wort: „J'aime cette atmosphère irréelle, presque rêvée, dans laquelle nous apparut le village." (S. 195) Aus dieser Bemerkung, die auf die vorausgehenden Kapitel Bezug nimmt, wird ihre Funktion als Kommentatorin des Textes ersichtlich.

Nachdem die Kamera nun wieder auf marokkanischem Boden steht, zeichnen sich die Konturen des Elends deutlicher ab als zuvor. Der dritte Perspektivenwechsel läßt den Verfall, in dem sich das Dorf und damit Marokko befinden, krasser hervortreten als bei den vorausgehenden Einstellungen: „Le village était dans un tel état de délabrement et de dénuement qu'on avait de la peine à reconnaître les lieux." (S. 195/ 196)

Die Dramaturgie des „Es gibt kein zurück" spitzt sich zu. Geflohen vor der Unwirtlichkeit des Emigrantendaseins in Frankreich, stößt man auf eine im Niedergang befindliche „Heimat". Der Nullpunkt der Interkulturalität auf der Handlungsebene korrespondiert mit dem Absturz des Erzählvorgangs. Geschichte und Erzähler verlieren sich im Labyrinth von Handlungssträngen und Stimmen, die zu einer doppelten Fiktionalität tendieren. Das gehäufte Auftreten von Fiktionen von Romanfiguren verweist auf den in *Harrouda* propagierten Irrealismus. Die für Ben Jelloun typische Verselbständigung von Romanfiguren und die Auflösung der Grenzen zwischen realen und fiktionalen Geschichten und Ereignissen innerhalb der fiktionalen Welt sind von den Lesern immer wieder kritisiert geworden. Das Gleiten und die Vervielfältigung von Bedeutung und Erzählvorgang sind insofern nicht nur ein Faible der Protagonistin, die das Spiel der Spiegelungen und Echos liebt. Auch der Autor neigt dazu, seine Erzählerfiguren auf einer metatextuellen Ebene über diese Vorliebe reflektieren zu lassen: „J'aime cette atmosphère irréelle, presque rêvée, [...]"; „Ils furent réveillés par l'écho [...]" (S. 195).

Die metafiktionalen Simulakren und die erzählerischen Brüche bringen die Ambivalenzen und Risiken des interkulturellen Lebens zum Ausdruck. Die Reflexion über das Erzählen und die Verselbständigung von erfundenen Figuren gewinnen durch die Verschränkung mit der Liebeshandlung noch zusätzlich an Bedeutung. Die Protagonistin begegnet der Liebe in Gestalt eines französischen Schriftstellers, der ihre Probleme, die sie mit dem von ihr erfundenen Victor hat, aus eigener Erfahrung kennt und versteht. Diese Liebe ist jedoch letztendlich ein Zusammentreffen von Erzählinstanzen, denn der versteckte implizite Autor trifft seine Informantin, die ihm den Stoff für seinen Roman lieferte. Mit der daraus entstehenden Beziehung glätten sich zwar die Wogen auf der Handlungsebene, doch eine Rückkehr zum linearen Erzählen bleibt aus. Der Schriftsteller verharrt im Verborgenen, die Strategie der Verrätselung durch Verschleierung von Figurenidentitäten und Beziehungen wird fortgesetzt.

Die Auflösung der Rätsel und die Enthüllung der Erzählsituation verlagert Ben Jelloun wie so oft mittels einer letzten erzähltechnischen Pirouette in den paratextuellen Bereich. Es liegt auf der Hand, in dieser letzten eingezogenen binnenfiktionalen Ebene eine Übertragung der „halqa" zu erkennen. Ben Jelloun versetzt den Kreis um den mündlichen Geschichtenerzähler in die Tradition der *mise en abyme*, wobei er sich offensichtlich mehr am Beispiel des Spaniers Miguel de Unamuno orientiert als an der französischen von André Gides *Les faux-monnayeurs* kommenden Linie.[370]

5.2.5.7 Der „dritte Raum" – die Bilanz der Blickwechsel

Das Finale mit einer überraschenden Wendung erläutert eine letzte Konnotation des im Titel angelegten Leitmotivs der Blicke. Das Leben zwischen den Kulturen läßt sich nur als komplexes Spiel der Spiegelungen und Echos darstellen. Eine direktere, realistischere Modellierung von Interkulturalität ist nicht möglich. Insofern ist der Roman das geeignete Medium für die Darstellung des „entre-deux". So schreibt der Schriftsteller im ersten der im Epilog enthalten Briefe an seine Frau:

> Je sais que cette histoire des yeux baissés te fait rire. Ta vie, telle que tu me l'as racontée, m'a ému. Tes combats de fille d'immigrés m'ont plu. Je pensais que tu étais entre deux

[370] Zu erinnern ist in diesem Zusammenhang an Pirandellos, *Colloqui coi personaggi*, (1911). Die Aufdeckung eventueller intertextueller Zusammenhänge muß allerdings zukünftigen Forschungen überlassen bleiben.

cultures, entre deux mondes, en fait tu es dans un troisième lieu qui n'est ni ta terre natale ni ton pays d'adoption. (S. 295/ 296)

Dieser dritte Raum ist der Roman selbst.[371] Sollte der Transfer von der weiblichen Mündlichkeit („telle que tu me l'as racontée") in die männliche Schriftlichkeit ein Zufall sein? Da dieser innerhalb der fiktionalen Welt stattfindet, handelt es sich zunächst um einen Aspekt der Darstellung des Erzählens. Indem Ben Jelloun die metafiktionale Funktion seines Schreibens abermals mit der testimonialen und der poetischen Funktion verschmilzt, springt er in das „weder noch" – bzw. das „sowohl als auch" – des postkolonialen Romans. Der dritte Raum weist insofern über die Literatur hinaus, als er Bezug nimmt auf die außerliterarische Wirklichkeit der maghrebinischen Einwanderer in Frankreich. In die Darstellung dieser interkulturellen Begegnung, die überwiegend als Konfrontation und nicht als Dialog verläuft, integriert Ben Jelloun seine interkulturelle Ethik, die er im Vorwort der zweiten Auflage von *Hospitalité française* ausführte. Die in *Les yeux baissés* eingenommene Betrachtungsweise interkultureller Begegnungen und Konflikte beruht auf den Grundwerten dieser Ethik, die bereits im ersten Gedicht „L'aube des dalles" enthalten waren. Der Kampf gegen Erniedrigung, Diskriminierung und Rassismus beruht auf der Würde des Menschen, deren Wahrung das über alle Kulturkonflikte hinweg anzupeilende (transkulturelle) Ziel ist. Aus dieser Perspektive sind sowohl die französische als auch die marokkanische Gesellschaft Gegenstand der Kritik.

Vorausschauend auf die im folgenden Kapitel zu analysierenden Romane *L'enfant de sable* und *La nuit sacrée* ist abschließend noch auf das literarische Geschlechterrollenspiel hinzuweisen. Das Verfahren der kaschierten Erzählsituation betrifft nicht nur das Verhältnis der Kulturen, sondern auch das der Geschlechter. Unter dem Aspekt der Wortergreifung relativiert sich der Stellenwert des quantitativ umfangreichsten Romanteils der von der Ich-Erzählerin vermittelten Geschichte. Ihr von einem Mann wiedergegebenes Leben verlagert die in den anderen Romanen vorliegende Konstellation von Protagonistinnen und Erzählerinnen aus der Sicht eines männlichen Autors in die fiktionale Welt. Der Blick aufs andere Geschlecht erhält dadurch eine zusätzliche Ebene, die den literarischen Blick spiegelt. Die Bedeutung der *mise en abyme* der Blicke als Konstruktionsprinzip, das auf die Echos der Stimmen übertragbar ist, wird im Schluß-

[371] P. Stolz, a.a.O., S. 391.

satz noch einmal thematisiert: „Les vieux continueront de s'échanger les souvenirs et de déceler les rousseurs du ciel dans les yeux des jeunes filles qui chantent". (S. 298) Die Synästhesie von Gesang und Blicken, mit dem Himmel und den Augen als Projektionsflächen, entwirft eine Opposition von Jugend und Alter, die mit der Gegenüberstellung eines Lebens in Erinnerungen und eines Lebens im Hier und Jetzt, das Thema der Vergänglichkeit in bester romanesker Manier zum Ausdruck bringt.

Der Schlußsatz kann jedoch die zwischen den Kulturen und den Geschlechtern vorhandenen Disharmonien nicht übertünchen. Das System erzählerischer Spiegelungen und Echos endet mit der Stimme und dem Blick des Mannes.[372] Seine Sichtweise schließt den Roman ab, die der Protagonistin dagegen, die den Leser mehr interessieren würde, wird ausgeblendet. Die Frau bleibt Erzählfunktion und Objekt, eine über die Fiktion hinausgehende „Wortergreifung" würde die Erzählstrategie durchkreuzen. Zudem ist die vom Leser abverlangte Transferleistung kein Kunststück. Schließlich erwartete ihr Mann, ein Franzose, der am Schluß in Marokko seinen inneren Frieden sucht, daß sie den Blick senken solle. Mit einer Frau, die in der neuen Kultur gerade lernt, den Dingen – und den Männern – ins Gesicht zu sehen, kann dies zu keinem *happy end* führen. Das gewählte offene Ende und die aus dem Männerblick resultierenden Diskrepanzen unterstreichen allerdings die Glaubwürdigkeit des Textes. Auch erzählerisch erweist sich die konsequente, wenngleich aufwendige Maskierung des Erzählers und die dadurch bewerkstelligte *mise en abyme* der Blicke als überzeugende interkulturelle Strategie. Über die inhaltlich aufrechterhaltenen patriachalischen Gesichtspunkte hinweg erscheint die Darstellung der schwierigen Exilsituation – trotz oder gerade wegen der eingesetzten Nebelmetaphorik – als klare Absicht des Autors.

Für den Leser, der den Text für die Ich-Erzählung der Protagonistin hielt, bedeutet der Schluß eine Enttäuschung im doppelten Wortsinn. Erstens stellt sich heraus, daß er hinters Licht geführt worden ist, denn seine Sympathien wurden auf die Ich-Erzählerin gelenkt, mit dem Ergebnis, daß sich der Mann der Lebensgeschichte der Frau bemächtigt hat. Zweitens wird der Täuschungscharakter der fiktionalen Darstellung des anderen Geschlechts offenbart. Mit diesem Trick antizipiert Ben Jelloun jene Kritik, die seine männliche Version weiblicher Erzähler in den vorherigen Romanen bemängelt hatte. Inwieweit diese Kritik berechtigt ist, werden die

[372] Vgl. dazu N. Lindenlauf, a.a.O., S. 154ff.

Analysen von *L'enfant de sable*, *La nuit sacrée* und *La nuit de l'erreur* zeigen.

5.2.6 *Les raisins de la galère*

Ben Jelloun setzte die in *La réclusion solitaire* aufgenommene literarische Auseindersetzung mit der Immigrationsproblematik fort. Der Titel gibt mit der Anspielung auf John Steinbecks *Grapes of Wrath* (dt. *Die Früchte des Zorns*, 1939) einen ersten Hinweis auf die realistische Schreibweise. Wie Steinbeck stellt Ben Jelloun die Selbstbehauptung des Menschen gegenüber einem widrigen Schicksal dar. Das Beispiel der in Frankreich aufgewachsenen und geborenen Kinder der maghrebinischen Einwanderer liefert diesbezüglich reichhaltigen Stoff. Ben Jelloun setzte mit diesem Kurzroman seine sozialkritische Schreibweise fort und fordert, wie in seinen früheren Texten, zur Solidarität auf. Die Anklage von sozialen Mißständen und Rassismus im Milieu der maghrebinisch-französischen „no-future"-Generation verläuft abermals zwischen den Koordinaten von Hoffnung und Verzweiflung. Erneut stellt Ben Jelloun Kulturkonflikt und Geschlechterproblematik als Kausalzusammenhang dar. Im Mittelpunkt der Handlung steht die „beurette" Nadia:

Nadia ist Tochter eines algerischen Kabylen, der am 27.8.1961 nach Frankreich kam, um die Nachfolge seines Vaters als Fabrikarbeiter bei Renault anzutreten. Die Familie lebt in Resteville, in einem Haus, das der Vater nach dem Modell der Häuser seines Geburtsortes Tadmaït entworfen und eigenhändig errichtet hat. Der kommunistische Bürgermeister des Ortes erträgt es nicht, daß eine algerische Familie in einem Eigenheim im Zentrum, und nicht in den Sozialunterkünften der Randbezirke, lebt. Unter dem Vorwand, daß die Gemeinde den Platz für eine kulturelle Einrichtung benötigt, läßt er das Haus beschlagnahmen und räumen.

Der mit der Hoffnung auf ein besseres Leben nach Frankreich gekommene Vater verzweifelt und stirbt verbittert über seine Chancenlosigkeit. Bei ihrem Kampf um Wiedergutmachung und Erfolg entdeckt Nadia den hinter den Fassaden der französischen Demokratie Fremdenhass und Xenophobie. Ihr politisches Engagement endet mit einer Enttäuschung. Sie wird nicht als Abgeordnete gewählt und muß erkennen, daß sie sich als „beurette de service" in der Partei zwar nützlich machen, jedoch nicht die Verantwortung übernehmen durfte.

In diesem Text setzte sich Ben Jelloun mit den aktuellen Kulturkonflikten auseinander. Die Protagonistin ist ein junges, modernes Mädchen: „devenue française, avec encore de la terre algérienne collée à la plante des pieds“ (S. 90). In Frankreich geboren, aber nicht dort verwurzelt, repräsentiert sie die Generation der *beurs*: „Ils sont nés en terre française, mais avec des gueules d’Arabes, dans des banlieus d’Arabes, avec des problèmes d’Arabes et un avenir d’Arabes.“ (S. 76f.).

Diese Konstellation kehrt die Blickrichtung von *Les yeux baissés* um. Nadia blickt im Gegensatz zu Fathma kaum zurück, sondern nach vorne, in eine französische Zukunft. Die didaktische Intention ist, wie in allen Texten, die sich mit der Immigration und dem Rassismus auseinandersetzen, unübersehbar, wenn auch noch nicht so dominant wie in *Le racisme expliqué á ma fille*. Die willensstarke und tatkräftige Protagonistin ist fest entschlossen, in Frankreich ihren Weg zu machen. Inmitten allgemeiner moralischer Dekadenz, umgeben von „drogués, dealers, sans occupation, sans jeux, sans morale“ (S. 63) nimmt sie den Kampf auf und engagiert sich in einer politischen Partei. Sie vertritt damit den nicht resignierten Teil ihrer Generation, „qui voudrait sortir de l’ombre, soulever les grosses pierres qui la recouvrent, rejeter le linceul de mépris et ébranler l’arbre des ancêtres.“ (S. 131) Diese Charakterisierung enthält das aus der Poesie bekannte Programm: „rejeter le linceul“. Die Beseitigung des Leichentuchs ist seit der Gedichtsammlung *Hommes sous linceul de silence* eines der dringlichsten Anliegen des Autors. Die hier geforderte Zurückweisung der Verachtung bedeutet positiv gewendet nichts anderes als die Wiederherstellung der Menschenwürde, worin der ethische Imperativ Ben Jellouns zum Ausdruck kommt. Eine Abweichung von den bisherigen Grundsätzen stellt die Metapher des Baums dar. Das sonst so respektvoll eingesetzte Bild ist eingebunden in die zeitgeschichtliche Aktualität. Der Generationenkonflikt der *beurs* unterscheidet sich von dem ihrer Eltern durch eine andere interkulturelle Konstellation. Während die Generation Ben Jellouns den Blick nach Frankreich einsetzte, um den Anschluß an die Moderne zu finden, befinden sich die *beurs* in der Postmoderne. Der Anschluß an die maghrebinische Tradition gestaltet sich für sie ausgesprochen schwierig.

Die Kamera steht fest auf französischem Boden. Sie ist auf den am Ende von *Les yeux baissés* angedeuten „dritten Raum“ gerichtet, wobei sie das nächste Stadium der Interkulturalität fokussiert. Dieser Einstellung entspricht die realistische Erzählweise mit ihren detailgetreuen Nahaufnahmen der Kulturkonflikte. Auch die Sprache folgt der realistischen

Schreibweise. Ben Jelloun setzt, wie dies in der Literatur der *beurs* üblich ist, die Register der Alltags- und Umgangssprache ein.

Der Zielsetzung dieser Untersuchung folgend, ist nach Brüchen, Verschachtelungen und einer möglichen Doppelperspektive in diesem homodiegetisch erzählten Text zu suchen. Wie wird die Sichtweise der Protagonistin vermittelt?

Die Anhaltspunkte für die erzählerische Metalepsen fanden sich häufig im Bereich der Titel, Vor- und Nachworte.[373] *Les raisins de la galère* hat zwar keine entsprechende paratextuelle Poetik vorzuweisen, doch statt dessen findet sich am Ende des Textes eine Danksagung, die dreifachen Aufschluß erteilt. Erstens darüber, daß dem Autor die Geschichte von einem Mädchen namens Saadia erzählt wurde; zweitens, daß ihm eine „équipe de chercheurs sur le terrain" einen Bericht verfaßt hatte, der den Titel des Romans trug; drittens, daß Adil Jazouli, Chefredakteur der Zeitschrift *Banlieuscopies* und Freund des Autors, Kontakte zu den Betroffenen hergestellt hatte.

Damit liegen auch diesem linearen und realistisch geschriebenen Text die Konstruktionsprinzipien der komplexeren Romane zugrunde. Wieder ist die Ich-Erzählerin die mündliche Quelle für die schriftliche Überarbeitung des Autors; abermals sind die Stimmen anderer Informanten mit einbezogen, so daß das Prinzip der Polyphonie zugrunde liegt; der Autor tritt als Zeuge einer ihm vertrauten Wirklichkeit auf, wobei die testimoniale Funktion, wie in allen Texten zu Emigration und Immigration, durch persönliche Anteilnahme entobjektiviert wird und dadurch ihre Glaubwürdigkeit erhält.

In diesem Text bleibt die Ich-Erzählperspektive fast bis zum Ende bestehen. Erst am Schluß (S. 135/ 136) geht die Innensicht der Ich-Erzählerin in die Außensicht eines Er-Erzählers über, der sich allerdings, wie so oft, nicht zu erkennen gibt. Dieser Wechsel ist insofern bedeutsam, als er die Wiederholung eines Ratschlags des Vaters an seine Tochter enthält:

> N'oublie pas une chose, n'oublie jamais: où que tu ailles, quoi que tu fasses et dises, tu seras toujours renvoyée à tes racines. Tu es kabyle, on te prendra pour une Arabe, alors même que tu es citoyenne de France. Tu ne seras jamais française. (S. 35)

Die entsprechende aus der Außensicht erzählte Passage ist eine Erinnerung an den väterlichen Rat:

[373] Metalepse gemäß G. Genette, *Figures III*, Paris 1972, S. 243-245.

Elle écoute les paroles de son père: [...] Quitte ce pays-ci, voyage, va à la découverte du monde. Mais, où que tu ailles, n'oublie jamais qui tu es, d'où tu viens. Un jour ou l'autre, le village de tes ancêtres t'accueillera et te fera la fête. [...]. (S. 135f.)

Der Inhalt erklärt den Wechsel in die „focalisation externe",[374] denn hinter der Figurenmaske des Vaters ist die Stimme des Autors zu vernehmen. Eine solche ursprungsorientierte Einstellung wäre mit der Sichtweise der Protagonistin wohl kaum zu vereinbaren.

Den Leser von Ben Jellouns Immigrationsliteratur erinnert die zitierte Stelle außerdem an die Figur der Großmutter in *Les yeux baissés*, die ihrer Enkelin folgenden Rat gab: „Méfie-toi des apparences, des images et des reflets dans l'eau. Tout cela passera. Seul te restera dans un coin du cœur la terre où tu as vu le jour." (S. 138)

Abschließend sei noch ein weiteres Beispiel für die wechselseitige Bedingtheit von inhaltlichen Schlüsselszenen und erzählerischen Wendepunkten analysiert. Im glatten Redefluß der jugendlichen Erzählerin gibt es einige auffällige Sequenzen. Die markanteste besteht aus einem inneren Monolog. Die Protagonistin spricht, gerade im Begriff den Kopf zu verlieren, beruhigend auf sich selbst ein. Der dreiseitige Passus (S. 90-93) enthält vier Abschnitte, die mit „Nadia" beginnen. Der erste läßt, wie die Schlußszene, die Präsenz des Autors spürbar werden: „Nadia, tu m'échappes, j'ai peur pour toi, je crains trop que tu ne chutes et te casses quelque chose..." (S. 90) Der Satz, der „tel quel" von Victor, der erfundenen Figur aus *Les yeux baissés* stammen könnte, ist eher als Umsetzung eines Dialogs des Autors mit seinem Geschöpf zu lesen, denn als innerer Monolog einer temperamentvollen Jugendlichen. Wie meist wenn man die Stimme des Autors hinter der Figurenmaske vernimmt, ist das Thema die Erinnerung. Der dritte „Nadia"-Abschnitt handelt vom kulturellen Erbe:

Tu as hérité de ton grand-père puis de ton père de Tadmaït, un kilo de terre à l'odeur de terre, legs et relais que les pauvres se transmettent de génération en génération. Le passeras-tu un jour à tes propres enfants? (S. 91)

Nicht nur der Inhalt, auch die Bildlichkeit verrät hier den Autor. Der mit Heimaterde gefüllte Sack bildet eine weitere Variation in der Serie der Sack-Metaphern (vgl. die Analysen von *La remontée des cendres, L'enfant de sable* und *L'auberge des pauvres*).

---

[374] Gemäß der Terminologie von G. Genette, ebenda.

Der Höhepunkt folgt dann im vierten „Nadia"-Abschnitt. Das Mädchen stellt sich die Identitätsfrage: „c'est le moment ou jamais de te demander qui tu es, même si tu sais où tu es née et d'où vient ta famille." (S. 91) Die daran anschließende historische Bilanz der algerisch-französischen Geschichte läßt ebenso auf den Eingriff einer der Figur übergeordneten Erzählerinstanz schließen, die in diesem Fall nur der Autor sein kann. Der Schluß der Sequenz bestätigt diese Vermutung, das Mädchen fragt nach der Interkulturalität:

> Tu ne vis bien que dans le mélange. Tu as horreur de la pureté. D'ailleurs, existe-t-elle? Tu mélanges la vie de ton père à la tienne? Quoi de plus naturel? Tu es contre l'oubli, même si tu sais aussi avoir besoin de lui. (S. 93)

Auch hier ist zweifelsfrei die Empathie des Autors zu erkennen.

5.3 Von *Moha le fou, Moha le sage* bis *L'enfant de sable*

Der weitere Überblick über das Romanwerk orientiert sich an den bisher herausgearbeiteten Fragestellungen zur Thematisierung und zur literarischen Darstellung von Interkulturalität und Geschlechterbeziehungen. Der Schwerpunkt liegt auf *L'enfant de sable* und *La nuit sacrée*. Die früheren Romane, *Moha le fou, Moha le sage, La prière de l'absent* und *L'écrivain public*, die aus diesem Raster fallen, werden nur hinsichtlich ihrer werkgenetischen Relevanz zusammengefaßt. Von den späteren Romanen ist insbesondere auf *La nuit de l'erreur* einzugehen, der die beiden erstgenannten Romane zum Triptychon erweitert.

Alle analysierten Romane unterstreichen, daß die Geschichte des maghrebinischen Romans französischer Sprache eine Geschichte der fiktionalen Modellierung von Lebensgeschichten ist. Anhand der Beispiele aus dem Romanwerk Ben Jellouns lassen sich die auf die interkulturelle Produktionssituation zurückzuführenden Besonderheiten der quasi-autobiographischen Schreibformen veranschaulichen.

5.3.1 *Moha le fou, Moha le sage*

Moha, die Hauptfigur von *Moha le fou, Moha le sage*, setzt viele der in *Harrouda* angelegten Tendenzen fort. Der aus den Gedichten bekannte

Moha[375] entstammt der maghrebinischen Volksmythologie, als Variante der Figur des Joha symbolisiert er den Bezug zur mündlichen Kultur. Der Roman hat seinen kulturellen Schwerpunkt in Marokko und bestätigt Ben Jellouns Vorliebe für gesellschaftliche Außenseiter, wobei er die Mechanismen des gesellschaftlichen Ausschließens durch die chronotopische Gestaltung der (Land-)Straße und anderer offener Räume demonstriert.[376] In *La réclusion solitaire* setzte er dazu die geschlossenen Räume ein.

Mit der marokkanisch-maghrebinischen Perspektivierung setzte sich Ben Jelloun gegen Vorwürfe zur Wehr, die Auseinandersetzung mit dem autoritären Staat in Marokko vermieden zu haben.[377] Im Hinblick auf die französische Rezeption ist die Bezugnahme auf die marokkanische Kultur freilich auch als Befreiungsschlag gegen die einseitige Einordnung als Wortführer der maghrebinischen Immigranten in Frankreich zu verstehen.

Wie Harrouda erfüllt Moha hauptsächlich eine symbolische Funktion. Er steht für den Widerstand gegen die von den Machthabern ausgeübte Unterdrückung. Das Thema ist die Extremform politischer Gewalt. Moha ist ein zu Tode Gefolterter. Die Intention des Textes besteht in der Einforderung der Menschenrechte und Wiederherstellung der Menschenwürde:

> [...] la torture: c'est l'humiliation insoutenable du monde moderne. C'est quelque chose qui ne devrait pas non seulement exister, mais on ne devrait même pas y penser. Je crois qu'elle existe dans tous les systèmes: c'est malheureusement une horreur très répandue. Je pense que ce sont des pratiques très courantes dans tous les pays du tiers monde, sans exception.[378]

Die fragmentierte und nicht-lineare Erzählweise zeichnet sich durch ihre Polyphonie aus. Mohas Stimme setzt sich aus vielen Stimmen zusammen. Der narrative Text wird zum Gedicht und zum Ort einer theatralischen Performanz des poetischen Wortes. Das in *Harrouda* aufgenommene und

---

[375] Vgl. die Analyse von „La remontée des cendres".

[376] Gemäß M. Bachtins Begriff des Chronotopos, ebenda.

[377] „Certains m'accusent de parler de l'immigration pour éviter la critique politique du pays. Pourtant j'ai écrit *Moha le fou, Moha le sage* qui est un constat sociologique et politique de la société maghrébine d'après l'indépendance. Si l'écrivain doit être engagé, je crois l'être. Mais je ne suis pas engagé dans un parti politique ou dans une idéologie [...] je suis un homme seul", aus: Al Kortobi, Salah, „Tahar Ben Jelloun: 'Je reçois la réalité en pleine gueule, et je la rapporte'" in: *Sans frontière*, 4.12.1979, S. 14.

[378] Tahar Ben Jelloun in: Gaillard, Philippe, „Tahar le fou Tahar le sage", *Jeune Afrique*, 1404, 2.12.1987, S. 44-47.

in *L'enfant de sable* und *La nuit sacrée* fortgesetzte Versteckspiel des Erzählers beruht auf der Verschränkung von autochthonen, orientalischen Erzählweisen mit postmoderner Metafiktionalität. Moha bewegt sich nicht nur, wie Harrouda, zwischen Zeiten und Räumen, zwischen Wirklichkeit und Traum, sondern auch zwischen verschiedenen Erzählebenen, so daß sein Status ständig wechselt. Die entscheidende Frage für den Leser ist, wie Lucy Stone Mc Neece bemerkt, weniger, ob Erzähler und Protagonist eine Person sind, als vielmehr „de se situer par rapport au mode de la narration".[379] Man kann Stone Mc Neece nur beipflichten wenn sie fragend feststellt:

> Moha, est-il le rêveur où le rêvé? Le raconteur ou le raconté? Comme Borges, Beckett, et comme d'autres écrivains maghrébins, Ben Jelloun utilise la fiction pour nous faire chavirer entre deux modes d'expérience opposées [sic], traduisant ainsi en termes concrets, le paradoxe de notre „réel". (ebenda, S. 92)

Über diese paradoxe Erzählsituation hinausgehend ist das zentrale Prinzip die „prise de la parole". Wie Harrouda repräsentiert Moha die von der Leinwand der offiziellen Kultur verbannten Zeichen und Diskurse, er spricht für sein zum Schweigen verurteiltes Volk. Die Bestimmung des weisen Narren, der die Wahrheit sagt und dafür mit dem Leben bezahlt, ist, wie der Autor selbst erläutert, die Wortergreifung:

> [...] je cherche à faire en sorte que d'abord sa parole soit celle de tous ceux *qui ne peuvent pas parler*, qui sont ses semblables, et en même temps je m'emploie à ce qu'on prenne cette parole au sérieux. Car c'est très sérieux, ça va très loin, et je crois qu'aujourd'hui *le meilleur moyen de témoigner* sur ce que nous vivons, qui nous perturbe, qui nous empêche de respirer dans le monde arabe, c'est la littérature, la poésie, le roman.[380] (meine Hervorhebung).

Damit ist die testimoniale Dimension genannt, deren die Literatur aufwertende Funktion aus dem ersten Roman bekannt ist. Ben Jelloun kehrte mit Moha auf den „Teppich" der marokkanischen Kultur zurück. Seine Webmuster stammen nicht aus der realistischen Romantradition, sondern aus der mündlichen Tradition des Geschichtenerzählens auf der einen Seite und aus dem metafiktionalen Repertoire der Postmoderne auf der anderen.

---

[379] L. Stone McNeece, „Discours à la dérive: à travers le miroir ou l'écriture à l'envers", in: Y. Bénayoun-Szmidt/ H. Bouraoui/ N. Redouane, *La traversée du français dans les signes littéraires marocains*, Toronto 1996, S. 87-96, hier: S. 92.

[380] „Tahar Ben Jelloun ou comment créer français, en arabe", in: *Arabies*, Janvier 1988, S. 88-90.

Diese grundsätzliche Ambivalenz kennzeichnet auch den Sprachgebrauch. Auf der einen Seite gibt es zahlreiche aus dem Arabischen übersetzte Redewendungen, Sprichwörter, Alltagsfloskeln und Versatzstücke aus der religiösen Sprache, die für Lokalkolorit sorgen und einen Wirklichkeitseffekt erzeugen. Auf der anderen Seite besteht auch die Besonderheit dieses „Romans" in einem lyrischen Gebrauch der Sprache, die sich realistischen Beschreibungen der Außenwelt entzieht und statt dessen die Phantasmen der Innenwelt nach außen projiziert.

Die Zeitstrukturen sind ebenfalls durch Ellipsen, Achronien und historische Analepsen geprägt, wobei die Poetisierung des Erzählvorgangs für eine entzeitlichende Vergegenwärtigung sorgt, für die der chronologische Ablauf sekundär ist.

Die interkulturelle Komponente dieses Textes zeigt sich in Anbetracht des doppelten Rezeptionshorizonts. Sie liegt nicht in den Themen, sondern in der Schreibweise und im Stil. Wie *Harrouda* und *La réclusion solitaire* ist auch *Moha le fou, Moha le sage* „genährt von der bilderträchtig-poetischen Sensualität des Orients", so die Worte des *Spiegel*-Rezensenten.[381] G. Ortlepp bezeichnete diese orientalische „Erzählkunst, geschliffen im Geist der französischen Sprache" als eine „glückliche Kohabitation". In der Tat integriert Ben Jelloun die Funktionsweise der poetischen Sprache in die narrative Struktur des Romans. Der Text ist daher nicht nur lyrisch übercodiert, sondern er entzieht sich auch den Konventionen der realistischen Wirklichkeitsdarstellung. Das üblicherweise zur Klassifizierung herangezogene Kriterium „orientalisch" müßte eigentlich auf die damit verbundenen Verschiebungen der Wirklichkeitsdarstellung bezogen werden. Ben Jelloun bezieht sich in diesem Roman eindeutig auf die marokkanische Realität, doch nicht in Form von Beschreibungen, Schilderungen, Milieu- oder psychologischen Charakterstudien, sondern mit einer Romanpoetik, deren wesentliche Bezugspunkte – das marokkanische Volk, seine Kultur, das Dialektarabische – erzählerisch fragmentiert und verfremdet wiedergegeben werden.

[381] Gunnar Ortlep zitiert nach dem Klappentext der deutschen Übersetzung, *Sohn ihres Vaters*, Berlin 1989.

5.3.2 *La prière de l'absent*

Auch in diesem Roman, der Ben Jellouns erste Anspielung auf den argentinischen Schriftsteller Jorge Luis Borges enthält, steht das Thema der Interkulturalität nicht im Mittelpunkt.[382] Dennoch sind die darin eingesetzten Schreibweisen relevant für das Gesamtwerk, mehr noch, bestimmte Motive, wie Metamorphose und Gesellschaftskritik, sowie Erzählverfahren, wie die *mise en abyme*, sind geradezu exemplarisch ausgeprägt. Aus diesem Grund soll der Roman hier nicht völlig übergangen werden. Zunächst kurz zum Inhalt:

Die beiden Landstreicher Sindibad und Bobby werden zusammen mit der ehemaligen Prostituierten Yamna zu einer spirituellen Mission auserwählt. Die drei gesellschaftlichen Außenseiter werden auf dem Friedhof Bab Ftouh in Fes Zeugen der Erscheinung eines Kindes. Bei einer Art Pilgerreise in den Süden Marokkos versehen sie das Kind in historischen Seancen mit einer Identität. Ziel dieser höchst symbolischen Reise ist das Grab des Ordensführers Scheich Ma' al-^{c}Aynayn (1830-1910), eines legendären Wiederstandskämpfers gegen die französischen Besatzer, dessen Lebensgeschichte Yamna dem namenlosen Kind etappenweise erzählt, um es so mit einer Identität zu versehen. Ma' al-^{c}Aynayn (dt.: das Wasser der zwei Augen), der auch als „miroir suprême" bezeichnet wird, dient somit als geographisches und spirituelles Ziel der Reise.

5.3.2.1 Metamorphose und Initiation

Das *incipit* rekurriert auf das werkübergreifende Motiv der Metamorphose: „A présent qu'il était devenu un autre, il se sentait capable d'aller au-devant de sa plus grande douleur" (S. 11). Die Rede ist von dem ehemaligen Philosophielehrer Mohammed Mokhtar (dt.: der Auserwählte), der als neugeborenes Kind ein zweites Leben erhält. Erschöpft von einer „langen und schmerzhaften Probe" sucht er das Vergessen in einem Grenzzustand außerhalb der Zeit: „s'installer à l'insu du temps, dans un état de coma dont l'issue ne serait pas la mort". Alle drei Hauptfiguren hatten in ihrem frühe-

[382] An einer Stelle heißt es: „Leur aventure ressemblait à un jardin dont les sentiers bifurquaient dans la tête d'un conteur qui ne savait plus où mener ses personnages." (S. 217). Borges Erzählung „El jardín des senderos que se bifurcan" (dt.: Der Garten der Pfade, die sich verzweigen) aus der gleichnamigen Sammlung spielt in *L'enfant de sable* eine wichtige Rolle.

ren, der Romanhandlung vorausgehenden, Leben andere gesellschaftliche Positionen und Identitäten.

Das Motiv der Metamorphose, der Tod des alten Ichs und die Geburt eines neuen, ist uns aus dem Gedicht „L'aube des dalles" bekannt. In *La prière de l'absent* stützt sich Ben Jelloun bei seiner Gestaltung auf die islamische Mystik. Die Verwandlung ereignete sich unmittelbar vor dem Handlungsbeginn, sie wirkt sich noch auf den Seelenzustand aus: „un état de grâce survenant après la grande épreuve" (S. 12). Die Auslassung des Ereignisses selbst entspricht den allgemeinen Konventionen der mystischen Literatur, die Erleuchtungserlebnisse stets nur metaphorisch verschlüsselt und in Andeutungen wiedergeben kann. Ferner erzeugt diese Auslassung Spannung, der Lesers fragt sich, was geschehen ist.

Auf der Befindlichkeit nach der Passage von einer Lebensweise in eine andere gründet die semantische Basisopposition des Textes. Während das Früher aus Mittelmäßigkeit und Enge bestand, präsentiert sich das soeben erschlossene Heute als eine „recherche de la substance essentielle qui donnerait à ce corps impatient souffle, vie et mémoire" (S. 11). Während die tote Vergangenheit von der „fatalité" regiert war, steht die lebendige Gegenwart im Zeichen des „destin". Das Wort Schicksal bekommt durch die antinomische Positionierung einen positiven Elan, der allerdings durch die Verbindung mit dem Tod relativiert wird. Am Ende des ersten Kapitels wird noch deutlicher, daß Tod und Leben, Sterben und Geborenwerden, zusammengehören. Noch bevor der Name Mokhtars genannt wird, ist zu erfahren, daß er in der Familiengeschichte mit nur zwei Ereignissen vermerkt ist: seine Geburt und sein Tod (S. 20). Der Erzähler ergänzt, der, als Befreiung erlebte, Tod sei wichtiger gewesen, und erläutert damit die Bedeutung der eingangs beschriebenen Metamorphose. Die Vorstellung des Todes als fester Besandteil des Lebens, verweist auf den mystischen Kontext. Nicht der Todestrieb steht hier zur literarischen Disposition, sondern der Wunsch nach Erneuerung des Lebens, welcher nach mystischer Vorstellung der Initiationstod vorausgeht.

5.3.2.2 Die Topographien des Übergangs: Im Lichte der Dämmerung

Der Schauplatz dieser am Romanbeginn inszenierten Enträumlichung und Entzeitlichung ist das Bewußtsein des Protagonisten aus der Sicht eines auktorialen Erzählers. Die einzigen konkreten Hinweise auf Raum und Zeit sind die Stadt Fes und die Zeit der Morgendämmerung, womit erneut die werkübergreifende Bedeutung von „L'aube des dalles", dem ersten Gedicht, deutlich wird. Das, von vielen Lesern als rätselhaft empfundene, Ende des Romans schließt die Isotopie der Dämmerung ab. Sindibad, der letzte Überlebende der Mission, ist, nachdem eine feenhafte Reiterin, vermutlich Lalla Malika, das Kind an sich genommen hat, am Grabmal in der südmarokkanischen Wüste angekommen und sieht seinem Ende entgegen: „L'aube et la lumière. Entre la nuit lasse et le jour d'une promesse obscure" (S. 230). Ben Jelloun unterstreicht diese positive Perspektivierung, indem er die Grabstätte in karger Wüstenlandschaft als *locus amoenus* gestaltet, wodurch sich die ganze Reise als Traum herausstellt und eine Rückverbindung zum Anfang entsteht.[383]

Auch am Textbeginn genießt der auf den Tagesanbruch wartende Protagonist den Zustand nach einer Verwandlung: „Pour l'instant, il jouissait de cet arrêt du temps comme un enfant" (S. 12). Er fühlt sich „léger" und „totalement détaché", ganz im Gegensatz zu seiner früheren Beklemmung seiner „vie étroite de petit professeur de philosophie dans un lycée périphérique" (S. 13); die Anspielung zeigt, daß auch dieser Roman autobiographische Bezüge enthält, schließlich war Ben Jelloun Philosophielehrer in der marokkanischen Provinz. Das mit der Metamorphose verbundenene werkübergreifende Motiv der Identität basiert auf der Opposition von Erfülltheit und Leere. Der Übergang in ein neues Leben setzt ein Vergessen der Vergangenheit voraus, das dem Protagonisten nicht immer leicht fällt. Insofern erscheinen Momente der „petite mélancolie" (S. 13), die ihn noch überkommen, nur verständlich. Die zugrundeliegende Spannung zwischen Vergessen und Erinnern bei der Entwicklung von Identität charakterisiert das Gesamtwerk, ihre vielschichtige Bedeutung wird am Beispiel von *L'enfant de sable* und *La nuit sacrée* auszuführen sein.

5.3.2.3 Zusammenfassung der Sujetstruktur

Die Identitätssuche verläuft im Rahmen der Auseinandersetzung mit der Geschichte aus der Sicht von Menschen, die in irgendeiner Form von der Gesellschaft ausgeschlossen wurden, deren Liebe verhindert wurde und die Opfer von Gewalt geworden sind. Ihr größtes Problem besteht in der Be-

---

[383] „Il regardait les pierres imbibées de rosée, des pierres au-dessus des tombes, sur le chemin tracé par un mince filet d'eau. L'herbe était aussi mouillée. Un moineau sautillait d'une pierre à l'autre. L'air était frais. Le ciel s'éclarait à peine" (S. 230).

wältigung dieser Vergangenheit, worin unschwer eine Metapher für den Kolonialismus zu erkennen ist. Die Heldenfiguren des Befreiungskampfes Abdelkrim und Ma' al-ᶜAynayn verkörpern das alte patriarchalische System, das nach wie vor in Kraft ist, und Werte, wie die Wahrung oder Wiederherstellung der von der Modernität bedrohten Menschenwürde.

Ben Jelloun schenkt, wie zuvor in *Harrouda* und in den späteren Romanen, den Frauenfiguren besondere Beachtung. Selbstverwirklichung ist für die marrokanische Frau allerdings (noch) nicht möglich. Die beiden in *Harrouda* entworfenen Frauentypen sind klar erkennbar. Den in den traditionellen Strukturen gefangenen Frauenfiguren stehen die die Freiheit suchenden gegenüber, deren Ausbruchsversuche jedoch zum Scheitern verurteilt sind. Argane, die einzig ungebrochene Frauenfigur, wird am Schluß wieder eingefangen. Prostitution ist neben der Tätigkeit als Dienstmädchen in feudalistischer Abhängigkeit das einzige Mittel für Frauen, sich den Lebensunterhalt zu verdienen.

Die durch das Kind symbolisierte Neuschreibung der Identität scheint in der marokkanischen Gesellschaft nicht möglich, außer auf dem Weg der Mystiker. Dieser wird sowohl von Lalla Malika, der Großmutter und Hebamme, als auch von Sindibad eingeschlagen. Mystik bedeutet nicht Weltflucht, sondern im Gegenteil, politisches Engagement und subversive Haltung gegenüber den Repräsentanten der offiziellen Macht. In dem damit vertretenen Modell von Geschichte bleibt die Modernität fast gänzlich ausgespart. Der Versuch einer Neubegründung der marokkanischen Identität führt immerhin, wie bereits in *Harrouda*, zu einer Kritik der patriarchalischen Machtverhältnisse, obgleich auch gerade die verehrten Freiheitshelden vom Schlage eines Ma' al-ᶜAynayns diese gleichzeitig repräsentieren.

5.3.2.4 Sufi-Mystik und Intertextualität

Die werkgenetische Bedeutung des Romans besteht in der Verbindung des autobiographischen Schemas mit dem der Reise und der Initiation.[384] Das Reiseschema bezieht sich auf die arabische und die europäische Reiseliteratur, sowie deren romaneske Linie; die Anlehnung an Miguel de

[384] Vgl. dazu Vf. „Wie erzähle ich meine Lebensgeschichte? Autobiographisches Schreiben bei Tahar Ben Jelloun", in: E. Ruhe (Hg.), *Europas islamische Nachbarn. Studien zur Literatur und Geschichte des Maghreb*, Bd. 2, Würzburg, 1995, S. 245-267.

Cervantes' *Don Quijote* und den Schelmenroman ist unverkennbar.[385] Das Initiationsschema beruht zum einen auf der Sufistik, zum anderen auf den intertextuellen Bezügen zum Gesamtwerk des Autors. *La prière de l'absent* nimmt das Leitmotiv der sufistischen Initiation vorweg, das in *L'enfant de sable* und *La nuit sacrée* tiefenstrukturell aufgegriffen wird. Die Pilgerreise zum Grab Ma' al-ᶜAynayns ist als Variante des marokkanischen Ursprungsmythos zu betrachten, bei dem der Süden den Ursprung repräsentiert; der Gegensatz zu dem vom Einfluß des Okzidents korrumpierten Norden liegt auf der Hand.[386]

Das Motiv der Initiation ist in dem der Metamorphose angelegt, dessen Entstehung am Beispiel des ersten Gedichts „L'aube des dalles" analysiert wurde. Das archetypische Motiv der Metamorphose ist kulturübergreifend verbreitet. Den Weg mythischer Stoffe in die frankophonen Literaturen außerhalb Frankreichs nachzeichnen zu wollen, würde zu einer motivgeschichtlichen Akkumulation mit fragwürdigem Erkenntnisgewinn führen. Varianz und Streubreite von mythischen Motiven wie Orpheus, die über lateinische Klassiker, wie Ovids *Metamorphosen,* vermittelt und multipliziert wurden, sind zu groß, als daß sie auf einen Pfad festgelegt werden könnten.

Werkgenetisch bedeutsamer sind dagegen die intertextuellen Bezüge zu Ben Jellouns eigenem Roman *Les yeux baissés* und zu J.M. Le Clézios Roman *Le désert* (1980).[387] Die Schriftstellerfigur aus *Les yeux baissés* erzählt der Protagonistin den Inhalt eines von ihm geschriebenen Romans, bei dem es sich um *La prière de l'absent* handelt. Die weiterreichende Bedeutung dieses fiktionsironischen Selbstverweises besteht in der Verbindung des Blickmotivs mit dem des Spiegels und der *mise en abyme.* In *Les yeux baissés* ist der Blick zugleich Leitmotiv und Strukturprinzip, in *La prière de l'absent* erfüllt der Spiegel diese Doppelfunktion.

---

[385] Vgl. dazu Vf., ebenda.

[386] Vgl. dazu J. Déjeux, „Tahar Ben Jelloun. Romancier, poète et essayiste marocain", in: *Lettres et Cultures de langue française*, 12, 4, 1987, S. 1-5; hier: S. 3.

[387] Vgl. dazu P. Renard, „Traversée du désert et quête initiatique. Le Clézio: *Le désert* - Tahar Ben Jelloun: *La prière de l'absent*", in: *Recherches et Travaux*, 35, 1985, S. 100-109.

5.3.3 *L'écrivain public: Ceci n'est pas une autobiographie!*

Der bereits im Kapitel zur Biographie aufgegriffene Text beginnt mit einem „Confession du scribe" betitelten Prolog, der nahezu Ben Jellouns vollständiges literarisches Repertoire enthält. Er stellt eine Rahmensituation her, die das autobiographische Genre der „confession" fiktionalisiert und alsbald wieder verlassen wird. Dies geschieht mit einem Brief des Biographierten, einer offensichtlichen Spiegelung Ben Jellouns, an den Schreiber seiner Lebensgeschichte, einer fiktiven Figur, die ebenfalls auf den Autor verweist. Darin heißt es unmißverständlich: [...] les histoires que je t'ai confiées ne composent pas ce qu'on appelle une autobiographie. Ce sont des histoires." (S. 10) Der Schreiber streicht den fiktionalen Charakter beider Versionen hervor:

> D'ailleurs je suis sûr que ce qu'il raconte sur son enfance est entièrement imaginé. [...] Avant d'écrire, je me suis permis de vérifier les élements de certains souvenirs. Pas mal de mensonges, et pas toujours en sa faveur! (S. 9)

Beim Schreiben habe er dann die Erinnerungen des anderen seinerseits verändert: „J'ai prévenu mon employeur. Je lui ai avoué que j'avais des tendances à l'affabulation" (S. 11) und dies in einem solchem Maß, daß er am Ende selbst nicht mehr wußte, was er erfunden hat (S. 12). Diese doppelte Fiktionalisierung – Biograph und Biographierter als Maske des Autors – wird außerdem im (Haupt-)Text als Rätsel thematisiert: „Qu'est-ce que cette histoire de double? Pourquoi je prétends ainsi en avoir crée un, par commodité ou par malice?" (S. 49) Die Spiegelung des Doppelgängers besagt nichts anderes, als daß Biographien immer „affabulation" sind, weil Erinnerung unweigerlich auch Fälschung ist, sogar dann wenn die Freude an der Entfaltung der Vorstellungskraft nicht wie hier eingestanden wird.[388] Freilich macht die wiederholte, überdeutliche Betonung dieser banalen Erkenntnis gegen den Strich gelesen auf die nicht-fiktionalen Elemente des Textes aufmerksam. In der Tat stimmt die Biographie der Hauptfigur weitgehend mit der Ben Jellouns überein. Man kann somit von einem quasi-

---

[388] In diesem Zusammenhang ist an Ben Jellouns Vorbild Jorge Luis Borges zu erinnern, der in *L'enfant de sable* als „biographe du de l'erreur et du mensonge" bezeichnet wird (S. 173). Vgl. dazu Vf. 1999b.

autobiographischen Text sprechen,[389] in dem sich „fiction“ und „diction“ auf produktive Weise aneinander reiben. Die von nicht wenigen Kritikern und Interpreten, vollzogene Gleich(setz)ung von Hauptfigur und Autor geht nicht auf, wie der Rekurs auf die Doppelgängerfigur, deren Funktion die Freisetzung von Ambivalenzen und Überschneidungen zwischen Faktizität und Fiktion ist, oder um mit O. Ette zu sprechen die Friktion von Diktion und Fiktion.[390] Ben Jelloun setzt die „Friktionalisierung“ in diesem quasi-autobiographischen Roman mit dem für ihn charakteristischen Spiel der Masken und Spiegelungen in Szene.[391] Diese Spiegelungen oder Reibungen zwischen echtem und quasi-autobiographischem Schreiben werden mit der Metapher des getrübten oder beschädigten Spiegels beschrieben. Dies erklärt den zunächst rätselhaften ersten Satz des Vorworts: „J'ecrirai cette histoire à voix basse dans l'espoir de dévisager l'image trouble du miroir.“ (S. 9) Im siebten Kapitel, dem poetologischen Kernstück des Haupttextes, heißt es dementsprechend: „J'ai toujours eu, présente à l'esprit, l'image de ce miroir défectueux, inutile, à travers lequel transparaissent les mots;“ (S. 109).

L'écrivain public ist nicht nur hinsichtlich der Schreibweise und der literarischen Selbstinszenierung höchst aufschlußreich für das Gesamtwerk, sondern auch thematisch. Der friktionale Text enthält verteilt auf sechzehn Kapitel die zentralen literarischen Themen.

Die Struktur folgt dem biographischen Schema, wobei die dargestellte Lebensgeschichte ganz im Zeichen von Ben Jellouns Obsessionen und literarischen Mustern steht. Herausgreifen lassen sich übergeordnete Themenbereiche wie die Eltern- und Geschlechterbeziehungen und der Kulturkonflikt sowie die Themen Liebe, Tod, Blick, Nacht, Metamorphose, Abwesenheit, Literatur und Leben. Die damit verbundenen Oppositionen strukturieren auch die Semantik der Romane.

---

[389] Gemäß der Terminologie von F. K. Stanzel, *Theorie des Erzählens*, Göttingen [4]1989, S. 271 ff.

[390] Ette charakterisiert mit der von Genette übernommenen Unterscheidung „diction“ — „fiction“ die bewußte Überwindung der Trennung von Literatur und Literaturkritik, bzw. von Objekt- und Metasprache bei Roland Barthes. Die Pendelbewegung zwischen beiden Bereichen bezeichnet er mit dem von Barthes übernommenen Begriff der „friction“, in ders.: *Roland Barthes. Eine intellektuelle Biographie*, Frankfurt 1999, S. 286ff. G. Genettes Unterscheidung bezieht sich auf die Bereiche fiktionaler und nicht-fiktionaler Texte („diction“), in ders.: *Fiction et diction*, Paris 1991.

[391] Die Gestaltung des Doppelgängermotivs und die Suche nach dem wahren Gesicht wären vergleichbar mit Albert Memmis, *Le Scorpion*, Paris 1969.

Der Biographierte, ein „homme pressé“, nimmt Züge der männlichen Hauptfigur von *L'auberge des pauvres* vorweg. Dieser spätere Roman beginnt mit den Sätzen: „C'est l'histoire d'un homme contrarié. Cela n'a l'air de rien, mais un homme contrarié est quelqu'un qui souffre“ (S. 7). Ben Jellouns sensible, leidende und unglückliche Männerfiguren, oft sind sie Schriftsteller, verbergen sich hinter Masken: „sans masques, il n'est rien“ (S. 9) heißt es in *L'écrivain public*. Diese Aussage lässt sich auf die in Gedichten und Romanen oft sehr komplex gestalteten Maskierungen und Verdoppelungen der Erzählinstanz übertragen. Im ersten, der frühen Kindheit gewidmeten Kapitel wird die außergewöhnliche Bedeutung der Blicke erklärt. Das „enfant malade“ verbrachte drei Jahre: „sur le dos, dans un grand couffin, à regarder le ciel et à scruter le plafond“ (S. 13). „Ainsi de quatre à sept ans je n'ai fait que regarder“ (S. 16). Der Blick auf die unmittelbare räumliche, familiäre und natürliche Außenwelt entgleitet und geht über in Träume und Tagträume, die bald Lebensersatz werden: „je rêvais la vie“ (S. 13). Dementsprechend verlaufen auch die sozialen Kontakte hauptsächlich über Blicke. Die ersten vorgestellten Bezugspersonen sind nicht die Eltern, sondern mehrere Frauen, deren Porträts alle Beschreibungen des Blicks und der Augen enthalten, insbesondere das von Rouquiya: „Elle ne disait jamais rien, mais ses yeux brillaient d'intelligence. Elle écoutait avec ses yeux [...]“ (S. 17)

Die fünf Frauen Aïcha, Zineb, Rouquiya, Hénya und Loubaba aus den „années lointaines et presques irréelles. [...] ne réapparaîtront plus dans ce récit“ (S. 25), was möglicherweise auf deren Fiktionalität und einen erzählerischen Einschub schließen läßt, zumal sie noch vor den Eltern erscheinen. Wie ist dieser Eingriff in die biographische Chronologie zu verstehen? Ist das kranke, die Welt und vor allem Frauen beobachtende Kind ein Voyeur? Nein, und hierin kommt die kommunikative Funktion der Blicke zur Geltung, denn das Kind geht mit den Frauen in Kontakt, körperlich und auch erotisch. Der Handlungsablauf des ersten Kapitels ist folgender: Krankheit, Absonderung, Schauen, Kontakt, Erotik und Sexualität. Am Ende steht der Wunsch nach körperlicher Vereinigung wie aus einer Badeszene mit Loubaba hervorgeht: „A aucun moment elle ne cachait sa nudité. J'avais les yeux grands ouverts et je trépignais dans mon coin. L'impatience de toucher ce corps, de le laver et de m'y réfugier.“ (S. 24) Die Rolle der Augen und des Blicks geht jedoch weit über die erotisch-sexuelle Komponente hinaus, sie tritt an die Stelle des Subjekts: „La fragilité, c'était d'abord mon corps qui, ne pouvant plus se nourrir, tendait à devenir une petite chose, une transparence. Seuls les yeux grandissaient. Ils mangeaient tout le visage.“ (S. 29) Das Kind als heranwachsendes Auge! Deutlicher kann die Schlüsselfunktion des Blicks nicht mehr formuliert werden. Die Entdeckung der Welt beruht auf der Begegnung und der Erfahrung von Alterität: „La fragilité, c'était ensuite le regard des autres“ (S. 29). Das Kind verinnerlicht den Blick der anderen, es kommuniziert und verteidigt sich mit Blicken:

> [...] car toute la vie, refussée, empêché, s'était concentrée dans mes yeux. Mon regard scrutateur leur faisait peur. Comme vous le savez déjà, je voyais tout, je captais tout dans les moindres détails. (S. 29)

Von dieser Selbstbeschreibung als Augenmensch ist es nur noch ein kleiner Schritt zum Schriftseller, der vom genauen Hinschauen und Wahrnehmen lebt und der diese Wahrnehmungen umsetzt, indem er sie von seinem inneren Auge auf die Leinwand der Literatur projiziert. Das sensible, verletzte und genau beobachtende Kind ist eine Metapher der Figur des Schriftstellers. Seine innere Spannung entsteht aus dem konträren Bedürfnis nach körperlicher Nähe und Distanz. Im Blick des Kindes ist beides enthalten, die Sehnsucht nach körperlicher Nähe und der Wunsch nach Abgrenzung und Distanz.

Diese Urszene wiederholt sich in zahlreichen Blickszenen, in diesem Text ebenso wie in den Romanen. Weitere für das literarische Selbstverständnis relevante Schlüsselszenen sind im siebten Kapitel enthalten, es beginnt mit dem Satz: „Et tu as choisie d'écrire!“ (S. 104). Die Ambivalenz der im Militärlager gefällten Entscheidung für das Schreiben kommt im letzten Satz des vorherigen Kapitels zur Geltung: „Au lieu d'écrire, tu devrais vivre...“ (S. 103) Diese Worte stammen von der „fiancée“, der sich für immer verabschiedenden ersten Liebe, die eine tiefe „blessure“ im Herzen des Protagonisten hinterläßt. Das Schreiben ist eine Bewältigungsstrategie und der zitierte „miroir défectueux, inutile, à travers lequel transparaissent les mots;“ (S. 109) Das verletzte Subjekt befriedigt nicht seinen Narzißmus, sondern es schämt sich:

> Le miroir usé, au lieu de me renvoyer mon image, me mettait face à la honte, ce sentiment qui fait que le visage se trahit, se découvre, se charge de cette couleur rouge qui monte telle une fièvre et qui rappelle le regard des autres. (S. 109)

Die hier angesprochene Scham ist uns bereits im Nachwort des Gedichtbandes *Cicatrices du soleil* begegnet, sie ist der Schatten des

Schreibens, er kann nicht abgeschüttelt werden, ebenso wenig wie der Tod, der Schreiben ebenfalls bedeutet, zumindest ein kleiner Tod: „pas la chute finale, mais cette mort fondamentale inscrite dans le temps par les syllabes qui composent le poème." (S. 110). Die Thematisierung der Literatur kommt jedoch nicht nur durch den Gegensatz von Schreiben und Leben zum Ausdruck, sondern auch durch den Hinweis auf James Joyce (S. 110f., 121). Der *Ulysses* ist *das* literarische Modell Ben Jellouns. Es erscheint in einer reizvollen Verbindung mit einem Blickmotiv: „Je lisais Ulysse de Joyce et regardais la mer" (S. 110). Der Blick auf und über das Meer ist eine Konstante des Romanwerks. In dieser Kombination zeigt sich sein poetologischer Gehalt: Schreiben ist wie aufs Meer schauen und den Blick schweifen lassen. Im dritten Kapitel, in dem der Umzug von Fes nach Tanger geschildert wird, werden verschiedene Varianten des Blicks auf das Meer durchgespielt. Zuerst die Verbindung Stadt und Meer. Die Ankunft in Tanger geht einher mit mit einem Blick auf das nächtliche, vom Vollmond erleuchtete Meer (S. 50). Dann der kulturelle Blick nach Spanien: „Regarder la mer décoiffée, cernée par les faibles lumières des côtes espagnoles [...]" (S. 56) und schließlich der Blick des sexuellen Begehrens und der Leidenschaft: „Regarder la mer et rêver le corps des filles." (S. 57)

Spanien ist freilich nicht nur am Horizont sichtbar, sondern als Besatzungsmacht auch wesentlich konkreter präsent. Vor der Ankunft der Familie in Tanger untersuchen spanische Zöllner und die Guardia Civil die Fahrgäste: „Les espagnoles se plaisaient à humilier les Marocains et à leur faire sentir que ce pays ne leur appartenait ni au nord ni au sud." (S. 50)

Die fehlende Kommunikation zwischen den Geschlechtern, die nur vorgestellte Liebe und das Scheitern einer echten Liebesbeziehung bilden eine werkgenetisch bedeutsame Thematik. *L'écrivain public* enthält die einzigen Hinweise, die man als biographische Erklärung der meist scheiternden zwischengeschlechtlichen Verständigung heranziehen könnte.[392]

Über die im ersten Kapitel erläuterten Zusammenhänge der Biographie hinaus ist der Text auch wegen der Definition des Schriftstellers als „écrivain public" von Bedeutung. Ben Jellouns Auffassung des öffentlichen Schreibers ist repräsentativ für das Selbstverständnis vieler maghrebinischer Schriftsteller und insofern ein kulturell relevantes Faktum. Drei Aspekte sind hervorzuheben:

---

[392] Vgl. dazu meine Interpretation von „L'aube des dalles".

- Der Transfer von der Mündlichkeit in die Schriftsprache. Der Schreiber erfüllt als Sprachrohr der überwiegend analphabetischen Bevölkerung eine Vermittlerfunktion, seine Funktion als Autor tritt hinter die Stimmen des Volkes zurück.
- Der seine Person in den Hintergrund stellende „écrivain public“ und das autobiographische Genre sind aus westlicher Sicht unvereinbare Gegensätze, denn die abendländische Autobiographie definiert sich durch das im Mittelpunkt stehende Subjekt des Autors; insofern enthält auch dieser Titel ein Paradox. Aus maghrebinischer Sicht, die auf einer anderen Subjektkonzeption beruht, muß dies kein Widerspruch sein.[393]
- Der öffentliche Schreiber ist nicht nur aufgrund der unwillkürlichen Formgebung kreativ, sondern er will gar kein objektives „Sprachrohr“ sein, er will variieren, umstellen, abschweifen und erfinden.

5.4 Die Poetik der Nacht

> Je proclame la Nuit plus véridique que le jour.
> C'est l'heure pure où dans les rues, Dieu fait germer la vie d'avant mémoire.
> Léopold Sédar Senghor, *Ethiopiques*

Die aus *L'enfant de sable*, *La nuit sacrée* und *La nuit de l'erreur* bestehende Trilogie sowie der daran anschließende Roman *L'auberge des pauvres* eignen sich besonders zur Erläuterung der Poetik Ben Jellouns. In ihnen kommt seine körperorientierte, von Träumen, Phantasmen und Metaphern geleitete und am Medium Film orientierte Schreibweise exemplarisch zur Geltung.

Der Begriff Poetik, ursprünglich die Kunst des Dichtens, bezieht sich auf die konstitutiven Elemente einer Literatur, einer Epoche, einer Gattung oder eines Autors. Mit der metaphorischen Bezeichnung „Poetik der Nacht“ entsteht womöglich der Eindruck übergroßer Nähe zum Objekt. Vor einer ausführlicheren Begründung möchte ich zunächst den Hauptgrund für ihre Verwendung anführen: Sie erfasst sowohl allgemeine maghrebinische und postkoloniale Merkmale als auch deren besondere Gestaltung bei Ben Jelloun. Die mit der Poetik der Nacht bezeichnete „opacité“

[393] Zum Unterschied der abendländischen und maghrebinischen Subjektkonzeptionen vgl. R. Elbaz, *Le discours maghrébin dynamique textuelle chez Albert Memmi*, Longueuil 1988, S. 15f.

charakterisiert nicht nur die französischsprachigen Literaturen des Maghreb, sondern auch die Afrikas und der Karibik, so daß man von einem allgemeinen Merkmal postkolonialer Literaturen sprechen kann, zumal dann, wenn ein grundlegendes Spannungsverhältnis zwischen der autochthonen, an die Mündlichkeit gebundenen Kultur und der französischen Schriftsprache besteht.[394] Wie Patrick Chamoiseau, Raphaël Confiant, René Depestre, Edouard Glissant, Gisèle Pineau und andere Autoren der französischen Antillen versteht sich Ben Jelloun als Bewahrer des kulturellen Gedächtnisses, der das mündlich überlieferte Erbe in einer gewagten Synthese in die französische Schriftsprache übersetzt.[395] Daß es sich dabei nicht um eine simple Transkription handelt, sondern um einen kreativen, von Interferenzen und Reibungen bestimmten Prozeß der Aneignung, ist ein erstes konstitutives Element der poetologischen Dunkelheit, die im folgenden genauer zu bestimmen ist. Aus der afrikanischen Literatur sei erneut das Beispiel Léopold Sédar Senghor aufgegriffen. Für den Schwarzafrikaner und Wortführer der *négritude* stellte die Nacht ein unabdingbares poetologisches Element dar.[396] Bereits in seiner ersten Gedichtsammlung mit dem bezeichnenden Titel *Chants d'ombre* (Paris 1945) griff er wiederholt die Metapher der (afrikanischen) Nacht auf. Aufgrund ihrer zentralen symbolischen Bedeutung stellt die Nacht ein markantes Leitmotiv seines Gesamtwerks dar. Einen Höhepunkt bildet diesbezüglich die Gedichtsammlung *Nocturnes* (Paris 1961), in der diese Poetik vollends in der afrikanischen Kultur aufgeht. Um nun deren spezifische Ausformung bei Ben Jelloun zu beschreiben, kann, wie bei Senghor, von Inhalt und Bedeutungspotential ausgegangen werden. Die Nacht samt ihrer Grenze, der Dämmerung, bildet vom ersten Gedicht an bis zu *L'auberge des pauvres* eine Konstante.

Die Bedeutungen der Nacht sind kulturübergreifender archetypischer Natur, sie steht für Tod, Liebe, Verbrechen, Wahnsinn, Träume, das Unbewußte und das Irrationale. Unter den intertextuellen Verbindungsmög-

---

[394] Zur karibischen Literatur vgl. *Ecrire la „parole de la nuit". La nouvelle littérature antillaise*, hrsg. von Ralph Ludwig, Paris 1994, S. 15-20.

[395] Vgl. dazu a.a.O. S. 18: „L'auteur antillais moderne est l'héritier du monde créole, et en tant que tel il cherche à préserver l'oralité dans une vaste synthèse, en *écrivant la „parole de nuit"*. (Hervorhebung des Autors).

[396] Vgl. dazu Papa Samba Diop, János Riesz, „Léopold Sédar Senghor", in: *Kritisches Lexikon zur fremdsprachigen Gegenwartsliteratur*, hrsg. von Heinz Ludwig Arnold, München 1988, 15. Neulieferung.

lichkeiten dieser universellen Themen ist der Bezug zu den Erzählungen aus *Tausendundeiner Nacht* in den Romanen *L'enfant de sable, La nuit sacrée* und *La nuit de l'erreur* hervorzuheben. Scheherazade erzählt in der Nacht, die einzelnen Geschichten sind in eine Rahmenhandlung eingebettet. Auch der Aspekt der Geschlechterproblematik ist in *Tausendundeiner Nacht* angelegt, wo Scheherazade erzählt, damit die Frauen überleben.

Die Motive der Nacht und der Dämmerung sind bei Ben Jelloun mit dem Blick verknüpft, dieser wiederum mit Nähe und Distanz, Begehren und Schreiben, wie das nächtliche Bildersehen des kranken Kindes aus *L'écrivain public* verdeutlicht: „Pendant une nuit, alors que je m'apprêtais à dormir, je décidais de ne pas prendre les médicaments et de rester les yeux ouverts, à fixer le noir jusqu'à l'arrivée de la lumière." (S. 21) Was sieht der Junge? „Une image éclairée, rayonnante, mystérieuse." Eine Frauenfigur führt ihn hinab zu einer Quelle mit Wasser oder Licht, wo es zu einer sexuellen Szene kommt. Die Nächte des Jungen sind „longues et riches" (S. 14), er durchquert sie als Traumtänzer „lentement, sur la pointe des pieds" (S. 14) auf einem zwischen „crépuscule" und „aube" gespannten Seil. Der Seiltänzer, der Akrobat der Träume, der jede Nacht ein Stück höher hinaufsteigt (S. 14), ist eine Präfiguration des Schriftstellers für den Schreiben wie Träumen ist: *bricolage* der Eindrücke des Tages, deren Ordnung durchbrechend und sie in einem „désordre extravagant" neu zusammensetzend (S. 13f.).

Hierin zeigt sich eine Visualität des „Entre-deux", die insbesondere durch die Nähe und Analogie zum Medium Film zur Geltung kommt. Wie die surrealistische Malerei und die Filme Buñuels und Fellinis versucht Ben Jelloun, die andere Seite der von der Vernunft kontrollierten Diskurse darzustellen. Seine Traumästhetik will mehr sein als nur die Sichtbarmachung der Spuren des Unbewußten, sie will das hinter den Erscheinungen liegende Nicht-Sichtbare zeigen, das jedes Bild begleitet. Dies gelingt nicht immer. Die Darstellung des Prä-Rationalen, Nicht-Bildlichen im literarischen Diskurs ist ein schwieriges Unterfangen, das nur mit Hilfe komplexer Formen der *mise en abyme* von Inhalt und Diskurs nicht scheitert. Erst im Aufeinanderprallen veschiedener mimetischer Formen, und in den Brechungen des „trüben Spiegels",[397] die der Leser aktiv erschließen muß, erscheint die heterotopische und widersprüchliche Welt der hintergründigen Motive.[398]

---

[397] Vgl. hierzu die Analyse von *L'écrivain public.*

[398] „Heterotopie" gemäß M. Foucaults Einleitung zu *Les mots et les choses*, Paris 1966.

Ein zentraler Ausgangspunkt auf inhaltlicher Ebene ist der Gegensatz Tag und Nacht, Licht und Dunkelheit, auch in *L'enfant de sable* wird er gleich im ersten Kapitel entwickelt. Die „lumière du jour" (S. 7) verletzt den Protagonisten beim nächtlichen Tagebuchschreiben, das erst mit der Dämmerung endet: „A l'aube, il n'y avait plus d'araignée. Il était seul, entouré de rares objets, assis, relisant les pages qu'il avait écrits la nuit." (S. 11) Von den Parallelen zur Mystik sind zwei hervorzuheben: Wie in der mystischen Literatur setzt Erkenntnis (= Zugang zum Licht) die Überwindung des Egos (= Metamorphose) voraus. Mit dem mystischen Weg stellt sich das Problem der sprachlichen Vermittlung. Die Beschreibung des Mystischen ist – wie die einer religiösen Offenbarung – zwangsläufig metaphorisch. Der erste Erzähler aus *L'enfant de sable* gibt dies unmißverständlich zu verstehen:

Cette histoire, [...], a quelque chose de la nuit; elle est obscure et pourtant riche en images; elle devrait déboucher sur une lumière faible et douce; (S. 15)

Allerdings wird dieses Licht, es ist das Zwielicht der Dämmerung („nous arriverons à l'aube", S. 15), erst in *La nuit sacrée* erreicht werden.

Der spirituelle Aufstieg ist nicht die einzige die Selbsterkenntnis beeinflussende Bewegung. Das Sich-Fallen-Lassen in die Welt der Sinne und die Entdeckung von Eros und Begehren sind nicht minder wichtige thematische Bestandteile der Poetik der Nacht; auch die Texte vieler Mystiker zeichnen sich bekanntlich durch die Verführungs- und Liebesmetaphorik aus. Die in *Harrouda* entwickelte „Sprache des Körpers" durchdringt in *L'enfant de sable* und *La nuit sacrée* die metafiktionale Erzählung des Erzählens und verleiht dem literarischen Diskurs dadurch eine sinnliche und erotische Dimension.[399]

Die Tendenz zum Dunklen, Rätselhaften und Undurchsichtigen ist nicht zu trennen von der Suche nach Licht und Klarheit. Diese Ambiguität kommt im Motiv der Dämmerung zum Ausdruck. In der Analyse von „L'aube des dalles" konnte der Ursprung des Motivs ausgemacht werden. Die darin angelegte Bedeutungsvielfalt der Dämmerung, die Metaphorik

[399] Die körperlich-materielle Dimension von Erinnerung und Gedächtnis, ein hervorstechendes Merkmal der maghrebinischen Literatur, verweist auf die Einbindung in die arabische Kultur, wo die Körperlichkeit des Erinnerns eine wichtige Rolle spielt. Als Beispiel aus der arabischen Gegenwartsliteratur sei der Roman *Thakirât al-jassad*, Beirut: Dar-al-Adab ^{2}1996, der Algerierin Ahlam Mstganmi genannt, worin die tragische Geschichte des algerischen Volkes nach der Erlangung der Unabhängigkeit erzählt wird.

des Lichts und des Übergangs oder der Schwelle, sind in Lyrik und Narrativik gleichermaßen verbreitet. Aus dem ersten Gedicht ging zudem hervor, daß das Medium der Suche die Literatur ist. Auch in dem Gedicht „Qui se souvient de la terre brune“ findet sich die Konstellation von Schreiben und Nacht: „les mots fondent à l'approche du jour. Il nous faut/ prolonger la nuit et donner au temps l'asile nécessaire“ (*Pc*, S. 97). In *La nuit de l'erreur,* einem Roman, der die Nachtmetaphorik im Titel trägt, ist die Protagonistin ein Schwellenwesen, gleichsam die personifizierte Poetik der Nacht.[400]

Die wirkungsästhetische Bedeutung dieser Poetik zeigt sich in der vielbeschworenen Schwierigkeit der Texte. Worauf ist diese zurückzuführen? Die Antwort darauf läßt sich nicht nur auf divergierende kulturelle Hintergründe und das Spannungsverhältnis von Mündlichkeit und Schriftlichkeit reduzieren, denn auch die marokkanische Rezeption weiß davon ein Lied zu singen.

Ohne den jeweiligen *background* des Lesers vernachlässigen zu wollen, ist auch das textimmanente Verhältnis von Inhalt und Erzählweise zur Erklärung heranzuziehen, zumal die vermeintliche Schwierigkeit von Ben Jellouns Texten im wesentlichen auf die *literarische Konstruktion und Codierung von Wirklichkeit* zurückzuführen ist.

In der Sekundärliteratur wird oftmals eine auf die erzählerische Komplexität zurückgeführte semantische Unschärfe festgestellt. Stellvertretend für diese Tendenz sei Pierrette Renard zitiert, die Ben Jelloun einer Schreibweise bezichtigt „[...] où l'onirisme par un jeu de mutations et de redoublements contribue à brouiller le sens“.[401] Auch Sabine Tamm stellt nach einer minutiösen Analyse von *L'enfant de sable* die Gretchenfrage: „Critique sociale et structure romanesque labyrinthique sont-elles conciliables?“[402] *L'enfant de sable* ist zweifelsohne der Roman, bei dem sich diese

---

[400] So heißt es in einem Brief der Protagonistin: „Te souviens-tu de la lumière du crépuscule, quand elle donne des couleurs à la mer, quand le froid étreint les amants et la nuit enveloppe leurs rêves? *Je suis de ce temps qui s'est arrêté sur l'ultime lueur de soir* [...]“ (S. 145/ 146, meine Hervorhebung). Zinas Wesen ist durch die Dämmerung bestimmt, die dem Signifikanten Nacht zugeordnet ist, der mit Liebe, Traum und Tod die unbewußten Antriebskräfte des Lebens repräsentiert.

[401] P. Renard, „Traversée du désert et quête initiatique“, in: *Recherches et travaux*, 35, Grenoble 1988, S. 101.

[402] S. Tamm, „Réalisation de 'La liberté dans l'écriture': Le portrait de Borges dans *L'enfant de sable*“, in: Ch. Bonn/ A. Rothe (Hgg.), *Littérature maghrébine et littérature mondiale*, Würzburg 1995, S. 161-169; hier: S. 169.

Frage am vehementesten stellt. Doch trifft es wirklich zu, daß Ben Jellouns erzählerischer Diskurs die Aussage schwächt? Wenn man diese fast ausnahmslos bejahte Frage noch schärfer formuliert, läßt sie sich nicht mehr guten Gewissens bejahen: Vermittelt Ben Jelloun keine Botschaft? Mitnichten, verfolgt er doch eine im Zeichen der Menschenwürde stehende Ethik (vgl. das Kapitel zur Emigrationsliteratur), die unmißverständlich zum Ausdruck kommt und wenig Raum für semantische Unbestimmtheit läßt. In den Essays, insbesondere in *Le racisme expliqué à ma fille* ist diese Programmatik präzise, unprätentiös und ohne fiktionale Polysemien nachzulesen. Wie jedoch steht es mit den Romanen?

Zunächst ist mit Wolfgang Iser davon auszugehen, daß in literarischen Texten der Sinn nicht fest vorgegeben, sondern vom Leser jeweils neu zu konstituieren ist.[403] Die hierzu erforderliche affektive Vearbeitung der prinzipiellen Unbestimmtheit fiktionaler Texte ist bei Ben Jelloun gewiß nicht zu vernachlässigen. Doch andererseits sind die Grenzen dieser Unbestimmtheit durchaus bestimmbar. Ausgehend vom jeweiligen Referenzbereich, den konkreten gesellschaftlichen und seelischen Zuständen, lassen sich auch in den als „schwierig" geltenden Romanen klare Aussagen erkennen. Insbesondere die Kritik an der Unterdrückung der Frau, an Bigotterie, Korruption, Nepotismus, politischem Machtmißbrauch und Rassismus läßt an Deutlichkeit nichts zu wünschen übrig. Kurz: Es gibt allemal Weltbilder, die modelliert werden, allerdings erschließen sich deren Bedeutungen erst unter dem Aspekt der sekundären Modelle im Sinne des baltischen Kultursemiotikers Jurij Lotman.[404]

Faßt man den Referenzbereich der von Ben Jelloun modellierten Weltbilder zusammen, sind mehrere Schwerpunkte erkennbar:

- die genannten Probleme der marokkanischen Gesellschaft
- die Probleme der maghrebinischen Einwanderer in Frankreich
- die Identitätsproblematik
- die Interkulturalität

Da die von Lotman festgestellte sekundäre Modellierung ein allgemeines Merkmal literarischer Texte ist, gilt es nun abermals nach der Besonderheit bei Ben Jelloun zu fragen. Was zeichnet seine ästhetischen Verfahren der

[403] W. Iser, *Der Akt des Lesens*, München 1976; hierzu insbesondere S. 37ff.

[404] J. Lotman (1989) betrachtet Literatur als sekundäres modellbildendes System, um damit erstens die besondere sprachliche Qualität von literarischen Texten gegenüber nichtliterarischen zu markieren und zweitens um die vermittelten Welbilder zu erfassen; siehe insbesondere S. 311ff.

Wirklichkeitsdarstellung aus? Es sind die unter dem Begriff der „Poetik der Nacht“ zusammengefaßten Elemente, die die Korrelation von Schreibweise und Inhalt bestimmen.

5.4.1 Die Logik der Abwesenheit und des Verlangens

Die Kritik und die Reflexion marokkanischer Verhältnisse kommt nicht nur in der Kritik der patriarchalischen Gesellschaftsstrukturen zum Ausdruck, sondern auch in der Thematisierung der sinnlichen Welterfahrung. Dieser aus Auge, Sehen, Blick, Stimme und Hören zusammengesetzte Motivkomplex soll überleiten zur kognitiven Funktion der Literatur, die in den Gedichten in der Auffassung von der Poesie als innerem Auge zum Ausdruck kommt, das dem äußeren Auge als Wahrnehmungsinstanz überlegen ist.

Zwei Diskurssysteme bestimmen die kognitive Funktion: Psychoanalyse und Philosophie. Psychoanalytisch ist vor allem Freud relevant, während Lacan, wie im biographischen Teil erläutert, außen vor bleibt. Freuds pessimistisches Menschenbild ist in mehrfacher Hinsicht bedeutsam. Zunächst ist an das ursprünglich subversive Potential der Psychoanalyse zu erinnern, die deren Gründer nicht zuletzt auch als Ausdruck des Unbehagens an der Kultur verstanden hatte. Die Vorstellung, daß Literatur Reibungen zwischen verschiedenen Instanzen der Persönlichkeit Ausdruck verleiht, stellt zweifellos eine Prämisse von Ben Jellouns Poetik dar. Insbesondere die Konflikte zwischen dem bewußten Teil des *Ich* und den unbewußten Triebwünschen des *Es* liefern einen großen Teil der Stoffe, doch auch die mit dem Gewissen vergleichbare Instanz des *Über-Ich* kommt in der ethischen Dimension zur Geltung. Besonders hervorzuheben ist die Einbringung von Träumen als diskurserzeugendes Prinzip. Doch auch die Themen und Motive enthalten Erkenntnisse der Freud'schen Seelenlehre, wie etwa die des Zusammenhangs von Kindheit und Sexualität. Die zentrale Rolle von Kindheit und Sexualität prägt Ben Jellouns Romanfiguren ganz entscheidend: Es sind Figuren im Dienste der kognitiven Funktion des psychoanalytischen Diskurses. Die Erkenntnisse, die sie dabei gewinnen, erfahren sie am eigenen Leib, und erst mit dem Schreiben kommt die intellektuelle Verarbeitung hinzu. Die Nacht symbolisiert die dunklen Seiten der Seele, bei deren Erkundung die Protagonisten ihre „Dämonen“ entdecken und möglicherweise austreiben. Dies wird nirgends drastischer dargestellt als im grausamen Kapitel der Exzision („Cendre et sang“) in *La nuit sacrée* und nirgends deutlicher formuliert als in *L'auberge des pauvres*:

C'était cela la leçon des ténèbres, la leçon de la longue marche à travers les ruelles étroites et sombres de l'enfance. Chacun de nous sent un jour le besoin d'exorciser ses démons, ceux qu'il connaît et surtout ceux qu'il ignore et qui le poussent vers des ravins qu'il ne voit pas. (S. 261)

Insofern liegt es auf der Hand, daß im persönlichen Bereich Träume, abgespaltene Gefühle, unbewußte Antriebskräfte und sexuelles Begehren eine poetologische Grundlage bilden. Die nicht rationale Auseinandersetzung mit der Wirklichkeit, die heterodoxen Formen von Religiösität, die islamische Mystik und die in Marokko weit verbreiteten Praktiken des Aberglaubens und der Heiligenverehrung, bilden einen Schwerpunkt des im Rahmen dieser Poetik aufgegriffenen Weltmodells. Ben Jellouns Einbindung in seine Generation manifestiert sich auch darin, daß er, wie im Nachwort zu *Harrouda* ausgeführt, eine realistische Darstellung dieser Wirklichkeiten ablehnt. Die von der Poetik der Nacht bestimmten Texte tendieren zu einem Irrealismus, der paradoxerweise keineswegs auf Bezüge zur Wirklichkeit verzichtet. Allerdings setzt sich ihr Gegenstandsbereich aus Traumen, Träumen und oft im Unbewußten wirkenden Motiven zusammen. Die Literatur eröffnet durch die Lektüre und das Schreiben einen doppelten Zugang zu diesen Stoffen. Der damit umrissene Referenzbereich ist eingebunden in die gesellschaftliche Realität. Warum zieht sich Ahmed/ Zahra, die Hauptfigur in *L'enfant de sable* und *La nuit sacrée* abgeschottet von der Außenwelt zum Lesen und Schreiben in ihr Zimmer zurück? Nicht aus purem „plaisir du texte", sondern weil sie sich in einer schweren, gesellschaftlich bedingten Lebenskrise befindet, die sie zu bewältigen versucht.

Die Poetik der Nacht steht in einer europäischen philosophischen Tradition. Die literarische Modellierung der „opacité" ist im wesentlichen auf Friedrich Nietzsche zurückzuführen, wobei auch, wie im Kapitel zur Hybridisierung der Genres erläutert, die bereits mit Rousseau beginnende Linie von Gefühlsbetonung und Vernunftkritik zu berücksichtigen ist. Ben Jelloun verwendet Nietzsches Verbindung von provozierendem Denken und poetischer Schreibweise als Modell. Um seine Poetik zu stützen, greift er vor allem jenen Nietzsche auf, der als Symbol der Selbstzerstörung der Vernunft gilt. Allerdings dreht Ben Jelloun die Schraube der Vernunftkritik nicht soweit, daß er der Unvernunft, dem Aberglauben oder dem Mystizismus das Wort reden würde. Insofern wirkt die Ablehnung Kants, dessen kategoriale und prinzipielle Vernunftorientierung und Klarheit der frühere Philosophielehrer als geistiges und stilistisches Gegenmodell verwendet, etwas plakativ. Außerdem bleiben diese sehr allgemeinen philosophischen Orientierungen nicht für sich, sondern sie werden durch die interkulturelle Vermittlung durch andere, europäische und arabisch-islamische Diskurse transformiert. Diese Wissensformen bauen durchaus auf rationale Vorstellungen. Auch wenn das Markenzeichen der Benjelloun'schen Schreibweise darin besteht, Vernunft und Logik als erzählerische Kontrollinstanzen zu unterlaufen oder bisweilen zu suspendieren, um so eine maximale Entfaltung der Imagination zu erreichen, geht der daraus resultierende Kontrollverlust nie soweit, daß er die eigenen Grundlagen völlig ausschalten würde. Diese bestehen insbesondere aus der Verteidigung von moralischen Werten und demokratischen Prinzipien, deren Grundlagen im Kapitel zur interkulturellen Ethik dargestellt worden ist. Damit steht Ben Jelloun in der Tradition eines fest in der französischen Kultur verwurzelten Universalismus', auf den sich selbstverständlich auch nicht französisierende Schriftsteller berufen. Ein Beispiel hierfür ist die von Jorge Luis Borges – einem Schriftsteller, dem Ben Jelloun viel verdankt – vertretene Auffassung einer Weltkultur.[405]

Die Poetik der Nacht beinhaltet, aus der Trilogie geht dies besonders deutlich hervor, die Frage nach der Wahrheit. Die Handlung dieser Romane läßt sich als Suche nach dem Weg der Erkenntnis (der Wahrheit) resümieren. Die Motive, die diese erkenntnistheoretische Frage am klarsten zum Ausdruck bringen, sind die verschiedenen Varianten der Reise und des Weges. *Itinéraire, rihla* und *errance* sind deren Verbreitungsformen in den französischsprachigen Literaturen des Maghreb. Drei Haupttypen sind zu unterscheiden:

- Die konkrete Reise, die zielgerichtete Bewegung im geographischen Raum, die als Suche nach der wahren Identität mit einer spirituellen Zielsetzung einhergehen kann. Eine auf dem Modell der Pilgerfahrt beruhende Ausprägung dieser Kombination liegt in *La prière de l'absence* vor.

[405] Vgl. hierzu Vf., „Die literarische Kultur in Argentinien", in: R. Sevilla/ R. Zimmerling (Hgg.), *Argentinien: Land der Peripherie?*, Bad Honnef 1997, S. 98-110; sowie Vf. „Borges, Ben Jelloun y *Las mil y una noches*: lecturas interculturales", in: Alfredo de Toro/ Fernando de Toro (ed.), *El siglo de Borges: homenaje a Jorge Luis Borges en su centenario*, Madrid/ Frankfurt/M. 1999, S. 409-423.

- Die *errance*, die Reise ohne geographisches Ziel, die dem Befreiungsprozeß der weiblichen Hauptfiguren zugrundeliegt.
- Die metaphorischen Formen des Reisens: Schreiben und Lesen als Formen der Reise der Protagonisten zu sich selbst, die über die Entdeckung von Körper, Sinnlichkeit und Lust Identität stiftet.

Das im Rahmen dieser Poetik entwickelte Weltmodell korrespondiert mit der Subjektkonzeption. Die Entwicklung der literarischen Figuren ist mehr von irrationalen Kräften geleitet als von logisch-rationalen, seelische Verletzungen aus Kindheit und Jugend bestimmen das Leben der Erwachsenen. Deren Darstellung charakterisiert allerdings nicht nur die Handlung, sondern auch die Erzählweise und den Stil. Ben Jellouns bevorzugte Erzählverfahren wie Bewußtseinsstrom, fiktiver Traum und Mythenreprise eignen sich besonders gut zur Darstellung von unterbewußten Antriebskräften, psychischen Verletzungen, emotionalen Abspaltungen und Traumatismen. Seine Schreibweise zeichnet sich durch die metaphorische Gestaltung von Erzählsituation und Erzählvorgang aus. Das Kaschieren, Mystifizieren, Fragmentieren, Spiegeln und Erotisieren der Erzählerdiskurse beruht im wesentlichen auf den genannten Motiven, die den Inhalt strukturieren. Metamorphose, „itinéraire", „halqa" und Erotik fungieren als Metaphern des Erzählvorgangs: Die Erzähler verwandeln sich und werden Teil der Geschichte; das Erzählen ist eine Reise; Ben Jellouns „halqa" ist die marokkanische Version der postmodernen Metafiktion; Erzählen heißt Verführen, auch im übertragenen Sinn des sich Öffnens für Fremdes.

In *L'enfant de sable* zeigt sich die Metaphorisierung des Erzählvorgangs in der Kreisstruktur. Die Gattung des Märchens zitierend, setzt Ben Jelloun sieben Tore ein, die zur Lösung des Geheimnisses durchschritten werden müssen. Die Zirkularität charakterisiert das Verhältnis von Erzähler und erzählter Geschichte. Dies geht erst aus dem Borges-Kapitel („Le troubadour aveugle") in voller Klarheit hervor, in dem der Schluß der Kurzgeschichte „Las ruinas circulares" zitiert wird, die ebenfalls in metaphorischer Form von der Zirkularität von Traum und Wirklichkeit handelt.

5.4.2 Narrative Mimesis zwischen sozialer Praxis und Gattungskonvention

Die Metaphorisierung des Erzählens steht bei Ben Jelloun in einem Spannungsfeld inner- und außerliterarischer Kräfte. Den literarischen Konventionen stehen die gesellschaftlichen Normen gegenüber, die die Praxis des Geschichtenerzählens regeln. Drei Beispiele seien angeführt. Erstens die

Verschachtelung von Rahmenhandlung und eingelegter Binnenerzählung. Deren literarische Modelle sind die Geschichten aus *Tausendundeiner Nacht* sowie die europäische Novellistik. Das Erzählen dieser Geschichten ist gleichzeitig eine soziale Praxis, die Ben Jelloun mit dem den legendären Jamᶜa el-Fna-Platz von Marrakesch, dem Ort des Geschichtenerzählens schlechthin, aufgreift. Insbesondere in den Romanen *La prière de l'absent*, *L'enfant de sable* und *La nuit sacrée* dient dieser Platz der Reproduktion der sozialen Stimmenvielfalt.
Das Scharnier, mit dem Ben Jelloun literarische Tradition und gesellschaftliche Praxis ineinanderfügt, ist die „halqa", der Kreis der um einen Geschichtenerzähler versammelten Zuhörer. Eine ähnliche Scharnierfunktion erfüllt das zweite Beispiel, der fiktive Traum. Träume stehen einerseits in einer literarischen Tradition mit dem Surrealismus als Höhepunkt im zwanzigsten Jahrhundert. Andererseits ist das Erzählen und Interpretieren von Träumen eine in Marokko weit verbreitete soziale Praxis.[406] Bei der Analyse von *L'enfant de sable* und *La nuit sacrée* gilt es, die Verschränkung von innerliterarischen und außerliterarischen Konventionen hinsichtlich ihrer Bedeutung für die Wirklichkeitsdarstellung zu untersuchen, um das zentrale Element der „Poetik der Nacht" zu erläutern. Drittes Beispiel ist das Gerücht, eine in Marokko besonders beliebte Form des Erzählens, dessen essentielle Funktion im literarischen Text die Variation ist. Am deutlichsten geht dies aus *L'enfant de sable* und *La nuit de l'erreur* hervor, wo durch Variationen der *histoire* der Status der fiktionalen Wahrheit in Frage gestellt wird. Das Ergebnis davon, die für Ben Jelloun so charakteristische Atmosphäre des Geheimnisvollen und Rätselhaften, ist in der erzählerischen Trivialform „Gerücht" verankert.

5.4.3 Déjà dit: „réécriture" und Stereotyp

Das Kapitel zur Poetik abschließend ist noch eine von Ben Jelloun bevorzugte Erzähltechnik, die „réécriture", im Hinblick auf deren interkulturellen Gehalt darzustellen. Eine Voraussetzung der „réécriture" ist die Wiederholung, ohne die, so lehrt uns die Semiotik, ergeben Zeichen keinen Sinn, sie macht Texte erst lesbar. Klischees, reproduzierende Zeichen, sind notwendige und unvermeidbare Strategien, ohne die keine allgemeinen

---

[406] Zur Trauminterpretation in der marokkanischen Gesellschaft vgl. B. Kilborne, *Interprétations du rêve au Maroc*, Paris 1978.

Aussagen getroffen werden können. Freilich bringen alle Formen der Wiederholung – Mythen, Stereotype, Klischees, Vorurteile – auch Verluste des Individuellen und Partikularen mit sich. R. Barthes hat diese von ihm als negativ eingeschätzten Wiederholungsmechanismen aufgedeckt und gegen sie angeschrieben. Barthes' Abwertung gründet auf den impliziten Machtstrukturen von Stereotypen und Mythen. Das Wiederholte festigt, es setzt sich fest, vermittelt Identität und Konsistenz und dient ideologisch der Bestätigung bestehender Machtverhältnisse. Wiederholung entgeht für Barthes nur dann der Gefahr, zum Stereotyp zu werden, wenn sie bewußt eingesetzt wird:

> Le stéréotype, c'est le mot répété, hors de toute magie, de tout enthousiasme, comme s'il était naturel [...]. mot sans gêne, qui prétend à la consistance et ignore sa propre insistance.[407]

Ben Jellouns „réécriture" arbeitet durchaus mit Stereotypen, allerdings ist deren Funktion nicht allein werkimmanent zu erklären. Wie die von anderen postkolonialen Autoren auch, beinhaltet seine „réécriture" eine kritische Auseinadersetzung und eine Veränderung. Es ist keine „répétition morte", die am Identischen festhält, sondern eine Wiederholung, die Differenzen erzeugt. Unter Postkolonialismus verstehe ich, wie in der Einleitung erläutert, nicht nur die historische dem Kolonialismus folgende Epoche der Unabhängigkeit, sondern auch eine diskursive Strategie, ein Repertoire literarischer Schreibweisen, die sich im Kontext von Postmoderne und Postrukturalismus herausbilden.[408] „Réécriture" ist eine zur Verbindung von Disparatem besonders geeignete Mischtechnik, die dem Entwurf neuer kultureller Perspektiven dient, welche nicht mehr auf der Vorstellung von Reinheit basieren. Die im „Entre-deux" entstandenen Literaturen definieren Identität nicht als Reinform, sondern als Konglomerat, als Reibungsprozeß kultureller Identitätsmuster unterschiedlichster Provenienz. Die dadurch bewirkte Relativierung holistisch-essentialistischer Identitätsvor-

---

[407] R. Barthes, *Le plaisir du texte*, zitiert nach: *Œuvres complètes*, II, Paris 1994, S. 1516.

[408] Vgl. hierzu die grundlegenden Überlegungen von A. de Toro, zum Beipiel lateinamerikas: „La postcolonialidad en Latinoamérica en la era de la gobalización. ¿Cambio de paradigma en el pensamiento teórico-cultural latinoamericano?", in: ders./ F. de Toro (Hgg.), *El debate de la postcolonialidad en Latinoamérica. Una postmodernidad periférica o cambio de paradigma en el pensamiento latinomaricano*, Frankfurt 1999, S. 31-77; hier: 33f.

stellungen äußert sich im Aufgreifen und Verarbeiten der Diskurse des Zentrums – in diesem Fall Frankreich – und der Peripherie (Marokko/Maghreb). Die bekanntesten Beispiele der „réécriture“ sind die Aufarbeitung von Mythen und anderen stark stereotypisierten Motivkomplexen, die zur kolonialen Identitätsbildung beigetragen haben.

Ein Beispiel hierfür ist das Motiv der Metamorphose des Helden oder der Heroine, das bereits in „L'aube des dalles“, Ben Jellouns erstem Gedicht, kreative Mythenreprise mit der Darstellung von Kulturkonflikten verbindet. Auf der Basis des Orpheus-Mythos', dem abendländischen poetologischen Urstoff *par excellence*, entsteht ein maghrebinisch-afrikanisches Kulturmodell. Fünf Arten von „réécriture“ sind zu unterscheiden:

A) Das Umschreiben von Sequenzen aus eigenen und fremden erzählenden oder lyrischen Texten

La nuit sacrée ist eine auf Gedichten basierende Neuversion von *L'enfant de sable*. Die „réécriture“ ist ein gattungsüberschreitendes, hybridisierendes Verfahren, das die Zusammengehörigkeit von Prosa und Lyrik bei Ben Jelloun bestätigt.

B) Die Fiktionalisierung biographischer Stoffe

Die fiktionalisierte Aufarbeitung prägender Lebensabschnitte und Ereignisse ist eine Form der „réécriture“, die auf der Dynamisierung des literarisch reflektierten Verhältnisses von Fiktion und Biographie beruht. Ben Jelloun setzt bevorzugt unterschiedliche, auch widersprüchliche, mimetische Formen ein. Dies zeigt der häufige Einsatz quasi-biographischer Schreibformen (Bekenntnis, Tagebuch und Brief).

C) Die schriftlich fingierte Mündlichkeit

Die Verwendung der „halqa“ zur Konstituierung der Erzählsituation verweist auf die mündliche Praxis des Geschichtenerzählers, der mit seinem Publikum einen Dialog führt. Die Reproduktion des mündlichen Erzählens ist Teil der erzählstrategischen Ambivalenz und Polysemie, deren Prinzip die Variation ist. Die Kommunikation der Erzählerfigur mit ihrem Publikum ist auf die Kommunikation zwischen Autor und Leser übertragbar. Ben Jelloun, der durch komplexe Verschachtelungen der Erzählsituation Distanz schafft, sucht paradoxerweise die Nähe zum Leser.[409]

---

[409] Vgl. dazu die Analyse des Nachworts von *Cicatrices du soleil*.

D) Die Inszenierung des Metadiskurses

Über dem Nebeneinander verschiedener Versionen einer Geschichte entsteht eine Metaebene, auf der das Erzählen erzählt wird. Die Metaerzählung gewinnt gegenüber der eigentlichen Handlung an Bedeutung und vermischt sich teilweise mit ihr, wenn die Protagonisten als Erzähler auftreten und über die dabei gemachten Erfahrungen nachdenken oder, wenn sie als Schreiber auftreten und über ihr Schreiben berichten. Die Betonung des Metadiskurses bewirkt eine Verunsicherung hinsichtlich der fiktionalen Wirklichkeit.

E) Das Umschreiben von Mythen

Ben Jelloun verarbeitet in den Handlungsabläufen Erfahrungen, die auf ein kollektives Unbewußtes und archetypische Muster verweisen. Die Auseinandersetzung mit diesen häufig aus Träumen stammenden Stoffen und ihre Einbeziehung in das Alltagsleben der Protagonisten erfüllt eine therapeutische Funktion. Die Mythenreprise dient der Befreiung von der Vergangenheit, von traumatischen Kindheitserlebnissen, und den für das Wachstum erforderlichen Verwandlungen. Ein zentrales Motiv der Mythenreprise ist die Metamorphose.

Dieser Logik folgend, greift Ben Jelloun in fast allen Romanen Übergangsriten auf. Die Darstellung der in Marokko bei Geburt, Namensgebung, Beschneidung oder Bestattung üblichen Zeremonien nimmt einen breiten Raum ein. Sie erfüllt eine gesellschaftskritische Funktion. In diesem Zusammenhang ist besonders an den Besuch des Hammams zu erinnern. Dieser Topos der maghrebinischen Literatur stellt ein Übergangsritual in Kleinform dar. Der Autor selbst zitiert das entsprechende Sprichwort: „Man kommt nie aus dem Hammam heraus, wie man hineingegangen ist." Ben Jellouns Poetik der Nacht aktualisiert die Funktionsweise der Mythen, bei denen die Übergangsrituale bewußte und unbewußte Strukturveränderung mit sich brachten.[410]

Das der Mythenreprise zugrunde liegende Schema tritt in allen Textsorten über die Grenzen von Gattungen und Schreibweisen hinweg auf. Selbst

[410] Vgl. dazu Joseph Campbell, *Der Heros in tausend Gestalten*, Frankfurt 1953, S. 17: „Wenn wir uns nun, von dieser Vorstellung geleitet, den zahlreichen, fremdartigen Riten zuwenden, die von den primitiven Stämmen und den alten Hochkulturen berichtet werden, so zeigt es sich, daß deren Zweck und tatsächliche Wirkung die ist, den Menschen über jene schwierigen Lebensschwellen hinwegzuhelfen, bei deren Passieren eine Strukturänderung nicht nur des bewußten, sondern auch des unbewußten Lebens zu vollziehen ist."

die Auswanderung nach Frankreich ist eine Art Übergangsritual; allerdings folgt dem Verlassen der eigenen Gesellschaft meist keine Integration, keine Aufhebung auf einer höheren Stufe, sondern Entwurzelung und Desintegration.

5.5 *L'enfant de sable*

5.5.1 Der Titel und der Verzicht auf Paratexte

„Il y avait d'abord ce visage allongé par quelques rides verticales, telles des cicatrices creusées par de lointaines insomnies, un visage mal rasé, travaillé par le temps." (S. 7) So beginnt der Text unmittelbar nach dem Titel, ohne Widmung oder Vorspann *in medias res*. Wir befinden uns in der ersten eingelegten Geschichte der ersten Erzählerfigur. In kompositorischer Symmetrie endet der Text dann auch ohne Nachwort, allerdings in der Rahmenhandlung und zwar mit dem Tagebuch des zu diesem Gesicht gehörenden Menschen:

> Lorsque le livre fut vidé de ses écritures par la pleine lune, j'eus peur au début, mais ce fut là les premiers signes de ma délivrance. J'ai moi aussi tout oublié. Si quelqu'un parmi vous tient à connaître la suite de cette histoire, il devra interroger la lune quand elle sera entièrement pleine.

Die erst aufgeschriebene und dann in verschiedenen Versionen erzählte Geschichte wird am Ende dem Mond übertragen, dem zyklischen Kommen und Gehen des Nachtgestirns, das hier den Kreislauf des Lebens und der Lebensgeschichten symbolisiert. Aus diesem Grunde konnte Ben Jelloun auf die charakteristische paratextuelle Relativierung verzichten.[411] Der literarische Kreislauf wird dieses Mal innerhalb des Haupttextes geschlossen.

Der Titel nimmt Bezug auf die Erzählung „El libro de arena" (1975) von Jorge Luis Borges aus dem Band gleichen Titels. Ben Jelloun kannte sicherlich die französische Übersetzung *Le livre de sable*, zumal Borges als Romanfigur eine Schlüsselrolle im Roman zukommt. Auf die intertextuelle Komponente und speziell den Borgesbezug ist daher noch einzugehen.[412]

---

[411] Die Paratexte gemäß der Terminologie von G. Genette, *Palimpsestes. La littérature au second degré*, Paris 1982, Kap. I.

[412] Zu Borges und Ben Jelloun vgl. Vf. 1995a; 1999b.

Abgesehen von diesem Bezug zu Borges ist die Sandmetaphorik für den Leser der Gedichte kein Novum. Die Kombination von Mensch und Sand verweist auf den arabischen Kulturraum. Eine kulturspezifische Einordnung gibt die Verbindung mit dem Motiv der Wüste zu erkennen, dessen metaphorische Bedeutungsbreite nur in Grundzügen erläutert werden kann. Die erste wird im Text genannt:

> [...] cette histoire est aussi un désert. Il va falloir marcher pieds nus sur le sable brûlant, marcher et se taire, croire à l'oasis qui se dessine à l'horizon et qui ne cesse d'avancer vers le ciel, marcher et ne pas se retourner pour ne pas être emporté par le vertige. (S. 15)

Die Definition des Textes als Wüstendurchquerung meint nicht nur den Schreibvorgang, sondern auch die Entwicklung der Protagonistin, die in ihrem Leben lange Durststrecken bewältigen muß. Für die in diesem Sinn gebrauchte Metaphorik finden sich mehrere Beipiele, für die stellvertretend ein weiteres zitiert sei: „Depuis que je me suis retiré dans cette chambre, je ne cesse d'avancer sur les sables d'un désert où je ne vois pas d'issue, [...]" (S. 88). Hier werden die selbstgewählte Einsamkeit und der Rückzug von der Außenwelt als Wüstendurchquerung dargestellt. Der Gang durch die Wüste als Metapher der Literatur ist unter dem Paradigma des „itinéraire" einzuordnen.[413] In *Les yeux baissés* findet sich die Vorstellung vom Schreiben als Strategie zur Bewältigung von Einsamkeit, allerdings ohne das Bild der Wüste: „Ecrire! Ecrire pour ne devenir fou, pour s'accrocher à ses racines, pour traduire les longs douloureux silences qui traversent nos vies." (S. 232)

Aus den darin enthaltenen Hinweisen auf die Mystik ergibt sich ein erster Interpretationsansatz. Der Rückzug von der Außenwelt und die Wüstenmetaphorik sind Teil der mystischen Läuterung. Askese und Rückzug aus der Welt gehören zu den Methoden (arab. „maqâmât") der zur Erleuchtung führenden *purgatio*.

---

[413] Die metaphorische Gleichsetzung von Wüste und Schreiben ist in der maghrebinischen Literatur weit verbreitet. Das prominenteste Beispiel ist Albert Memmis Roman *Le désert* (Paris 1977), wo die Wüste den Nomadismus der Zeichen und der Bedeutungen in den maghrebinischen Texten repräsentiert. Vgl. auch Tahar Djaout, *L'invention du désert*, Paris 1987. Assia Djebar bezeichnete damit das Französische: „Finalement, cette langue m'apporte aussi une forme de désert", in: E. Ruhe (Hg.), *Europas islamische Nachbarn*, Bd. 1, Würzburg 1993,S. 9-24; hier S. 21.

Ein zweiter damit verbundener Bedeutungsbereich ist die Identitätsproblematik. Die Handlung entwickelt sich aus der Selbstsuche einer Protagonistin, deren Identität wie Sand zerrinnt.

Eine dritte Lesemöglichkeit besteht in der kulturellen Zuordnung, denn der Text handelt nicht nur von der Identität der Geschlechter, sondern in Verbindung damit auch von der der marokkanischen Kultur. Die interkulturelle Komponente erschließt sich über den als Erzähler auftretenden argentinischen Schriftsteller Jorge Luis Borges und dessen *Libro de arena*.

5.5.2 Inhalt und Sujetstruktur

Der Text ist zweigeteilt in Rahmenhandlung und eingefügte Binnenhandlung:

Auf dem Jam^{c}a el-Fna-Platz in Marakkesch gibt ein Erzähler im Kreise seiner Zuhörer („halqa") die Geschichte einer Frau zum Besten, die als Mann erzogen wurde. Ihr Vater ersann diese Täuschung, um nach sieben Töchtern einen Sohn zu haben. Die Tochter (Ahmed) lebt diesen Schwindel, nimmt die daraus resultierenden Vorteile in Anspruch, gerät jedoch mit zunehmendem Alter in Konflikt mit sich selbst und ihrer Umwelt, aus der sie sich mehr und mehr zurückzieht. Nach dem Tod ihres Vaters besteht kein Anlaß mehr, ihr wahres Geschlecht weiterhin zu verbergen.

Den Weg Ahmed/Zahras zu sich selbst erzählt zunächst ein zweiter Erzähler, dann drei Zuhörer in Form eigener Versionen des weiteren Verlaufs. Diesen folgt eine weitere Version aus dem Munde eines „troubadour aveugle" aus Buenos Aires. Der letzte Erzähler, „l'homme au turban bleu", inszeniert schließlich ein erzählerisches Spiegelkabinett, in dem die Figuren der von ihm erzählten Geschichte, d.h. der Geschichte Ahmed/Zahras, als handelnde Personen auftreten und mit ihm in Kontakt treten. Am Schluß berichtet er von einer Ägypterin, die sich als Nichte von Zahra vorgestellt, und ihm deren Tagebuch überreicht habe. Die darin erzählte Lebensgeschichte, deren Text in einer Vollmondnacht ausgelöscht worden sei, lasse ihn nicht mehr los.

Figuren, Handlung, Raum und Zeit sind eindeutig in der marokkanischen Kultur verankert. Im Kapitel „Troubadour aveugle" finden sich die einzigen konkreten Orts- und Zeitangaben: „En ce jour d'avril 1957, nous sommes à Marrakech, dans un café dont la salle du fond sert à stocker les sacs d'olives fraîches. Nous sommes à côté d'une gare routière. Ça pue l'essence." (173) Dieses Datum dient indessen nicht der Präzisierung, sondern der Destabilisierung des zeitlichen Ablaufs, wie aus weiteren Angaben hervorgeht. So äußert derselbe Sprecher, die Borgesfigur, kurz darauf: „Ainsi, je me suis trouvé, en cet après-midi de juin 1961, enfermé dans ma bibliothèque avec une dame mystérieuse, [...]" (S. 178), d.h. er berichtet in der Vergangenheitsform über ein Ereignis, das von der Erzählgegenwart (1957) aus in der Zukunft liegt. Diese Widersprüche erzeugen eine prinzipielle Ungewißheit über den Status der fiktionalen Wahrheit. Die darin enthaltene Zeitauffassung läßt sich am ehesten als Traumzeit charakterisieren. Die Durchbrechung der zeiträumlichen Logik, eine der wesentlichen Entwicklungen in diesem Kapitel, ist ein Schlüssel zum Gesamttext.

Darüber hinaus enthält das Kapitel zahlreiche realistische Signale (Namen, Traditionen, Riten) und Beschreibungen, die die marokkanische Ausrichtung betonen. So unterstreicht die Datierung (1957), ein Jahr nach der Unabhängigkeit, die nationale Dimension der Selbstfindung der Protagonistin. Zudem kommen zahlreiche Begriffe arabischen Ursprungs hinzu, die den Bezug zu Marokko vertiefen. Anstelle einer tabellarischen Auflistung seien zwei signifikante Beispiele herausgegriffen: Die „halqa" und die Korruption.

Die Anspielung auf die allseits verbreitete Korruption findet sich in dem von Amar erzählten Kapitel fünfzehn. Dessen erster Teil enthält eine Darstellung der gesellschaftlichen Situation des Landes. Die Bedeutung der Korruption wird durch die Wiedergabe des Wortes in arabischer Schrift („rašua") besonders hervorgehobenen. Mit *L'homme rompu* widmete Ben Jelloun der Korruption einen ganzen Roman. Auch in den von der Mafia handelnden Texten aus *L'ange aveugle* ging er von neuem auf diese Problematik ein.

Mit der Situierung der Geschichte auf dem Jam^{c}a el-Fna Platz, einem legendären filmischen und literarischen Topos,[414] verortet Ben Jelloun die Handlung und die Erzählweise in der Tradition der marokkanischen Volkskultur (siehe Abb. 8, S. 403). Damit hat es den Anschein, als ob Standpunkt und Blickwinkel einheitlich und monokulturell ausgerichtet wären – ein marokkanisches Kamerateam dreht einen Film über Marokko. Die Verwendung der „halqa" zur Konstituierung der Erzählsituation ver-

[414] Alfred Hitchcocks *Der Mann, der zuviel wußte* beginnt mit einem dramatischen Auftakt auf dem Platz. Ben Jelloun zitiert Film und Szene in *L'auberge de pauvre*: „Je sais tout sur cette ville [Marrakech], j'ai lu pas moins de dix ouvrages et vu plusieurs films. Celui que je préfère n'est pas un documentaire, mais un film superbe d'Alfred Hitchcock, *L'homme qui en savait trop*, dont le debut se passe à la place Jamaa el Fna." (S. 279).

stärkt den Eindruck von Marokkanität. Dennoch drängt sich aufgrund der bisherigen Analysen der Verdacht auf, daß dies nicht die ganze Wahrheit sein kann. Gerade weil der Ort nicht irgendein Platz in Marokko ist, sondern der in keinem Reiseführer fehlende Platz von Marrakesch, kommen Zweifel auf. Unterscheidet sich diese Art der Darstellung von der Reiseführerrhetorik? Auf alle Fälle lassen sich frappierende Ähnlichkeiten der Sichtweise fremder Autoren und der Ben Jellouns feststellen.[415]

Das über die vordergründige Situierung der Handlung hinausgehende, und daher ausschlaggebende, Kriterium sind die Art und die Funktion der kulturellen Bezüge. Wie setzt Ben Jelloun die „halqa“ erzählerisch ein? Die Beantwortung dieser Frage führt uns zur interkulturellen Dimension des Textes.

5.5.3 Die Stoffgeschichte

Die Verwandlung, das zentrale Motiv im Gesamtwerk Ben Jellouns, bezieht sich in diesem Roman auf die Geschlechter. In der antiken Mythologie finden sich gestaltliche Metamorphosen zuhauf. Der griechische Göttervater Zeus und der Meergreis Proteus aus Homers *Odyssee* sind die in der europäischen Kultur bekanntesten Gestaltwandler. In den Geschichten aus *Tausendundeiner Nacht,* die Ben Jelloun zweifellos als Modell gedient haben, ist der Gestaltwechsel eines der häufigsten Motive. Das Motiv der achten Tochter, die sich als Mann verkleidet oder verkleidet wird, ist in verschiedenen Kulturkreisen bekannt. Im indischen, aus dem vierten Jahrhundert v. Chr. datierenden, Nationalepos *Mahâbhârata* finden sich zwei Versionen der Geschichte, eine weitere im neunten Buch der *Metamorphosen* (Vers 671-796) von Ovid.[416] Die archetypische Figur des Gestaltwand-

[415] Ein Vergleich seiner Texte mit denen von Hubert Fichte und Juan Goytisolo würde sicher nuancierte Unterschiede feststellen können. Zum Vergleich bietet sich auch Bodo Kirchoffs Artikel in der Zeitschrift *Merian* an: „Taumel des Seins“, (Februar 1999), S. 28-35. Der deutsche Schriftsteller versucht darin eine literarische Annäherung, die ganz im Zeichen der Faszination steht. Die enthusiastische Darstellung mag auch die Klischeehaftigkeit mancher Passagen erklären; so lautet der Anfang: „Orient pur: der Jemaa El Fna in Marrakesch. Hier lösen sich jeden Abend für ein paar Stunden alle Gegensätze Marokkos auf - in eine vibrierende, wohlige Klang- und Duftwolke.“ (S. 28).

[416] A. Rothe, „L'enfant de sable de Tahar Ben Jelloun. Traditions séfarde et orientale?“, in: Nakagawa, H./ Ichikawa, S./ Okami, Y. (Hg.), *Ici et ailleurs: le dix-huitième siècle au présent*, Tokyo 1996, S. 465-475; hier: S. 472.

lers ist vom Märchen bis hin zum modernen Film weit verbreitet. Eine weibliche Variante ist die mit Eva und Delilah in der Bibel angelegte „femme fatale".[417] Unter den verschiedenen Funktionen, die die Metamorphose erfüllen kann, ist die Darstellung der Geschlechterbeziehungen die weitaus häufigste und wichtigste.

Das in vielen Literaturen vorhandene Motiv der als Mann verkleideten Frau fand im Barock besondere Verbreitung.[418] Unter den potentiellen Intertexten hebt A. Rothe den spanischen *Romancero* und die maurisch-maghrebinische Tradition hervor, die im Roman im Kapitel „La nuit andalouse" thematisiert wird.

Bei der Verbreitung der spanisch-maurischen Kultur in Nordafrika ist, mehr noch als auf Stoffe und Inhalte, auf die Form der mündlichen Tradierung hinzuweisen, deren konstitutives Prinzip, die Variation, sich Ben Jelloun metafiktional zu eigen machte.

Die auf den Verlust des Originals (der schriftlichen Lebensgeschichte) zurückgeführte Pluralität der Versionen, die der Handlung des Romans zugrundeliegt, ist ein altbekanntes Motiv für das Erzählen von Geschichten, doch es ist auch ein zentrales Motiv der Postmoderne. Die Dekonstruktion der auf Ursprung, Zentrum und metaphysischer Transzendenz beruhenden Weltmodelle führte ebenfalls zum Verlust des Originals im Sinne eines ursprünglichen sinnstiftenden Diskurses. Gleichzeitig, und daraus entsteht die Ambivalenz der Benjellounschen Poetik, verankert die durch den Verlust des Originals verursachte polyphone Erzählervielfalt den Text in der mündlichen Tradition der maghrebinischen Kultur.[419]

Dank der Quellenarbeit Rothes kann man mutmaßen, daß eine Romanze wie die der „La doncella guerrera" aus der maurischen Kultur Andalusiens als Prätext der Binnenerzählung gedient haben könnte.[420] Freilich wird auch die umfassendste stoff- oder motivgeschichtliche Untersuchung das

---

[417] Die bekanntesten Filme sind *Eine verhängnisvolle Affäre* und *Basic Instinct*, wo Sharon Stone als Mörderin auftritt. Im Genre des *film noir* erzeugen die proteischen Figuren die Rätselspannung. In *Tote schlafen fest*, *Der Malteserfalke* und *Chinatown* ist der Detektiv mit Frauen konfrontiert, deren wahre Rolle nicht klar ist. Diese modernen Versionen beruhen auf der traditionellen Funktion der Gegenüberstellung der Geschlechterrollen. Das psychologische Potential liegt im wesentlichen darin, männliche Eigenschaften im Weiblichen, und umgekehrt, aufzuzeigen.

[418] A. Rothe, a.a.O., S. 466.

[419] E. Arend-Schwarz erinnerte bezüglich der Verschachtelungstechnik zu Recht an Italo Calvinos *Se una notte d'inverno un viaggiatore*, a.a.O., S. 179.

[420] A. Rothe, a.a.O., S. 468ff.

Textverständnis nicht wesentlich verbessern, sondern nur das in der Rahmenhandlung angelegte Motiv des Erzählens des Erzählens erhellen. Auch wenn das in der Rahmenhandlung dargestellte Wie des Erzählens in diesem Roman mindestens gleichrangig neben dem Was der eingelegten Geschichte besteht, bleibt die Interpretation der Geschichte Zahras offen. Die Gründe für die traumatisierende Grausamkeit, die sie nicht nur als Kind, sondern auch als Frau noch erfährt, können durch die motivgeschichtliche Tradition kaum geklärt werden. In *La nuit sacrée,* wo das Wie dem Zauber der erzählten Geschichte eher untergeordnet ist, verhält es sich ähnlich.

Auch bei der semantischen Analyse von *L'enfant de sable* ist es unabdingbar, das Verhältnis von Rahmenhandlung und eingeschobener Binnenerzählung zu berücksichtigen. Dem Erzählen des Erzählens kommt eine vergleichbare Bedeutung zu wie der erzählten Geschichte. Die metafiktionale Gestaltung orientalischer Erzählmuster („halqa" und *Tausendundeine Nacht*) macht die Interkulturalität dieses Textes aus. Bei der Analyse sind Rahmen- und Binnengeschichte als Scharnier zu betrachten, das den semiotischen Prozeß potenziert. Die semantische Übercodierung durch die verschiedenen, sich gegenseitig relativierenden Handlungsverläufe stellt gewiß eine Bereicherung des Sinnangebots dar, doch gleichzeitig auch eine Infragestellung der Sinnproduktion durch Geschichtenerzählen. In *Tausendundeiner Nacht* erzählt Scheherazade in der Rahmenhandlung Geschichten, um zu überleben. Für die Figuren Ben Jellouns ist das Erzählen als Überlebensstrategie nicht immer von Erfolg gekrönt, weil sie die Kontrolle über ihre Geschichten verlieren.

5.5.4 Labyrinthische Erzählstruktur und Kommunikationsebenen

L'enfant de sable hat aufgrund der komplexen Erzählweise den Unmut der Kritik auf sich gezogen. S. Tamm spricht, ohne zu werten, von einer labyrinthischen Erzählstruktur. Ihrer Forderung nach „close reading" ist ebenso uneingeschränkt zuzustimmen wie der Beobachtung, daß die Erzeugung von Ungewißheit die Erzählstrategie des Textes ausmacht.[421]

---

[421] „En outre, parfois, le passage d'une version à l'autre est tellement flou, qu'il faut regarder de très près pour savoir qui raconte; ce qui cause aussi cette incertitude voulue par le texte.", in: S. Tamm, „Réalisation de 'la liberté dans l'écriture': le portrait de Borges dans *L'enfant de sable*", in: Ch. Bonn/ A. Rothe (Hgg.), *Littérature maghrébine et littérature mondiale*, Würzburg 1995, S. 161-169, S. 163, 164.

Der erzählerisch komplexe Roman ist klar strukturiert. Er besteht aus 19 Kapiteln, deren Zusammenhang bereits aus den Titeln hervor geht. Das erste Kapitel „L'homme" spielt mit der Ambivalenz des Wortes „homme", das Mensch und Mann bedeutet, und führt die Thematik der Androgynität, der Travestie und des Geschlechterwechsels ein. Der bereits zitierte Romananfang legt die Spuren („visage mal rasé", Personalpronomen „il") einer falschen männlichen Identität. Das Kapitel bildet den Abschluß des Mannseins und den Ausgangspunkt der Verwandlung: „Son dessein était exactement cela: dire ce qu'il avait cessé d'être." (S. 12) und es konstituiert die Teilung in Rahmenhandlung und eingelegter Geschichte.

Die folgenden sechs Kapitel enthalten den Begriff Tor im Titel, sie setzen mit der Märchenmetaphorik der sieben Tore, die zu durchschreiten sind, die eingelegte Geschichte fort.

Im achten Kapitel, das eigentlich das siebte Tor und damit die Auflösung bringen müßte, findet genau das Gegenteil statt, eine Verrätselung, die Geschichte verästelt sich. In den Kapiteln acht bis dreizehn vollzieht sich die Spiegelung und Brechung von erzählter Geschichte und Erzählvorgang (10 „Le conteur devoré par ses phrases"), wobei die *mise en abyme* im achten Kapitel, die Geschichte Antars, das Signal gibt. Das im ersten Kapitel eingeführte Motiv der Travestie findet seinen Höhpunkt in den Kapiteln elf und zwölf („L'homme aux seins de femme" und „La femme à la barbe mal rasé"). Das dreizehnte Kapitel „Une nuit sans issue" bildet den ersten Höhepunkt der Nachtmetaphorik, der zweite folgt kontrapunktisch im achtzehnten, „La nuit andalouse", das gleichzeitig den Abschluß der Versionen vier weiterer Erzähler bildet. Es enthält mit der zuvor eingeführten Borges-Figur den Schlüssel zum Rätsel des Erzählvorgangs.

Das letzte Kapitel „La porte de sable" liefert mit der siebten Tür den Abschluß, der durch das Bild der Tür nur ein neuer Anfang sein kann, wobei die Sandmetaphorik über den Borgesbezug hinausgehend kulturell die afrikanische Dimension eröffnet.

Von Anfang an sind zwei Haupthandlungsstränge K I (Kommunikationsebene 1 = Rahmenhandlung) und K II (Kommunikationsebene 2 = erzählte Binnenhandlung) zu unterscheiden. Die Komplexität des Textes resultiert zum einen aus der Verschachtelung der Rahmenhandlung (K I) und zum anderen aus dem Wechselverhältnis von Rahmenhandlung und Binnenhandlung (K I und K II).

Die einander ablösenden Erzählerfiguren der Rahmenebene sind ihrem Status nach zu unterscheiden, weil sie zum Teil als Zeugen aus dem Bereich der Binnenhandlung auftreten und in der Nähe der erzählten Welt (K II) stehen. Der erste Erzähler K I.1, ein professioneller Geschichtenerzähler, wird von dem Bruder Fatimas (der Frau Ahmeds) K. I.2 abgelöst. Die folgenden drei Erzähler Salem, Amar und Fatouma (K I.3.1, K I.3.2, K I.3.3) sind zunächst Zuhörer, die dann eine eigene Version der Geschichte vorstellen. Der folgende Erzähler, die literarische Borges-Figur, eröffnet eine weitere Stufe der Rahmenerzählung (K I.4), der als einer „halqa" innerhalb einer „halqa" eine besondere Bedeutung zukommt, weil sie den Schlüssel zum Text liefert. Ben Jellouns Verschachtelungen basieren nämlich auf der Erzählung „Las ruinas circulares" von Jorge Luis Borges, die nach dem Prinzip der russischen Puppen die binnenfiktionale Wirklichkeit als Traum im Traum oder Buch im Buch ineinander fügt.[422] Der letzte, auf der gegenüberliegenden Seite des Platzes auftretende Erzähler (K I.5) ist der von einer Reise aus dem Süden zurückgekehrte erste Erzähler Bouchaïb (= K I.1); er schließt den Kreis und bildet mit seiner Version ebenfalls eine „halqa" innerhalb einer „halqa".

In *La nuit sacrée* kommt dann mit der Protagonistin eine achte Erzählerfigur hinzu, die ihre Geschichte selbst erzählt, während dies zuvor andere, und zwar überwiegend Männer, tun.

Diese Skizze erfaßt lediglich das Konstruktionsprinzip, die tatsächliche Verschachtelung der einzelnen Erzählebenen ist weitaus komplexer, weil sie jener für Ben Jelloun typischen Dynamik ausgesetzt ist, die das Verhältnis von Rahmenhandlung und Binnengeschichten in ein ambivalentes Spannungsverhältnis setzt. Zwischen Erzähler und erzählter Geschichte entwickelt sich ein Spiel wechselseitiger Verführungen und Identifikationen. Von daher lassen sich auch die Funktionen der Spiegelungen und der *mise en abyme* erklären. Das ständig wiederkehrende Spiegelmotiv, etwa die Geschichte Antars, eine thematische *mise en abyme* der Hauptgeschichte, sind inhaltliche Hinweise auf die zirkuläre Erzählstruktur.

Spätestens hier stellt sich die Frage: Wozu eine derart komplizierte selbstreferentielle Erzählweise mit wechselnden Erzählinstanzen? Ihr Sinn besteht in der Entwicklung von der Fremd- zur Selbstbestimmtheit. Aus dem heterodiegetischen, zunächst nicht an der Handlung (K II) beteiligten Erzähler (K I) wird ein homodiegetischer Erzähler, der, wenn auch nur am Rande, an seiner Geschichte (K II) teilnimmt. Umgekehrt werden die erzählten Figuren zu Erzählern. Dieser Rollentausch korrespondiert inhalt-

[422] J.L. Borges, „Las ruinas circulares", in: *Ficciones*, Buenos Aires 1944.

lich mit dem Geschlechterwechsel der Hauptfigur Ahmed/Zahra. Das in *Les yeux baissés* in Bezugnahme auf Miguel de Unamunos Roman *Niebla* perfektionierte Verfahren des Dialogs zwischen Autor und Romanfigur wurde somit bereits in *L'enfant de sable* eingesetzt.

Zwei weitere die erzählerische Verschachtelung betreffende Fragen sind noch zu klären. Erstens: Gibt es einen der Polyphonie der Er- und Ich-Erzähler übergeordneten Blickwinkel, dem eine kulturelle Perspektivierung zugrunde liegt? Zweitens: Welche Rolle spielen die Verteilung und die Travestie der Geschlechterrollen im Hinblick auf die interkulturelle Konstellation?

5.5.5 Borges in Marrakesch oder der Erzähler liest

Die Faszination von *L'enfant de sable* ist nicht allein mit der Verschachtelungstechnik zu erklären, sondern auch mit der zentralen Frauenfigur, deren Emanzipation mindestens zwei Deutungen zuläßt: eine individuelle und eine kollektive, historische oder kulturelle. Ihr Sinnpotential ist damit jedoch keineswegs erschöpft. Eine weitere Dimension ihrer Lebensgeschichte besteht in der Dramatisierung des Lesens.

Figuren sind, zumal in Romanen wie denen Ben Jellouns, die den Kreislauf von Lesen, Schreiben und Erzählen thematisieren, mehr als „Aktanten" oder „Funktionen" im Handlungsgefüge, die ein semantisches System von Ähnlichkeiten und Oppositionen bilden, woraus ein Merkmalbündel entsteht. Eine rein strukturalistische Analyse nach den Modellen von V. Propp, C. Brémond, A. Greimas wäre daher nicht ausreichend. Auch eine am „Tod des Autors" orientierte linguistische, diskursanalytische oder semiotische Figurenanalyse wäre ziemlich unbefriedigend.[423] Ein Ansatzpunkt, um Ben Jellouns gebrochenen, verdoppelten und in viele Identitäten aufgesplitterten Charakteren näherzukommen, ist die Einordnung in jene Rubrik von Texten, die Lesen und Erzählen thematisieren. *L'enfant de sable* ist ein Lektüreroman, und eine Hommage an das Schreiben und Erzählen von Geschichten. Alle Figuren – Protagonisten und Erzähler gleichermaßen – sind leidenschaftliche Leser. Gehören sie damit jener Spezies an, deren Genealogie W. Pabst unter dem Begriff der „victi-

[423] Vgl. hierzu die einschlägigen Arbeiten von R. Barthes, M. Foucault, sowie die Vertreter des *nouveau roman* beispielsweise A. Robbe-Grillet in: „Sur quelques notions périméees", in: *Pour un nouveau roman*, Paris 1963, S. 25-44.

mes du livre“ aufgezeigt hat?[424] Sie sind nicht bibliophil, doch quijoteske Merkmale, wie sie jenen Lesertypus charakterisieren, treten auch bei Ben Jellouns Held(inn)en durchaus auf.[425] Allerdings wird die ernsthafte Lektüre, die ungebrochene Identifikation mit dem Modell, meist erst spät parodiert. Das Modell, die Textvorlage oder der gelesene Text, wird variiert, pluralisiert und sogar grundsätzlich in Frage gestellt, doch es dient nicht vorrangig der Komik. Die gelesenen und dann erzählten Texte sind Lebensgeschichten, die nicht als überholte Art der Modellierung von Weltbildern demaskiert werden, sondern die, ganz im Gegenteil, als therapeutisch wirksame Textform erscheinen, die durch ihre Intimität Gesellschaftskritik ermöglicht. Cervantes ist freilich nur eine Seite der Lektüre, auf der anderen und Ben Jelloun wesentlich näher steht Jorge Luis Borges. Er ist Ben Jellouns Modell der „Freiheit in der Literatur“, sein Auftreten als Geschichtenerzähler in Marrakesch ist ausschlaggebend für Handlung, Erzählstruktur und vor allem für den Effekt der Ambiguität.[426] So therapeutisch wertvoll Lesen und Schreiben auch sein mögen, der Leser kann auch zum Opfer der Lektüre werden. Der faszinierte, ganz in den Bann des Gelesenen geratene, sich bis zur Selbstaufgabe identifizierende Leser ist eines der werkübergreifenden Leitmotive. Dessen kulturelle Dimension tritt am Ende von *L'enfant de sable* ironisch hervor, wenn der Erzähler den Ursprung seiner Geschichte offenbart, damit gleichzeitig deren Verlust eingesteht, und sich zur Koranlektüre auf einen Grabstein zurückzieht, womit der Text doch noch eine unernste Wendung nimmt. Ben Jelloun dynamisiert damit das Verhältnis von Lesen und Schreiben, Rezeption und Produktion gegenüber Cervantes, indem er es auf der Inhalts- und der Diskursebene thematisiert und beide Ebenen aneinander reiben läßt. Die Verschränkung von Produktion und Rezeption von Geschichten deutet überdies auf eine Zirkularität von Mündlichkeit und Schriftlichkeit hin. So beruht die mündliche, in der Volkskultur verankerte Form des Geschichtenerzählens auf der Lektüre. Deshalb bilden die Romane Ben Jellouns ein weiteres Kapitel der „Buch im Buch“-Tradition. Den Höhepunkt dieser sich selbst reflektierenden Erzählweise, bilden Texte wie *L'enfant de sable*, in denen die *mise en abyme* als Spiegelungsverfahren hinzutritt. Zu

[424] Pabst, Walter, „Victimes du Livre - Versuch über eine literarisch Konstante“, in: *Filología y Didáctica Hispánica*. Festschrift Hans-Karl Schneider, Hamburg 1975, S. 497-525.

[425] Vgl. hierzu auch Vf. 1995b.

[426] Vgl. hierzu S. Tamm a.a.O.; sowie Vf. 1999b.

denken ist desweiteren an Autoren wie Italo Calvino, Julio Cortázar, Cervantes, Umberto Eco, André Gide, Augusto Roa Bastos, und insbesondere den Argentinier Manuel Puig, bei dem sich Figuren als Leser und Erzähler konstituieren und der Text das Verhältnis zum realen Leser reflektiert.

Ausgehend von der generellen Unterscheidung zwischen einem teilnehmenden und einem distanzierten Lektüremodus zeigen sich rasch die Besonderheiten der Figuren bei Ben Jelloun:

- Leser werden zu Erzählern, die Lebensgeschichten mündlich vor anderen wiedergeben.
- Leser werden Leseropfer, die Figuren als reale Person betrachten und sich in einem symbiotischen Prozeß der Verschmelzung völlig mit ihnen identifizieren.
- Leser und Zuhörer sind gleichzeitig auch kreative Rezipienten, die den erzählten Geschichten mißtrauen, diese verändern und sie in eigenständigen Versionen umgestalten.
- Der Kreislauf von Schreiben, Lektüre und Erzählen bringt unbewußte libidinale Antriebe ans Licht. Alle drei Aktionsformen folgen nicht nur der *libido sciendi,* dem Willen zu sehen und zu wissen, sondern auch der *libido sentiendi,* dem Lustprinzip. Lesen ist ein Vorwand, um die von Gesellschaft und Über-Ich zensierten Bedürfnisse zu verarbeiten.
- Lesen ist *Lektüre des Körpers*, symbolische Auseinandersetzung mit den darin vom Leben eingezeichneten Spuren von Lust, Sehnsüchten, Enttäuschungen und Verletzungen.

Das zugrundeliegende Modell ist höchst ambivalent, ja paradox, es vereint eine reflexive, ludische und aktive Leseweise mit einer eher passiven, emotionalen und identifizierenden. Dabei lassen sich Opfer- und Täterrolle nicht immer klar unterscheiden, sie gehen ineinander über, ebenso wie sich die Lebensgeschichten vermischen, verdoppeln und aufspalten. Ben Jelloun stellt die Ambivalenzen der Verwandlung von Lebensgeschichten in Texte dar, indem er die wechselseitigen Interferenzen von Leben und Literatur betont. Beides, die Vermischung der Rollen und die Ambivalenzen der Fiktionalisierung, betreffen das Verhältnis der Geschlechter und der Kulturen. Entkolonisierung heißt Anerkennung der Altlasten der patriarchalischen und kolonialen Vergangenheit. Weder die Frauen, noch Marokko sind ausschließlich als Opfer zu definieren.

Vor einer weiteren Vertiefung der formalen Analyse ist zunächst noch nach dem Inhalt zu fragen: Welche Art von Lebensgeschichten lesen Ben Jellouns Erzähler? Die von Menschen, welche tiefgreifende Veränderungen durchlaufen, exemplarisch hierfür ist die als Mann erzogene Frau. Zahra ist die personifizierte Metamorphose, eine Grenzüberschreiterin aus dem „Entre-deux" der Geschlechter. Die Faszination dieser Veränderungsprozesse kommt erzählerisch durch den Einsatz von Tagebüchern, Briefen und Bekenntnissen zum Ausdruck.

Der erste Erzähler aus *L'enfant de sable* beruft sich auf das Tagebuch, das er von Ahmed/Zahra bekommen haben will. Dessen Lektüre habe ihn im Innersten berührt:

J'ai lu toute la première page et *je fus illuminé*. Les larmes de l'étonnement coulaient toutes seules sur mes joues. [...] Je sus alors que j'étais en possession du livre rare, le livre du secret, enjambé par une vie brève et intense, *écrit par la nuit de la longue épreuve* [...]. (S. 12, meine Hervorhebung)

Dieser Abschnitt, der die erste Stufe der Dramatisierung des Lesens bildet, steht in der Tradition der „Buch im Buch" Darstellungen. Spiegelte sich bereits in der Paolo-Francesca Episode in Dantes *Divina Commedia* das Buch als Metapher für Wissen und Welterfahrung, so steigert Ben Jelloun die metaphorische Welterfahrung zu einem mystischen Erleuchtungserlebnis.[427] Das Buch ist kein bloßes Requisit, und weitaus mehr als nur Motiv, es ist ein zentrales Moment von Handlung *und* Erzählvorgang. Das Lesen im Tagebuch erfaßt alle Sinne, wobei die Erleuchtungsmetapher auf die „Poetik der Nacht" („écrit par la nuit de la longue épreuve") verweist. Die im Sufismus zentrale Lichtmetaphorik bildet die Basis einer Reihe von Oppositionen – Licht und Dunkelheit, sichtbar und unsichtbar, Sein und Schein –, die die Bedeutung der zu analysierenden Romane strukturiert.

Die sufistische, mit der Lichtmetaphorik arbeitende Bedeutung wird vom ersten Erzähler ausgeführt: „Ce livre, mes amis, ne peut circuler ni se donner. Il ne peut être lu par des esprits innocents. La lumière qui en émane éblouit et aveugle les yeux qui s'y posent par mégarde, sans être préparés." (S. 12) Der Text muß als Teil einer Geheimlehre erst von Eingeweihten dechiffriert werden, bevor er an Nichteingeweihte vermittelt werden kann:

Ce livre, je l'ai lu, je l'ai déchiffré pour de tels esprits. Vous ne pouvez y accéder sans traverser mes nuits et mon corps. *Je suis ce livre.* Je suis devenu le livre du secret; *j'ai payé de ma vie pour le lire.* (S. 13, meine Hervorhebung).

---

[427] Vgl. dazu Ralph-Rainer Wuthenow, *Im Buch die Bücher oder der Held als Leser*, Frankfurt/Main 1980, hier: S. 21-27.

Mit dieser identifikatorischen, symbiotischen und körperlichen Lektüre ist die höchste Stufe des spirituellen Weges erreicht: In einer Art *unio mystica* vereint sich die lesende Erzählerfigur mit dem Text.

Die Berufung auf das Tagebuch soll die Echtheit und Unmittelbarkeit der innersten seelischen Vorgänge bestätigen. Die Erzählerfiguren stehen dieser fiktionsimmanenten Quelle der Wahrheit unterschiedlich nahe. Der Schluß des Textes bestätigt ein letztes Mal die Bedeutung des „journal intime" als Urtext, der verloren ging und deshalb neu zu schreiben ist. Der letzte Erzähler verabschiedet sich von seinem Publikum mit den Worten: „Moi, je dépose là devant vous le livre, l'encrier et les porte-plume. Je m'en vais lire le Coran sur la tombe des morts!" (S. 209) In einem letzten Rollentausch wird der Erzähler zum Leser und der Zuhörer bzw. Leser zum Autor. Während sich der Erzähler zur Koranlektüre auf den Gräbern der Verstorbenen empfiehlt, fordert er die Zuhörer auf, nun selbst die Schreibwerkzeuge in die Hand zu nehmen. Der mit einem fiktionsironischen Augenzwinkern endende Text zeichnet mit der Aufforderung zu einem letzten Rollentausch von Hörer/Leser und Erzähler/Autor einen letzten Kreis, eine letzte sich selbst reflektierende „halqa".[428]

In *L'enfant de sable* strukturiert die „halqa" erstmals den gesamten Text. Sie dient der Theatralisierung des Erzählens. Wie bei den traditionellen Geschichtenerzähler unterbrechen andere Figuren den Fortgang der Geschichte, wodurch eine auf dem Erzählerwechsel beruhende Episodenstruktur entsteht. Die Zuhörer werden zu Kommentatoren der erzählten Geschichte oder zu Erzählern, die eine eigene Version zum Besten geben. Beim ersten Erzählerwechsel tritt einer der Zuhörer (K I.2), heftig gestikulierend, in die Mitte der „halqa" und bezichtigt den Erzähler (K I.1) der Lüge: „Cet homme vous cache la vérité. Il a peur de tout vous dire. Cette histoire, c'est moi qui la lui ai racontée. [...] Je ne l'ai pas inventée. Je l'ai vécue. Je suis de la famille" (S. 67)

K I.2 ist der Bruder von Fatima, der Frau, die Ahmed/ Zahra geheiratet hatte. Er legitimiert sich als Erzähler durch die Verwandtschaft mit einer der Figuren aus der erzählten Welt (K II) und durch den Besitz des Tagebuchs, aus dem er vorzulesen beginnt. Er repräsentiert eine Literaturauffassung, die von einem Original ausgeht. Seine Erzählung ist eine inszenierte

[428] Von der fiktionalen Funktion her mit dem Tagebuch vergleichbar und ebenfalls auch in der französischen Tradition verankert ist der Briefwechsel. Die Elemente des Briefromans und des Tagebuchs werden auch in *La nuit sacrée* in den Kreislauf des mündlichen, aus der maghrebinischen Tradition kommenden Erzählens eingebunden.

Lektüre aus dem die Wahrheit verbürgenden Urtext. Nachdem er den Erzähler verdrängt und dessen Platz eingenommen hat, begrüßt er diesen großzügig als Zuhörer: „Tiens, je vois là-bas notre vieux conteur revenir. Il s'assoit avec nous. Bienvenue [sic], oui! [...] *C'est le chant qui t'a ramené. Il nous ramène tous à la terre.* Approche-toi; viens plus près de moi. *Tu pourras intervenir dans cette histoire.*" (S. 71, meine Hervorhebung)

Drei für das Gesamtwerk Ben Jellouns bedeutsame Aspekte sind in dieser Darstellung der „halqa" zu erkennen.

- Der Erzähler sucht die Nähe zu seinem Publikum; diese symbiotische Tendenz ist so stark, daß sie sogar die Konkurrenz zwischen den Erzählern aufhebt. Mit diesem Motiv verleiht der Autor seinem Wunsch nach Nähe zum Lesepublikum Ausdruck.
- Die Bedeutung der „halqa" in der marokkanischen Kultur besteht in einer vereinigenden Kraft des „chant", d.h. der Magie des gesprochenen Wortes. Vor dieser poetischen Kraft sind alle Menschen gleich, sie führt zurück zur Erde („Il nous ramène tous à la terre"), zum Essentiellen, zum Tod, zur Poesie.
- Die prinzipielle Gleichberechtigung, eine Art basisdemokratischer Praxis, konstituiert die Polyphonie der „halqa". Sie relativiert die zentrale Position des Erzählers, der bereit ist, Zuhörer mit abweichenden Meinungen zu Wort kommen zu lassen. Dieses Motiv ist, wie der Wunsch nach Nähe zum Publikum, übertragbar auf das Verhältnis des Autors zu seinen Figuren. Die von den Protagonisten entwickelte Eigendynamik ist ein eigenständiges Motiv, das den Kontrollverlust des Autors über seine literarischen Geschöpfe darstellt.

Der dritte Punkt steht in einem gewissen Widerspruch zum ersten. Gerade diese Widersprüchlichkeit zeichnet Ben Jellouns verschiedene Erzählmodelle in sich vereinende Erzählweise aus. Das ursprungsorientierte monologische, mit Wahrheitsanspruch versehene, und das dialogische Erzählmodell der basisdemokratischen Vielstimmigkeit.

Marc Gontard unterscheidet drei Verfahrensweisen der Erzählung des Erzählens bei Ben Jelloun: die „exhibition de la fonction communicative du récit", die „auto-référence et la mise en métaphore du récit" und die „intégration à l'acte narratif d'une théorie du récit".[429] Die zitierte Stelle

[429] M. Gontard, „Le récit méta-narratif chez Tahar Ben Jelloun", in: M. M'Henni (Hg.), *Tahar Ben Jelloun. Stratégies d'écriture*, Paris 1993, S. 99-118, hier: S. 100; sowie ders., *Le Moi étrange. Littérature marocaine de langue française*, Paris 1993.

belegt diese Funktionen und veranschaulicht die Komplexität und die typischen Ambivalenzen dieser Erzähltheorie.

Welche kulturelle Rolle spielt nun dieses implizite Erzählmodell? Der Rekurs auf die „halqa“ bindet das Erzählen von Lebensgeschichten in den marokkanischen Kontext ein. Dabei integriert Ben Jelloun nicht nur die aus der mündlichen Literaturtradition kommenden Vorgaben der Gattung in seinen Text, sondern auch die gesellschaftliche Praxis des Geschichtenerzählens. Dadurch übersetzt er die durch durch den Platz in Marrakesch repräsentierte Stimmenvielfalt in die literarische Erzählsituation.

Ben Jellouns Gestaltung der „halqa“ ist kulturspezifisch und gleichzeitig postmodern. Seine metafiktionale Erzählweise adaptiert nicht nur die marokkanische Tradition und die französischen Gattungen des Tagebuchs, des Briefromans und der Bekenntnisliteratur sondern auch das literarische Modell „Jorge Luis Borges“, mit dem die *mise en abyme* des interkulturellen Erzählens erst richtig in Gang kommt.

Ben Jelloun überträgt das Prinzip der „ruinas circulares“ auf die „halqa“. Während Borges in dieser Erzählung mit der Figur des Zauberers eine einzige Figur einsetzt, verwendet Ben Jelloun mehrere Erzähler, die die Zirkularität vervielfachen.[430] Bei diesem Verfahren handelt es sich um eine narrative Metalepse: Borges, der namentlich nicht genannte erzählende Protagonist, wechselt ständig zwischen den fiktionalen (und erzählerischen) Ebenen hin und her („versé d'un conte dans un autre conte“) und dringt damit in den Zuständigkeitsbereich des übergeordneten Erzählers.[431]

Ein Fazit muß dieser prinzipiellen Ambiguität Tribut zollen: Ben Jelloun bleibt auf dem Teppich der marokkanischen Kultur, doch er webt ihn in französischer Sprache, mit orientalischen Erzählmustern und mit sufistischer Spiritualität. Diese hybriden und interkulturellen Muster sind beileibe keine Reinformen. Der „Borges des Maghreb“ gestaltet die „tissage“ des Textes als „métissage“ von schriftlicher Hochkultur und mündlicher Volkskultur. Von diesen Ergebnissen ausgehend kann nun auch der Zu-

[430] Ben Jelloun aktiviert die in der Erzählung von Borges zwar vorhandenen, aber lediglich angedeuteten anderen Ruinen-Kreise, indem er eine Serie von „halqas“ einsetzt, die einen Ring bilden, der aus ineinander gefügten Kreisen besteht.

[431] Gemäß der Terminologie von G. Genette, der die Metalepse als Überschreitung der Erzählebenen definiert, die einen komischen oder phantastischen Effekt erzeugt, in: ebenda, S. 244. Vgl. dazu auch A. Memmes, *Littérature maghrébine de langue française. Signifiance et interculturalité*, Rabat 1992, S. 149.

sammenhang von Geschlechterrollen und kulturellen Perspektiven geklärt werden.

5.5.6 Die Travestie von Geschlechtern und Kulturen

Nachdem der letzte Erzähler in *L'enfant de sable* die von ihm erzählte Geschichte als „fait divers" enthüllt hat, stellt sich die Frage, welche kulturelle Bedeutung die Geschichte einer als Mann erzogen Frau hat.

5.5.6.1 Weibliches Schicksal aus männlicher Sicht

Das auffälligste Merkmal der polyperspektivischen Erzählweise ist der Objektcharakter der Protagonistin. Unter den Erzählerfiguren gibt es mit Fatouma zwar auch eine Frau, doch die Protagonistin selbst tritt nie direkt als sprechendes Subjekt in Erscheinung. Sie kommt nur mittelbar über Dokumente (Tagebuch und Briefe) zu Wort, deren Echtheit zudem angezweifelt wird.

Der Blick auf die Protagonistin ist stets durch männliche Erzähler vermittelt, was an sich nichts Außergewöhnliches ist, ganz im Gegenteil, weibliche Protagonistinnen aus männlicher Sicht sind eine Konstante der Weltliteratur. Die Besonderheit bei Ben Jelloun besteht in der mehrfachen Brechung dieser Betrachtungsweise. Zu erinnern ist an den Romanbeginn mit einem Blick in das Gesicht Zahras, das mit männlichen Attributen („mal rasé", S. 7) präsentiert wird. Der Erzähler liest dieses Gesicht („on pouvait y liree", S. 7) wie ein Buch, er schildert seine „profonde blessure", die ein „œil scrutateur" sofort wieder aufbrechen lassen könnte. Dieser den Roman eröffnende Blick ist voller Empathie und Anteilnahme, wie er nur von einer dem Leser an Wissen überlegenen Position stammen kann. In der Folge wird der Autor seine Figur noch einer Serie von Blicken aussetzen, Männer- und Frauenblicken. Sämtliche Handlungshöhepunkte weisen eine erhöhte Blickfrequenz auf. Dieser Umstand ist nicht nur von literarischer Bedeutung, sondern er verweist auf die Praxis des Geschichtenerzählens auf öffentlichen Plätzen, die eine Männern vorbehaltene Domäne ist. Daher ist zu fragen, wie Ben Jelloun mit den patriachalischen Konventionen verfährt, die den Diskurs der Geschichtenerzähler reglementieren. Die Einschätzungen der Kritik sind voll des Lobes:

Cependant peu d'écrivains, hommes ou femmes, ont réussi autant que Ben Jelloun – en particulier dans *L'enfant de sable* et *La nuit sacrée* – à bien mettre en perspective la condition féminine dans la société musulmane. Le succès singulier de Ben Jelloun dans ces deux romans réside sans doute dans le choix et le traitement qu'il fait d'une problématique fondamentale: l'ambiguïté du statut du corps féminin dans la société musulmane.[432]

Abbes Maazoui bezieht sich damit nicht nur auf den Status des Körpers, sondern auch auf die rechtliche und soziale Situation der Frau sowie auf die erzählerische Komplexität. Um diese Einschätzung zu überprüfen, ist von den literarischen Blicken auszugehen, die sich auf die Inhaltsebene und Diskursebene auswirken. Den Höhepunkt der Blickthematik im Gesamtwerk Ben Jellouns bildet zweifellos der Roman *Les yeux baissés*, doch auch in *L'enfant de sable* und *La nuit sacrée* kommt den Blicken und der Visualität eine zentrale Bedeutung zu. Die semantischen Felder beider Texte entstehen aus dem Spannungsverhältnis von sichtbarer und unsichtbarer Welt.

5.5.6.2 Die Beschreibungsfunktion der Blicke

Die kognitive Funktion der Blicke tritt vor allem in Beschreibungen hervor. Auch in *L'enfant de sable* stützen sich die Figurenporträts auf die Augen und den Blick. Die traditionelle Bedeutung der Deskription als strukturierter Information über die Welt ist indessen sehr begrenzt, denn sie kommt innerhalb eines überwiegend nicht-realistischen Erzählsystems zur Anwendung.

Blicke bilden einen festen Bestandteil der Figurenbeschreibungen Ben Jellouns. Auffällig ist die grundsätzlich defizitäre Darstellung von Körperlichkeit. Bei Männern geht die Tendenz zur Nullbeschreibung, ihr Äußeres wird selten erwähnt; bei den etwas häufiger dargestellten Frauen unterscheidet A. Maazoui das „portrait parcellaire" und das „portrait du corps en crise".[433]

Ben Jellouns partielle Porträts beschränken sich bei den Frauen in der Regel auf den Busen, den Unterleib und das Gesäß, was als erster Hinweis

---

[432] A. Maazoui, „*L'enfant de sable* et *La nuit sacrée* ou le corps tragique", in: *The French Review*, 69, 1, Oktober 1995, S. 68-77, hier: S. 68.
[433] A. Maazoui, a.a.O., S. 73.

auf den männlichen Blick der Erzählerfiguren gewertet werden kann.[434] Dabei fällt besonders die Tendenz zur Größenangabe der genannten Körperteile auf, während andere Attribute kaum vorkommen.

Wichtiger als die Analyse der verschiedenen Deskriptionsweisen erscheint mir jedoch die Frage nach ihrer Funktion. Bei Maazoui fällt die Interpretation des männlichen Blicks, der die Frau im Extremfall auf das als „trou" bezeichnete Geschlechtsorgan reduziert,[435] zugunsten des Autors aus, weil der Kritiker unterstellt, daß diese fiktionsimmanente männliche Sichtweise beabsichtigt ist.[436] Diese Auslegung ist durch Äußerungen der Protagonistin zu belegen:

> Je remarquais combien ce peuple est affamé de sexe. Les hommes regardent les femmes en pétrifiant leur corps; chaque regard est un arrachage de djellaba et de robe. Ils soupèsent les fesses et les seins, et agitent leur membre derrière leur gandoura. (S. 101f.)

Diese kritische Darstellung von Männerblicken aus der Sicht der Protagonistin läßt die Absicht des Autors deutlich erkennen; allzu deutlich, könnte man einwenden, weil offensichtlich am französischen Erwartungshorizont orientiert. Freilich könnte man dann aber auch fragen, wie eine Kritik an der männlichen Blickkultur aussehen müßte, die nicht dem Vorwurf antizipierter Rezeptionerwartungen ausgesetzt wäre. Der kritisierte taxierende, auf zwei prägnante Körperteile reduzierte und die Frau zum Objekt degradierende Blick gibt lediglich die auf dem Zuweisen von Größenangaben beruhenden Prinzipien von Ben Jellouns Körperbeschreibungen wieder, ihre Intention ist damit keineswegs erklärt. Diese läßt sich nicht ausschließlich textimmanent erschließen, denn sie steht in einem gesellschaftlichen Zusammenhang.

In der marokkanischen Gesellschaft stellen Blicke eine wichtige, mit dem Sprechakt vergleichbare Kommunikationsform dar. Ben Jelloun macht sich diese Analogie zunutze. Ein maßgebliches Kriterium ist infolgedessen, ob die Frau als Subjekt sieht oder spricht, oder ob sie das Objekt des Blikkes und des Erzählens ist.[437] Das schon in *Harrouda* mit der „prise de la

---

[434] Vgl. dazu die Interpretation von *Harrouda*, wo auf die Bedeutung der weiblichen Brust hingewiesen wurde.

[435] In der Vergewaltigunsgszene in *La nuit sacrée*, (S. 28).

[436] Vgl. das Zitat von Rachid Boudjedra im Kapitel zu *Harrouda*, der diese diskriminierende Reduktion in seinem Roman *La répudiation* (1969) auf die feudalen Gesellschaftsverhältnisse zurückführte.

[437] Dies bestätigt E. Arend-Schwarz, ebenda, S. 171f.

parole" thematisierte Recht auf Selbstbestimmung wird auch in *L'enfant de sable* als problematisch dargestellt:

> La violence de mon pays est aussi dans ces yeux fermés, dans ces regards détournés, dans ces silences faits plus de résignation que d'indifférence. (S. 155)

Die sozio-kulturelle Dimension der Blicke verdeutlicht ihre kommunikative Funktion. Die Gewalt, der die Frauen ausgesetzt sind, resultiert aus der Verweigerung der Kommunikation, sei es in Form von Sprache oder von Blicken. Auf der Handlungsebene der erzählten Geschichte erlangt die Protagonistin nur indirekt den Status eines selbstbestimmten – sehenden und sprechenden – Subjekts. Zahra wird erst in *La nuit sacrée* die Fremdbestimmtheit überwinden und ihre Geschichte selbst erzählen; in *L'enfant de sable* wird ihre Sichtweise von Männern vermittelt, die ihr Tagebuch erzählen. Diese Vermittlungssituation durch eine Rahmenhandlung liegt exemplarisch in *Les yeux baissés* vor, allerdings bleibt sie dort, wie aus der vorgezogenen Analyse hervorging, bis zum Schluß verborgen.[438]

Die Kritik des misogynen Blicks ist jedoch nur eine erste Ebene, die im Zusammenhang mit den anderen Bedeutungen zu erläutern ist.

5.5.6.3 Die Symbolfunktion der Blicke

Bereits aus dem ersten Roman *Harrouda* ging hervor, daß Blicken eine symbolische Funktion zukommt. Die symbolische Übertragung äußert sich bei Blicken aufs andere Geschlecht insbesondere darin, daß sie erzählerisch reflektiert sind; dies hat die Analyse des *incipits* von *Harrouda* gezeigt.

Die erste Vermittlungsebene der Blicke besteht in der Verlagerung von der direkten visuellen Wahrnehmung in die Innenwelten der Imagination oder in die als Projektionsfläche fungierende städtische Außenwelt. Die Jungen von Fes stellen sich den Blick auf das andere Geschlecht nur vor, aber diese Phantasievorstellungen verfolgen sie bis in die tiefsten Sphären ihres Unterbewußtseins und bis in die hintersten Gassen der *medina* von Fes.

Verglichen mit der in *Harrouda* gewählten Darstellung ist die Fokussierung erheblich verändert. In *L'enfant de sable* interessiert mehr die Art und

---

[438] Vgl. zu diesem Roman, der werkgenetisch eine Fortsetzung ist, meine Ausführungen im Kapitel zur Emigrationsliteratur.

Weise, in der die Frau wahrgenommen wird, sie kommt zwar nicht direkt zu Wort, doch sie steht als Figur im Mittelpunkt. Die Perspektivierungen sind das eigentliche Thema des Romans, das auf der metadiegetischen Ebene entfaltet wird. Jeder Blick auf ihre Lebensgeschichte ist anders, doch es dominiert der Blick des Mannes, den der Autor kritisiert.

Im Mittelpunkt der verschiedenen Blickwinkel steht die Androgynität, ein übergreifendes Thema der maghrebinischen Literatur französischer Sprache, das sich sowohl auf die Geschlechterrollen als auch auf den Zwittercharakter der maghrebinischen Kultur beziehen kann.[439] Das Gelingen dieser Synthese ist in *L'enfant de sable* auf Ben Jellouns spezifische Form der Mythenreprise zurückzuführen. Das Verfahren kam bereits in „L'aube des dalles" zur Anwendung, wo klassische Mytheme, maghrebinische Legenden und marokkanische Wirklichkeit miteinander verschmelzen.[440]

Zwei klassische Modelle der Androgynität sind zu erwähnen. Das platonische, demzufolge die zwei Geschlechter ein symbiotisches Ganzes bilden, und das ovidische aus den *Metamorphosen*, wo sich Hermaphrodit und die Nymphe Salmacis zu einem Wesen vereinen, Hermaphrodit jedoch zur Hälfte Mann bleibt und deshalb zum Symbol wurde.

Ein Vergleich mit den klassischen Mustern zeigt die Besonderheit von Ben Jellouns Variante. Ahmed und Zahra sind und bleiben eine Person, eine biologische Verschmelzung, die symbolische Rückführung zum Ursprung des Seins scheidet aus. Fouzilla Saady stellte diesbezüglich fest:

> Ahmed-Zahra est une représentation, avant toute chose, il/elle représente l'archétype de l'androgyne et met en scène des valeurs fondamentales par rapport à la société traditionelle marocaine.[441]

Genau diese Funktionalisierung ist bei der Untersuchung der Mythenreprise in „L'aube de dalles" aufgedeckt worden. Neben der Einbindung in den sozio-historischen Kontext der marokkanischen Kultur und der damit ein-

---

[439] Vgl. dazu: M. Albin, *L'androgynie dans la littérature*, Paris 1990; J. Madelain, *L'errance et l'itinéraire*, Paris 1983, insbesondere S. 132ff.; F. Saady, „Figure littéraire: écriture androgyne et discours subversif dans *L'enfant de sable* et *La nuit sacrée*", in: *La traversée du franais dans les signes littéraires marocains*, Toronto 1996, S. 201-209; sowie R. Saïgh Bousta, *Lecture des récits de Abdelkebir Khatibi*, Casablanca 1996, S. 63 f.

[440] Vgl. dazu das Kapitel zur Lyrik.

[441] A.a.O., S. 203.

hergenden Gesellschaftskritik enthält das Motiv der Androgynität bei Ben Jelloun noch weitere Bedeutungen.

Eine personifizierende Leseweise stößt auf die Frage nach dem französischsprachigen maghrebinischen Subjekt. Die mehrfach gestellten Fragen: „Qui fut-il?“ und „Qui suis-je?“ (S. 12, 50) bringen dieses Leitmotiv zum Ausdruck. Eine autobiographische Leseweise entdeckt den Autor auf der Suche nach seiner kulturellen Zugehörigkeit. Das bi-kulturelle Leben im postkolonialen Zeitalter ist ohne jeden Zweifel komplexer als die Metapher der Androgynität. Doch die metaphorische Vereinfachung wird ausgeglichen durch die komplexe mehrstimmige Multiperspektivik. Der Autor selbst weist auf eine weitere symbolische Leseweise hin:

> Une des lectures possibles de mon roman *L'enfant de sable* trouverait un sens dans cette double appartenance où la recherche d'harmonie devient un défi lancé au destin, au hasard ou simplement à la complexité des relations entre l'être et son image, l'être et l'univers.[442]

Die Verbindung der doppelten kulturellen Zugehörigkeit mit dem Streben nach Harmonie weist darauf hin, daß Interkulturalität ein Prozeß ist, der in der Regel problematisch verläuft. Ben Jellouns Frage „Wo gehöre ich hin?“ enthält, wie die vorausgehenden Interpretationen gezeigt haben, die Fragen „Wo komme ich her?“ und „Wohin gehe ich?“.[443] Maßgeblich ist gemäß dieser Eigeninterpretation des Autors der Spannungsbereich von Sein und Schein, oder die Frage nach der Wahrheit, wie es im Text heißt. Dieser Bereich weist drei Pole auf: das Sein (Subjekt), der Schein (image = Literatur) und das Universum (die Lebenswelt). Die daraus resultierenden Gegensätze bilden die Basis von Ben Jellouns Poetik der Nacht. In den Gedichtanalysen stellte sich der Gegensatz von Schein und Sein als konstitutiv für Ben Jellouns Poesieverständnis heraus. Die essentiellen Werte sind für ihn die durch die Mutter repräsentierte Kultur des Volkes und die Poesie selbst, die das Medium der Aufbewahrung des kulturellen Erbes ist.[444]

Auf die Frage nach dem autobiographischen Gehalt von *L'enfant de sable* und *La nuit sacrée* antwortete Ben Jelloun wie folgt:

---

[442] T. Ben Jelloun in: *Hospitalité française*, Paris ^{2}1997; hier: „Préface“, S. 28.

[443] Vgl. dazu die Interpretationen von *Les yeux baissés* und *Les raisins de la galère*, wo jeweils die Großmutter und der Vater den Weg in die multikulturelle Zukunft freigeben, allerdings mit der Empfehlung verbunden, nie die maghrebinischen Wurzeln zu vergessen.

[444] Vgl. dazu die Kapitel zur Biographie und zum kulturellen Feld.

> Ce qu'il y aurait d'autobiographique [...] c'est ce problème d'ambiguïté et d'ambivalence sur deux cultures et sur deux langues, comme lui [Ahmed] il est sur deux sexes, deux univers. Je pense aussi que l'écrivain vit cette espèce de double; intérieur et extérieur... Je ne sais pas si dans mon cas l'intérieur c'est la langue arabe, et l'extérieur c'est la langue française.[445]

Übertragen auf die Romanhandlung käme der arabischen Muttersprache die Position von Zahra zu, die ihre wahre Identität unterdrücken muß. Das Französische, die Sprache des kolonialen Vergewaltigers, nähme dann die Position der „langue paternelle" ein und wäre mit Ahmed gleichzusetzen.

Eine psychologische Leseweise müßte in der auferzwungenen Identität freilich ein schweres Trauma erkennen, dessen Bewältigung nicht möglich ist, zumindest nicht unter den gegebenen Rahmenbedingungen der marokkanischen Gesellschaft, die Frauen keine freie Entfaltung erlaubt, weshalb der in den verschiedenen Versionen imaginierte Prozeß der Befreiung und der Selbstfindung stets gewaltsam in einer zweiten schweren Traumatisierung endet. Der einzige Freiraum, den Zahra findet, ist ein Wanderzirkus, in dem sie sich zur Schau stellen muß. Der ersten Entfremdung in der Kindheit folgt damit eine zweite, die der ersten an körperlicher und seelischer Grausamkeit nicht nachsteht. Freilich ist das Zirkusabenteuer nicht nur als erniedrigende Steigerung der Selbstentfremdung zu lesen. Die von Ambivalenzen nicht freie Episode enthält durchaus auch befreiende Elemente, die mit Bachtins Begriff der Karnevalisierung gut zu charakterisieren sind.

5.5.6.4 Sufistische Blicke und Intertextualität: Jorge Luis Borges und der Zahir

Die Unterscheidung von Innen und Außen, von Sein und Schein, führt zurück zu der eingangs erwähnten sufistischen Leseweise des Textes. Am Beispiel der ersten Erzählerfigur ist deutlich geworden, in welcher Weise die Darstellung von Lesen, Schreiben und Erzählen dramatisiert und theatralisiert wird. Unter den dynamisierenden Verfahren bei der Darstellung von Erkenntnisprozessen ist der Rekurs auf die islamische Mystik hervorzuheben.

Sufistische Konzepte charakterisieren nicht nur die Präsentation der Geschichte auf der Rahmenebene, sondern auch die der erzählten Ge-

[445] T. Ben Jelloun, „Entrevue", in: *Horizons Maghrébins*, 6, 1986, S. 69.

schichten, wo die Unterscheidung von Schein (arab. „zâhir") und Sein (arab. „bâtin") als Basisopposition auftritt. Henri Corbin erläuterte die Begriffe folgendermaßen:

> La structure de chaque être est double: son apparence (Zahir) qui est sa dimension humaine (nâsut) causalisée, et son ésoterisme (Batîne) qui est sa dimension divine (lâhût) causalisante. C'est le „lahut", qui est agissant.[446]

Auf der Basis der Untersuchung von A. Memmes läßt sich das Auftreten der von Corbin genannten sufistischen Aspekte im Text zusammenfassen.[447]

Das erste Indiz ist die Protagonistin, die zwischen ihrer sozialen Erscheinung als Mann und ihrem biologischen Sein als Frau schwankt.[448] Ihr Name Zahra ist auf zwei arabische Verben beziehbar, erstens „erscheinen, sich zeigen, herauskommen; aufleuchten; scheinen"; zweitens blühen (substantivisch Blume, Blüte). Der Zahir, eine Münze, ist der Titel einer Erzählung von Jorge Luis Borges, die Ben Jelloun zitiert.[449] Er verwendet seinerseits den „Battène", eine Münze, die das Motiv der Androgynität wiedergibt:[450]

> Sur le côté face, une figure d'homme avec une moustache fine, une chevelure longue et les yeux assez grands. Sur l'avers, le même dessin sauf que l'homme n'a plus de moustache et qu'il a une apparence féminine. (S. 175f.)

Auch das Motiv der Dualität ist gespiegelt und daher, wie Memmes bemerkt, ein Signal der Ambiguität.

Mit dem Auftritt des „troubadour aveugle", der literarischen Borges-Figur (S. 171ff.), komplizieren sich die Verschachtelungen. Bei der damit einhergehenden Auflösung der zeit-räumlichen Koordinaten, die oben un-

---

[446] H. Corbin, *L'imagination créatrice dans le soufisme d'Ibn 'Arabi*, Paris 1958, hier: S. 154f. Vgl. auch A. Memmes, „Démarche interculturelle dans *L'enfant de sable* de Tahar Ben Jelloun", in: *L'interculturel au Maroc*, Casablanca 1994, S. 61-74. Averroës, ein Zeitgenosse Ibn ᶜArabis, übertrug diese sufistische Unterscheidung, wie Corbin weiter bemerkt, auf die Schrift: „il y a les gens auxquels s'adresse l'apparence de la lettre, le Zahir, et il y a ceux qui sont aptes à saisir le sens caché, le Batîn." (Memmes, a.a.O., S. 62).

[447] A. Memmes, ebenda.

[448] A. Memmes, ebenda.

[449] J.L. Borges, „El Zahir", in: *El Aleph*, Buenos Aires 1949.

[450] Das Wort „battène" leitet sich von der Wurzel „b-tt-n" ab und bedeutet Bauch oder Dichte eines Körpers.

ter dem Gesichtspunkt der erzählerischen Metalepse erläutert worden ist, handelt es sich um eine Erzählstrategie: „Je viens de loin, d'un autre siècle, versé dans un conte par un autre conte, et votre histoire, parce qu'elle n'est pas une traduction de la réalité, m'intéresse." (S. 172). Diese möglicherweise auf Borges' Geburtsjahr (1899) anspielende Aussage ist ein Plädoyer gegen realistische Mimesis[451] und die Erklärung für die willkürlich gesetzten Orts- und Zeitangaben. Sie stellt zusätzlich zur Verschachtelungsthematik eine weitere Verbindung zu Borges' Erzählung „Las ruinas circulares" her, die ja in einem zeitlichen Nirgendwo spielt. Der Zweck dieser Verbindung besteht in der Selbstdarstellung des Erzählvorgangs: „au lieu de référer à une quelconque réalité extérieure et de prétendre la reproduire, les données thématiques du texte ne renvoient qu'aux procédés d'écriture qui structurent ce dernier".[452]

Resümierend ist festzustellen, daß die intertextuelle Modellierung von Dualismen und Ambiguitäten Ausdruck von Ben Jellouns Poetik ist, in deren Zentrum Blicke und der Themenbereich der Visualität stehen. Auf einer ersten Bedeutungsebene entwirft *L'enfant de sable* eine profunde Kritik der patriarchalischen Blickkultur, die die Frau zum Sexualobjekt degradiert. Auf einer zweiten Ebene weisen Blicke eine sufistische, zwischen Sein und Schein unterscheidende Dimension auf.

Hinsichtlich der Positionierung im kulturellen Feld der französischsprachigen Literatur des Maghreb stellte *L'enfant de sable* eine gewagte Synthese dar. Die Bezüge zur marokkanischen Wirklichkeit mit dem Thema der Emanzipation der Frau im patriachalischen System und der Verarbeitung traditioneller Erzählformen („halqa") sind an den ästhetischen Problemen der Postmoderne orientiert.

5.6 *La nuit sacrée*

La nuit sacrée ist die Fortsetzung und Variation von *L'enfant de sable*. Nach den sieben Versionen der Geschichte von Ahmed/Zahra folgt nun die als definitiv vorgestellte achte. Die Vorgeschichte der Handlung wird in einem dem Text vorangestellten „Préambule" in der bekannten Wüsten-

[451] Die Ablehnung des Realismus' charakterisiert die Literaturauffassung von Borges, die er in „El escritor argentino y la tradición" pointiert zum Ausdruck brachte; in: *Discusión*, (1932).

[452] A. Memmes, a.a.O., S. 71.

und Nachtmetaphorik aufgegriffen: „J'ai longtemps marché dans le désert; j'ai arpenté la nuit et apprivoisé la douleur." (S. 6) Zurückblickend auf die verschiedenen Versionen ihrer Lebensgeschichte verwendet die Erzählerin ebenfalls die auf *L'enfant de sable* verweisende Metaphorik: „Ceux qui se sont risqués à raconter la vie de cet enfant de sable et de vent ont eu quelques ennuis: certains ont été frappés d'amnésie; d'autres ont failli perdre leur âme." (S. 6)

Anders als im vorausgehenden Text erzählt Zahra nun selbst ihre Lebensgeschichte, weshalb sie Echtheit und Wahrheit dafür in Anspruch nimmt:

On vous a raconté des histoires. Elles ne sont pas vraiment les miennes. [...] Je savais qu'en disparaissant, je laissais derrière moi de quoi alimenter les contes les plus extravagants. Mais ma vie n'est pas un conte, j'ai tenu à rétablir les faits et à vous livrer le secret gardé sous une pierre noire dans une maison aux murs hauts au fond d'une ruelle fermée par sept portes. (S. 6f.)

Das „ma vie n'est pas un conte" richtet sich nicht nur an die fiktionsimmanenten, im Kreis der „halqa" um die Erzählerin versammelten Zuhörer, sondern auch an die Leser von *L'enfant de sable*. Das Versprechen, das Geheimnis zu lüften, soll die Zuhörer/ Leser zum Bleiben verführen. Abermals steht das Erzählen im Zeichen der Verführung und des doppelten Kampfs um die Gunst des Publikums. Beide, Autor und Erzähler werden dieses Mal Erfolg haben. Mit *La nuit sacrée* erklomm Ben Jelloun den Höhepunkt seiner literarischen Laufbahn. Der mit dem „Prix Goncourt" ausgezeichnete Text ist ein gelungenes Beispiel für die in der gesamten maghrebinischen Literatur weitverbreitete Technik der „réécriture". Nachdem *L'enfant de sable* in der Endrunde der Preisverleihung ausgeschieden war, hatten der Autor und sein Verlagshaus Seuil beim zweiten Anlauf Erfolg.[453]

Die Wahl einer homodiegetischen Ich-Erzählerin erklärt auch die anderen wesentlichen Veränderungen gegenüber *L'enfant de sable*. Der Protagonistin gelingt es, auf der Ebene der eingelegten Geschichte ihre Vergangenheit abzuschütteln, sie kehrt am Ende nicht zur Erzählsituation des Anfangs zurück, und auch die Handlung verläuft teleologisch, in einer nicht zirkulären Erzählstruktur.

---

[453] In den zwei Monaten nach der Preisverleihung (16.11.1987) wurden 50 000 Exemplare von *La nuit sacrée* verkauft.

Eine weitere Veränderung ist die Reduktion der Erzählerfiguren in der Rahmenhandlung. Insgesamt treten, abermals auf dem Platz in Marrakesch, vier Erzähler in Aktion. Der erste, Bouchaïb (K I.1), ist der letzte aus *L'enfant de sable*; ihm folgen ein anonymer zweiter (K I.2), eine Frau (K I.3) und schließlich die Protagonistin (K I.4). Bei den Veränderungen gegenüber dem Prätext sind zwei Aspekte hervorzuheben, erstens ist die Konkurrenz unter den Erzählern und Erzählerinnen nahezu aufgehoben, sie wetteifern nicht um die beste Version, und nur die vierte führt ihre Geschichte aus, zweitens erzählt zum größten Teil die Hauptfigur ihre Geschichte selbst, womit sich die Erzählperspektive grundlegend ändert. Die Verengung des Diskurses auf eine homodiegetische Erzählerin reduziert die Ambivalenz der Erzählsituation erheblich.

5.6.1 Die Entstehungsgeschichte

Neben *L'enfant de sable* ist auf weitere, bislang unerkannte Prä-Texte hinzuweisen.[454] In *L'enfant de sable* hatte Ben Jelloun nach eigenen Worten einen Erzähler eingesetzt, der seine Geschichte nicht zuende bringt, worin man auch den für Ben Jellouns Erzählerfiguren typischen Kontrollverlust über ihre Geschichten erkennen kann:

> Dopo la pubblicazione, i lettori si lamentavano spesso di sentirsi frustrati perchè non conoscevano la vera storia e mi hanno quindi convinto a inventarla: è nata cosi *La nuit sacrée.*[455]

An anderer Stelle führte er seine Wüstengedichte als Prätext an,[456] wobei er auf die „mystische Erotik" der Wüstenlandschaft hinwies (Abb. 9, S. 404).

---

[454] Nach dem „Prix Goncourt" stieg die Zahl der Interviews in der Tagespresse sprunghaft an. In Ermangelung einer Autorenbiographie ist man auf diese Informationen angewiesen, um die Entstehungsgeschichte von *La nuit sacrée* zu rekonstruieren.

[455] S. Accornero, „Un destino mobile come sabbia. Intervista: Ben Jelloun e le donne «ferite» dei suoi libri", in: *Il Manifesto,* 18.2.1988.

[456] „Para escribir *La noche sagrada* he utilizado una serie de fotografías del desierto. Había escrito unos 15 poemas, que habían sido insertados en un álbum con fotos del desierto, y en un momento dado me di cuenta de que las fotografías eran eróticas, y que los poemas mismos hacían resaltar el cuerpo de la mujer, el deseo sexual. No hay cosa más vacía que un desierto y, sin embargo, a mí me inspira textos muy eróticos; me quedé con la impresión de que sólo habría cabida para un erotismo místico.", in: Josefina Casado, „Ben

Keine der vorliegenden Studien ging dieser intertextuellen und intermedialen Spur nach.
Die Gedichte aus dem *Sahara*-Bildband finden sich in der *Poésie complète* unter dem Titel „Atteint de désert“; das erste enthält eine Mikro-Version von *La nuit sacrée*:

> Les bruits qui parviennent du monde
> blessent le regard attentif. Chargés de poussière noire
> et épaisse, ils amplifient le malheur. Un homme
> atteint de tristesse croit la mort optimiste.
> Il prend les artères de solitude et va vers le Sud.
> [...]
> Atteint de désert – sorte de fièvre blanche
> jalouse de la mort – l'homme qui a fui le monde
> à cause du bruit et de la poussière, devint un
> marabout de sable où les jeunes filles viennent
> déposer une touffe de leurs cheveux dans l'espoir
> de connaître les jouissances du corps avant celles de l'âme.
> (*Pc*, S. 377, 378)

Der Leser erinnert sich an die „bruits qui parviennent du monde“, sie beziehen sich nicht nur auf *La nuit sacrée*, sondern sind auch autobiographischer Natur.[457]

Der sich der Welt entziehende, nach Süden gehende Mann im ersten Abschnitt des Gedichts evoziert die Figur des Konsuls aus *La nuit sacrée*. Seine Verwandlung in einen Heiligen und die zu ihm pilgernden Frauen bilden den Schluß des Romans. Wie die Frauen im Gedicht sucht und findet die Protagonistin des Romans auf ihrem Weg neben den spirituellen Freuden auch die des Körpers.

5.6.2 Der Titel

Die Metaphorik des Titels weist viele Bezüge zum Inhalt auf. So nimmt das Umschlagphoto der französischen Taschenbuchausgabe mit dem Sonnenuntergang in der Wüste den eben erwähnten Bezug zu den Wüstengedichten auf (Abb. 10, S. 405). Das Bild der Dämmerung, ein werküber-

---

Jelloun: El realismo es una impostura“, in: *El País*, 20.6.1988, S. 32. Die Texte erschienen zuerst in dem Bildband *Sahara* als Begleitung zu den Photos.

[457] Vgl. dazu die Analyse des Vorworts zur *Poésie complète* im Kapitel zur Biographie.

greifendes Leitmotiv, verweist auf das erste Gedicht und auf die Romanhandlung.

Der Titel bezieht sich auf die „Nacht der Bestimmung". Der vom 26. auf den 27. Tag des Fastenmonats Ramadan gefeierte Höhepunkt des islamischen Jahres erinnert an das Offenbarungserlebnis des Propheten Mohammed. Die arabische Bezeichnung „laylat al-qadr" bezieht sich auf seine erste, in den Suren 97 und 53 des Koran beschriebene Offenbarung. Nach muslimischer Überzeugung ist ein Gebet in dieser Nacht wirksamer als tausend andere. Ben Jelloun benutzt die durch den koranischen Bezug ausgelösten Assoziationen (Wahrheit, Legitimation der Rede, Ursprung), allerdings verwandelt er die religiöse Dimension der Offenbarung in eine spirituelle.

Das Gegenteil von Offenbarung ist Verhüllung. Die Analysen der Gedichte ebenso wie der Romane haben gezeigt, daß Ben Jelloun die Identität von Figuren und Erzählern in einem ständigen Maskenspiel ent- und verhüllt. *La nuit sacrée* bildet einen Höhepunkt der „Poetik der Nacht". Die Nacht der Offenbarung bildet den Ausgangspunkt der Handlung, wie die Erzählerin Zahra ihrem Publikum mitteilt: „Ce fut au cours de cette nuit sacrée [...] où les destins des êtres sont scellés que mon père, alors mourant, me libéra". (S. 22) Die letzte Handlung des sterbenden Vaters besteht darin, seiner Tochter ein neues Leben und einen neuen Namen zu geben: „Tu es une femme [...] La nuit du Destin te nomme Zahra". (S. 32) Dieser Taufakt symbolisiert, wie in den Gedichten die Dämmerung, einen Übergang vom Tod zum Leben. Freilich ist der Tod des Vaters auch auf der nicht-symbolischen Ebene der Handlung eine Voraussetzung für die Geburt Zahras als Frau. Später, bei der ersten Begegnung mit Zahra, ahnt Assise, die Schwester des Konsuls, daß sie von der Nacht des Schicksals geschickt worden ist (S. 112), wodurch der Offenbarungscharakter betont wird.

Die suggestive Wirkung des Titels beruht auf den Spannungen, die der implizit mitzudenkende Gegensatz Licht und Dunkelheit erzeugt. Wie aber ist das Adjektiv „sacrée" des französischen Titels zu verstehen? Der koranische Kontext und das Begriffsfeld Offenbarung und Licht legen aufgrund der in allen Mystiken grundlegenden Lichtsymbolik einen Bezug zum Sufismus nahe.

Die Entwicklung der Protagonistin verläuft als körperliche und spirituelle Entdeckung und Befreiung. Ben Jellouns Hymne an die Nacht handelt von einer Illumination. Der „Konsul", die zweite Hauptfigur ist ein noch zu

Lebzeiten als Heiliger verehrter blinder Seher. Der Text endet mit einem Erleuchtungserlebnis der Protagonistin, wodurch sich eine Entwicklung von der Nacht zum Licht (Tag) abzeichnet.

Außerdem steht die Nacht für die Erfahrung von Liebe *und* Sexualität. Die durch die Blindheit symbolisierte Nacht verbindet die beiden Protagonisten nicht nur spirituell, sondern auch körperlich.

Die Nacht symbolisiert desweiteren die Welt des Unbewußten und der Träume. Die einzelnen Etappen der Selbstfindung der Protagonistin sind durch Träume markiert, die eine therapeutische Funktion erfüllen. Die Integration des Traumlebens in das Tagesbewußtsein bildet eine Grundstruktur der Handlung. Viele Ereignisse finden in einem Zwischenreich statt, weshalb ihr Bezug zur Wirklichkeit oft nicht eindeutig auszumachen ist.

Insofern deutet der Titel auf ein vernunftkritisches Weltbild hin, das die Bedeutung der irrationalen Kräfte bei der Selbstfindung hervorhebt. In diesem Sinne sind Ben Jellouns Figuren den Kräften des Unbewußten ausgelieferte Kinder der Nacht. Assise, die Schwester des blinden Konsuls, ist sich dessen durchaus bewußt:

> Nous sommes les gens de la nuit: le Consul la porte dans ses yeux pour toujours; moi je la recherche jusqu'à en être obsédée; quant à toi tu as dû naître une nuit où la lune était incertaine, une nuit où les étoiles étaient à portée de tous les espoirs, peut-être es-tu née en cette nuit terrible où les destins sont scellés, où tout musulman sent passer dans son corps le frisson de la mort. (S. 113)

Das Moment der Schicksalhaftigkeit kommt in der arabischen Bezeichnung „laylat al-qadr" (Nacht der Bestimmung) deutlicher zur Geltung als in der französischen und der deutschen Version.

Eine wichtige Konnotation des Gegensatzes von Tag und Nacht ist das Verhältnis von Leben und Tod. Der Lebenszyklus, das „Stirb und Werde" der Sufis, liegt der Handlungsentwicklung dieses Textes zugrunde. Die Protagonistin stirbt mehrere Tode; jedem dieser Tode folgt dem Initiationsschema entsprechend eine neue Stufe ihres Menschseins.

5.6.3 Weibliches Schicksal aus weiblicher Sicht?

Die Einschätzung der weiblichen Figurenperspektive bei Ben Jelloun schwankt in der Sekundärliteratur erheblich. Carolina Diglio betrachtet

L'enfant de sable und *La nuit sacrée* als engagierte Anklage der „barbarischen und frustrierenden Lebensbedingungen der marokkanischen Frauen", die Ben Jelloun einfühlsam vorbringt.[458] Laïla Ibnlfassi hält dieses Engagement und die dazu eingesetzte Sprache für eine patriachalische Maskerade: „The language Ben Jelloun uses might sound 'feminine' (in line with Cixous's definition) at first glance, but in reality it is rooted in the norms of patriarchy. It tells you one thing while meaning something else".[459] *La nuit sacrée* ist hinsichtlich der Geschlechterrollen sicher einer der interessantesten Texte Ben Jellouns, gerade weil er die Frau nicht nur zum Thema hat, sondern sie auch als Subjekt sprechen läßt. Handelt es sich dabei wirklich um patriarchalische Mimikry? Die folgenden Seiten werden es zeigen.

Meine Analyse konzentriert sich zunächst auf die Qualität der Erzähldistanz. Aus welcher Distanz sieht die Erzählerin zurück auf ihr Leben? Erste Informationen hierüber vermittelt das erste Kapitel „Etat des lieux", in dem das Verhältnis von Rahmen- und Binnenhandlung definiert wird.

Ben Jelloun läßt den zeitlichen Abstand zwischen Erzählerstandpunkt und erzählter Geschichte im Dunkeln. Aus Andeutungen kann man entnehmen, daß die Protagonistin zum Zeitpunkt des Erzählens eine Frau ist, die älter wirkt als sie ist, eine erfahrene, vom Leben gezeichnete Persönlichkeit: „Avec le temps et les péripéties que j'avais vécues, plus rien ne m'étonnait ni me choquait." (S. 11) Sie nimmt mit den drei anderen Erzählerfiguren Kontakt auf. Zunächst ist sie neugierig, Bouchaïb zu treffen, den Erzähler, den ihre Geschichte „ruiniert" hat: „J'étais arrivée la veille à Marrakech, décidée à rencontrer le conteur que mon histoire avait ruiné." (S. 11) Die Beschreibung ihrer Begegnung betont die Kommunikation mit Blicken: „Nos regards se croisèrent. Ses yeux brillaient de cette intelligence qui suscite la peur. C'était un regard affolé, possedé par l'indéfinissable." (S. 13) Die Szene ist insofern relevant, als sie die Verbindung zur *mise en abyme* des Erzählens in *L'enfant de sable* herstellt. Die unter der Rubrik „Erzähler trifft seine Hauptfigur" einzuordnende Sequenz verweist auf die metadiegetische Reflexion des Erzählens. Zahra ist gespannt, ob der Erzähler sie, die Hauptfigur seiner Geschichte, erkennt:

---

[458] „Se in questi due romanzi L'Autore si era già mostrato sottile conoscitore dell'animo femminile, specialmente di quello delle donne arabe [...]", C. Diglio in: „La donna sradicata di Tahar Ben Jelloun", in: *Annali. Sezione Romanza*, XXXV, 2, 1993, S. 467-483; hier: S. 469.

[459] L. Ibnlfassi, „Whose Voice is it Anyway?", in: *Bulletin of Francophone Africa*, Vol.3, 6, 1994, S. 25-31; hier: S. 27.

Il m'avait donné un visage, des traits et un tempérament. C'était l'époque de la fabulation. J'étais sa créature rebelle, insaisissable. La folie avait déjà fait des trous dans sa mémoire. La folie ou l'imposture. (S. 11)

Die Szene dramatisiert und spiegelt den Erzählvorgang,[460] bezüglich der Rahmenhandlung fungiert sie als Ambiguitätssignal. Die Protagonistin betrachtet sich selbst als rebellische Figur einer fiktiven Geschichte.

Eine weitere Funktion des ersten Kapitels ist die Theatralisierung des Erzählens, wie aus der Beschreibung der „Jamaa el Fna" klar hervorgeht:

La place était déserte. *Comme une scène de théâtre elle allait petit à petit se remplir.* Les premiers à s'y installer furent les Sahraouis, marchands de toutes les poudres: épices, henné, menthe sauvage, chaux, sable et autres produits magiques moulus et raffinés. Ils furent suivis par les bouquinistes. Ils étalèrent leurs manuscrits jaunes et brûlèrent l'encens. (S. 13, meine Hervorhebung)

Während der Leser von *L'enfant de sable* ständig an diese theatralische Szenerie, die den Rahmen und Ausgangspunkt des Erzählens bildet, erinnert wird, nehmen in *La nuit sacrée* die Hinweise auf den Ort des Erzählens ab. Dennoch verankert die realistische Beschreibung des Platzes die Geschichte in der sozialen Wirklichkeit. Sie charakterisiert darüber hinaus indirekt auch die Protagonistin, der diese Beobachtung zuzuschreiben ist. Ihr Blick auf das Szenarium, in dem ihre phantastische Lebensgeschichte entfaltet werden wird, ist nüchtern und abgeklärt.

Weitere Signale der Ambiguität folgen mit dem Auftritt einer Erzählerin: „Qu'était-elle venue faire sur cette place réservée aux hommes et à quelques vieilles mendiantes?" (S. 16) Diese Schlüsselfrage wird nicht zufällig hier gestellt. Die Szene setzt den realistischen Beschreibungsmodus fort, erzeugt jedoch eine unterschwellige Gegentendenz, weil sie die Situation der Protagonistin antizipiert. Die Wortergreifung einer Frau auf einem öffentlichen Platz widerspricht der Wahrscheinlichkeit. Bei dem realistisch geschilderten Eklat, den ihr Auftritt verursacht, handelt es sich um den ersten (fiktiven) Traum des Romans. Als diese aus dem Schlaf erwacht, findet sie sich umringt von Menschen, im Mittelpunkt der „halqa" und damit in der Position der Erzählerin. Die Situation ist ambivalent: „Je me demandai si j'avais rêvé cette jeune femme ou si je l'ai vraiment vue et entendue." (S. 19) Diese Frage, die sich alle Protagonisten Ben Jellouns

[460] Die Fortsetzung in *Les yeux baissés,* wo Miguel de Unamunos *Niebla* aufgegriffen wird, ist im Kapitel zur Emigrationsliteratur ausführlich dargestellt worden.

stellen, ist ein Ambiguitätssignal, dessen Bedeutung abhängig vom jeweiligen Kontext variieren kann. Hier ist sie aus der Spiegelung abzuleiten, denn der Traum ist ein Blick der Protagonistin auf sich selbst. In Ermangelung anderer bei- oder übergeordneter Erzählinstanzen, die die Protagonistin von außen beschreiben könnten, setzt Ben Jelloun ihren gespiegelten und in die Traumwelt verlagerten Blick auf sich selbst ein. Das realistisch geschilderte Ambiente kontrastiert den Blick Zahras auf sich selbst.

Das Scheitern Bouchaïbs, des besten Erzählers am Platze, und seine Ersetzung durch eine Frau verlaufen denkbar unspektakulär, ganz im Gegensatz zur geträumten, aber viel wahrscheinlicheren, Wortergreifung als Eklat. Auch die Beiläufigkeit, mit der sie das Wort ergreift, nachdem sie „zufällig" in die „halqa" geraten ist, steht in krassem Gegensatz zum Skandal, den eine Frau als Erzählerin verursachen würde: „Lorsque j'ouvris les yeux, ils firent silence et tendirent l'oreille. Je résolus de leur dire quelques mots pour ne pas les décevoir totalement." (S. 19)

Der diesen Worten folgende Beginn der Binnenhandlung stellt den Bezug zum Titel her: „Amis! La nuit s'est prolongée derrière mes paupières. Elle faisait le ménage dans ma tête qui s'est beaucoup fatiguée dernièrement." (S. 19) Die als geistige Ordnungsmacht erscheinende Nacht hinter den Augenlidern verweist auf die Frage nach der Wahrheit, mit der das die Rahmenhandlung einleitende Vorwort beginnt.[461]

In der Binnenerzählung folgt nun der Wechsel in den Märchenmodus. Zahra kleidet ihre Geschichte in die aus *L'enfant de sable* bekannten Metaphern des Weges und der Tore. Der Standpunkt des erzählenden Ichs wird in die Entwirklichung einbezogen:

> Je suis là depuis hier, poussée par le vent, consciente d'être arrivée à la dernière porte, celle que personne n'a ouverte, celle réservée aux âmes déchues, la porte à ne pas nommer, car elle donne sur le silence, dans cette maison où les questions tombent en ciment entre les pierres. (S. 19)

Aus diesem Übergang von der Rahmenhandlung in die Binnenerzählung läßt sich der vage Standpunkt der Erzählerin genauer bestimmen. Ihr Blick auf sich selbst ist im Phantastischen und Märchenhaften verortet. Die Distanz zu ihrem früheren Leben ist metaphorisch verschleiert. Bei der Verrätselung der Erzähldistanz handelt es sich um ein Verfahren der Span-

---

[461] „Ce qui importe c'est la vérité", S. 5.

nungserzeugung, das verschiedene Modi der Wirklichkeitsdarstellung miteinander konfrontiert und dadurch den Effekt der Ambiguität erzeugt.

Im Vergleich mit *L'enfant de sable* fällt das Ende in der eingelegten Geschichte auf. Es gibt kein Zurück in die textkonstituierende Sprechsituation des Rahmens, in das Stimmengewirr des Platzes in Marrakesch. Die Illusion der erzählten Welt bleibt unversehrt. Mit der Betonung der Fiktionalität sucht Ben Jelloun nach der negativen Erfahrung von *L'enfant de sable* das andere Extrem. Die dem Erzählvorgang beigemessene Aufmerksamkeit, die Selbstreflexion auf einer Meta-Ebene ist stark reduziert. Die Jury des „Prix Goncourt“ wußte dies ebenso zu schätzen wie das breite Lesepublikum.

5.6.4 In der Hölle des „Entre-deux“, die Ambiguität der narrativen Mimesis und der „itinéraire“ als spiritueller Aufstieg

Der als „itinéraire“ angelegten Entwicklung der Protagonistin liegt eine Initiation zugrunde. Interessant ist der räumliche Verlauf ihrer spirituellen Entwicklung. Diese tendiert nicht zu Öffnung und Weite, sondern zu Verengung. Nach einer kurzen, dem Ausbruch aus der Familie folgenden Phase der „errance“ dominieren die geschlossenen Räume: das Hammam, das Haus des Konsuls und die Gefängniszelle.

Der andere die Entwicklung der Protagonistin bestimmende Aspekt ist die Liebe. Die in der Interpretation des ersten Gedichts aufgeworfene Frage nach dem Verbleib von Eurydike kann in *La nuit sacrée* beantwortet werden: erstmals entsteht eine Liebesbeziehung zwischen den Geschlechtern. Aus den als Prätext dienenden Gedichten ging hervor, daß spirituelle und erotische Erfahrung bei Ben Jelloun nicht voneinander zu trennen sind. Dies bestätigt der Verlauf der Romanhandlung, denn die Emanzipation der Frau besteht aus einer Serie sexueller Abenteuer, die zu einer erfüllten Liebesbeziehung führen. Die Abfolge der Szenen, in denen Zahra sexuelle Erfahrungen mit Männern macht, gibt eine Entwicklung erkennen. Während die erste Begegnung mit dem Märchenprinzen nur angedeutet ist, läßt die zweite an Deutlichkeit nichts zu wünschen übrig, die dritte, im maurischen Bad situierte, bereitet den Kontakt der beiden Hauptfiguren vor; ihr erstes sexuelles Zusamentreffen ereignet sich als „comédie du bordel“ in Form einer Travestie.

Abgesehen von der inhaltlichen Dynamik, sticht die erzählerische Entwicklung ins Auge. Die Szene aus dem Kapitel „Le jardin parfumé“ folgt dem Märchenmodus. Der Titel zitiert den Klassiker der arabischsprachigen erotischen Literatur *La prairie parfumée où s'ébattent les plaisirs* von Mohammed al-Nafzâwî. Zur Märchenepisode bemerkte der Autor:

C'est une réminiscence de mon premier roman où je racontais une révolte conduite par des enfants, à Casablanca. C'étaient des enfants-oiseaux qui avaient le pouvoir d'échapper aux forces de l'ordre. Lorsque, ici, la jeune femme est libérée par son père, j'ai voulu qu'elle connaisse quelque chose de très beau avant les épreuves qui allaient lui arriver, comme dans un conte des *Mille et une nuits* – on n'y échappe pas! – elle s'enfuit sur un cheval...".[462]

Die Szene im Kapitel „Un poignard caressant le dos" ist realistisch, die Szene im Hammam schwankt zwischen fiktivem Traum und Wirklichkeit, sie spielt mit dem Verhältnis von Sein und Schein, um dann Zahra zu ihrer Identität finden zu lassen:

Je n'étais plus un être de sable et de poussière à l'identité incertaine, s'effritant au moindre coup de vent. [...] Je n'étais plus cet être de vent dont toute la peau n'était qu'un masque, une illusion faite pour tromper une société sans vergogne, basée sur l'hypocrisie, les mythes d'une religion détournée, vidée de sa spiritualité, un leurre fabriqué par un père obsédé par la honte qu'agite l'entourage. Il m'avait fallu l'oubli, l'errance et la grâce distillée par l'amour, pour renaître et vivre.
(S. 138)

Diese Klimax enthält nicht nur das „Stirb und Werde" der Metamorphose, sondern weist auch auf die gesellschaftliche, religiöse und kulturelle Bedingtheit des Geschlechterwechsels von Ahmed/Zahra hin. Der Vater, dem ja die Stelle des Französischen zukommt, erscheint hier als fremdbestimmtes Wesen, das sich dem von außen kommenden sozialen – und kolonialen – Blick unterordnet, um den Schein zu wahren.

Die an dieses Zitat anschließende Prolepse signalisiert, daß dieses Glück nur von kurzer Dauer sein wird: „Hélas! Ce bonheur, cette plénitude, cette découverte de soi dans le regard sublime d'un aveugle n'allaient pas durer." (S. 138) Die Anti-Klimax folgt im Kapitel „Mon histoire, ma prison", nach dem Verlust der Liebe:

[...] mon corps s'était arrêté dans son évolution; il ne muait plus, il s'éteignait pour ne plus bouger et ne plus rien ressentir; ni un corps de femme plein et avide, ni un corps d'homme serein et fort; j'étais entre les deux, c'est-à-dire en enfer. (S. 178)

---

[462] In: Ph. Gaillard, „Tahar le fou Tahar le sage", *Jeune Afrique*, 1404, 2.12.1987, S. 44-47.

Das „Entre-deux“ als Hölle! Nirgends ist der Bereich zwischen den Geschlechtern und Kulturen schärfer und negativer formuliert als an dieser Stelle. Da das Kapitel bezeichnenderweise den Titel „Mon histoire, ma prison“ trägt, zeigt sich zudem die literarische Dimension des „Entre-deux“. Die Gefangene ist nicht nur symbolisch die Gefangene ihrer Geschichte, sondern sie befindet sich tatsächlich im Gefängnis, wo sie sich als „écrivain public“ betätigt (S. 174). In dieser Funktion schlüpft sie in Männerkleidung:

Quand le matin je mettais mon uniforme, je me regardais dans le miroir. Je souriais. J'étais de nouveau en costume d'homme. Mais ce n'était plus un déguisement. C'était un habit de fonction. (S. 175)

Ben Jellouns Spiegel- und Blickszenen enthalten meist raffinierte Brechungen zwischen Figur, Erzählinstanz und, zuweilen auch, Autor. Die Rolle des „ècrivain public“ hat er im gleichnamigen „autobiographischen“ Roman für sich selbst beansprucht. Im vorliegenden Text wird sich die Frau als öffentliche Schreiberin der Falschheit der sozialen Rollen sowie ihres früheren Lebens als Mann bewußt:

J'apprenais beaucoup à travers ces récits sur les mœurs de ma société, sur la mesquinerie des hommes, sur la grandeur et la faiblesse de l'âme. [...] Ma vie d'homme déguisé avait été plus qu'un péché, une négation, une erreur. (S. 177)

Untersucht man das im Gefängnis situierte Katabasis-Motiv auf die Semantisierung der Räume hin, scheint es, als ob sich die Verengung des äußeren Raums und die innere Erweiterung wechselseitig bedingen. Realistische Raumbeschreibungen, die die kulturelle Einbindung in die arabische Welt bestätigen, wie etwa der Hammambesuch (S. 88-91), entgleiten ins Phantastische. Bezeichnenderweise fragt sich die Protagonistin: „Etais-je dans le sommeil ou dans le hammam?“ (S. 91). Wie in der erwähnten Szene am Beginn der Erzählung dient die Frage als Ambiguitätssignal, zunächst innerhalb der fiktionalen Wirklichkeit der eingelegten Geschichte. Die Badeszene illustriert das Ineinandergreifen von erzählter Welt und Erzählerdiskurs, der ebenfalls ins Phantastische übergeht und in die metadiegetische Ebene der literarischen Selbstreflexion mündet. Die semantisch übercodierten Räume erhalten dadurch die am Beispiel von *Harrouda* exemplarisch analysierte diskursive Funktion.

Die Szene ist auch für die Perspektivierung der Blicke aufschlußreich. Im Anschluß an die Infragestellung der fiktionalen Wirklichkeit entdeckt die Protagonistin das inzestuöse Verhältnis zwischen dem Konsul, der männlichen Hauptfigur, und seiner Schwester: „Je les observais, mais eux ne pouvaient pas me voir. Comment était-ce possible? Cet homme si fin, si intelligent, réduit à l'état d'enfance dans les bras de cette femme!" (S. 91) Die Darstellung des Mannes bei einer Regression in das Kleinkindstadium läßt keine Brüche in der weiblichen Erzählperspektive erkennen, die den männlichen Blick des Autors verraten würden. Die Sympathielenkung verläuft weiterhin zugunsten der weiblichen Erzählerin. Anders als in den Badeszenen aus *Harrouda* und *L'enfant de sable*, die eine Serie bilden, entwirft Ben Jelloun hier einen unverstellten Blick der Frau auf einen Mann. Allerdings degradiert der Blick der Frau den Mann nicht zum Objekt. Im Gegenteil, der Blinde hat sich willentlich dem Blick Zahras ausgesetzt, um diese zu verführen:

> Peut-être que le consul avait l'intention de m'introduire dans leur secret et de m'offrir une part de cette complicité qui liait tous les deux. Il eut l'air contrarié quand la sœur lui apprit que je m'étais retirée assez vite du hammam. (S. 91)

Eine Blickkonstellation, in der der beobachtete Mann im Grunde als Verführer agiert, läßt nun doch auf einen übergeordneten Blickwinkel schließen, den des Autors. Ben Jellouns Darstellung eines weiblichen Schicksals aus weiblicher Sicht, dies verdeutlicht die Szene im Hammam, ist keineswegs frei von geschlechterspezifischen Stereotypen.

Blicke dienen in allen drei Texten, trotz unterschiedlicher Perspektivierung, der Erotisierung des Raumes. Auch die Version aus *La nuit sacrée* reproduziert das aus der patriarchalischen Kultur hervorgegangene Stereotyp des orientalischen Bades. Das Gemälde von Ingres ist in der Analyse von *Harrouda* bereits erwähnt worden (vgl. Abb. 6, S. 401).

Die Schlußszene bestätigt die festgestellte Tendenz der Erotisierung der Blicke. Die aus dem Gefängnis entlassene Zahra flüstert dem inzwischen als Heiligen verehrten Konsul ins Ohr: „Cela fait très longtemps qu'un homme ne m'a pas caressé le visage... Allez-y, regardez-moi avec vos doigts, doucement, avec la paume de votre main." (S. 189) Dieser Schluß weist nicht nur auf die physischen Blickqualitäten des Blinden hin, sondern auch die suspendierte Klärung der Erzähldistanz. Die Verwirklichung des Wunsches nach Körperblicken findet in der im Dunkel gelassenen Zeit statt, die zwischen dem Ende der Handlung der eingelegten Geschichte und dem Beginn des Erzählens derselben am Textanfang (K I.4) vergeht. Mit anderen Worten, die zeitliche Distanz zwischen erzählendem und erlebendem Ich wird nicht geklärt; die Qualität des Blicks der Erzählerin auf sich selbst löst sich im Zwielicht von Mystik und Erotik auf. Ben Jelloun gestaltet die Emanzipation der marokkanischen Frau überwiegend als sexuelle Entwicklung. Die Schlußszene ist die letzte Episode einer Serie von sexuellen Abenteuern, die mit der Entführung des Märchenprinzen begonnen hatte.

Die Schlußszene pointiert freilich auch die Ambivalenz der narrativen Mimesis, denn der utopische Charakter dieses fiktionalen Abschlusses verweist eindeutig auf die marokkanische Wirklichkeit. Das Modell der literarisch entworfenen Lebensgeschichte ist die vor allem von Frauen praktizierte Heiligenverehrung.[463] Dies bedeutet eine Angleichung der nach Emanzipation strebenden Frauenfigur an die traditionellen weiblichen Rollenzuschreibungen und Verhaltensweisen der marokkanischen Gesellschaft.

5.6.5 Der fiktive Traum

Bei dem für Ben Jellouns Schreibweise charakteristischen Gleiten zwischen verschiedenen Erzählweisen spielen fiktive Träume eine zentrale Rolle. Aus der Analyse der ersten Binnenebene ging hervor, daß der erste Traum für die erzählerische Ambivalenz verantwortlich ist. Die oben erwähnte Szene im Hammam ist ein weiterer Höhepunkt des Romans, der die Spannung zwischen fiktionaler Wirklichkeit und Traum zum Thema hat.

Bezüglich der Funktion des Traums in der Literatur sind einige Erläuterungen erforderlich. Ben Jelloun verwendet Träume als literarisches Material. Man kann mit Michel Thériault davon ausgehen, daß die fiktiven Träume der Darstellung jener Kräfte dienen, die Personen und Gesellschaft konditionieren.[464] Diese Funktion erfüllen auch die in der vorliegenden

[463] Vgl. zur sozialen Praxis die Zusammenfassung von F. Mernissi, „Femmes, saints et sanctuaires", in: *Maroc. Les signes de l'invisible, autrement*, 48, 1990, S. 96-101; zuerst veröffentlicht unter dem Titel „Women, Saints and Sanctuaries", in: *Signs: Journal of Women in Culture and Society*, 3, 1, 1977, S. 101-112. Zur literarischen Verwendung des Modells der Heiligenverehrung in Ben Jellouns *La prière de l'absent* vgl. Vf. 1995b.

[464] Michel Thériault: „Les rêves de Zahra dans *La nuit sacrée* de Tahar Ben Jelloun", in: *La traversée du français dans les signes littéraires marocains*, Toronto 1996, S. 189-199, hier: S. 189.

Studie analysierten literarischen Blicke. Die fiktiven Träume fallen als Blicke ins Unbewußte in den Bereich der Visualität. Beiden, Träumen und Blicken, kommt in der marokkanischen Gesellschaft, in Form von Traumdeutung und Kommunikation durch Blicke, ein hoher kultureller Stellenwert zu.[465]

Im Text markieren Träume die einschneidenden Ereignisse im Leben der Protagonisten. Diese setzen sich entweder allein oder in der Diskussion mit anderen mit ihren Träumen auseinander. Die herausragende Bedeutung der Traumwelt signalisiert, wie bereits erläutert, der Titel dieses im Zeichen der Nacht stehenden Romans. *La nuit sacrée* ist wie *La réclusion solitaire* und *Les yeux baissés* ein Text, in dem die Traumwelt andere Bedeutungsträger überragt. Träume sind, wie so oft bei Ben Jelloun, Wirklichkeitsflucht, eine Quelle des Schreibens und eine Strategie zur Bewältigung von Lebenskrisen.

Zahra entwickelt eine Technik des aktiven Träumens, mit der sie das Leben im Gefängnis übersteht. Hierbei handelt es sich um eine in Marokko weit verbreitete soziale Praxis[466] sowie um einen Fall nicht markierter Intertextualität. Bei der in *L'enfant de sable* zitierten Erzählung „Las ruinas circulares" von Jorge Luis Borges geht es ebenfalls um die Entwicklung der Fähigkeit des aktiven Träumens. Hinsichtlich der aktiven Traumtätigkeit ist zudem an den andalusischen Sufi-Mystiker Ibn ^{c}Arabi zu erinnern. Dieser beschrieb in *^{c}Alam al-mithral* (Zwischenreich) luzides Träumen als wesentlichen Teil des mystischen Weges und empfahl es seinen Schülern als eine Technik, die „große Wohltaten für das Individuum hervorrufen werde".[467]

Zahras aktives Träumen ist jedoch nicht nur für die Handlung relevant, sondern auch erzählerisch. Träume sind ein wesentliches Element von Ben Jellouns Poetik, weil sie den Akt der literarischen Kreativität reflektieren. Dies kommt vor allem in den Kapiteln, die im Gefängnis spielen, zur Geltung, wo die Romanfigur Zahra Romanfiguren erträumt und diese miteinander kommunizieren läßt. Ein anderes Beispiel für die Verwandtschaft von aktivem Träumen und literarischer Kreativität ist die „hangar"-Vision

---

465 Vgl. dazu B. Kilborne, *Interprétations du rêve au Maroc*, Paris 1978; R. Laszlo, „Conter le rêve", in: *Poétique*, 54, 1984.

466 Nach V. Capranzano, „Saint, Jnun, and Dreams: an essay in Morrocan Ethnopsychology", in: *Psychiatry*, 38, 1975, S. 145-160.

467 Nach M. Godwin, *Der Traum. Eine Reise durch die Welt des Wachens und Schlafens*, München 1995, S. 38, 164.

des Konsuls.[468] Wie in Ray Bradburys *Fahrenheit 451* lernen Menschen Bücher auswendig und verkörpern dieselben. Diese in die Binnenhandlung (K II) eingelegten Träume bilden eine dritte textinterne Kommunikationssituation (K III), die auf dem Verschachtelungsprinzip von *L'enfant de sable* beruht und als *mise en abyme* des Verhältnisses von KI und KII fungiert.

Träume fungieren, wie bereits mehrfach erwähnt wurde, als Ambivalenzsignal. In diesem Zusammenhang ist noch auf die im sechzehnten Kapitel geschilderte Exzision der Protagonistin einzugehen.[469] Zunächst ist auf den gesellschaftlichen Hintergrund und die Entstehung der Szene hinzuweisen, die auf viele Leser schockierend wirkt. Die im Islam verbotene Exzision wird im Maghreb nicht praktiziert. Ben Jelloun erläuterte die Szene als Traum der Protaginistin:

> Dans l'univers terrible de mon personnage, ça fait partie de ses cauchemars. [...] Pour l'écrire [die Szene], je me suis inspiré des scènes de torture qu'on raconte un peut partout dans la littérature.[470]

Wie schon im Kapitel zur Poetik angedeutet, handelt es sich um die literarische Darstellung von Traumarbeit, um die Vertreibung der „Dämonen" der verinnerlichten Repressionsmechanismen. Die intertextuelle Entstehungsgeschichte der grausamen Beschneidungsszene zeigt, daß es nicht nur um das Einzelschicksal einer Frau geht, sondern auch um die nahezu unmögliche Emanzipation ganzer Generationen von Frauen, die in feudalen Gesellschaftsverhältnissen zu stummen Leidensträgerinnen verkümmern. In diesem Zusammenhang repräsentiert die Frau, wie schon in *Harrouda*, auch das um Selbstbestimmung kämpfende, jedoch brutal unterdrückte marokkanische Volk.[471]

---

[468] Vgl. dazu die ausführliche Analyse von M. Thériault, ebenda, S. 192ff.

[469] Exzision ist die in Schwarzafrika bei jungen Frauen praktizierte Abtrennung der äußeren Schamlippen der Frau und das Zunähen der Vagina.

[470] T. Ben Jelloun zitiert aus: Ph. Gaillard, „Tahar le fou Tahar le sage", *Jeune Afrique*, 1404, 2.12.1987, S. 44-47.

[471] „[...] je crois que ce que j'ai voulu montrer, c'est le processus d'une émancipation. Les épreuves que subit Zahra pourraient aussi bien être celles d'un peuple en lutte pour sa libération. C'est le combat d'une femme pour devenir ce qu'elle aurait dû être si elle n'avait pas été victime d'une agression contre sa sexualité et tout son être." T. Ben Jelloun, a.a.O., S. 44.

5.6.6 Fazit

La nuit sacrée zeichnet sich durch eine ausgeprägte mimetische Vielschichtigkeit aus. Die Anfänge von Rahmenhandlung und eingelegten Geschichten sind überwiegend realistisch, weisen jedoch Ambivalenzsignale und Traumszenen auf. Im Kapitel „Jardin Parfumé" findet ein Wechsel in den Märchenmodus statt, die daran anschließende Entwicklung der Liebesbeziehung zwischen Zahra und dem Konsul, in der Träume an Handlungsrelevanz gewinnen, mischt phantastische Elemente in den Realismus; das Gefängniskapitel ist ein fiktiver Traum; die beiden letzten Kapitel, der Abstieg in die Unterwelt und das Wiedersehen mit dem Konsul, haben die Darstellung von Übernatürlichem zum Gegenstand.[472]

Die hier als Abfolge resümierten mimetischen Formen durchlaufen keine lineare Entwicklung, sondern sie reiben sich aneinander und durchdringen sich gegenseitig in stetig wechselnden Formationen. Diese narrative Vielfalt führt zu jener grundsätzlichen Problematisierung der Darstellbarkeit von Wirklichkeit, wie wir sie aus den früheren Romanen kennen. Die Frage der Protagonisten, ob sie träumen oder wachen, signalisiert zudem eine interkulturelle Ambiguität. Nicht Reinheit, sondern die Vorstellung einer unverstellten Echtheit ist die entscheidende Antriebskraft und das allegorisch verschlüsselte, doch im Grunde stets unerreichbare Ziel. Das Leben im „Entre-deux" ist eben kein Spiel, sondern kann zur Hölle werden. Dies ist eine der Botschaften, die *La nuit sacrée* trotz des märchenhaften Schlusses an den Leser vermittelt.

Eine entscheidende Veränderung gegenüber den früheren Romanen besteht in der Figurenperspektive. In *La nuit sacrée* blickt die Ich-Erzählerin als Frau auf sich und die Welt. Allerdings bringt dieser Blickwechsel, der den Status der marokkanischen Frau aufwertet, keine entscheidenden Vorteile oder gar Machtgewinn. Die sich emanzipierende und aus repressiven Rollenzuweisungen ausbrechende Zahra findet nur ein kurzes Glück. Das angestrebte Leben in Harmonie mit sich selbst verlagert der Schluß des Textes in ein im Süden Marokkos gelegenes Utopia.

Aus der Hammam-Szene ging überdies hervor, daß die Figurenperspektive der Frau einem aus der patriachalischen Tradition kommenden Männerblick untergeordnet ist, der die Frau zwar zum Empathiezentrum

---

[472] A. Memmes, *Signifiance et interculturalité*, S. 148.

macht,[473] der jedoch tiefenstrukturell nicht frei ist von Ambivalenzmerkmalen.

5.7 *La nuit de l'erreur*

Ben Jellouns vielleicht ehrgeizigstes Romanprojekt, an dem er über Jahre hinweg gearbeitet und dessen Erscheinen er immer wieder angekündigt hatte, schließt die aus *L'enfant de sable* und *La nuit sacrée* bestehende Trilogie ab. Der thematisch und erzählerisch komplexe Text, der wie schon der Titel andeutet, einen Höhepunkt der „Poetik der Nacht" darstellt, ist ein Stadtroman. Die in Ben Jellouns Leben so wichtige, an der Meerenge von Gibralter gelegene Stadt Tanger ist nicht nur zentraler Schauplatz, sondern sie motiviert auch Handlung und Personenkonstellation auf einer tiefenstrukturellen Ebene. Die vielschichtig dargestellte Stadt bietet für die Fragestellungen der Interkulturalität und der Geschlechterbeziehungen aufschlußreiches Material. Mit dieser Einschätzung ist bereits eine Klassifizierung innerhalb des Romanwerks vollzogen. *La nuit de l'erreur* gehört zu den komplexen nicht-realistischen Texten, die mit der narrativen Mimesis experimentieren und gleichzeitig auf die marokkanische Wirklichkeit Bezug nehmen. Die poetische Qualität dieses hybriden Prosatextes gibt sogleich den Dichter Ben Jelloun zu erkennen. Die durch das gemeinsame Substantiv im Titel angedeutete Verbindung zu *La nuit sacrée* wird im Text bestätigt: „La Nuit de l'Erreur, ô amis du Bien, est l'opposé de la Nuit du Destin." (S. 96) Allerdings bezieht sich die „Nacht des Irrtums" nicht auf einen bedeutenden islamischen Ritus wie die „Nacht der Bestimmung",[474] sondern es handelt sich um eine literarische Replik, in der *grosso modo* die positive Entwicklung von *La nuit sacrée* umgekehrt wird; zusammen mit *L'enfant de sable* stehen wir vor einem Triptychon, dessen einzelne Teile durch *réécriture* vielschichtige Verbindungen miteinander eingehen:

Die Handlung läßt sich folgendermaßen wiedergeben:

---

[473] Nach B. Wolter a.a.O., S. 37-59; vgl. dazu auch die vorausgehende Analyse von *Harrouda*.

[474] In einem Rundfunkinterview berichtete Ben Jelloun, bei einer Lesung von einem Zuhörer erfahren zu haben, daß es bei Berberstämmen in Südmarokko eine „Nuit de l'erreur" gibt.

Die in einer „Nacht des Irrtums“ gezeugte Zina, ist ein Geschöpf des Unheils. Sie kam in Fes zur Welt als ihr Großvater starb. In jugendlichem Alter, zur Zeit der Unabhängigkeit Marokkos, zieht sie mit der Familie nach Tanger. Aufgrund des auf ihr lastenden Fluches wird sie von ihrer Familie und der Gesellschaft ausgeschlossen. Sie zieht sich in eine Phantasiewelt zurück, beobachtet die Wolken am Himmel und denkt sich dabei Geschichten aus. Nach ersten sexuellen Kontakten mit Männern, die der Jugendlichen emotional nichts bedeuten, begegnet sie in der Gestalt einen spanischen Diplomaten der Liebe ihres Lebens. Dessen Homosexualität verhindert eine Erfüllung dieser Liebe.

Nach einer Orgie, dem zweiten traumatisierenden Erlebnis, rächt sie sich an den daran beteiligten Männern. Als gesellschaftliche Randfigur entwickelt sie sich zu einem jener in Marokko häufig anzutreffenden Wunderheiler, die in Marabouts praktizieren und zuweilen als Heilige verehrt werden. In (Chef-)Chaouen, einem malerischen Dorf im Norden konsultieren sie die Einheimischen.

Von den fünf miteinander befreundeten und Zina verfallenen Männern überlebt nur Salim ihre Rache. Der Theaterstücke schreibende Intellektuelle verfaßt einen Brief an Salman Rushdie, in dem er gegen Verfolgung und Zensur Stellung nimmt und für die Freiheit der Kunst plädiert. Am Ende sitzt Salim im „Café de la Falaise“, dem früheren Treffpunkt der befreundeten Männer mit Blick auf die spanische Küste.

Die Themen sind einmal mehr die Traumen der von der von Familie und Gesellschaft ausgeschlossenen Menschen (Frauen, Geschichtenerzähler, Schriftsteller, Homosexuelle), Geschlechterbeziehungen, erfüllte und unerfüllte Liebe, Identität sowie die in Marokko verbreiteten Formen des Aberglaubens und der Heiligenverehrung, ein aus *La prière de l'absent* und *La nuit sacrée* bekanntes Motiv. Die Haupthandlung mit Zina im Mittelpunkt findet, wie in *L'enfant de sable*, keinen Abschluß. Statt dessen kommt mit dem Brief an Salman Rushdie und dessen heimlicher Einwanderung nach Marokko ein zweiter Handlungsstrang hinzu, der mit der Haupthandlung nur lose verbunden ist und aufgesetzt wirkt.

5.7.1 Zina, eine weibliche Hauptfigur?

Im Mittelpunkt der Geschichte steht Zina. Die als Frage formulierte Überschrift weist darauf hin, daß es sich abermals um eine Frauenfigur handelt, deren geschlechtertypische Merkmale nicht der sozialen Norm entsprechen, die so ambivalent sind, daß sie die etablierten Rollenstereotype in Frage stellen. Ist Zina wirklich eine starke Frau, wie es zunächst den Anschein hat?

Betrachtet man die weibliche Hauptfigur als Fortsetzung der Frauenfiguren von *L'enfant de sable* und *La nuit sacrée*, sind folgende Entwicklungen zu erkennen:

A) *L'enfant de sable*
Ahmed/Zahra repräsentiert die verschiedenen Dimensionen der Identitätssuche, deren wichtigste sind die individuelle einer sich selbst suchenden Frau in der marokkanischen Gesellschaft und die kollektive eines Landes auf dem Weg der Entkolonisierung. Auf der individuellen Figurenebene besteht das Initialtrauma in dem vom Vater verordneten Betrug der Erziehung als Junge bzw. Mann. Als Figur bleibt die Protagonistin Objekt der verschiedenen Erzählerfiguren. Ihre Selbstfindung steht im Zeichen einer erzählerischen Fremdbestimmtheit, die auch inhaltlich nicht aufgehoben wird.

B) *La nuit sacrée*
Ahmed/Zahra erzählt nun ihre Geschichte selbst. Ihr Verhältnis zu den Männern schwankt zwischen Fremd- und Selbstbestimmtheit. Ihre ersten sexuellen Kontakte – mit einem Prinzen und einem Fremden – erfährt sie passiv. In der Beziehung mit dem Blinden handelt sie zunehmend selbstbestimmt. Diese Entwicklung und die Entdeckung ihrer Weiblichkeit wird jedoch durch die Gesellschaft blockiert. Die ihren Körper erfahrende und ihre Sexualität entdeckende Zahra muß ins Gefängnis und wird durch eine Reihe unmenschlicher Sanktionen härtesten Bewährungsproben unterzogen. In einer letzten Probe (im Kapitel „L'enfer") wird sie als falsche Heilige verehrt, was der völligen Entfremdung gleichkommt, um schließlich in einer märchenhaften Auflösung die Liebesbeziehung mit dem nun als echten Heiligen verehrten Blinden wieder aufzunehmen.

C) *La nuit de l'erreur*
Zina wird zwar als Frau erzogen, doch sie ist ähnlich traumatisiert wie die als Mann erzogene Zahra. Ein Fluch, der auf ihr lastet, macht sie in Familie und Gesellschaft zur Außenseiterin. Um mit dieser Ausgrenzung fertig zu werden, flüchtet sie sich als Kind in ihre Vorstellungswelten, indem sie den Himmel betrachtet. Als die Jugendliche ihre Sexualität entdeckt ist der Prozeß der Abspaltung ihrer Gefühle längst abgeschlossen. Durch die Lie-

be zu dem spanischen Diplomaten José Luis de León findet sie zu ihren verschütteten Gefühlen zurück.

Wie in den vorausgehenden Versionen folgen nun grausame Bewährungsproben für die sich selbst suchende Protagonistin. Die Orgie im Kapitel „La cabane du pendu“ setzt mit einer zweiten schwerwiegenden Traumatisierung der Selbstfindung der Frau ein vorläufiges und gewaltsames Ende.

Die Auflösung tendiert wie in *La nuit sacrée* zum mystischen Weg, Zina entwickelt sich wie Zahra zu einer falschen Heiligen, sie findet keine wirkliche Befreiung von ihrem Schicksal.

5.7.2 Struktur, narrative Mimesis und Ambiguität

Die mehrschichtig angelegte Frauenfigur enthält einige Elemente aus der Biographie des Autors. Die Fiktionalisierung von Autobiographie ist eine zentrale Erzählstrategie Ben Jellouns, und insofern nicht überraschend. Der Umzug von Fes nach Tanger springt als biographisches Element geradezu ins Auge. Wie Fes in *Harrouda* kommt der Stadt Tanger in *La nuit de l'erreur* der Rang eines Protagonisten zu. Wie ebenfalls bereits in *Harrouda* ist Tanger ambivalent, als Stadt der Offenheit und des Verrats angelegt. Die geographische Lage und der mögliche Blick aufs Meer eröffnen mehrere Deutungen.

Ein zweiter Bezug zur Autobiographie besteht in der Hauptfigur. Die Protagonistin mit ihrem Kindheitstrauma und die daran anschließenden Versuche dieses zu bewältigen, sind eine Chiffre der Schriftstellerfigur. Der Rückzug in Vorstellungswelten, der im Motiv des Beobachtens der Wolken deutlich wird, trat in dem am stärksten autobiographisch geprägten Text *L'écrivain public* genauso auf wie in *Les yeux baissés*. Auch die zweite Traumatisierung an der Schwelle zum Erwachsenenalter ist auf die erstmals in dem Gedicht „L'aube des dalles“ dargestellten Erfahrungen der politischen Unterdrückung beziehbar.

Freilich verteilt der Autor biographische Projektionen auch auf andere Figuren, in der Hauptsache auf den schriftstellernden Salim, der den Brief an Salman Rushdie verfaßt; aber auch die Figur des spanischen Homosexuellen, eines Intellektuellen, den Mystik und mystische Literatur faszinieren, ist als Projektionsfläche nicht auszuschließen. Als Typ und Motiv trat diese Figur erstmals in *La prière de l'absent* auf, wo der gelehrte, mit der mystischen Literatur vertraute spätere Imam ein Freund des Protagonisten

Sindibad ist; deren Liebesbeziehung in der Jugend- und Studentenzeit wurde von der Gesellschaft nicht toleriert.

Auch ohne biographische Bezüge ist aufgrund der Kontinuität der Geschlechterproblematik eine gender-orientierte Leseweise möglich. Der zentrale Aspekt bei der Entwicklung von Geschlechterbeziehungen und Geschlechteridentitäten ist bei Ben Jelloun die Sexualität.

A) Sexualität als distinktives Merkmal der Geschlechter

Der Umgang mit der Sexualität ist in *La nuit de l'erreur* ein distinktives Merkmal der Geschlechter. Im Gegensatz zu den triebbestimmten Männern hängen Frauen nicht von ihrem Sexualtrieb ab. Die männliche Bestimmtheit durch den Sexualtrieb ist ein ausschlaggebender Grund für ihre Schwäche und für die als Grausamkeit dargestellt Stärke der Frauen: „Les femmes sont cruelles parce que les hommes sont lâches." Dieses Motiv wurde bereits in *La nuit sacrée* entwickelt, wo der blinde „Konsul" Prostituierte aufsucht, bis er der Protagonistin begegnet.

Die Bestimmtheit vom Sexualtrieb ist hinsichtlich der Geschlechterrollen verschieden interpretierbar. Zunächst ist auf die psychologische Dimension zu verweisen. Für die Frau bedeutet die Unabhängigkeit von sexueller Fremdbestimmung keineswegs nur Freiheit und Macht über die Männer, sondern im Falle von Zina ein Defizit, das ihre Selbstverwirklichung blockiert.

B) Zina als Chiffre der Emanzipation

Betrachtet man Zina nicht als individuelle Frauenfigur, sondern als Vertreterin der marokkanischen Frau seit der Unabhängigkeit, dann symbolisiert sie die kollektive Rache für das in Jahrhunderten patriachalischer Unterdrückung erlittene Unrecht. Indem sie das die marokkanische Gesellschaft prägende Tabu der Sexualität offen anspricht, demaskiert sie die diese Gesellschaft bestimmende Diskrepanz von Schein und Sein. Zina fungiert auf dieser Ebene als soziale Reflektorfigur, die nur die strikt tabuisierte, jedoch in allen Gesellschaftsbereichen vorhandende, Sexualisierung aufdeckt und wiedergibt.[475]

Ein Einwand gegenüber dieser Interpretation besteht darin, daß Zina als Symbolfigur weiblicher Emanzipation möglicherweise wenig Identifikationspotential bietet, weil ihre Härte zwar Macht über die Männer bedeutet,

---

[475] Dies ist auch die Interpretation des Autors, die er bei seiner Lesung am 5.12.1998 im Zeitungscafé der Nürnberger Stadtbibliothek vertreten hat.

aber keine wirkliche Stärke, da sie mit der Abspaltung der Gefühle einen hohen Preis dafür zahlen mußte.

Dieser Einwand wird dadurch abgeschwächt, daß sie wie eine tragische Figur unschuldig schuldig geworden ist. Sie wurde verstoßen, weil sie anders ist, nicht weil sie Schuld am Tod des Großvater hatte.

C) Zina als Projektionsfläche der Homosexualität
Im Kontext der Trilogie fällt auf, daß dieses Mal kein Geschlechtswandel erfolgt. Bedenkt man jedoch die Bedeutung der Figur des Homosexuellen, des einzigen Mannes, den Zina aufrichtig liebt, und betrachtet die überwiegend männlichen Attribute Zinas (Stärke, Grausamkeit, Emotionslosigkeit), dann zeigt sich, daß auch ohne biologischen Geschlechtswandel eine Umkehrung der traditionellen Geschlechterrollen vorliegt.

Der Homosexuelle José Luis de León ist die einzig positive Männerfigur. Er verkörpert geradezu idealtypisch den sensiblen, galanten und weltgewandten Mann, der auch im gesellschaftlichen Leben reüssiert. „Hassas“, das arabische Wort für Homosexuelle, bedeutet auch der Fühlende und bringt das Männerbild des empfindsamen Mannes auf den Punkt.

Die abrupte Abkehr Zinas von ihrem Traummann, der ihr den verschütteten Zugang zu ihren Gefühlen eröffnet hat, kann als Darstellung des Tabus der Homosexualität gelesen werden. Trotz ihrer intensiven emotionalen Bindung, der tiefsten und wichtigsten ihres erwachsenen Lebens, bricht sie die Beziehung sofort ab als sie von seiner Homosexualität erfährt.

D) Zina als Repräsentantin der Stadt
Die persönliche Entwicklung ist eingebunden in die Geschichte der Stadt Tanger. Ihre Entwicklung als erwachsene Frau entspricht der Semantik der Stadt: Offenheit, Faszination, Unheil, Falschheit, Verrat, Verruchtheit und Verrufenheit sind die Eckwerte, die durch den Abschluß noch bestätigt werden. Als sie am Ende Tanger verläßt, ist sie als Wunderheilerin tätig. Die abergläubischen Bewohner der Provinzstadt Chaouen verehren sie wie eine Heilige, sie *ist* jedoch keine, sie kann sich aus der Sicht des Leser nicht wirklich von der ihr anhaftenden Verkommenheit freimachen. Der in Tanger verdorbene Ruf bleibt an ihr haften. Zina ist eine starke und faszinierende Frau, doch wie Tanger, die internationale Freihandelszone, mußte sie ihre Offenheit teuer bezahlen.

Die inhaltlichen Interpretationen sind nun noch zu ergänzen mit einer Analyse von Erzählsituation und Struktur, die wiederum in typischer Weise miteinander verschränkt sind.

Der Roman ist eingerahmt von einer Widmung, einem Vorwort und einem Epilog. In diesen Paratexten gibt sich der Autor selbst zu erkennnen und erläutert seine Intention. Der Haupttext ist erzählerisch mehrfach verschachtelt. Das Verhältnis von Rahmenhandlung und eingelegter Geschichte ist dadurch bestimmt, daß Zina, die weibliche Haupfigur, zuerst als homodiegetische Ich-Erzählerin auftritt. Erst nach einem Viertel des Romans (S. 83) übernehmen „Tarzan" und „Chita", die als Geschichtenerzähler unter den Namen „Dahmane" und „Jamila" durch Marokko ziehen, den von da an heterodiegetischen Erzählvorgang. Die Namensgebung verrät die in diesem Roman besonders ausgeprägte Tendenz zu Komik und Ironie, mit der Ben Jelloun zweifellos ein Defizit seines bisherigen Schaffens wettmachen wollte. Allerdings wirkt die in Ansätzen bereits früher auftretende Komisierung – man denke an den Wanderzirkus in *L'enfant de sable* – in diesem Roman etwas angestrengt. Da die Form und Funktion der erzählerischen Verschachtelung dem Beispiel von *L'enfant de sable* folgt, ist eine erneute Analyse hier überflüssig. Auf drei Aspekte ist allerdings dennoch hinweisen:

- die Ambiguität des Verhältnisses von Wirklichkeit und Fiktion.
- die Einbeziehung mündlicher marokkanischer Erzähltradition in Form von „halqa" und Gerücht.
- die Perspektivierung von Geschlechterrollen und Kulturen.

Wie bei den beiden vorausgehenden Romananalysen ist eine prinzipielle erzählerische Ambiguität festzustellen, die sich ebenso in der Verrätselung des Lesens, Erzählens und Schreibens von Geschichten äußert wie in der Verästelung der Erzählinstanzen. Ben Jelloun verschachtelt die Geschichten nach dem Prinzip der russischen Puppe; daß der Leser dabei den Überblick verliert, hat zweierlei Ursachen. Zum einen resultiert der Orientierungsverlust aus Ben Jellouns Erzählstrategie, deren semantische und hermeneutische Aspekte ich unter dem Begriff der „Poetik der Nacht" erläutert habe; zum anderen handelt es sich um vom Autor möglicherweise nicht immer beabsichtigte Brüche in der narrativen Logik, zumal das Verhältnis zwischen den einzelnen Erzählebenen mehrfach durchbrochen wird. Diese aus den früheren Romanen bekannten erzählerischen Metalepsen – man denke an die Borgesepisoden in *L'enfant de sable* – verleihen der komplexen Schachtelstruktur den Effekt des Zauberhaften. Die so erzeugten Zweifel an der fiktionalen Wirklichkeit des Erzählten sind Teil der Poetik der Nacht, sie resultieren aus der Konkurrenz der Erzähler um die erzählte Geschichte. In *La nuit de l'erreur* beruht diese auf den beiden

Haupterzählsträngen, dem der Ich-Erzählerin und dem des Geschichtenerzählerpaares Dahmane und Jamila. Beide sind sich unsicher über den Verlauf ihrer Geschichte, wobei Zina zudem an den Fähigkeiten Dahmanes und Jamilas zweifelt: „Pour le moment elle [mon histoire] circule entre un conteur [Dahmane] qui tente de la réécrire et une pauvre femme [Jamila] qui mélange tout et que plus personne n'écoute" (S. 237). Die Erzählssituation, die sich hier im „Entre-deux" der Geschlechter befindet, mündet sodann in die bekannte Reflexion über das Erzählen.

Gleichzeitig steht erneut die von Texten, insbesondere Tagebüchern, ausgelöste und in sämtlichen Romanen Ben Jellouns auftretende Erregung im Mittelpunkt der Sujetstruktur.[476] Aus dem im obigen Zitat enthaltenen Hinweis auf die „réécriture" geht hervor, daß Dahmane nicht nur erzählt, sondern auch schreibt, genau wie Zina und andere Romanfiguren. Der Geschichtenerzähler Tarzan/Dahmane steht in quijotesker Tradition. Die von gelesenen und erzählten Geschichten ausgehende Faszination rauben ihm fast den Verstand. Der Meister der Metaerzählung leistet damit eine zweifache Hommage, eine an atemberaubende Geschichten und eine an das geradezu serielle Entstehen und Tradieren dieser Geschichten. Ben Jelloun ist ein Fabulierer, der über Geschichten im Überfluß verfügt, und er erzählt sich selbst und andere als Erzählende. Intertextualität, Selbstzitat und „réécriture" sind auch in seinem zwölften Roman die maßgeblichen textgenetischen Prinzipien. Sein Erfolgsrezept, ergreifende Inhalte mit einer komplexen Erzählstruktur zu vermitteln, ist unschwer zu erkennen, wobei deutlicher als früher eine burleske Intention hervortritt, die den Text zur Travestie macht. Zu kritisieren ist die inhaltliche Überfrachtung. Die Verbindung von starker Frauenfigur, schwachen Männern, Erotik, gescheiterter Liebe, moralischer Botschaft, Kulturkonflikt und Plädoyer für die Freiheit der Kunst geht letztendlich auf Kosten der Glaubwürdigkeit und der inhaltlichen und erzählerischen Geschlossenheit.

Im Hinblick auf das Erzählen des Erzählens ist noch die Geschichte der schreibenden Hand zu erwähnen, die den Überfluß an Geschichten symbolisiert. Die dem Erzähler Tarzan abgehackte Hand ist die Quelle der er-

[476] Von der Figur des Geschichtenerzählers heißt es: „Tarzan s'excitait chaque fois qu'il recevait un de ces cahiers où je rancontais ma vie." (S. 91). Er gesteht seinen Zuhörern: „Il faut que je vous dise: depuis que cette histoire s'est versée en moi, je me sens possédé, je suis moi-même devenu l'objet de ses manipulations." (S. 111f.) Die Parallelen zu dem von der Geschichte Zahras „ruinierten" Erzähler in *L'enfant de sable* liegen auf der Hand.

zählten Stoffe; in einem Modell der im Text vorhandenen Kommunikationsebenen bilden sie den innersten Kreis.[477]

Der Text stellt damit seine Fiktionalität zur Schau. Ben Jelloun erzählt einmal mehr vom Erzählen, nicht immer mit ernster Absicht, jedoch ohne daß die komischen Zwischentöne der Travestie zur Leitmelodie würden. Die Ironie gegenüber dem Erzählvorgang droht allerdings, besonders in den zahlreichen erotischen Szenen, ins Geschmacklose abzugleiten. Ihr Ursprung, Gerüchte und Legenden, sind „triviale" Erzählformen des Alltags, die nicht immer ernst zu nehmen, jedoch selten ohne ihren ernsten Hintergrund zu sehen sind, denn sie verweisen auf Ben Jellouns Poetik der Nacht, die von Legenden, Gerüchten und Träumen gespeist wird.

La nuit de l'erreur liefert weitere Beispiele für die Orientierung an marokkanischen und arabischen Erzählmodellen, und zwar ebenso an sozialen Erzählpraktiken wie an literarischen Traditionen. Zur „halqa" kommt in diesem Roman das Gerücht hinzu, dessen literarische Verwertbarkeit auf der Faszination des Erzählens und den Prinzipien der Variation und des Simulakrums beruhen.[478] Im Prolog heißt es:

> Cette histoire est sans doute inventée. C'est pour cela qu'on la raconte à voix basse, en regardant à droite et à gauche, en épiant les passants qui pourraient être les messagers d'une souffrance éternelle. (S. 10)

Ben Jelloun nimmt die Heimlichkeit des auf der Straße kursierenden Gerüchts zum Spannungsaufbau seiner Geschichte in Anspruch. Als ein in der mündlichen Erzähltradition verankertes literarisches Modell werden erneut die Geschichten aus *Tausendundeiner Nacht* im Text angeführt (S. 86).

---

[477] Das Motiv könnte aus dem *Don Quijote* stammen, wo sich bekanntlich mehrere ineinander verschachtelte Erzählebenen unterscheiden lassen, deren innerste eine Feder ist, der ebenfalls Geschichten entströmen. Zum Cervantes-Bezug in *L'enfant de sable* vgl. auch Vf., „L'intertextualité circulaire ou le désir dans la bibliothèque: Ben Jelloun lit Borges, lecteur de Cervantes", in: Ch. Bonn/ A. Rothe (Hgg.), *Contexte mondial de la littérature maghrébine*, Würzburg 1995, S. 171-180.

[478] Der Kreis der „halqa" und der legendäre Marktplatz von Marrakesch „Jam^{c}a el-Fna" werden in diesem Roman mehrfach zitiert (z.B. S. 122, 157). Den Bezug auf „halqa" und Gerücht hat Ben Jelloun in dem oben erläuterten Essay „L'imaginaire dans les sociétés maghrébines" ausgeführt; in: María-Angels Roque (Hg.), *Les cultures du Maghreb*, Paris 1996, S. 133-146.

5.7.3 Der Mann, das schwache Geschlecht: literarische Blicke, Geschlechterrollen und Kulturen

La nuit de l'erreur ist bestimmt von literarischen Blicken, die, wie in den früheren Romanen, mehrere Funktionen erfüllen. Sie charakterisieren Befindlichkeit, Bewußtsein und Weltsicht der Protagonisten.[479] Die abermals gehäuft auftretenden Träume sind Blicke ins Unbewußte. Ein Unterschied gegenüber den früheren Texten besteht im kulturellen Perspektivenwechsel. Innerhalb der marokkanischen Kultur tritt die spanische als prägendes Element in den Vordergrund,[480] während die französische kaum mehr erwähnt wird, sieht man einmal von der offensichtlichen Tatsache ab, daß der Text in französischer Sprache geschrieben ist. Dieser Blickwechsel ist zweifelsohne auf die Biographie Ben Jellouns zurückzuführen, der in den fünfziger Jahren in Tanger gelebt hat.[481] Die Kamera steht auf marokkanischem Boden, Marokko bildet den kulturellen Schwerpunkt der Handlung, doch die Thematisierung von Alterität orientiert sich an Spanien, nicht an Frankreich. Dies liegt selbstverständlich auch daran, daß der größte Teil der Handlung im Tanger nach der Erlangung der Unabhängigkeit spielt, einer Zeit also, in der die Peseta die Hauptwährung und Spanisch die erste Zweitsprache war und Ben Jelloun selbst dort lebte. Die Thematisierung Marokkos konzentriert sich auf drei Städte: Fes, Tanger und das im Norden gelegene Provinzstädtchen (Chef-)Chaouen. Ben Jelloun setzte damit die in *Harrouda* begonnene Linie des Stadtromans fort. Tanger, das durch die Protagonistin Zina repräsentiert wird, steht dabei eindeutig im Mittelpunkt. Im Prolog bekennt sich Ben Jelloun offen zu seinem Anliegen, den Zauber, den diese Stadt auf ihn ausübt, vermitteln zu wollen; gleiches gilt für die Protagonistin, deren Schönheit und Anziehungskraft mit Verdammung und Fluch konnotiert sind. Damit bringt er seine Absicht der Kulturvermittlung zur Sprache, wobei er sich als Autor quasi hinter die Stadt stellt: „Une ville qui produit encore des légendes ne doit pas être entièrement mauvaise. Elle le sait. Elle raconte. Elle se raconte.“ (S. 11) Wie in den früheren Texten

---

[479] Die Vaterfigur erblindet, *weil* sie die Augen vor der Welt verschließt; dementsprechend beginnt der Vater zu sehen, als er sich der Welt wieder zuwendet.

[480] Vgl. dazu A. Rothe, „L'Espagne dans la littérature maghrébine“, in: *Romanische Forschungen*, 105, 1/2, 1993, S. 67-93.

[481] Der Autor versteht seit dieser Zeit Spanisch, ohne deswegen jedoch eine perfekte aktive Sprachkenntnis für sich in Anspruch zu nehmen, wie er dem Vf. bei einem Treffen anvertraute.

inszeniert Ben Jelloun ein literarisches Verstecken, indem er die Erzählsituation kaschiert und gleichzeitig autobiographische Elemente, wie den Umzug von Fes nach Tanger und Salim, sein literarisches *alter ego*, in die Handlung mischt. Die Erzählsituation ist abermals gestaltet als ein mehrstimmiges und multiperspektivisches Spiel mit Spiegelungen und einer übergeordenten, kaum fixierbaren Instanz.

Der gen Spanien gerichtete Blick kommt thematisch auch dadurch zur Geltung, daß die Handlung in Cafés spielt, von denen aus das andere Ufer der Meerenge von Gibraltar zu sehen ist. Sogar die südlich von Tanger gelegene Stadt Asilah blickt nach Norden: „Ils sont vieux, assis au Café Hafa, regardent la ligne de rencontre de la Méditerranée et de l'Atlantique." (S. 151) Noch dieser Blick in einer Nebenhandlung weist auf die in der Einleitung dieser Untersuchung erwähnte Grenze hin, die in nächtlichen Überfahrten von denen überschritten wird, die im „Süden" keine Zukunft und kein Zuhause mehr haben.

Die nach Spanien gerichteten Blicke überschreiten die Figurenperspektive und geben den Autor zu erkennen. Die Blicke enthalten Brüche, bei denen Ben Jellouns Sichtweise durchdringt und sich mit den Erzählerdiskursen vermischt.[482]

Die Orientierung an Spanien ist nicht einseitig perspektiviert, sondern die kulturelle Alterität wird gespiegelt und erzählerisch gebrochen. Insofern charakterisiert die aus der erzählerischen Mehrstimmigkeit hervorgehende Multiperspektivik auch diesen Roman. Abschließend sollen nun die Verschränkung der Geschlechterrollen und der Kulturen zusammengefaßt werden.

Darstellung und Funktion der Hauptfigur Zina beruhen auf der Spannung zwischen ihrem eigenen Erzählen und dem verschiedener anderer Figuren. Ihre Charakterisierung erfolgt als Subjekt und als Objekt. Im Mittelpunkt der Ich-Erzählung steht die rätselhafte Identität der Protagonistin, die sich fragt, wer sie ist. Zina wiederholt die zentrale Frage aus *L'enfant de sable* und *La nuit sacrée*: „Mais qui suis-je" (S. 78). Die labile Identität steht in einem direkten Kausalzusammenhang mit der erzählerischen Ambiguität: „Qui suis-je? Je ne le sais pas. [...] Peut-être ne suis-je

---

[482] Als Beispiel ein in der Erzählung von „Tarzan/Dahmane" abgesetzter Abschnitt: „Tôt le matin on vit des vaguelettes blanches se succéder dans le détroit. Le vent prenait son temps. Il aimait quitter les côtes espagnoles le matin et atteindre Tanger avant midi. [...] Alors le vent arrivé ce matin-là était plein de messages et de signes en relation avec notre histoire." S. 106.

qu'un rêve en train de s'éteindre..." (S. 150). Ben Jelloun spielt erneut mit dem Wirklichkeitsstatus seiner Figuren. Dabei werfen die um die Identitätsfrage angeordneten Erzählungen in der dritten Person Schlaglichter auf die mysteriöse und ebenfalls als Fiktion gekennzeichnete Frauenfigur. Eine Schlüsselszene, die Offenbarung des Geheimnisses ihrer Person, erfolgt in Form eines Briefes:

Ô toi, fille de la nuit où jamais tu n'aurais dû être conçue, fille du hasard malheureux qui s'était arrêté ce soir-là dans la petite ruelle de Fès, là où manquaient l'air et l'eau, fille d'une étoile sortie de sa trajectoire, fille de la parole donnée et jamais respectée, fille du trouble apparent et de l'errance du temps et du désordre, sache que tu as été maudite par les Anges gardiens venus recueillir le dernier souffle d'un saint homme qui vivait dans ta famille. (S. 73)

Der poetische Stil dieser Passage verdeutlicht die Einbindung in die literarisch konventionalisierte Sprechweise der Poetik der Nacht.

Die zentrale Bedeutung von Blicken für die Perspektivierung der Erzählsituation und die Verschachtelung der Erzählebenen geht aus dem Kapitel „Oued Bou Khareb" hervor, wo Zina vor den Spiegel tritt:[483]

La beauté dont on m'affuble et qu'aucun miroir ne me renvoie me fatigue. Je commence à peine à voir quelques traits de mon visage. On me dit que je le retrouverai dans le miroir le jour où toute l'histoire aura été versée. (S. 237)

Allerdings stellt sie, wie oben zitiert, die erzählerische Kompetenz Dahmanes und Jamilas in Frage, d.h. sie mißtraut den professionellen Geschichtenerzählern. Unter den zahlreichen Blickszenen verdeutlichen insbesondere die Spiegelszenen, daß die Wahrnehmung ihr eigentliches Thema ist.

Bei einer Leseweise gegen den Strich kommt die übergeordente Instanz des Autors in den Blicken zum Vorschein, und zwar insbesondere in den Brüchen der Figurenperspektiven. Speziell die Blicke aufs andere Geschlecht erteilen Aufschluß über zugrundeliegende kulturelle Muster und patriarchalische Strukturen. Die leitmotivische Funktion der Blicke kommt dadurch zum Ausdruck, daß fünf Männer von ein und derselben Frau fasziniert sind. Ihre jeweilige Sichtweise wird nicht direkt wiedergegeben,

[483] Ben Jelloun verwendet das Spiegelmotiv in diesem Roman zur Gestaltung der Identitätsproblematik und verbindet es mit dem Doppelgängermotiv; dies geht bereits aus dem *incipit* hervor, wo Zina sagt: „Cette femme, c'est l'image que me renvoie le miroir. Elle est en moi. Quand je me regarde dans le miroir, mon image se dissipe. C'est l'autre que je vois." (S. 13)

sondern erzählerisch vermittelt durch die Instanz der professionellen Geschichtenerzähler Dahmane und Jamila. Die Brüche in der Perspektivierung der jeweiligen Erzählinstanz geben eine dem Autor nahestehende übergeordnete Instanz zu erkennen.

Als Beispiel seien die Beschreibungen und Porträts der Figuren herangezogen. Die Darstellung Zinas beruht auf der Opposition ihrer äußerlichen Schönheit und ihrer seelischen „Verkommenheit". Das Muster ist allerdings weniger das der „femme fatale", das auf einer starken Frauenfigur beruht, die Männer in ihren Bann zieht, als vielmehr das, auch den ersten Romanen der Trilogie zugrundeliegende, der traumatischen Verletzung in der Kindheit, die zu einer schweren psychischen Deformation, in diesem Fall der Abspaltung der Gefühle, führt.

Die durch Geburtstrauma und familiäre Isolation gefühlskalt gewordene Zina stellt sich, insbesondere ihre für Männerblicke attraktiven Körperpartien, bewußt zur Schau: „ce qui amena Zina à ouvir son chemisier, à dégrafer son soutien-gorge et à montrer ses superbes seins, fermes et lourds, ce qui laissa Abid sans voix." (S. 129) Aufgrund dieser und anderer ähnlicher Szenen könnte man den Vorwurf der Projektion von Männerphantasien erheben, doch gerade die ins Auge springende Klischeehaftigkeit könnte darauf hinweisen, daß es um mehr geht. Wie in den vorausgehenden Romanen ist die Bewältigung einer frühkindlichen Traumatisierung das Thema. Dies schließt eine einseitige männliche Perspektivierung keineswegs aus, denn die Frauenporträts beruhen abermals stets auf der Beschreibung einzelner Körperpartien, insbesondere Augen und Busen. Auffällig bei den Blicken von Männern auf Frauen ist abermals die Tendenz zur Größenangabe.[484] Die Männerporträts beruhen zwar zum Teil auch auf Beschreibungen des Aussehens, doch sie enthalten mehr Charaktereigenschaften.

Eine Besonderheit sind die zur Charakterisierung beider Geschlechter eingesetzten Augenbeschreibungen. Der Blick der Protagonistin auf José Luis de León, den von ihr geliebten spanischen Diplomaten, gibt dessen Sensibilität zu erkennen: „Il ne portait plus de lunettes, mais des lentilles. Ça rendait ses yeux plus brillants qu'avant, comme par des larmes retenues au coin de l'œil." (S. 53). Umgekehrt steht Salim, der Intellektuelle und das alter ego des Autors, im Bann von Zinas Blick: „Le regard de cette fille m'a hanté longtemps. Rien qu'à y penser; j'avais des frissons." (S. 228)

[484] Z.B.: „Elle avait des seins énormes." (S. 65); „Ses seins ne sont ni petits ni grands. Ils sont fermes et remplissent les mains d'un homme." (S. 191)

Hier kommt die sinnliche, fast materielle Qualität von Blicken zum Ausdruck, die ich am Beispiel der früheren Romane ausgeführt habe, weshalb hier auf eine Bestandsaufnahme der verschiedenen Funktionen der Augenbeschreibungen in *La nuit de l'erreur* verzichtet werden kann. Statt dessen möchte ich auf eine von den vorherigen Texten abweichende Besonderheit hinweisen, die die Funktion der Blicke bei der Darstellung von Geschlechterrollen verdeutlicht: Die bereits in *L'homme rompu* erkennbare Umkehrung der traditionellen Rollenverteilung. Zina, die starke, aber unheilbringende Frau, ist sich der Macht ihrer Blicke auf das schwache männliche Geschlecht bewußt. Ben Jelloun kehrt in *La nuit de l'erreur* die in Blicken enthaltenen Machtverhältnisse um, indem er seine Protagonistin mit den Blicken der Männer spielen läßt. Die Umkehrung der Machtverhältnisse kommt am deutlichsten im affektiven und sexuellen Bereich zum Ausdruck. So berichtet Bilal, einer der fünf Protagonisten: „Ses grands yeux noirs m'intimidaient. Je n'osais la regarder." (S. 174). Als Leserin der arabischen erotischen Literatur (S. 175) ist die Protagonistin versiert in der Liebe und hat die Befriedigung männlicher Sexualität fest unter Kontrolle: „C'était elle qui décidait du moment de mon orgasme. Elle le provoquait et me regardait très attentivement jouir." (S. 177) Hier erscheint die Frau nicht mehr als Objekt männlicher Begierde, die Rollen sind vertauscht, allerdings zu Ungunsten der Frau, die, als männerverschlingender Vamp, ihre Opfer selbst im Moment höchster Leidenschaftlichkeit kaltblütig beobachtet:

> Pendant que je criais ma jouissance, *elle m'observait avec un œil d'experte*, pas un œil complice. On aurait dit qu'elle faisait des expériences, me mettant à l'épreuve, [...]. Elle, toujours extérieure, regardait le résultat de son travail. Elle cueillait mon plaisir, *l'avalait du regard* et ne me rendait rien. (S. 180, meine Hervorhebung)

Zweifellos erscheint die Frau als aktiv und dominant, doch die Szene ist eben nicht aus der Sicht der Frau erzählt, sondern aus der des Mannes, der selbst noch in der Opferrolle den Blickwinkel bestimmt! Die oberflächliche thematische Umkehrung des Verhältnisses zwischen den Geschlechtern sagt somit wenig über die zugrundeliegende Einstellung.

Blicke erfüllen jedoch nicht nur bei der Darstellung der Geschlechterrollen eine Funktion der Spiegelung, sondern auch bei der Problematisierung kultureller Alterität. In *La nuit de l'erreur* äußert sich dies in der erwähnten Orientierung an der spanischen Kultur. Die Thematisierung Spaniens ist vielschichtig. Neben zahlreichen nicht übersetzten spanischen

Sätzen finden sich Figuren, die spanischer Abstammung oder Spanier sind,[485] sowie nicht wenige Querverweise auf die spanisch-marokkanische Geschichte, die bis in die unmittelbare Gegenwart reichen, selbst die als „la gente de la casa“ bezeichneten Djinns, die Geister der Brunnen von Tanger sprechen Spanisch mit der Protagonistin (S. 26ff.). Ich verzichte jedoch auch hierbei auf eine erschöpfende Bestandsaufnahme, um statt dessen die zugrundeliegende kulturelle Perspektivierung herauszuarbeiten.

In einer Episode fast am Schluß des Romans wird das Verhältnis Marokko-Spanien thematisiert. Ein spanisches Fernsehteam dreht einen Film über die „Djinns“, die oben erwähnten Hausgeister: „Les Espagnols riaient et se moquaient de ces pauvres Marocains encore sous-développés.“ (S. 286) Zurück im Studio entdecken sie, daß auf den Filmrollen nichts zu sehen ist. Ben Jelloun konterkariert den Minderwertigkeitskomplex gegenüber Spanien, das aus marokkanischer Sicht ein aufgeklärtes und im wirtschaftlichen Aufschwung begriffenes Land ist, dessen Zugehörigkeit zur westlichen Hemisphäre außer Frage steht. Spanien ist somit Projektionsfläche kultureller und wirtschaftlicher Sehnsüchte. In dieser Hinsicht ist der Blick von Marokko nach Spanien vergleichbar mit dem der Männer auf die Frauen. Es ist ein begehrender Blick voller Sehnsucht, gemischt mit etwas Nostalgie, als ob er auf das verlorene Paradies – der Andalusienmythos! – gerichtet wäre. Nur ein Verrückter würde die umgekehrte Richtung einschlagen. Im Roman ist dies Salman Rushdie, der von Almería aus nach Marokko übersetzt (S. 302). Die Einbeziehung Rushdies in die Romanhandlung ist so aufgesetzt wie durchsichtig, soll sie doch eine moralische Botschaft vermitteln. Rushdie, bereits zu Lebzeiten ein Symbol für den Kampf gegen Zensur und Unterdrückung der Meinungsfreiheit, beantwortet die Frage nach seinem Vergehen mit den Worten: „Avoir mis en forme ce que grand-mère me racontait quand j'étais enfant à Bombay.“ (S. 303) Diese Zeilen geben, wie die Einbeziehung Rushdies insgesamt, den moralischen Zeigefinger und nicht zuletzt Ben Jelloun selbst zu erkennen, der sich hier zweifellos mit Rushdie identifiziert. Im Kontext des Romans dient die Einbeziehung Rushdies, dessen Formel „The Empire Writes Back“ die postkoloniale Literaturgeschichtsschreibung und Theoriebildung nachhal-

[485] Der spänischstämmige Carlos, eine der fünf männlichen Hauptfiguren, träumt von einer festen Verbindung zwischen Algeciras und Tanger: „Ses nuits comme ses jours étaient hantés par l'Espagne.“ (S. 216)

tig geprägt hat,[486] dazu, die Blickrichtung zu wechseln, und eine überraschende Perspektive zu entwerfen, denn schließlich steht die Kamera in diesem Roman erneut eindeutig in Marokko.[487] Rushdies Blick nach Marokko steht somit für die ins Zentrum der Aufmerksamkeit rückenden Kulturen der 'Dritten Welt', deren Literaturen bislang vom europäischen Kanon ausgeblendet worden sind. Doch nicht mit Rushdie soll dieses Kapitel enden, sondern mit Ben Jelloun und dem über das Meer gerichteten Blick. Bacher, einer der fünf Männer, ruft abends im Café sitzend und die am Horizont funkelnden Lichter betrachtend aus:

> Là-bas, c'est l'Espagne! J'aimerais bien me trouver dans une de ces petites maisons et regarder les côtes marocaines où rien ne scintille. Au moins, là-bas, la Main magique n'opère pas. C'est le pays des chretiens. Ici c'est le pays des païens! (S. 200)

5.8 *L'auberge des pauvres*

„Ouvre les yeux!" raten die Freunde Larbi Bennya, der männlichen Hauptfigur in *L'auberge des pauvres* (S. 17). Der Literaturprofessor aus Marrakesch würde gerne den marokkanischen *Ulysses* schreiben. Sein Zustand zum Erzählzeitpunkt ist „celui de quelqu'un qui rentre d'un long voyage, un naufragé [...]" (S. 23). Der Leser erkennt darin auf Anhieb die beiden Leitmotive Blick und Metamorphose. Was ist geschehen?

Larbi Bennya, ein dilettierender Schriftsteller aus Marrakesch, gewinnt, wider Erwarten, einen Aufenthalt in Neapel, wo er an einem Literaturwettbewerb teilnimmt. Aufgabe ist es, etwas über die Stadt zu schreiben. Er nimmt das Angebot an, verläßt Marrakesch, die ungeliebte Ehefrau und die Monotonie des Berufs. In Neapel, auf der Suche nach einer dort wohnenden Malerin, mit der er eine leidenschaftliche Korrespondenz führte, entdeckt er den „Albergo dei Poveri". An diesem Ort der endlos ineinander verschachtelten Geschichten haust „die Alte", eine vom Leben gezeichnete, verbrauchte, verdreckte und doch ungeheuer vitale Frau. Diese gewährt den von Zivilisation und Gesellschaft ausgestoßenen Menschen in ihrem „hangar", einer riesigen Halle, zwischen verrotteten Möbeln und leeren

---

[486] Stellvertretend für die postkoloniale Literaturtheorie sei der programmatische Titel genannt: B. Ashcroft et.al. (Hgg.), *The Empire Writes Back. Theory and Practice in Post-Colonial Literatures*, London 1989.

[487] „Kamera" verstanden, wie in den vorausgehenden Kapiteln, als Ausgangspunkt des Blickes.

Bierdosen Asyl. Sie ist zugleich Inspirationsquelle und Projektionsfläche des sich nun vollends zum Schriftsteller entwickelnden Literaturprofessors. Dessen Leben füllt sich mit Schicksalen, die von wuchtigen Schlägen aus der Bahn geworfen wurden. Da ist allen voran „la Vieille" selbst, die ihm ihr von Leidenschaft, Judenverfolgung und Mafia deformiertes Leben berichtet. Doch sie beherbergt nicht nur ihre Gäste, sondern auch deren Lebensgeschichten, deren ungeheuerliche und groteske Personifizierung sie darstellt. In unendlicher Verschachtelung verkörpert sie den ewigen Kreislauf von Leben und Erzählen. Auch Larbi gerät ihn den Sog der Geschichten und vergißt darüber fast die Frau, die er ursprünglich in Neapel treffen wollte. Nach dem Tod der Alten bleibt er noch fünf Jahre in der *auberge*, die er zum Restaurant umfunktioniert, bevor er nach Marrakesch zurückkehrt, wo er sich, nachdem er gelebt, geliebt und zahllose Geschichten erfahren hat, vermutlich an sein *Ulysses*-Projekt macht.

Der erst nach Abschluß der vorausgehenden Analysen erschienene Roman bestätigt nicht nur deren Ergebnisse, sondern er stellt sie geradezu idealtypisch dar und ist als eine Synthese des Gesamtwerks zu betrachten. Da er zudem nahezu sämtliche Themen, Schreibweisen und kulturelle Fragestellungen enthält, soll er hier noch rasch zusammengefaßt werden.

Während der Leser in *La nuit de l'erreur* den Ehrgeiz des Autors, sein ganzes Können zu zeigen, als Überfrachtung wahrnimmt, zeichnet sich der im erstaunlich kurzen Abstand von nur einem Jahr folgende Roman durch eine heitere Leichtigkeit aus. Wie der Vorgänger ist es ein Stadtroman, wobei nicht Fes oder Tanger, sondern Neapel im Mittelpunkt steht.[488] Die Handlung spielt überwiegend in Italien, Anfang und Ende sind in Marrakesch situiert, wodurch ein marokkanischer Rahmen entsteht, der zwar im Handlungsverlauf in den Hintergrund tritt, doch nie ganz ausgeblendet wird. Die Frage nach der Rückkehr nach Marokko bildet, zumindest im Bewußtsein des Lesers, ein Spannungsmoment, aus dem heraus sich reizvolle kulturelle Perspektivenwechsel entwickeln. Neapel erscheint im Roman als „Zwischenraum", als Ort der Begegnung von Orient und Okzident, oder, wenn man so will, Nord und Süd. Schon der selbstgewählte Beiname des Protagonisten weist auf die Immigration hin: *Bidoun* – arabisch *ohne*, wie im Text erklärt wird, heißen jene Fremdarbeiter in Kuweit, die, um nicht des Landes verwiesen zu werden, ihre Pässe vernichten: „des êtres de

[488] Das nach Abschluß dieser Arbeit erschienene Buch *Labyrinthe des sentiments* (1999) ist ebenfall ein Neapel-Roman.

nulle part, des ombres d'hommes travaillant le jour et disparraissant la nuit dans des grottes ou sous des tentes très usées." (S. 7f.)

Doch Larbi stammt nicht aus Nirgendwo, sondern aus Marokko, einem Land, an dem er leidet und Anteil nimmt, obwohl ihm seine Verwandten das Gegenteil vorwerfen: „T'es plus marocain? T'es devenu un petit Françaouis!" (S. 16). Der Vorwurf der Französisierung erfolgt bezeichnenderweise bereits in Marokko. Der mit dem Wechsel nach Neapel vollzogene Perspektivenwechsel hat nicht nur für die Handlung dieses Romans eine symbolische Bedeutung, sondern auch für die Entwicklung des Schreibens im „Entre-deux". Weder Marokko noch Frankreich noch das leitmotivische Neapel mit dem von der Mafia beherrschten Süditalien und dem Posilippo-Gebirge, stehen im Brennpunkt, sondern das „Entre-deux", das Leben und Schreiben zwischen den Kulturen, der symbolische Fluchtpunkt, an dem die verschiedenen Perspektiven aufeinandertreffen[489]

Nach der Orientierung an Spanien in *La nuit de l'erreur* folgt nun das mediterrane Land, dem Ben Jelloun sich auch persönlich am engsten verbunden fühlt. „L'Italie, c'est le Maroc plus angoisse!" (S. 274) denkt sich der nach Marokko zurückgekehrte Protagonist. Neapel dient als Chiffre der interkulturellen Begegnung. In der *albergo dei poveri,* einem historischen, an der Piazza Carlo III gelegenem Gebäude, treffen die italienische, marokkanische, jüdische und afrikanische Kultur aufeinander. Die Wahl dieser gewaltigen, 354 Meter langen Anlage, deren Bau im Jahre 1751 aufgenommen, jedoch nie abgeschlossen wurde, stellt eine Übereinstimmung mit der ethischen Intention des Romans her. Das nach den Vorbildern von Rom und Genf erbaute Hospiz diente, wie im Roman, der Beherbergung von hilfsbedürftigen Alten, Waisen und Obdachlosen. Freilich verwandelt Ben Jelloun den historischen Ort in gewohnter Weise in eine Stätte des Schicksals und der Geschichten:

> [...] ici, tu es dans l'Auberge du Destin, là tu vas pouvoir suivre ton chemin, tu le suivras jusqu'au bout, jusqu'à la dernière ligne, sache aussi que là, tu es entré dans le grand hangar des histoires. (S. 44)

Der „hangar des histoires" wird uns noch beschäftigen, denn er ist ein Schlüssel zu diesem Roman, in dem es ein weiteres Mal um die Faszination

---

[489] Eine literarisch nicht zum ersten Mal hervortretende Landschaft, man denke nur an Gérard de Nervals Gedicht „El desdichado".

des Geschichtenerzählens und, auf einer verborgenen Ebene, auch um Lektüre geht.

5.8.1 Die Figurenkonstellation

Im Zentrum des Romans steht „la Vieille", eine neapolitanische zum Islam konvertierte Jüdin, die allerdings nicht viel von Religion hält. Sie erzählt ihre Geschichte im dritten und achten Kapitel, letzteres trägt den ironischen Titel „Histoire (véridique) d'Anna Maria Arabella". Bereits der Name Anna Maria Arabella weist auf eine starke Portion Ironie hin, während Maria traditionellerweise für weibliche Reinheit und Keuscheit steht, könnte „Arabella" auch als Klischeebild der „Arab bella", der schönen – nicht unbedingt keuschen, sondern eher verführerischen – Araberin, gelesen werden. Die damit bezeichnete Frauenfigur ist weder das Eine noch das Andere. Die heruntergekommene, abstoßende, oft ekelerregende Alte, ist als Figur darauf angelegt, die Klischeevorstellungen weiblicher Schönheit und Attraktivität durch Groteske zu unterlaufen.

Anna Maria erzählt ihre Geschichte im Bewußtsein des bevorstehenden Todes: „Je sens que mon heure ne va pas tarder". Aus diesem Grund verspürt sie, wie sie sagt, das Bedürfnis „de vider mon sac" (S. 154). Einmal mehr bildet die Nacht den Ausgangspunkt: „Tout a commencé par une nuit claire et douce, il y a longtemps." (S. 155)

Doch bevor ihre figurale Funktion weiter ausgeführt werden kann, ist noch kurz auf die Erzählsituation einzugehen. Die homodiegetische Erzählung ihrer Lebensgeschichte in der ersten Person ist wieder einmal eine eingelegte Binnenerzählung. Wie bei der Wortergreifung der Mutter in *Harrouda* ist die Lebensgeschichte gefiltert, wie so oft gebrochen durch andere, meist männliche Erzählerfiguren. Dieses Mal hält Larbi, die männliche Hauptfigur, die Fäden in der Hand. Er ist der den anderen übergeordnete Erzähler, denn der Text ist hervorgegangen aus Briefen an seine Frau, sowie aus Briefen und Tagebüchern anderer Figuren, die er zurück in Marokko literarisch verarbeitet. Larbi ist ein Leser seiner selbst, ein Beispiel fiktionsimmanenter *réécriture*, und damit das männliche literarische *agens*. Die Alte repräsentiert ihm gegenüber die direkte mündliche Erzählsituation, sie ist der *input* seiner Geschichten und metaphorisches Archiv. Als weiblicher Gegenpart zur männlichen Hauptfigur ist sie eine vom Leben gezeichnete, mythologisch überhöhte Figur wie Harrouda. Wie jene verkörpert sie eine Stadt, allerdings nicht Fes sondern Neapel, und deren soziales Gewissen. Der vom Titel vorgegebene zentrale Handlungsort ist insofern programmatisch: Es ist die Auffangstelle der „âmes blessées", der Ausgestoßenen und Abgesunkenen, der gescheiterten und vom Leben enttäuschten Menschen. Deren Geschichten archiviert sie symbolisch in einem Modell, doch vor allem auch in sich selbst, weshalb sie sich als „sac d'histoires" (S. 50) bezeichnet.

Das semantische Potential der Figur wirkt teilweise überhöht, da sie zudem Jüdin ist und als solche Repräsentantin aller zu Unrecht verfolgten Menschen, Symbol des Widerstands gegen Rassismus, Fremdenhass und Intoleranz. Aufgesetzt erscheint diese moralische Lektion auch aufgrund ihres Liebhabers und späteren Todfeindes, einer symbolisch nicht minder überfrachteten Männerfigur: Der bei einer mafiainternen Abrechnung in einem im Golf von Neapel versenkten Kühlschrank endende Piero de la Caza ist Mafioso, Neofaschist und Judenhasser in einer Person.

Eine psychologische Leseweise ergibt das aus den anderen Romanen bekannte Bild der von Männern und politischer Repression verletzten Frau, die, dem Tod um ein Haar entronnen, den Weg der Befreiung einschlägt, allerdings ohne in eine gesellschaftlich akzeptierte Rolle oder gar eine geachtete Position zurückzufinden. Nach dem Tod ihrer Eltern in der Deportation ist sie Waise. Sie wird zwar nicht in die leibliche Mutterrolle schlüpfen, doch sie entwickelt sich sehr wohl zur symbolischen Mutter von Gino, Momo und Larbi, den zentralen Männerfiguren. Insbesondere das Verhältnis zu ihrem Adoptivsohn Momo ist symbolisch und psychologisch aufgeladen, denn er repräsentiert die afrikanische Kultur und ihre Entwurzelung. Sie unterstützt allerdings auch Larbi auf seinem Weg zu einem erfüllten Leben. Im übertragenen Sinn ist sie eine kulturelle Integrationsfigur, die das Konfliktpotential des interkulturellen Lebens verkörpert.

Aus dem Zusammenspiel mit Larby, der schwachen männlichen schriftstellernden Hauptfigur, entwickelt sich das Gerüst dieses Romans. Anders als in *Harrouda*, wo die mythologische Frauenfigur kein psychologisches Profil gewinnt und nicht unmmittelbar in die Entwicklung des Protagonisten eingreift, entsteht hier eine intensive Beziehung voller Widerstände und Anziehungen, die nicht nur die Figuren einander näher bringt, sondern sie auch dem Leser nachvollziehbar macht. Ausgehend von *Harrouda* zeigt sich eine Entwicklung von der abstrakten und distanzierten Darstellung zwischenmenschlicher Beziehungen zur Unmittelbarkeit und Nähe. Das Prinzip der Nähe, die zugleich eine dem Leser angenehme Illusion menschlicher Wärme erzeugt, kommt nicht nur in der Haupthandlung zur

Geltung, sondern auch in den zahlreichen eingeschobenen Geschichten. Die Figuren stehen vielleicht nicht weniger unter psychischem Druck als in früheren Romanen, sie befinden oder begeben sich ebenfalls in Grenzsituationen, doch oft genügen dem Autor wenige Zeilen, um die Illusion von Echtheit und Tiefe entstehen zu lassen, vor allem aber läßt er die Liebe siegen. Liebe erscheint als die stärkste Kraft, eine Kraft, die die tiefsten Verletzungen verursacht, diese aber auch wieder heilt. Auf der Figurenebene kommt dies in der Verdoppelung der „Vieille" zum Ausdruck. Wiederverkörpert in der Gestalt der rätselhaft schönen Maria Ava zum Ausdruck. Die Metamorphose der Heldin wird damit abermals zum Leitmotiv. In *L'auberge des pauvres* ermöglicht die Verwandlung der faszinierenden, doch gleichwohl abstoßenden Alten in eine schöne junge Frau, eine Liebesbeziehung, eine erfüllte zudem, wie sie uns im Werk Ben Jellouns bislang nicht begegnet ist, auch wenn *L'enfant de sable* und vor allem *La nuit sacrée* durchaus wegweisende Vorbilder in diese Richtung waren. Blickt man weiter zurück zu *Harrouda*, dem ersten Roman, zeigt sich die lange seitdem zurückgelegte Wegstrecke. Die Entwicklung einer echten Liebesbeziehung wurde dort durch die Mutter und Harrouda, die beiden Frauenfiguren, blockiert. Es entwickelte sich keine Beziehung zwischen den Geschlechtern, Liebe erschien als Mutterliebe oder als überwiegend auf Sexualität reduziertes (männliches) Begehren. In *L'auberge des pauvres* vereint die Figur der *Vieille* alle Frauenfiguren, sie ist Mutter(-ersatz), Mythos und Geliebte in einer Person. Dadurch, daß sie weder (echte) Mutter noch Hure ist, sprengt dieser Roman die althergebrachten Klischees.

Der Unterschied zum Märchen besteht in der grundlegenden Ambivalenz der Metamorphose, deren Status offen bleibt. Maria Ava fungiert als mehrfache Doppelgängerin. Sie verkörpert die Alte als junge Frau sowie Iza und Idé, die Geliebten von Larbi und Gino. Aus psychologischer Sicht ist sie die zentrale Projektionsfläche, auf der die Männerphantasien zusammenlaufen. Aus dem Konglomerat geheimer Sehnsüchte und Liebesvorstellungen entwickelt sich ein Fenster in die Abgründe der Seelen der in der *auberge* versammelten Menschen.

Im Zentrum dieses vielschichtigen Verführungsprozesses steht einmal mehr seine textimmantente *mise en abyme*. Wie in keinem vorherigen Roman gelingt es Ben Jelloun beides, die verführerische Kraft des Erzählens und deren metatextuelle Reflexion miteinander zu vereinen, in einer fast spielerischen Leichtigkeit, die mehrfach thematisiert wird, und als eine Art unausgesprochenes Leitmotiv gelten kann.

5.8.2 „L'illusion magique": Zwischen Borges, Potocki und Joyce

Abermals sind Blicke und Verwandlungen nicht nur inhaltlich relevant, sondern auch auf der Ebene der literarischen Vermittlung. Dies betrifft abermals das Verhältnis von Text und Leser. Der binnenfiktionale Rollentausch von Hörer/Leser und Erzähler spiegelt auch die Rezeptionsperspektive des Textes. Nicht nur die weibliche Hauptfigur, ein personifiziertes Archiv „de toutes les histoires qui arrivent à Naples" (S. 48), hat Lust „d'inverser les rôles" und dem Schriftsteller Larbi ihre Lebensgeschichte zu erzählen, auch der Leser wird sich am Ende seiner Lektüre als Teil einer Geschichte begreifen. Das Erzählen von Geschichten, insbesondere Lebensgeschichten, ist Thema und Strukturprinzip:[490] „Gino était lui-même une fable, un conte à verser dans un autre conte et ainsi de suite à l'infini." (S. 222) stellt Larby fest, nachdem er Ginos Lebensgeschichte und Liebesleid gehört hat. Wie hieß es doch in *L'enfant de sable*?: „Je viens de loin, d'un autre siècle, versé dans un conte par un autre conte, et votre histoire, parce qu'elle n'est pas une traduction de la réalité, m'intéresse." (172) Mit diesen Worten stellte sich die Borges-Figur den Zuhörern vor. Die Borges zugewiesene Funktion, die realistische Schreibweise zu widerlegen, wird mit diesem Zitat bekräftigt und in die Praxis umgesetzt. Dieses Zitat eines Zitats, eine Miniatur der Verschachtelung von Geschichten, spiegelt das Prinzip der Spiegelung von Texten. Abermals gehen Borges' labyrinthische, rhizomartige universale Bibliothek und die orientalische Erzähltradition ineinander über. Wie Borges und René Magritte arbeitet Ben Jelloun mit falschen Spiegeln, die die Wirklichkeit nicht eins zu eins wiedergeben, die keine Gewißheit erlauben (vgl. Abb. 11, S. 406).

Der Erzähler versucht sich am Ende auf dem Platz Jam^{c}a el-Fna in Marrakesch, aber er findet dort kein Publikum: „Mes histoires tombaient à côté de ce qu'ils attendaient. Je n'avais que des impressions, des doutes. Aucune certitude." (S. 291) Da er als Erzähler auf dem öffentlichen Platz scheitert, bleibt ihm am Ende nur die Literatur. Das Scheitern des Erzählens endet im Schreiben: „Je n'avais pas envie de parler. Envie d'écrire." (S.

[490] Zum autobiographischen Erzählen bei Ben Jelloun vgl. Vf.: 1995b.

295) lautet der letzte Satz dieses Romans, womit der literarische Kreislauf wieder einmal geschlossen wäre: „la boucle est bouclée!" (S. 92)

Als literarischer Inbegriff der Verknüpfungen und Spiegelungen von Literatur und Leben dient Jan Potockis *Le Manuscrit trouvé à Saragosse*, (dt. *Die Handschrift von Zaragoza*), ein Roman, den Ben Jelloun nie zuvor zitiert und selbst erst spät gelesen hat:[491]

> Depuis que j'ai lu *Le Manuscrit trouvé à Saragosse*, je rêve d'être à l'origine d'un ouvrage que tout le monde recherchait et qui n'existerait que dans mon imagination. Je serais ce livre et, pour le lire, pour palper ses pages et les tourner dans une espèce de fièvre, il faudrait venir vers moi, savoir lire dans mes yeux, sur ma peau. Me toucher, caresser le dos de mes mains pour que les phrases coulent l'une après l'autre et viennent se ranger dans d'autres yeux, dans d'autres regards, comme si j'étais la mémoire initiale, celle que raconte à l'infini l'histoire de cette illusion magique. (S. 262f.)

Man findet in der Weltliteratur wohl kaum eine einfallsreichere Parodie von *Tausendundeiner Nacht* und dem Prinzip der literarischen Verschachtelung als Potockis Roman. Auf jeden Fall ist in Ben Jellouns Werk das Blickmotiv selten prägnanter mit der Reflektion von Lektüre verknüpft als an dieser Stelle. Auf die Vorstellung einer Lektüre des Körpers sind wir bereits in *Harrouda* gestoßen, sie zieht sich durch das Gesamtwerk, in dem etwa die „Lektüre" von Gesichtern mit der Illusion einer wahren Geschichte, eines unverfälschten Originals, oder eben einer „mémoire initiale" verbunden ist.

Während Potocki nur an dieser einen Stelle erwähnt wird, erscheint James Joyces *Ulysses* mehrfach als literarisches Modell. Larbis Traum ist es, den marokkanischen *Ulysses* zu schreiben. Joyce ist neben Borges, der sich übrigens stets offen zu seiner Bewunderung für *Tausendundeine Nacht* bekannte, das einzige von Ben Jelloun eingestandene literarische Vorbild. Die Zielsetzung ist klar: Die Begründung der modernen marokkanischen Literatur. Wie hat diese auszusehen? Drastisch vereinfacht könnte man sagen: Eine Mischung aus Joyce, *Tausendundeiner Nacht* und mündlichen marokkanischen Erzähltraditionen. Bei seiner Rückkehr nach Marokko nimmt Larbi den *Ulysses* zur Hand und zwar den siebenhundertseitigen „texte intégrale édité dans le Livre de Poche, n° 1435-1436-1437 [...]." (S. 289) Fast ganz am Schluß, auf den Stufen der Universität, kommt es zu einem letzten Blickwechsel mit dem anderen Geschlecht:

---

[491] Ich verlasse mich hier auf Angaben, die er mir gegenüber in einem Gespräch gemacht hat.

Une fille vêtue d'une belle robe rouge me regarda un instant. Elle était belle et étrange. Elle vint vers moi tout naturellemente, me serra la main, puis me dit: „Alors, Ulysse vous avez écrit votre *Ulysse*?" (S. 294f.)

Der ironische Ton nimmt dem Anliegen die Ernsthaftigkeit und entschärft die Gefahr der ehrgeizigen Überhöhung des eigenen Textes. Ist doch die Echtheit der rätselhaften Schönen mehr als zweifelhaft: „Je remarqai le vert de ses yeux et fus ébluoi par leur lumière. Je portai la main à mon front et fermai les yeux. Cette jeune femme était une apparition. J'étais sous l'effet d'une hallucination." (S. 295) Der Roman endet im „Entre-deux" des Tagtraums, mit dem Schließen der Augen, das, wir wissen es bereits, mit der Lust auf Schreiben endet: „Envie d'ècrire." (S. 295)

Eine weitere Übereinstimmung mit den früheren Romanen besteht im spezifischen Verhältnis von Literatur, Liebe und Wirklichkeit: Liebe und Imagination (= Literatur) sind zwei Kräfte bei der Bewältigung von Lebenskrisen. Abermals sind die Ambivalenzen der Vorstellungskraft, ihre Faszination und ihre Gefahr, stark ausgeprägt. Auf dieser Gratwanderung ist es nur ein kleiner Schritt in den Wahnsinn, wie das Beispiel der Geschichte Ginos zeigt (Kap. 10). Er unterscheidet nicht mehr zwischen vorgestellter und wirklicher Liebe: Liebe als Psychose, die am Leben erhält, allerdings um den hohen Preis der Verblendung. Larbi erkennt sich als Schriftsteller gleichsam von berufswegen als höchst anfällig für ein ebensolches Schicksal. Doch er begreift Gino nicht nur als verwandtes, sondern auch als warnendes Beispiel des unglücklich liebenden Mannes.

5.8.3 Die Konstitution von Figuren und Kulturen im Dialog

Ein hervorstechendes Merkmal dieses Romans sind die Dialoge, und zwar auf der Ebene der Romanfiguren. Deren Dialoge entspinnen sich im „Entre-deux" der Kulturen. Auf der einen Seite steht der marokkanische Schriftsteller, auf der anderen zwei italienische Frauen, die mythische Frauenfigur und die Geliebte. Die Hauptachse des Dialogs bilden die Gespräche zwischen Larbi und der Alten, zwischen Marokko und Italien. *L'auberge des pauvres*, ist ein weiterer Entwurf des „Entre-deux cultures", ein Variante des *tiers lieu*, der uns in *Les yeux baisés* begegnet ist.

Im Dialog entwickeln und hinterfragen diese ihre Identitäten, womit eine allgemeine, auch außerliterarische, symbolische Funktion zur Geltung kommt:

Une bonne part de l'activité symbolique de la conversation a pour fonction de reconstituer sans cesse la réalité du moi, de l'offrir aux autres pour ratification, d'accepter ou de rejeter les offres que font les autres de leur image d'eux-mêmes. Chacun est persuadé que la réalité de soi doit perpétuellement être reconstruite, et reconstruite pour l'essentiel dans une activité dialogique.[492]

Doch können wir bei Ben Jelloun tatsächlich vorbehaltlos von der Möglichkeit der dialogischen Bestätigung der Ich-Identität ausgehen? Können wir der Rekonstruktion des anderen mittels der dialogischen Aktivität Glauben schenken? Die Anwort besteht, wie so oft, in einem ambivalenten „Sowohl als auch". Die persönlichen Identitäten sind einem stetigen Prozeß der Konstruktion und der Dekonstruktion ausgesetzt, die dem unvorhersehbaren Verlauf der Konversation zwischen Larbi und der Alten folgen. Deren Regeln orientieren sich an den Machverhältnissen zwischen den beiden ungleichen Akteuren. Während sich der Mann offensichtlich in der Position des Schwächeren befindet, diktiert die Frau, weit entfernt von einer idealen gewaltfreien Sprechsituation, mit geradezu autoritärer Willkür die Konversationsregeln. Die Gewalt regiert somit nicht nur außerhalb, sondern auch innerhalb des Austausches von Geschichten, im dialogischen Mechanismus selbst.

Die Inszenierung des vehementen Wortes, das das Machtgefälle zwischen den Geschlechtern umkehrt, muß indessen keineswegs verdecken, wie ein gelungener Austausch verlaufen könnte:

En un sens la parole violente [...] n'est que parole tronquée, ou du moins parole dérivée d'une parole pleine, par rapport à laquelle elle se définit. En ce sens, elle est un hommage encore rendu à la parole pleine, comme l'hypocrisie à la vertu.[493]

Freilich geht es Ben Jelloun nicht so sehr um eine Darstellung idealer Kommunikationssituationen, sein Anliegen ist weniger die Kritik an den Umgangsformen und Machtverhältnissen, die die Dialoge regulieren, als vielmehr die dialogische Inszenierung von Lebensgeschichten. Der Erzählgegenstand des jeweiligen Sprechers ist von grundlegender Wichtigkeit.

Das dialogische Prinzip wird nicht vollends subvertiert. Dies wirkt sich nicht nur auf die interne Gesprächsituation aus, sondern auch auf die externe Pragmatik. Der Dialog, der zusammen mit Brief und Tagebuch einen Pfeiler der Romanstruktur bildet, richtet sich nicht gegen den Leser. Die

---

[492] F. Jacques, *Recherches logiques sur le dialogue,* Paris 1972, S. 41.
[493] A.a.O., S. 60.

mise en abyme des Geschichtenerzählens und der Lektüre verfolgt keineswegs die Absicht einer völligen Auflösung ihrer eigenen Basis.

Ben Jelloun gibt zwar, wie die Alte, die Regeln vor, doch er läßt den Leser am Spiel teilnehmen, mehr noch, er fordert ihn zur Teilnahme auf. Aus diesem Grund bringt dieser Roman das oft so komplex gestaltete Spannungsverhältnis zwischen innerer und äußerer Pragmatik in ein harmonisches, vom Leser bereitwillig akzeptiertes Gleichgewicht.

6. Ausblick: On ne voit bien qu'avec le cœur!

Anstelle einer Zusammenfassung, möchte ich abschließend noch einmal die zentrale Frage aufgreifen, um damit, dem inneren Anliegen dieser Arbeit folgend, einen Ausblick zu eröffnen, nicht im Sinne einer Prognose über das Schicksal der französischsprachigen Literaturen des Maghreb, sondern als Hinweis auf die in interkulturellen Beziehungen wirkenden Kräfte.

Wie wirkt sich das Leben zwischen zwei Kulturen literarisch aus? Leben und Schreiben im „Entre deux" ist nicht nur ein zentrales Thema Ben Jellouns, sondern der gesamten maghrebinischen Literatur in französischer Sprache, und zu einem nicht geringen Teil auch der arabischer Sprache. Wie lebt und schreibt es sich zwischen den Kulturen und Sprachen? Auf eine solche Frage geben die Autoren keine eindeutige Antwort, sondern sie inszenieren die Komplexität sich gegenseitig anziehender und abstoßender, konkurrierender und sich vermischender Identitäten in ihrer ganzen Widersprüchlichkeit. Nach der Lektüre des Gesamtwerks erweist sich die im zweiten Kapitel gestellte Frage, ob Ben Jelloun auf dem Teppich der marokkanischen Kultur geblieben ist, als fragwürdig. Marokko bildet zwar die Zentralperspektive und den Fluchtpunkt seines Schaffens, doch es kommt eben nicht nur auf das thematische Aufgreifen der einen oder anderen Kultur an, sondern auf die historische, psychologische, ästhetische und symbolische Verarbeitung kultureller Kontakte und Traditionen.

Ben Jelloun scheut sich keineswegs, inhaltlich Stellung zu nehmen. Die Entwicklung einer interkulturellen Ethik ist eine Manifestation dieses Anliegens, das im konkreten Engagement für die maghrebinischen Einwanderer in Frankreich zum Ausdruck kommt.

Schreiben zwischen den Kulturen, auch dies läßt sich in seinem Werk ablesen, entfaltet eine eigene ethische und literarische Dynamik, die ihre Themen überall findet. Aufgrund der Globalisierung und der mit ihr einhergehenden Abgrenzungsprozesse, dem Abschotten und Überschreiten von Grenzen, weitet sich der interkulturelle Horizont. Ben Jelloun beschränkt sich nicht mehr auf die Problematik der maghrebinischen Einwanderer in Frankreich, sondern er erweitert fast schon systematisch den kulturellen Horizont: Spanien, Italien und im letzten Roman auch Afrika rücken zunehmend ins Blickfeld. Hierin kann man die Tendenz zu einer mediterranen Identität erkennen, die auf die historische ohnehin stets vorhandene Nähe zwischen Nord und Süd hinweist. Von Sizilien nach Tunesien, von Spanien nach Marokko sind es nur ein paar Kilometer, der Blick von Tanger nach Gibraltar ist – zumindest bei gutem Wetter – keine Fiktion, sondern Fakt.

Literarisch äußert sich das interkulturelle Schreiben in einer Poetik der Nacht, die der Darstellung von verborgenen, unterschwelligen Antriebskräften, Ängsten, Träumen, Traumen und Phantasien dient. Die in der Kindheit erlittenen Verwundungen stehen dabei für das koloniale System, dessen Erbe die postkolonialen Autoren aufarbeiten, jenseits von Fanon, in einem noch längst nicht abgeschlossen, mühsamen Prozeß. Für die Schriftsteller nach der Unabhängigkeit sind einseitige Schuldzuweisungen und Kampferklärungen obsolet geworden, sie richten ihre Aufmerksamkeit verstärkt auf die Mißstände im eigenen Land.

Die in der postkolonialen Poetik enthaltene Lichtmetaphorik beinhaltet auch die Suche nach einem Standpunkt, nach einer Perspektive, nach einem nicht mehr von den erlittenen Verletzungen getrübten Blick, der die Welt der Erscheinungen zu durchdringen vermag. Der Inszenierung von Blicken kommt dabei eine vielschichtige Rolle zu. Im Zusammenhang mit der Reflektion von Wahrnehmungsprozessen thematisieren literarische Blicke die facettenreichen Beziehungen zwischen den Geschlechtern und den Kulturen. Sie erfüllen überdies eine intermediale Funktion, indem sie das Lesen und Erzählen von Geschichten als theatralisches, alle Sinne ansprechendes Ereignis gestalten, das im Zeichen der Schaulust steht. Sowohl das Schreiben als auch der „Akt des Lesens“ stehen dem Bereich der Träume, Tagträume, Phantasien und Halluzinationen sehr nahe. Beide Aktivitäten betonen über die Einbeziehung von Begehren, Sehnsüchten und Wunschvorstellungen die Sinnlichkeit von Literatur.

Die Suche nach einem Standpunkt zwischen zwei Kulturen, die auf eine lange konfliktbeladene Geschichte zurückblicken, ist vielleicht das herausragende Merkmal der Schreibweise Ben Jellouns. Sie schlägt sich nieder in den Geschlechterkonflikten, in den Spiegelungen der Texte, im literarischen Maskenspiel, und im Kaschieren der Sprech- und Erzählsituation, allesamt konstante Merkmale in Lyrik und Narrativik. Ben Jellouns Figuren (Protagonisten, lyrische Ichs und Erzähler) auf der Suche nach einem

Platz zwischen den Kulturen symbolisieren den Menschen auf der Suche nach seinem Platz im Leben.

Wie schwierig es ist, diesen Platz zu finden, illustriert das Schreiben zwischen den Kulturen in vielfältigen Brechungen und Spiegelungen, im Hin und Her zwischen archaischen Traditionen und postmodernen Auflösungen derselben. Ben Jellouns Erzähler bestehen die „Feuerprobe" in der „halqa" auf dem Jam^{c}a el-Fna Platz in Marrakesch nur selten: Eine Rückkehr in die (noch) lebendige autochthone Tradition des öffentlichen Geschichtenerzählens ist für den aus dem „Entre-deux" zu den höchsten Gipfeln des Erfolgs aufgestiegenen Schriftsteller nicht mehr ungebrochen möglich, nicht einmal in der Fiktion. Auf einer kollektiven Ebene erkennen wir im Verlust dieser Naivität das Land Marokko, das auf der hybriden Basis seiner Geschichte einen Weg in die Moderne sucht. Entkolonisierung und Emanzipation der Frau gehen dabei Hand in Hand. Beides sind langwierige gesellschaftliche und politische Prozesse, zu denen die Literatur bereits einen beachtlichen Beitrag geleistet hat.

Immerhin gelingt, zumindest in einigen Texten, diese Versöhnung mit sich selbst, mit dem Anderen und Fremden in sich selbst, auch wenn sie vielleicht nur von kurzer Dauer ist, wie der Zauber eines Märchens. Zwei Kräfte helfen bei der Sicherung dieses wackeligen Gleichgewichts: Das Schreiben und die Liebe. Damit zeigt Ben Jelloun auf exemplarische Weise die Verknüpfung von Kultur- und Geschlechterkonflikten. Beide können scheitern: gescheiterte Liebe ist Haß, gescheiterte Interkulturalität Rassismus; beides sind Macht- *und* Herzensangelegenheiten. Nur der Blick des Herzens ist in der Lage, sie zu lösen.

7. Literaturverzeichnis

7.1 Primärliteratur

1971, *Hommes sous linceul de silence*, Casablanca: Atlantes [coll. „Poètes maghrébines“].

1972, *Cicatrices du soleil*, Paris: Maspero.

1973, *Harrouda*, Paris: Denoël.

1973, *La réclusion solitaire*, Paris: Denoël.

1976, *Les amandiers sont morts de leurs blessures*, Paris: Maspero.

1977, *La plus haute des solitudes*, Paris: Seuil, [coll. Combats].

1978, *Moha le fou, Moha le sage*, Paris: Seuil.

1980, *A l'insu du souvenir,* Paris: Maspero, [coll. Voix].

1981, *La prière de l'absent*, Paris: Seuil.

1983, *L'écrivain public*, Paris: Seuil.

1984, *La fiancée de l'eau*, Paris: Actes Sud.

1984, *Hospitalité française*, Paris: Seuil, [coll. „L'histoire inmédiate“].

1985, *L'enfant de sable*, Paris: Seuil.

1986, Ben Jelloun, Tahar; Ibert, Thierry, *Marseille comme un matin d'insomnie*, Paris: Le Temps Parallèle.

1987, *Sahara*, [Photos: Bernard Descamps, Text: Tahar Ben Jelloun], Mulhouse: AMC.

1987, *La nuit sacrée*, Paris: Seuil.

1990, *Jour de silence à Tanger*, Paris: Seuil.

1991, *La remontée des cendres*, [Gedichte zweisprachig französisch-arabisch], Paris: Seuil.

1991, *Les yeux baissés*, Paris: Seuil.

1991, *Alberto Giacometti*, Paris: Flohic.

1992, *L'ange aveugle*, Paris: Seuil.

1994, *L'homme rompu*, Paris: Seuil.

1994, *La soudure fraternelle*, Paris: Arléa.

1995, *Le premier amour est toujours le dernier*, Paris: Seuil.

1995, *Poésie complète*, Paris: Seuil.

1995, *Les raisins de la galère*, Paris: Fayard, [Coll. „Libres"].

1997, *La nuit de l'érreur*, Paris: Seuil.

1998, *Le racisme expliqué à ma fille*, Paris: Seuil.

1999, *L'auberge de pauvres*, Paris: Seuil.

1999, *Labyrinthe des sentiments*, Dessins de Ernest Pignon-Ernest, Paris: Stock.

7.1.1 Als Herausgeber und Übersetzer

1976, *La Mémoire future, Anthologie de la nouvelle poésie du Maroc*, Paris: Maspero, [coll. Voix].

1980, Choukri, Mohamed, *Le pain nu*, Paris: Maspero, Vorwort und Übersetzung aus dem Arabischen.

7.1.2 Artikel und Essays (Auswahl)

1971, „La main", in: *Intégral*, 1, S. 8, 17.

1972, „*La mémoire tatouée* de Abdelkabir Khatibi", in: *Intégral*, 2.

1973, „De la différence", in: *Nouvelle Revue d'Ethnopsychologie*, 2/3, S. 219-223.

18.2.1974, „Un peuple qui meurt en riant", in: *Afrique Asie*, 50, S. 46, 47.

17.-23. 10. 1974, „Vomito negro ou la nouvelle nausée", in: *Politique Hebdo*, 147, S. 25.

1976, „Le poète doit être à l'écoute du peuple", in: *Revue de l'Occident musulman et le Méditerranée*, 22, S. 191-195.

1977, „L'écriture, la trahison", in: *Les Temps Modernes*, 375bis, S. 392-396.

1980, „Rencontre autour du roman arabe. Fes, 21-24 décembre 1979", in: *Maghreb-Machrek*, 88, S. 101-103.

1981, „La société répressive", in: *Lamalif*, 125, mai, S. 41-43.

1982, „La subjectivité rebelle", in: *Courrier de l'UNESCO,* juillet, S. 17-19.

1983, „De tous les déserts", in: *Désert. Nomades, guerriers, chercheurs d'absolu*, autrement, hors série, 5, S. 244-245.

1985, „Ecrire dans toutes les langues françaises“, in: *La quinzaine littéraire*, 436, S. 23-24.

1986, „Sortir du ventre de la mère“, in: *Recherches et traveaux*, 30, *Littérature de l'exil*, Grenoble: U.E:R: de Lettres, S. 5-8.

1987a, „Atteint de désert“, in: *Horizons maghrébins*. Sondernummer: *Écritures maghrébines et identités*, 9/10, Toulouse, S. 8-14.

1987b, „Wege in den Maghreb“, in: *MERIAN Marokko*, S. 6-13.

1992, „Einige bittere Bemerkungen über die arabische Welt“, in: Lüders, Michael (Hg.), *Der Islam im Aufbruch? Perspektiven der arabischen Welt*, München 1992, S. 187-196.

1993, „L'angoisse du séducteur à l'approche du printemps“, in: *Le Courrier de l'Unesco*, avril, pp. 16-19.

1993, „Une crépusculaire odeur l'isole“, [Jean Genet], in: *Magazine littéraire*, 313, S. 29-31.

1994, „La démission de la pensée“, in: *Le Courrier de l'Unesco*, Dezember, S. 23-24.

1996a, „L'imaginaire dans les sociétés maghrébines“, in: María-Angels Roque (Hg.), *Les cultures du Maghreb*, Paris: L'Harmattan, S. 133-146.

1996b, „Der Bruch mit dem Westen“, in: *Die Zeit*, 12.7., S. 7.

1997, „La mémoire déroutée“, in: *Dédale*, 5/6, *Postcolonialisme, décentrement, déplacement, dissémination*, S. 159-163.

1999a, „Les fugitifs du canal d'Otrante“, in: *Le Monde*, 12. Februar, S. 14.

1999b, „Fès, du schöne, stolze Stadt“, in: *MERIAN Marokko*, (Februar), S. 38-50.

2000, „L'autre Maroc“, in: *L'Express International*, Nr. 2543, S. 52-56.

Interviews (Auswahl)

1986, „Tahar Ben Jelloun. Entrevue“, in: *Horizons Maghrébins*, 6.

1991, „Entretien avec Tahar Ben Jelloun“, in: *Courrier de l'UNESCO*, Aug.-Sept., S. 4-11.

Brahimi, Denise, 1990, „Conversation avec Tahar Ben Jelloun“, in: Notre librairie, 103, S. 41-44.

Reif, Albert, 1989, „Vorurteile aus Unwissenheit. Adalbert Reif im Gespräch mit dem marokkanischen Dichter, Romancier und Essayisten Tahar Ben Jelloun“, in: *Universitas*, XLIV, S. 990-998.

Ritzenhofen, Medard, 1982, „Auf der Suche nach einer west-östlichen Identität. Notizen zum Werk von Tahar Ben Jelloun“, in: *Dokumente*, 48, 5.

Spear, Thomas, 1993, „Politics and Literature: An Interview with Tahar Ben Jelloun", in: *Yale French Studies*, 83, *Post/Colonial Conditions: Exiles, Migrations, and Nomadisms*, Bd.2, S. 30-43.

7.2 Sekundärliteratur

7.2.1 Nachschlagewerke

Arnaud, Jacquelin/ Amacker, Françoise, 1984, *Répertoire mondial des travaux universitaires de la littérature maghrébine de langue française*, Paris: L'Harmattan.

Beaumarchais, Jean-Pierre de/Couty, Daniel /Rey, Alain (Hgg.), 1994, *Dictionnaire des littératures de langue française*, M-R, Paris: Bordas.

Boisdeffre, Pierre, 1985, *Histoire de la littérature française des années 30 aux années 80*, Paris: Perrin, Bd. 1.

Bonn, Charles, 1976, *Littérature maghrébine. Répertoire des chercheurs*, Paris: CNRS.

Chebel, Malek, 1995, *Dictionnaire des symboles musulmans. Rites, mystiques et civilisation*, Paris: Albin Michel.

Déjeux, Jean, 1984, *Dictionnaire des auteurs maghrébins de langue française*, Paris: Karthala.

Déjeux, Jean, 1997, *Dictionnaire de l'Islam. Religion et civilisation*, Paris: Albin Michel [Encyclopædia Universalis].

Didier, Béatrice (Hg.), 1994, *Dictionnaire universel des littératures*, 3 Bde., Paris: Presses universitaires françaises.

Joubert, J.-J./Lecarne, J./Tabone, E/ Vercier, B. (Hgg.), 1986, *Les littératures francophones depuis 1945*, Paris: Bordas.

Joubert, J.-J./Lecarne, J./Tabone, E/ Vercier, B. (Hgg.), 1991, *Le Maghreb en 2000 titres. Écrits et lectures sur le Maghreb*, Paris/ Casablanca: Institut du Monde Arabe.

Littérature, textes et documents, XXe siècle, Paris: Nathan [coll. „Henri Mitterand"].

Mardam-Bey, Farouk (Hg.), 1996, *Ecrivains arabes d'hier et d'aujourd'hui*, Paris: Institut du Monde Arabe/Sindbad.

Rebouillet, André/ Tétu, M. (Hg.), 1977, *Guide culturel. Civilisations et littératures d'expression française*, Paris: Hachette.

Viatte, Auguste, 1980, *Histoire comparée des littératures francophones*, Paris: Nathan.

7.2.2 Allgemeine kulturphilosophische und literaturwissenschaftliche Texte

Abou, Selim, 1981, *L'identité culturelle. Relations interethniques et problèmes d'acculturation*, Paris: Anthropos.

Ashcroft, Bill/ Griffiths, Gareth/ Tiffin, Helen (Hgg.), 1989, *The Empire Writes Back. Theory and Practice in Post-Colonial Literatures*, London: Routledge.

Bachtin, Michail M., 1979, *Die Ästhetik des Wortes*, hrsg. von R. Grübel, Frankfurt: Suhrkamp.

Bachtin, Michail M., 1989, *Formen der Zeit im Roman. Untersuchungen zur historischen Poetik*, Frankfurt: Fischer.

Barthes, Roland, 1973, *Le plaisir du texte*, Paris: Seuil.

Barthes, Roland, 1993-1995, *Œuvres complètes*, 3 Bde., Paris: Seuil.

Bauer, Thomas, 1996, *Liebe und Liebesdichtung in der arabischen Welt des 9. Und 10. Jahrhunderts. Eine literatur- und mentalitätsgeschichtliche Studie des arabischen Gazal*, Erlangen [Habilitationsschrift].

Berger, John, 1980, *Ways of Seeing*, London; [1981, *Das Leben der Bilder. Die Kunst des Sehens*, Berlin: Wagenbach].

Bhabha, Homi K., 1994, *The Location of Culture*, New York: Routledge.

Binder, Wolfgang/ Breinig, Helmbrecht (Hgg.), 1994, „Amerikanische Multikulturalität und Literatur“, in: dies., *Facing America. Multikulturelle Literatur der heutigen USA. Ein Lesebuch*, Berlin: Rotbuch, Vorwort S. 9-24.

Blumensath, Heinz (Hg.), 1972, *Strukturalismus und Literaturwissenschaft*, Köln.

Blanchot, Maurice, 1968, *L'espace littéraire*, Paris.

Bloom, Harold, 1973, *The Anxiety of Influence. A Theory of Poetry*, New York: Oxford University Press.

Bogdal, K.-M. (Hg.), 1997, *Neue Literaturtheorien. Eine Einführung*, Opladen: Westdeutscher Verlag.

Booth, W. C., 1961, *The Rhetoric of Fiction*, Chicago/ London; [*Die Rhetorik der Erzählkunst*, Heidelberg 1974].

Bonaud, Christian, 1991, *Le soufisme, al-tasawwuf et la spiritualité islamique*, Paris: Maisonneuve & Larose/ Institut du Monde Arabe.

Borsò, Vittoria, 1994, *Mexiko jenseits der Einsamkeit – Versuch einer interkulturellen Analyse. Kritischer Rückblick auf die Diskurse des Magischen Realismus*, Frankfurt: Vervuert.

Bourdieu, Pierre, „Le champ littéraire“, in: *Actes de la recherche en sciences sociales*, 89, 1991, S. 4-46.

Bourdieu, Pierre, 1992, *Les règles de l'art. Genèse et structure du champ littéraire*, Paris: Seuil.

Bourdieu, Pierre, 1994, „Pour une science des œuvres“, in: ders., *Raisons pratiques. Sur la théorie de l'action*, Paris: Seuil, S. 53-97.

Bourdieu, Pierre, 1997, „Zur Genese der Begriffe Habitus und Feld“, in: *Der Tote packt den Lebenden,* Hamburg, S. 59-78.
Braudel, Fernand, 1987, *Grammaire des Civilisations*, Paris: Arthaud-Flammarion, insbesondere: „L'islam et le monde musulman“, S. 69-148.
Breinig, Helmbrecht, 1990, „Zur Problematik der Vermittlung fremdkultureller Phänomene durch die Literatur: Das Mexikobild bei amerikanischen Schriftstellern“, in: ders., *Interamerikanische Beziehungen. Einfluß – Transfer – Interkulturalität*, Frankfurt: Vervuert, S. 137-155.
Breinig, Helmbrecht, 1992, „Alteritätsdiskurs und Literatur. Nordamerikanische Lateinamerika-Romane der Gegenwart“, in: Matthes, Joachim (Hg.), *Zwischen den Kulturen? Die Sozialwissenschaften vor dem Problem des Kulturvergleichs*, in: *Soziale Welt*, Sonderband 8, Göttingen 1992, S. 179-193.
Brooks, Peter, 1993a, *Body Work. Objects of Desire in Modern Narrative*, Cambridge: Harvard University Press.
Brooks, Peter, 1993b, „Le corps dans le champ visuel“, in: *Littérature*, 90, S. 21-33.
Calvet, Louis-Jean, 1990, *Roland Barthes*, Paris: Flammarion.
Chevalier, Jean, 1991 [1984], *Le soufisme*, Paris: PUF [2176].
Deleuze, Gilles/ Guattari, Félix, 1975, *Kafka. Pour une littérature mineure*, Paris: Minuit [Coll. „Critique“].
Diop, Papa Samba/ Riesz, János, 1988, „Léopold Sédar Senghor“, in: *Kritisches Lexikon zur fremdsprachigen Gegenwartsliteratur*, hrsg. von Heinz Ludwig Arnold, München: text + kritik, 15. Neulieferung.
Dörner, Andreas/ Vogt, Ludgera, 1997, „Kultursoziologie (Bourdieu – Mentalitätsgeschichte – Zivilisationstheorie)“, in: Bogdal, K.-M., (Hg.), *Neue Literaturtheorien. Eine Einführung*, Opladen: Westdeutscher Verlag, S. 134-158.
Ette, Ottmar, 1999, *Roland Barthes. Eine intellektuelle Biographie*, Frankfurt: Suhrkamp.
Fassbind, Bernard, 1995, *Poetik des Dialogs. Voraussetzungen dialogischer Poesie bei Paul Celan und Konzepte von Intersubjektivität bei Martin Buber, Martin Heidegger und Emmanuel Levinas*, München: Wilhelm Fink.
Fendler, Ute, 1994, *Interkulturalität in der frankophonen Literatur der Karibik*, Frankfurt: IKO.
Fleischmann, Ulrich, 1985, „Vers une théorie du texte dans le contexte 'colonial'“, in: Thomas Bremer/ Alejandro Losada (Hgg.), *Actas. Hacia una historia social de la literatura latinoamericana,* Giessen: AELSAL, S. 162-171.
Foucault, Michel, 1972, *Histoire de la folie à l'âge classique*, Paris.
Foucault, Michel, 1980, „Two Lectures“, in: *Power and Knowledge: Selected Interviews and Other Writings, 1972-77*, hrsg. von Colin Gordon, New York.

Foucault, Michel, [5]1993, „Andere Räume“, in: *Aisthesis. Wahrnehmung heute oder Perspektiven einer anderen Ästhetik*, hrsg. v. K. Barck, P. Gente/ H. Paris/ S. Richter, Leipzig: Reclam, S. 34-46.

Fröhlicher, Peter, 1995, *La mirada recíproca. Estudios sobre los últimos cuentos de Julio Cortázar*, Bern: Lang.

Gellner, Ernest, 1992, *Der Islam als Gesellschaftsordnung*, München: dtv/Klett-Cotta. [Cambridge 1981].

Genette, Gérard, 1972, *Figures* III, Paris: Seuil.

Genette, Gérard, 1982, *Palimpsestes. La littérature au second degré*, Paris: Seuil.

Gewecke, Frauke, 1986, *Wie die neue Welt in die alte kam*, Stuttgart: DTV.

Gewecke, Frauke, 1993, „Perspektiven einer Lateinamerikanistik als *Fremd*kulturwissenschaft“, in: Alois Wierlacher (Hg.), *Kulturthema Fremdheit. Leitbegriffe und Problemfelder kulturwissenschaftlicher Fremdheitsforschung*, München 1993, S. 243-256.

Glaser, Renate/ Luserke, Matthias (Hgg.), 1996, *Literaturwissenschaft – Kulturwissenschaft. Positionen, Themen, Perspektiven*, Opladen: Westdeutscher Verlag.

Gombrich, Ernst H., 1960, *Art and Illusion: A Study of the Psychology of the Pictural Representation*, London.

Gombrich, Ernst H., 1982, *The Image and the Eye. Further Studies in the Psychology of Pictural Representation*, Ithaca.

Gombrich, Ernst H., 1994, *Das forschende Auge. Kunstbetrachtung und Naturwahrnehmung*, Frankfurt/ New York: Campus.

Grotzfeld, Heinz und Sophia, 1984, *Die Erzählungen aus 'Tausendundeiner Nacht'*, Darmstadt. [Erträge der Forschung ; Bd. 207].

Hansen, Klaus P., 1995, *Kultur und Kulturwissenschaft*, Tübingen: UTB [Bd. 1846].

Hofstätter, P.R., 1963, *Einführung in die Sozialpsychologie*, Stuttgart.

Honneth, Axel, 1984, „Die zerrissene Welt der symbolischen Formen. Zum kultursoziologischen Werk Pierre Bourdieus“, in: *Kölner Zeitschrift für Soziologie und Sozialpsychologie*, 36, S. 147-164.

Honneth, Axel, 1989, *Kritik der Macht. Reflexionsstufen einer kritischen Gesellschaftstheorie*, Frankfurt.

Hornung, Alfred/ Ruhe, Ernstpeter (Hgg.), 1992, *Autobiographie & Avant-garde*, Tübingen: Narr.

Hutcheon, Linda, 1988, *The Poetics of Postmodernism*, New York: Routledge.

Jacques, F., 1972, *Recherches logiques sur le dialogue,* Paris: Presses universitaires de France, «Philosophie d'aujourd'hui».

Jameson, Fredric, 1993, „Americans Abroad: Exogamy and Letters in Late Capitalism“, in: Steven M. Bell/ Albert H. LeMay/ Leonard Orr (Hgg.), *Critical Theory, Cultural Politics and Latin American Narrative*, Notre Dame, Indiana/ London: University of Notre Dame Press, S. 35-60.

Jung, C.G., [12]1980, *Der Mensch und seine Symbole*, Olten und Freiburg i.Br.: Walter.

Jurt, Joseph, 1995, *Das literarische Feld. Das Konzept Pierre Bourdieus in Theorie und Praxis*, Darmstadt: Wissenschaftliche Buchgesellschaft.

Kessler, M./ Wertheimer, J. (Hgg.), 1995, *Multikulturalität. Tendenzen – Probleme- Perspektiven*, Tübingen: Narr.

Klehr, Franz Josef (Hg.), 1991, *Den Andern denken. Philosophisches Fachgespräch mit Emmanuel Lévinas*, Stuttgart: Akademie der Diözese Rottenburg-Stuttgart.

Koebner, Thomas/ Pickerodt, Gerhart (Hgg.), 1987, *Die andere Welt. Studien zum Exotismus*, Frankfurt.

Konersmann, Ralf (Hg.), 1996, *Kulturphilosophie*, Leipzig: Reclam.

Kristeva, Julia, 1988, *Etrangers à nous-mêmes*, Paris.

Krusche, D., 1995, *Leseerfahrung und Lesergespräch*, München.

Kushner, Eva, 1961, *Le mythe d'Orphée dans la littérature française contemporaine*, Paris: Nizet.

Lachmann, Renate, 1984, „Bachtins Dialogizität und die akmeistische Mytho-Poetik als Paradigma dialogisierter Lyrik", in: K. Stierle/ R. Warning (Hgg.), *Das Gespräch*, München: Wilhelm Fink, S. 517-523.

Laroui, Abdallah, 1974, *La Crise des intellectuels arabes*, Paris: Maspero.

Lévinas, Émmanuel, 1980, *Totalité et Infini: essai sur l'Extériorité*, Paris.

Lévinas, Émmanuel, 1986, „Le dialogue", in: *De Dieu qui vient à l'idée*, Paris: J. Vrin, S. 211-230.

Link, J./ Wülfing, W. (Hg.), 1984, *Bewegung und Stillstand in Metaphern. Fallstudien zum Verhältnis von elementarem Wissen und Literatur im 19. Jahrhundert*, Stuttgart.

Lotman, Jurij M., [3]1989, *Die Struktur literarischer Texte*, München.

Ludwig, Ralph (Hg.), 1994, *Ecrire la „parole de la nuit". La nouvelle littérature antillaise*, Paris: Gallimard.

Lüsebrink, Hans-Jürgen, 1992/93, „Métissage. Contours et enjeux d'un concept carrefour dans l'aire francophone", in: *Etudes littéraires*, 25, 3, S. 93-106.

Lüsebrink, Hans-Jürgen, 1995, „'Identités mosaïques'. Zur interkulturellen Dimension frankophoner Literaturen und Kulturen", in: *Grenzgänge*, 4, S. 6-22.

Lüsebrink, Hans-Jürgen, 1996, „La perception de l'Autre. Jalons pour une critique littéraire interculturelle", in: *Tangence*, 5, S. 51-66.

Lyotard, Jean-François, 1979, *La condition postmoderne*, Paris: Minuit.

Mana, Abdelkader, 1994/95, „À Marrakech je me sens chez moi. Entretien avec Juan Goytisolo", in: *Rivages. Le magazin des marocains dans le monde*, 12, S. 54-56.

Manthey, Jürgen, 1983, *Wenn Blicke zeugen könnten. Eine psychohistorische Studie über das Sehen in Literatur und Philosophie*, München/ Wien: Carl Hanser.

Massignon, Louis, 1969, *Opera minora*, Bd. 3, Paris.

Matthes, Joachim (Hg.), 1992, *Zwischen den Kulturen? Die Sozialwissenschaften vor dem Problem des Kulturvergleichs*, in: *Soziale Welt*, Sonderband 8, Göttingen.

Mitterand, Henri, 1987, *Le regard et le signe. Poétique du roman réaliste et naturaliste*, Paris: PUF.

Morisette, B., 1985, *Novel and Film. Essays in Two Genres*, Chicago.

Neuschäfer, Hans-Jörg, 1982, „Die Methode der Traumdeutung. Möglichkeiten und Grenzen ihrer Applikation auf die Interpretation literarischer Texte", in: Krauß, H./ Wolff, R. (Hgg.), *Psychoanalytische Literaturwissenschaft und Literatursoziologie*, Frankfurt: Lang, S. 29-38.

Nünning, Ansgar (Hg.), 1998, *Literatur- und Kulturtheorie*, Stuttgart: Metzler.

Ong, W. J., 1982, *Orality and Literacy: The Technologizing of the Word*, London: Methuen.

Pabst, Walter, 1975, „Victimes du Livre – Versuch über eine literarisch Konstante", in: *Filología y Didáctica Hispánica*. Festschrift Hans-Karl Schneider, Hamburg, S. 497-525.

Paz, Octavio, [1974], 1985, *Los hijos del limo. Del romanticismo a la vanguardia*, Barcelona: Seix Barral.

Proust, Marcel, 1987-89, *A la recherche du temps perdu*, 4 Bde., Paris: Gallimard (Pléiade).

Riesz, János, 1983, „Die Literaturen der 'Dritten Welt' zwischen Universalität und regionaler Besonderheit", in: *Universitas*, 38.

Riesz, János, 1991, „Répercussions d'une «Francophonie» à échelle mondiale sur la France métropolitane", in: *Französisch heute*, 3, S. 261-272.

Roque, Maria-Angels (Hg.), 1996, *Les cultures du Maghreb*, Paris: L'Harmattan.

Said, Edward W., 1978, *Orientalism. Western Conceptions of the Orient*, London: Penguin.

Said, Edward W., 1981, *Covering Islam: How the media and the experts determine how we see the rest of the world*, London.

Sartre, Jean-Paul, 1977, „Orphée noir", in: Senghor, Sedar Léopold (Hg.), *Anthologie de la nouvelle poésie nègre et malgache*, Paris: PUF [1948] ^{4}1977, S. IX-XLIV.

Sartre, Jean-Paul, 1991, *Der Blick. Ein Kapitel aus Das Sein und das Nichts*, hrsg. von Walter von Rossum, Mainz.

Schmidt, Hans Walter, 1995, „Kulturspezifische Lektüren. Interkulturelle Hermeneutik oder Ethnographie des Lesens?", in: M. Pechlivanos/ S. Rieger/ W. Struck/ M. Weitz (Hgg.), *Einführung in die Literaturwissenschaft*, Stuttgart: Metzler, S. 340-346.

Selbmann, R., *Dichterberuf. Zum Selbstverständnis des Schriftstellers von der Aufklärung bis zur Gegenwart*, Darmstadt 1994.

Seligmann, Siegfried, 1910, *Der böse Blick und Verwandtes. Ein Beitrag zur Geschichte des Aberglaubens aller Zeiten und Völker*, 2 Bde., Berlin: H. Barsdorf.
Sellin, Eric, 1991, „Reflections on Linguistic and Literary Colonization and Decolonization in Africa", in: *Studies in 20th Century Literature*, 15, 1, S. 43-57.
Semprini, Andrea, 1997, *Le multiculturalisme*, Paris: PUF.
Showalter, E., 1979, „Towards a Feminist Poetic", in: M. Jacobus (Hg.), „Women Writing about Women", London.
Showalter, E., 1991, *A Literature of Their Own: From Charlotte Brontë to Doris Lessing*, London.
Spiller, Roland, 1997, „Die literarische Kultur Argentiniens", in: R. Sevilla/ R. Zimmerling (Hgg.), *Argentinien: Land der Peripherie?*, Bad Honnef: Horlemann, S. 98-110.
Spivak, Gayatri Chakravorty, 1993, „Can the Subaltern Speak?", in: P. Williams/ L. Christman (Hgg.), *Colonial Discourse and Postcolonial Theory: A reader*, Hemel Hempstead Havester Weatsheaf, S. 66-111.
Stanzel, Franz K., [4]1989, *Typische Formen des Romans*, Göttingen.
Todorov, Tzvetan, 1982, *La conquête d'Amérique Latine*, Paris: Seuil.
Todorov, Tzvetan, 1989, *Nous et les autres. La réflexion française sur la diversité humaine,* Paris: Seuil.
Todorov, Tzvetan, 1991, *Les morales de l'histoire*, Paris: Grasset & Fasquelle.
Toro, Alfonso de, „La postcolonialidad en Latinoamérica en la era de la gobalización. ¿Cambio de paradigma en el pensamiento teórico-cultural latinoamericano?", in: ders./Toro, Fernando de (Hgg.), *El debate de la postcolonialidad en Latinoamérica. Una postmodernidad periférica o cambio de paradigma en el pensamiento latinomaricano*, Frankfurt: Vervuert 1999.
Vajda, György, M. Vajda, 1983, „Einleitung: Marginale Literaturen", in: *Komparatistische Hefte*, 7, 'Marginale' Literaturen, Bayreuth, S. 3-14.
Vigne, Georges, 1995, *Jean-Auguste-Dominique Ingres*, München: Hirmer.
Wägenbaur, Thomas, 1995, „Postmoderne und Multikulturalität. Der feine Unterschied", in: M. Kessler/ J. Wertheimer (Hgg.), *Multikulturalität. Tendenzen – Probleme- Perspektiven*, Tübingen: Narr, S. 129-145.
Weiss, Sonja, 1990, „Der menschliche Akt. Ein historischer Abriß über die Darstellung des nackten Körpers in der Kunst von der griechischen Antike bis 1945", in: *Der weibliche Blick. Künstlerinnen und die Darstellung des nackten Körpers*, Bochum: Edition Wort und Bild, S. 10-35.
Welsch, Wolfgang, *Grenzgänge der Ästhetik*, Stattgart: Reclam 1996. [Universalbibliothek 9612].
Williams, Patrick/ Chrisman, Laura (Hgg.), 1994, *Colonial Discourse and Post-Colonial Theory. A Reader*, Cambridge: Harvester/ Wheatsheaf.

Wolter, Birgit, 1997, *Geschlechterspezifik – Sprache – Literarische Konstruktion. Empathiestrukturen bei Emilia Pardo Bazán und Benito Pérez Galdós*, Berlin: tranvía.
Wuthenow, Ralph-Rainer, *Im Buch die Bücher oder der Held als Leser*, Frankfurt/Main: Europäische Verlagsanstalt 1980.
Zeghidour, S., 1982, *La poésie arabe entre l'islam et l'Occident*, Paris: Karthala.

7.2.3 Allgemeine Literatur zum Maghreb

Basfao, Kacem (Hg.), 1988, *Imaginaire de l'espace. Espaces imaginaires*, Casablanca: E.P.R.I [Fac. des Lettres et Sciences humaines I].
Bauduel, Pierre Robert (Hg.), 1988, *Habitat, Etat, société au Maghreb*, Paris: CNRS.
Bencheikh, Jamel Eddine, 1989, *Poétique arabe. Précédée de: Essai sur un discours critique,* Paris: Galimard [Ed. Anthropos 1975].
Benslama, Fethi, 1994, „L'individualité en Islam“, in: *Intersignes*, 8/9, Sujet et citoyenneté Maghreb/Europe, S. 53-63.
Boukous, Ahmed, 1995, *Société, langues et cultures au Maroc. Enjeux symboliques*, Rabat: Faculté des Lettres et des Sciences Humaines-Rabat.
Capranzano, Vincent, 1975, „Saint, Jnun, and Dreams: an essay in Morrocan Ethnopsychology“, in: *Psychiatry*, 38, S. 145-160.
Capranzano, Vincent, 1977, „Du Maghreb“, in: *Les Temps Modernes*, 375bis, Paris.
Capranzano, Vincent, 1984, *Connaissances du Maghreb. Sciences sociales et colonisation*, Paris: Editions du Centre National de la Recherche Scientifique [Coll. „Recherches sur les sociétés méditerranéens“].
Étienne, Bruno, 1989, „Maghreb“, in: *Encyclopædia Universalis*, Bd. 14, Paris, S. 242-248.
Gadan, Michel, 1990, „Shaharazade, les histoires et l'Histoire ou les pouvoirs des Mille et Une Nuits“, in: *Gadant*, Monique/Kasriel, Michèle (Hgg.), 1990, *Femmes du Maghreb au présent. La dot, le travail, l'identité,* Paris: CNRS, S. 301-315.
Henry, Jean-Robert (Hg.), 1986, *Nouveaux enjeux culturels au Maghreb*, Paris: CRSM.
Henry, Jean-Robert (Hg.), 1991, *Identité culturelle au Maghreb*, Rabat: Faculté des Lettres et des Sciences Humaines [Série „Colloques et Séminaires“, 19].
Joseph, Roger, 1985, „Islam: Its Representation in the West“, in: *The Maghreb Review*, 10/4-6, S. 81-87.
Joseph, Roger, 1987, „The Indices of Fate: How Moroccan Time Works“, in: *The Maghreb Review*, 12, 5-6, S. 156-159.

Khatibi, Abdelkebir, 1977, „Le Maghreb comme horizon de pensée“, in: *Les Temps Moderne*, 375bis, S. 7-20.

Khatibi, Abdelkebir, 1980, „La Différence et l'Inconsolation. Entretien avec A. Khatibi“, in: *Al Asas*, 18, S. 22-26.

Khatibi, Abdelkebir, 1983, *Maghreb pluriel*, Paris/ Rabat: Denoël/ Smer.

Khatibi, Abdelkebir, 1987, *Figures de l'étranger dans la littérature française*, Paris: Denoël.

Khatibi, Abdelkebir, 1993, *Penser le Maghreb*, Rabat: SMER.

Kilborne, Benjamin, 1978, *Interprétations du rêve au Maroc*, Paris: La Pensée sauvage.

Kilito, Abdelfattah, 1985, *L'auteur et ses doubles: essai sur la culture arabe classique*, Paris: Seuil.

Lang, Hubert, 1989/90, „Heiligenkult in Marokko. Die therapeutische Funktion der Heiligen“, in: *Wuquf*, 4-5, S. 213-225.

Laroui, Abdallah, 1986, *Islam et modernité*, Paris.

Laroui, Abdallah, 1992, *La spécifité du Maghreb arabe*. Actes du colloque organisé par la Fondation du Roi Abdul-Aziz les 6 et 7 décembre 1990, Casablanca: Fondation du Roi Abdul-Aziz.

Laroui, Abdallah, 1990, *Maroc. Les signes de l'invisible*, hrsg. von Jean-François Clément, in: *autrement*, [série monde], 48.

Memmi, Albert, 1966, *Portrait du colonisé précédé du Portrait du colonisateur*, Paris: Jean-Jacques Pauvert.

Mernissi, Fatima, 1990, „Femmes, saints et sanctuaires“ in: *Maroc. Les signes de l'invisible*, *autrement*, 48, S. 96-101. [1977 unter dem Titel: „Women, Saints and Sanctuaries“, in: *Signs: Journal of Women in Culture and Society*, 3, 1, , S. 101-112].

„Marokko“, in: *Wuqûf. Beiträge zur Entwicklung von Staat und Gesellschaft in Nordafrika*, 4-5, 1989/90.

Mouhieddine, Abdessamad, 1995, *Islam Occident. Deux imaginaires de l'adversité*, o.O.: IREA Institut de Recherches Euro-Arabes, [Coll. «Racines & Modernité»].

Popp, Herbert (Hg.), 1994, *Die Sicht des Anderen – Das Marokkobild der Deutschen, das Deutschlandbild der Marokkaner*. Referate des 3. Deutsch-Marokkanischen Forschungs-Symposiums in Rabat, 10.-12. November 1993, Passau: Passavia.

Popp, Herbert (Hg.), 1987, *Visions du Maghreb*, Montpellier 18.-23. novembre 1985, Aix-en-Provence: Edisud.

Vatin, Jean-Claude (Hg.), 1984, *Connaissances du Maghreb. Sciences sociales et colonisation,* Paris: CNRS [CRESM].

Weber, Edgar, 1989, *Maghreb arabe et Occident français. Jalons pour une (re)connaissance interculturelle*, Toulouse: Presses Universitaires du Mirail.

1990, „Zuflucht Tanger: Ein Ort für Literaten", in: *Du. Zeitschrift der Kultur*, 6.
„Zwischen Fundamentalismus und Moderne. Literatur aus dem Maghreb", in: *Rowohlt Literaturmagazin*, 33, 1994.

7.2.4 Monographien und Sammelbände zur Literatur des Maghreb

Arnaud, Jacquelin, 1982, *Recherches sur la littérature maghrébine de langue française*, Paris: L'Harmattan.

Arnaud, Jacquelin, 1986, *La littérature maghrébine de langue française*. Bd.1: *Origines et perspectives*, Paris; Bd. 2: *Le cas de Kateb Yacine*, Paris: Sindbad.

Bénayoun-Szmidt, Y./ Bouraoui H./ Redouane N., 1996, *La traversée du français dans les signes littéraires marocains*, Toronto: La Source.

Bouraoui, Abdelhamid, 1991, *Écritures maghrébines. Lectures croisées*, Casablanca: Afrique-Orient.

Basfao, Kacem/ Henry, Jean-Robert (Hrsg.), 1992, *Le Maghreb, l'Europe et la France*, Paris: CNRS Éditions [Institut de Recherche et d'Études sur le Monde Arabe et Musulman. Extrait de l'Annuaire de l'Afrique du Nord 1990].

Bencheikh, M., et. al. (Hgg.), 1987, *Approches scientifiques du texte maghrébin*, Casablanca: Toubkal.

Bonn, Charles, 1986, *Problématiques spatiales du roman algérien*, Alger: ENAL.

Bonn, Charles/ Rothe, Arnold (Hgg.), 1995, *Littérature maghrébine et littérature mondiale*, Würzburg: Königshausen & Neumann.

Bonn, Charles (Hg.), 1995, *Littératures des immigrations, 1: Un espace littérarire émergent*, Etudes littéraires maghrébines, 7, Paris: L'Harmattan.

Bonn, Charles (Hg.), 1995, *Littératures des immigrations, 2: Exils croisés, Etudes littéraires maghrébines*, 8, Paris: L'Harmattan.

Bonn, Charles/ Khadda, Naget/ Mdarhri Alaoui, Abdallah (Hgg.), 1996, *Littérature maghrébine d'expression française*, Vanves: EDICEF/AUPELF.

Boughali, M., 1987, *Espaces d'écriture au Maroc*, Casablanca: Afrique-Orient.

Boulatta, Issa (Hg.), 1980, *Critical perspectives on modern arabic literature*, Washington.

Bounfour, Abdellah, 1995, „Langue, identité et écriture dans la littérature francophone du Maghreb", in: *Cahiers d'Études africaines,* 140, XXXV-4, S. 911-923.

Bousfiha, Noureddine, 1991, „Poésie méditerranéenne: Maroc", in: *Dotoli, Giovanni, Poésie méditerranéenne d'expresion française 1945-1990*, Bari: Schena-Nizet, S. 109-153.

Brahimi, Denise, 1995, *Maghrébines. Portraits littéraires*, Paris: L'Harmattan-Awal.

Buci-Glucksmann, C. et.al. (Hg.), *Imaginaire de l'autre. Khatibi et la mémoire littéraire*, Paris 1987.

1992, *Convergences et divergences dans les littératures francophones*. Actes du colloque 8-9 février 1991, Paris: L'Harmattan.

Déjeux, Jean, 1993, *Maghreb. Littératures de langue française*, Paris: Arcantère.

Dubost, Jean-Pierre/ Trost, Vera (Hgg.), 1987, *Écritures maghrébines et identités,* in: *Horizons maghrébins*, Revue des Etudiants-Chercheurs Maghrébins de L'Université de Toulouse, 9/10.

Dubost, Jean-Pierre/ Trost, Vera (Hgg.), 1987, *Ecritures maghrébines et identités: étude des relations inter-arabes, les relations Maroc/Machrek*, in: *Horizons maghrébins,* Revue des Etudiants-Chercheurs Maghrébins de L'Université de Toulouse, 11.

Dubost, Jean-Pierre/ Trost, Vera (Hgg.), 1994, *Passagers de l'Occident. Maghrebinische Literatur in französischer Sprache*, Stuttgart: Württembergische Landesbibliothek.

Écrivains marocains de langue fançaise, in: *Nouvelles du Sud*, 11, 1989, [CERCLEF, Ivry: Ed. Silex].

Joubert, Jean-Luis, 1992, „Qu'est-ce qu'une littérature francophone?", in: *Francofonia. Studi e ricerche sulle letterature di lingua francese*, 22, (Bologna), S. 19-30.

Kirsch, Fritz Peter, 1984, *Le Maghreb*, Frankfurt/M.: Diesterweg.

GEM [Groupe d'étude Maghrébines] (Hgg.) 1994, *L'interculturel au Maroc. Arts, langues, littératures et traditions populaires*, Casablanca: Afrique-Orient.

Gontard, Marc, 1981, *La violence du texte. La littérature marocaine de langue française*, Paris: L'Harmattan.

Gontard, Marc, 1993, *Le Moi étrange. Littérature marocaine de langue française*, Paris: L'Harmattan.

Heiler, Susanne, 1990, *Der marokkanische Roman französischer Sprache. Zu den Autoren um die Zeitschrift „Souffles" (1966-1972)*, Berlin: *Neue Romania*, Bd. 9.

1991, *Identité culturelle au Maghreb*, Université Mohammed V, Fac. de Lettres Rabat.

1995, *L'interculturel: réflexion pluridisciplinaire*, in: *Etudes littéraires maghrébines*, 6, [Coll. dirigée par Charles Bonn], Paris: L'Harmattan.

1985, *Itinéraires d'écritures*, in: *Peuples meditérranéens*, 30,.

Jay, Salim (Hg.), 1983, *Romans maghrébins un regain de vigueur*, in: *Afrique littéraire et artistique*, 70, 4. Trímester.

1984, *Littératures du Maghreb, Itinéraires et contacts des cultures*, Bd. 4-5, Université d'Alger/ Paris: L'Harmattan.

1989, *Littératures maghrébines, Itinéraires et contacts des cultures*, Bd. 10, I+II, [Colloque Jacquelin Arnaud, Paris XIII, Centre d'études francophones], Paris: L'Harmattan.

1991, *Poétiques croisées, Itinéraires et contacts des cultures*, Bd. 14, Paris: L'Harmattan.
Kaye, Jacquelin/ Zourbir, Abdelhamid, 1990, *The Ambiguous Compromise: Language, literature and national identity in Algeria and Morocco*, London: Routledge.
Khaldoun, Ibn, 1986, *Peuples et nations du monde. La conception de l'histoire, les Arabes du Machrek et leurs contemporains, les Arabes du Maghrib et les Berbères*, Paris: Sindbad.
Khatibi, Abdelkebir, 1968, *Le roman maghrébin*, Paris: Maspero. [1979, Rabat: Smer].
Khatibi, Abdelkebir, et.al. (Hrsg.), 1985, *Du bilinguisme*, Paris: Denoël.
Kirsch, Fritz Peter/ Vígh, Arpád (Hgg.), 1995, *Y a-t-il un dialogue interculturel dans les pays francophones?* [Actes du Colloque International de l'AEFECO, Vienne, 18-23 avril 1995], in: *Cahiers Francophones d'Europe Centre-Oriental*, 5-6, 2 Bde.
1991, *La perception critique du texte maghrébin de langue française*, in: *Horizons maghrébins,* 17.
1986, *Littérature de l'exil,* in: Recherches et travaux, 30, Grenoble: U.E:R: de Lettres.
1986, *Littératures maghrébines de langue française,* in: *Recherches et traveaux*, 31, Grenoble: U.E.R. de Lettres.
1987, *Littérature maghrébine d'expression française. De l'écrit à l'image*, Meknes: Univ. Sidi Mohammed Ben Abdellah, Publications de la Faculté des Lettres et des Sciences Humaines.
1989, *Littérature marocaine de langue française: récits et discours,* Revue de la Faculté des Lettres et des Sciences Humaines Marrakech, 3.
1989, *Le corps et l'image de l'autre,* [Actes du colloque], *Revue de la Faculté des Lettres et des Sciences Humaines Marrakech*, 5.
Madelain, Jacques, 1983, *L'errance et l'itinéraire. Lecture du roman maghrébin de langue français*, Paris: Sindbad.
1990, *Maghreb au Féminin,* in*: Cahier d'études maghrébines*, 2, (Köln).
1983, *Moroccan Literature,* CELFAN Review, II, 3, (Philadelphia: Temple Univ.).
Mdarhri Alaoui, Abdallah, 1989, *Narratologie. Théories et analyses énonciatives du récit*, Rabat: Okad.
Michel-Mansour, Thérèse, 1994, *La portée estéthique du signe dans le texte maghrébin*, Paris: Publisud.
Monego, Joan Phyllis, 1984, *Maghrebin Literature in French*, Boston: Twayne Publishers.
Mortimer, Mildred, 1990, *Journeys Through the French-African Novel*, Portsmouth/ New Hampshire: Heinemann Educational Books.
Mouzouni, Lahcen, 1987, *Le roman marocain de langue française*, Paris: Publisud.

Nisbet, Anne-Marie, 1982, *Le personnage féminin dans le roman maghrébin de langue française des indépendences à 1980. Représentations et fonctions*, Sherbrooke: Naaman.

Noiray, Jacques, 1996, *Littératures francophones. I. Le Maghreb*, Paris: Belin.

1980, *Œuvres et critiques. La littérature maghrébine de langue française devant la critique*, Paris: Jean-Michel-Place.

1992, *Regards croisés: la ville de l'Autre*. [Actes de la V. session de l'Université euro-arabe itinérante, Montpellier 2-10 Mai 1990, Univ. Paul Valéry], Montpellier: Editions espacex.

Régis, Antoine (Hg.), 1993, *Carrefour de cultures: mélanges offerts à Jacqueline Leiner*, Tübingen: Narr.

Rodinis, Giuliana Toso (Hg.), 1991, *Le banquet maghrébin*, Rom: Bulzoni.

Ruhe, Ernstpeter (Hg.), 1993, *Europas islamische Nachbarn. Studien zur Literatur und Geschichte des Maghreb*, Bd. 1, Würzburg: Königshausen & Neumann.

Ruhe, Ernstpeter (Hg.), 1995, *Europas islamische Nachbarn. Studien zur Literatur und Geschichte des Maghreb*, Bd. 2, Würzburg: Königshausen & Neumann.

Santangelo, Giovanni Saverio/ Rodinis, Giuliana Toso (Hgg.), 1993, *Voci dal Maghreb, Nouveaux rivages*, Collana di saggi franco-mediterranei, 3.

Segarra, Marta, 1997, *Leur pesant de poudre. Romancières francophones du Maghreb*, Paris: L'Harmattan.

Tenkoul, Abderrahman, 1985, *Littérature marocaine d'écriture française – Essais d'analyse sémiotique*, Casablanca: Afrique-Orient.

Tenkoul, Abderrahman (Hg.), 1991, *Écritures maghrébines. Lectures croisées*, Casablanca: Afrique Orient.

7.2.5 Artikel zum Maghreb und zur maghrebinischen Literatur

Abdel-Jaouad, Hédi, 1991, „The Dialectics of the Archaic and the Post-modern in Maghrebian Literature Written in French“, in: *Studies in 20th Century Literature*, Vol. 15, 1, S. 59-76.

Achour, Christiane, 1994, „Weder Sultanin noch still. Schreibende Frauen aus dem Maghreb“, in: *Rowohlt Literaturmagazin*, 33, Zwischen Fundamentalismus und Moderne. Literatur aus dem Maghreb, S. 46-55.

Alaoui, Abdallaoui Mohammed, 1992, „The Moroccan Novel in French“, in: *Research in African Literaure*, 23, 4, S. 9-33.

Alessandra, Jacques, 1985, „Bilan et perspectives du roman maghrébin, in: *Sindbad*: *mensuel d'information culturelle*, 46, S. 29-34.

Arend-Schwarz, Elisabeth, 1994, „Maghrebinische Literatur in französischer Sprache“, in: J. Grimm, (Hg.), *Französische Literaturgeschichte*, Stuttgart: Metzler, S. 414-425.

Basfao, Kacem, 1985, „La littérature maghrébine. Une question de langue“, in: *Annuaire de l'Afrique du Nord*, 24, S. 379-384.
Bencheikh, Jamel Eddine, 1989, „Littérature maghrébine“, in: *Encyclopædia Universalis*, Bd. 14, Paris, S. 249-255.
Bonn, Charles, 1982, „Itinéraires d'écritures en Méditerranée“, in: *Annuaire de l'Afrique du Nord*, 21, S. 849-859.
Bonn Charles, 1985a, „Roman maghrébin, émigration et exil de la parole“, in: *Annuaire de l'Afrique du Nord*, XXIV, S. 397-415.
Bonn, Charles, 1985b, „Entre ville et lieu, centre et périphérie: la difficile localisation du roman algérien de langue française“, in: *Itinéraires d'écritures*, Sondernummer in: *Peuples meditéranéens*, 30, S. 185-195.
Bonn, Charles, 1985c, „Le roman maghrébin et son espace intertextuel“, in: *Présence Francophone*, 26, S. 25-33.
Bonn, Charles, 1986, „L'ubiquité citadine. Espace de l'enonciation du roman maghrébin“, in: *Peuples méditerranéens*. Revue trimestrielle, 37, S. 57-65.
Bonn, Charles, 1987a, Littérature maghrébine et espaces identitaires de lecture“, in: *Présence Francophone*, 30, S. 7-15.
Bonn, Charles, 1987b, „La traversée, arcane du roman maghrébin?“, in: *Visions du Maghreb*, Aix-en-Provence: Edisud, S. 57-61.
Bonn, Charles, 1988a, „Le roman maghrébin et l'ombre du père. Ou: Le désordre de la langue française et Kateb Yacine le fondateur“, in: *Annuaire de l'Afrique du Nord*, XXVII, S. 449-467.
Bonn, Charles, 1988b, „L'érotique du texte, la différence et l'étrangeté“, in: *Imaginaire de l'espace. Espaces imaginaires*, Casablanca: E.P.R.FI., S. 137-142.
Bonn, Charles, 1988c, La femme, l'émigré et l'écriture romanesque maghrébine ou la triple productivité de l'étrange“, in: *Peuples méditerranéens*. Revue trimestrielle, 44/45, S. 221-233.
Bonn, Charles, 1989, „Emigration-immigration et littérature maghrébine de langue française: la béance du discours devant des espaces incongrus“, in: *Maghreb Machrek*. Espaces et sociétés du monde arabe, 123, S. 27-32.
Bonn, Charles, 1991, „Littératures de la décolonisation“, „Littératures d'identité, ou... Littérature? Le cas de la littérature „maghrébine“ de langue française“, in: Tenkoul, Abderrahman (Hg.), 1991, *Écritures maghrébines. Lectures croisées*, Casablanca: Afrique Orient, S. 21-26.
Bonn, Charles, 1994a, „Maghreb. Littérature d'expression française“, in: *Dictionnaire des littératures de langue français*, M-R, hrsg. von Jean-Pierre de Beaumarchais/Daniel Couty/Alain Rey, Paris: Bordas, S. 1447-1453.
Bonn, Charles, 1994b, „Le voyage et le lieu du dire: émigration et errance de l'écriture maghrébine francophone“, in: *Revue de littérature comparée*, 269, 1, S. 47-59.

Boudjedra, Rachid, 1989, „Pour un nouveau roman maghrébin de la modernité“, in: *Cahier d'études maghrébines*, 1, S. 41-47.

Boukous, Ahmed, 1994, „Le champ culturel au Maroc de quelques contradictions“, in: *G.E.M.* (Groupe d'étude Maghrébines) (Hg.), *L'interculturel au Maroc*, Casablanca, S. 83-99.

Bounfour, Abdellah, 1977, „La raison orpheline“, in: *Les Temps Modernes*, 375bis, (Paris).

Bounfour, Abdellah, 1981, „Errance entre les inter-dits“, in: *Al Asas*, 28. S. 51-53.

Bounfour, Abdellah, 1989, „Autobiographie, genres et croisement des cultures“, in: *Littératures maghrébines*. Colloque Jacquelin Arnaud. Tome 1: *Perspectives générales, Itinéraires et contacts de cultures*, 10, S. 85-90.

Bounfour, Abdellah, 1994, *Le nœud de la langue. Langue, littérature et société au Maghreb*, Aix-en-Provence: Edisud.

Bounfour, Abdellah, 1995a, „Forme littéraire et représentation de soi: l'autobiographie francophone du Maghreb et l'autobiographie arabe du début du siècle“, in: Bonn/ Rothe (Hgg.) 1995, S. 68-76.

Bounfour, Abdellah, 1995b, „Langue, identité et écriture dans la littérature francophone du Maghreb“, in: *Cahiers d'Études africaines*, 140, XXXV-4, S. 911-923.

Bouraoui, Hédi, 1977, „Creative Project and Literary Projection“, in: *Research in African Literatures*, 8, 1, S. 83-98.

Bouraoui, Hédi, 1984, „Current State of Francophone Maghrebine Literature“, in: *The Maghreb Review*, 9, 3/4, S. 67-72.

Bouraoui, Hédi, 1985, „L'Afrique francophone des deux côtés du Sahara: problématiques et perspectives littéraires“, in: *Présence Francophone*, 27, S. 101-112.

Bouraoui, Hédi, 1991, „Culture et littérature au Maghreb“, in: Tenkoul, Abderrahman (Hg.), *Écritures maghrébines*. Lectures croisées, Casablanca: Afrique Orient, S. 13-19.

Boureau, Alain, 1980, „Positions critiques et nouvelles perspectives. Le discours critique sur la littérature maghrébine d'expression française“, in: *Œuvres et critiques. La littérature maghrébine de langue française devant la critique*, Paris: Ed. Jean-Michel Place.

Bousfiha, Noureddine, 1992, „Contemporary French-Language Moroccan Poetry“, in: *Research in African Literature*, 23, 2, S. 113-130.

Brahimi, Denise, 1995, „Portraits de mères dans la littérature maghrébine“, in: *Awal*, 12, Paris, S. 29-38.

Breteau, Claude-H., 1987, „Culture populaire, écriture savante. Lectures maghrébines pour Jacqueline Arnaud“, in: *Littérature arabo-berbère. Dialectologie-ethnologie*, 18, S. 1-42.

Corredor, Eva J., 1992, „(Dis)embodiments of the Father in Maghrebian Fiction, in: *French Review*, 66, 2, S. 295-304.

Déjeux, Jean, „Le thème de l'étrangère dans le roman maghrébin de langue française", in: *Présence francophone*, 11, (Sherbrooke) 1975, S. 15ff.

Déjeux, Jean, 1983, „Poésie marocaine de langue française depuis 1964", in: *Francofonia. Studi e ricerche sulle letterature di lingua francese*, 5, (Bologna), S. 75-88.

Déjeux, Jean, 1985, „Une poésie de l'itinéraire", in: *Poesie* 1, 122, S. 7-14.

Déjeux, Jean, „Littérature maghrébine de langue française", in: *Annuaire de l'Afrique du Nord*, XXVII, 1988, S. 913-931.

Déjeux, Jean, 1989, „Sartre vu par trois intellectuels marocains", in: *Présence Francophone*, 35, S. 73-82.

Déjeux, Jean, 1992a, „Unité et diversité dans la littérature du Maghreb en langue française", in: *Convergences et divergences dans les littératures francophones*, Actes du colloque 8-9 février 1991, Paris: L'Harmattan, S. 83-91.

Déjeux, Jean, 1992b, „Francophone Literature in the Maghreb: The Problem and the Possibility", in: *Research in African Literature*, 23, 2, S. 5-19.

Dugas, Guy, 1987, „Islam et chrétienté. L'écriture, la religion au Maghreb", in: *Sindbad. Mensuel d'information culturelle*, 58, S. 38-41.

El Nouty, Hassan, „L'enracinement arabe dans la littérature maghrébine d'expression française", in: *Revue de l'Occident musulman et le Méditerranée*, 22, (Aix-en-Provence) 1976, S. 197-204.

Elbaz, Robert, 1987, „Stratégies narratrices dans le roman maghrébin", in: *Présence francophone*, 30, S. 89-105.

Erickson, John D., 1991, „Writing Double: Politics and the African Narrative of French Expression", in: *Studies in Twentieth-Century Literature*, 15, S. 101-122.

Farès, Nabile, 1987, „Civilisation berbère et langue française au Maghreb", in: *Revue de l'Occident musulman et de la Méditerranée*, 44, S. 92-96.

Fontaine, Jean, 1988, „Littérature maghrébine d'expression arabe", in: *Annuaire de l'Afrique du Nord*, XXVII, , S. 889-912.

Gontard, Marc, 1983a, „L'itinéraire comme forme romanesque, 1" in: *Al Asas*, 52, S. 42-46.

Gontard, Marc, 1983b, „L'itinéraire comme forme romanesque, 2", in: *Al Asas*, 53, S. 41-44.

Gontard, Marc, 1989, „La littérature marocaine depuis les années 80 et le courant post-moderne", in: *Al-Asas*, 93, (Sale) 1989, S. 31-39.

Gontard, Marc, 1992, „Francophone North African Literature", in: *Research in African Literature*, 23, 2, S. 33-38.

Gontard, Marc, 1995, „Nom propre et interculturalité dans la littérature marocaine de langue française", in: *L'interculturel: réflexion pluridisciplinaire, Etudes littéraires maghrébines*, 6, Paris: L'Harmattan, S. 75-88.

Harrow, Kenneth, 1977, „Autobiographie et littérature engagée d'après les œuvres d'auteurs maghrébins et noirs américains", in: *L'Afrique littéraire et artistique*, 43, 1. trim., S. 2-15.

van den Heuvel, Pierre, 1992, „Ecriture d'avant-garde et autobiographie chez quelques auteurs maghrébins: Discours plurilingue et discours extatique", in: Hornung, Alfred/ Ruhe, Ernstpeter (Hgg.), 1992, *Autobiographie & Avant-garde*, Tübingen: Narr, S. 209-220.

van den Heuvel, Pierre, 1993, „Mehrsprachigkeit und Exstase. Aktuelle Entwicklungen in der maghrebinischen Literatur", in: Ruhe, Ernstpeter: 1993, S. 47-60.

Jameson, Fredric, „Americans Abroad: Exogamy and Letters in Late Capitalism", in: Steven M. Bell/ Albert H. LeMay/ Leonard Orr (Hgg.), *Critical Theory, Cultural Politics and Latin American Narrative*, Notre Dame, Indiana/ London: University of Notre Dame Press 1993, S. 35-60.

Keil, Regina, 1991, „Notizen zur marokkanischen Literatur französischer Sprache und ihrer Rezeption", in: *Wuqûf. Beiträge zur Entwicklung von Staat und Gesellschaft in Nordafrika*, 4-5, Marokko, S. 315-342.

Kirsch, Fritz Peter, „Regards sur le Maghreb", in: *Französisch heute*, 3, 1983, S. 129-141.

Kirsch, Fritz Peter, 1992, „Literaturen des Maghreb in französischer Sprache", in: *Kindlers Neues Literatur-Lexikon*, Bd. 19, München: Kindler, S. 1046-1051.

Kirsch, Fritz Peter, 1994, „Zum Problem des Nationalismus in den französischsprachigen Literaturen des Maghreb", in: Hans-Jürgen Lüsebrink (Hg.), *Nationalismus im Mittelmeerraum, Passauer Mittelmeerstudien*, 4, (Passau), S. 100-113.

Klein, Judith, „La littérature judéo-maghrébine de langue française", in: *Présence Francophone*, 36, 1990, S. 115-129.

Laâbi, Abdellatif, 1993, „Réflexions autour de la poésie maghrébine d'expression française", in: *Cahier d'études maghrébines*, 5, La poésie maghrébine d'expression française, S. 6-11.

Le Clezio, Marguerite, 1984/85, „Assia Djebar, écrire dans la langue 'adverse'", *Contemporary French Civilisation*, 9, S. 230-244.

Marx, Jacques, 1990, „Les «Villes d'or» et le mirage latin dans la littérature maghrébine des Français", in: *Présence Francophone*, 37, S. 101-123.

Marx-Scouras, Danielle, 1986, „The Poetics of Maghrebine Illegitimacy", in: *L'Esprit Créateur*, 26, 1, S. 3-10.

Marx-Scouras, Danielle, 1984, „Reconciling Language and History in Maghrebine Literary Criticism", in: *The Maghreb Review*, 9, 3/4, S. 58-66.

Mayer, Linda, 1997, „Überlegungen zum aktuellen interkulturellen Diskurs der frankophonen Literatur Marokkos am Beispiel Tahar Ben Jellouns und Abdelkebir Khatibis", in: *Frankreich Jahrbuch 1997*, Opladen: Leske + Budrich, S. 203-219.

Memmes, Abdellah, 1992, „Les modalités de réactualisation des traces linguistiques arabes et les problématiques de leur fonctionnement dans les sociétés maghrébines de langue française“, in: *Ecriture et oralité, Revue de la Faculté des Lettres et des Sciences Humaines*, Dhar el Mahraz – Fes, Numéro Spécial, 8, S. 43-54.

Miossec, Jean-Marie, 1987, „Questions aux auteurs sur la représentation de l'espace dans la littérature maghrébine d'expression française“, in: *Visions du Maghreb*, Aix-en-Provence: Edisud, S. 69-74.

Mouzouni, Lahcen, „Le roman marocain“, in: Bencheikh, M., et. al. (Hgg.), 1987, *Approches scientifiques du texte maghrébin*, Casablanca: Toubkal, S. 103-109.

Mniai, Hassan, 1976, „Introduction à l'étude du roman marocain d'expression arabe“, [arab.] in: *Revue de l'Occident musulman et le Méditerranée*, 22, Aix-en-Provence, S. 49-57.

Pérez, Avner, 1989, „Sartre, Memmi et Fanon“, in: *Présence Francophone*, 35, S. 83-115.

Robson da Silva, Edon, 1989, „Identité arabe – expression française“, in: *Présence Francophone*, 34, S. 63-71.

Rothe, Arnold, 1989, „Moi l'aigre. Roman marocain et autobiographie“, in: *Autobiographie et biographie. Colloque franco-allemand de Heidelberg*, hrsg. von Mireille Calle-Gruber/ Arnold Rothe, Paris: Nizet, S. 129-148.

Rothe, Arnold, 1993, „L'Espagne dans la littérature maghrébine“, in: *Romanische Forschungen. Vierteljahresschrift für romanische Sprachen und Literaturen*, 105, 1/2, S. 67-93.

Rothe, Arnold, 1994, „Espaces féminins dans la littérature maghrébine d'expression française“, in: *Offene Gefüge. Literatursystem und Lebenswirklichkeit,* Festschrift für Fritz Nies zum 60. Geburtstag, hrsg. von Henning Krauß, Tübingen: Narr, S. 165-196.

Roumani, Judith, 1986, „A Literature of One's Own: A Survey of Literary History and Criticism of Maghrebian Francophone Literature“, in: *L'Esprit Créateur*, XXVI, 1, S. 11-21.

Ruhe, Ernstpeter, 1986, „Literatur der Befreiung – befreite Literatur?“, in: *Französisch heute*, S. 94-105.

Saïgh Bousta, Rachida, 1996, *Lecture des récits de Abdelkebir Khatibi*, Casablanca: Afrique Orient.

Sefrioui, Ahmed, 1971, „Le roman marocain d'expression française“, in: *Présence Francophone*, 3, S. 51-59.

Sellin, Eric, 1986, „Experimentation and Poetics in Francophone Literature of the Maghreb“, in: *L'Esprit Créateur*, XXVI, 1, S. 31-39.

Semaan, K., 1979, „Islamic Mysticism in Modern Arabic Poetry“, *Journal of Middle East Studies*, 10, S. 517-531.

Spiller, Roland, 1997, „Die französischsprachigen Gegenwartsliteraturen des Maghreb", in: *Kritisches Lexikon zur fremdsprachigen Gegenwartsliteratur*, 43. Neulieferung, S. 1-33.

Tengour, Habib, 1981, „Le surréalisme maghrébin", in: *Peuples meditérranéens*, 17, S. 77-81.

Tenkoul, Abderrahman, Fév.-Mars 1986, „Littérature maghrébine de langue française: quel horizon d'attente?", in: *Al Asas. Mensuel de base pour la société de demain*, 71, S. 40-45.

Tenkoul, Abderrahman, 1992, „Ecriture et discours critique: Cas de la littérature maghrébine d'écriture française", in: *Ecriture et oralité, Revue de la Faculté des Lettres et des Sciences Humaines*, Dhar el Mahraz – Fes, Numéro Spécial, 8, S. 21-30.

Verheyen, Gunther, 1995, „Einige Überlegungen zur „Zwitternatur" der maghrebinischen Literatur französischer Sprache", in: *Grenzüberschreitungen. Beiträge zum 9. Nachwuchskolloquium der Romanistik*, hrsg. von Thomas Stauder/ Peter Tischer, Bonn: Romanistischer Verlag, S. 200ff.

7.2.6 Monographien zu Tahar Ben Jelloun

Bourkhis, Ridha, 1995, *Tahar Ben Jelloun: La poussière d'or et la face masquée. Approche linguistique*, Paris: L'Harmattan.

Elbaz, Robert, 1996, *Tahar Ben Jelloun ou l'inassouvissement du désir narratif*, Paris: L'Harmattan.

Gaudin, Françoise, 1983, *Recherches sur l'œuvre romanesque de Tahar Ben Jelloun*, Tours [Thèse de 3e cycle, Université François Rabelais, Faculté des langues, littératures et civilisations classiques et modernes].

Laouissi, Farida, 1993, *Circularité et infini: une lecture borgesienne de* L'enfant de sable *de Tahar Ben Jelloun*, [Diss.], Paris.

Lindenlauf, Nelly, 1996, *Tahar Ben Jelloun. Les yeux baissés*, Brüssel: Labor.

M'Henni, Mansour (Hg.), 1993, *Tahar Ben Jelloun. Stratégies d'écriture*, Paris: L'Harmattan.

Novén, Bengt, 1996, *Les mots et le corps,* Uppsala: Acta Universitatis Upsaliensis [Studia Romanica Upsaliensia, 53].

Saïgh Bousta, Rachida, 1992, *Lecture de récits de Tahar Ben Jelloun*, Casablanca: Afrique Orient.

Tamm, Sabine, 1998, *Secret du secret dans le silence du rêve dans le rêve. Traumerzählungen in den Romanen 'L'enfant de sable' und 'La nuit sacrée'*, Frankfurt.

Wand, Judith, 1993, *Tahar Ben Jelloun: Auteur de la différence*, Ann Arbor [Diss. San Jose State University, Nr. 1353072].

7.2.7 Artikel zu Tahar Ben Jelloun

1992, „Le jardin secret de Tahar Ben Jelloun", in: *Quinzaine Littéraire*, 606, S. 3.

Arend-Schwarz, Elisabeth, 1994, „'Métalittéraure engagée' – Zum Romanwerk Tahar Ben Jellouns", in: *Romanische Zeitschrift für Literaturgeschichte*, 1/2, S. 162-189.

Arnaud, Jacqueline, 1976, „Le roman maghrébin en question chez Khair-Eddine, Boudjedra, Tahar Ben Jelloun", in: *Revue de l'Occident musulman et le Méditerranée*, 22, Aix-en-Provence, S. 59-67.

Autrand, D., 1981, „Un Maroc de misère et de rêves", *Quinzaine Littéraire*, 355, S. 7.

Bencheikh, J.E., 18.2.1974, „Une prise de la parole: Tahar Benjelloun", in: *Afrique-Asie*, 50, S. 49.

Benzacour-Chami, Anissa, 1994, „Tahar Ben Jelloun et les 1001 Nuits", in: *Cahier d'études maghrébines*, 6/7, S. 119-124.

Bonn, Charles, 1975, „*Harrouda*, ou les villes et l'écriture du désir", in: *Présence francophone*, 10, S. 9-33.

Bonn-Gualino, Anette, 1976, „La réclusion solitaire", *Annuaire de l'Afrique du Nord*, XV, S. 1389-1393.

Boughali, Mohamed, 1987, „Tahar Ben Jelloun ou la plus basse des impostures", in ders., *Espaces d'écriture au Maroc*, Casablanca: Afrique-Orient, S. 123-143.

Cazenave, Odile, 1991, „Age, Gender, and Narrative Transformation in *'L'enfant de sable'* de Tahar Ben Jelloun", in: *The French Review*, 64, Nr. 3, S. 437-450.

Chevalier, Anne, 1993, „'Le voile des fables' dans *L'Enfant de sable* de Tahar Ben Jelloun", in: Ernstpeter Ruhe (Hg.), *Europas islamische Nachbarn. Studien zur Literatur und Geschichte des Maghreb*, Würzburg: Königshausen & Neumann, S. 61-70.

Côté, Paul Raymond, „Tahar Ben Jelloun. *Les yeux baissés*", in: *The French Review*, 65, Nr. 5, 1992, S. 848-851.

Couffon, Claude, März 1990, „Prête-moi ta plume" [*Jour de silence à Tanger*], in: *Magazine littéraire*, 275, S. 70.

Daoud, Zakya, 1971, „Tahar Ben Jelloun: un poète en quête d'identité qui refuse le silence", in: *Lamalif*, 49, S. 40, 41.

Déjeux, Jean, 1977, „Tahar Ben Jelloun: *La mémoire future. Anthologie de la nouvelle poésie du Maroc*", in: *Comptes Rendus Trimestriels des Seances de ASOM*, XXXVII, N° 4, S. 860-861.

Déjeux, Jean, 1987, „Tahar Ben Jelloun. Romancier, poète et essayiste marocain", in: *Lettres et Cultures de langue française*, 12, 4, Paris, S. 1-5.

Devaux-Fargues, Claire, 1988, „*L'enfant de sable* de Tahar Ben Jelloun", in: *Recherches sur l'imaginaire*, XVIII, S. 277-284.

Diglio, Carolina, 1993, „La memoria dalle ceneri: *La remontée des cendres* di Tahar Ben Jelloun“, in: *Annali. Sezione Romanza*, XXXV, 1, S. 83-99.

Diglio, Carolina, 1993, „La donna sradicata di Tahar Ben Jelloun“, in: *Annali. Sezione Romanza*, XXXV, 2, S. 467-483.

El Alami, Abdellatif, 1995, „Discours et histoire de Fass dans „Harrouda“ de Tahar Ben Jelloun“, in: *Al Masbahiya*, Revue publiée en deux séries par la Faculté des Lettres et des Sciences Humaines Saïs-Fes, [Serie Langue & Littérature], Vol. 1, S. 19-34.

El Houssi, Majid, 1983, „Tahar Ben Jelloun: une écriture de la fêlure“, in: *CELFAN Review* [Center for the Study of the Francophone Literature of North Africa], II, 3, S. 10-14.

El Maleh, Amran-Edmond, 1975, „Le Discours du chameau ou une littérature de rupture“, in: *Intégral*, 10, S. 27-28.

El Marsaoui, Ahmed, 1986, „*L'enfant de sable*: une histoire sur l'ambiguïté et la fuite“, in: *Al Asas*, 75, S. 38-43.

Erickson, John D., 1991, „Writing double. Politics and the African narrative of French expression“, in: *Studies in 20 Century Literature*, XV, S. 101-122.

Gontard, Marc, 1983, „L'itinéraire comme forme romanesque chez Tahar Ben Jelloun et Abdelwahab Meddeb“, in: Achour, Christiane/ Marsly, Dalila, *Voyager en langues et en littératures*, Alger: Office des Publications Universitaires, [Journées d'Études de la Division de Français].

Gontard, Marc, 1988, „Tahar Ben Jelloun: le pourquoi du Goncourt“, in: *Al Asas*, 83, S. 42-44.

Gontard, Marc, 1989, „L'événement et son montage dans *'La nuit sacrée'* de Tahar Ben Jelloun“, in: *Littérature marocaine de langue française: récits et discours*, Actes du Colloque, in: *Revue de la Faculté des Lettres et des Sciences Humaines*, Marrakech, 3, S. 25-40.

Gualino-Bonn, Annette, 1974, „Le Discours du chameau de Tahar Ben Jelloun“, in: *Annuaire de l'Afrique du Nord*, S. 974-977.

Hadjadj, Dany, 1991, „Chercher la voie, trouver la voix... De *'L'enfant de sable'* à *'La nuit sacrée'* de Tahar Ben Jelloun“, in: *Révolutions, résurrections et avènements. Mélanges offerts à Paul Viallaneix*, hrsg. von Simone Bernard/ Stéphane Michaud, Paris: Sedes, S. 277-289.

Ibnlfassi, Laïla, 1994, „Whose Voice is it Anyway?“, in: *Bulletin of Francophone Africa*, Vol.3, 6, S. 25-31.

Jay, Salim, 1976, „*La mémoire future* de Tahar Ben Jelloun ou le Maroc traversé de poèmes“, in: *L'Afrique littéraire et artistique*, 41, S. 50-51.

Khaïr-Eddine, Mohammed, 1974, „Tahar Ben Jelloun: *Harrouda*“, in: *Esprit*, 3, mars, S. 516-518.

Leftah, Mohammed, 1990, „Tahar Ben Jelloun: d'une dédicace à l'autre“, in: *Al Asas*, 95, S. 44-46.

Lire, 151, 1988, „Tahar Ben Jelloun, la suite d'un fabuleux Goncourt".
Little, Marie-Noèlle, 1986/87, „*Les amandiers sont morts de leurs blessures...*", in: *The French Review*, LX, S. 720-721.
Mehta, Brinda, 1994, „Alienation, Dispossession, and the Immigrant Experience in Tahar Ben Jelloun's *Les yeux baissés*", in: *French Review*, 68, 1, S. 69-91.
Memmes, Abdallah, 1994, „Démarche interculturelle dans *L'enfant de sable* de Tahar Ben Jelloun", in: *GEM* [Groupe d'étude Maghrébines] (Hgg.) *L'interculturel au Maroc. Arts, langues, littératures et traditions populaires*, Casablanca: Afrique-Orient, S. 61-74.
Mernissi, Fatima,"Un si long cri!", in: *Lamalif*, S. 50, 51.
Morelli, Romano, 1991, „Tahar Ben Jelloun: Il senso della dignità", in: Giuliana Toso Rodinis (Hg.): 1991, S. 134-145.
Maazoui, Abbes, 1995, „*L'enfant de sable* et *La nuit sacrée* ou le corps tragique", in: *The French Review*, 69, 1, S. 68-77.
Mayer, Linda, 1997, „Überlegungen zum aktuellen interkulturellen Diskurs der frankophonen Literatur Marokkos am Beispiel Tahar Ben Jellouns und Abdelkebir Khatibis", in: *Frankreich Jahrbuch 1997*, Oplade: Leske + Budrich, S. 203-219.
Najl, Jamal Eddine, 1978, „Tahar Benjelloun ou le témoignage d'une solitude privilégiée", in: *Lamalif*, 96, S. 46-48.
Najmi, Abdelilah, 1984, „L'écrivain public: oscillation entre le vécu et l'onirique", in: *Al Asas*, 62, S. 43-49.
Natij, Salah, 1991, „Dialogue interculturel et complaisance esthétique chez Tahar Ben Jelloun", in: *Itinéraires et contacts des cultures*, Bd. 14, S. 35-41.
Noël, Bernard, 1976, „Tahar Ben Jelloun poète à l'écoute de millions de voix", in: *La Quinzaine littéraire*, 242, S. 4.
Pallister, Janis L., 1983, „Tahar Ben Jelloun and the Poetry of Refusal", in: *CELFAN Review* [Center for the Study of the Francophone Literature of North Africa], II, 3, S. 34-36.
Peroncel-Hugoz, J.P., 1973, „Un nouveau poète marocain d'écriture française: Tahar Ben Jelloun", in: *L'Afrique littéraire et artistique*, 22, S. 19-24.
Renard, Pierrette, 1985, „Traversée du désert et quête initiatique. Le Clézio: *Le désert* – Tahar Ben Jelloun: *La prière de l'absent*", in: *Recherches et Travaux*, Univ. de Grenoble U.E.R. de Lettres, 35, S. 100-109.
Renard, Pierrette, 1986, „Exil-espace: V. Vassilikos et Tahar Ben Jelloun", in: *Recherches et Travaux*, 30, Littérature de l'exil, Grenoble: U.E:R: de Lettres, S. 151-160.
Renard, Pierrette, 1989, „Le corps et les mots dans l'œuvre de Tahar Ben Jelloun", in: *Le corps et l'image de l'autre.* Actes du Colloque, in: *Revue de la Faculté des Lettres et des Sciences Humaines*, Marrakech, 5, S. 149-154.

Renard, Pierrette, 1991, „Tahar Ben Jelloun et la quête d'identité“, in: Giuliana Toso Rodinis (Hg.), *Le banquet maghrébin*, Rom: Bulzoni, S. 307-320.

Rosa da Silva, Edson, 1989, „Tahar Ben Jelloun: Identité arabe/expression française“, in: *Présence Francophone*, 34, S. 63- 71.

Rothe, Arnold, „*L'enfant de sable* de Tahar Ben Jelloun. Traditions séfarde et orientale?“, in: Nakagawa, H./ Ichikawa, S./ Okami, Y. (Hg.), *Ici et ailleurs: le dix-huitième siècle au présent*, Tokyo 1996, S. 465-475.

Saïgh Bousta, Rachida, 1989, „Polysémie et motricité discoursive. Pour une lecture de *Harrouda*. Parcours du récit: 'Prise de la parole'“ in: *Nouvelles du Sud. Arts, Littératures, Sociétés*, 11, S. 61-101.

Saïgh Bousta, Rachida, 1996, „Tahar Ben Jelloun“, in: Bonn, Charles/ Khadda, Naget/ Mdarhri Alaoui, Abdallah (Hgg.). *Littérature maghrébine d'expression française*, Vanves: EDICEF/AUPELF, S. 177-184.

Schoeter, Ulrich, „Tahar Ben Jelloun“, in: *Kritisches Lexikon der romanischen Gegenwartsliteratur*, hrsg. von Wolf-Dieter Lange, Tübingen: Narr [1984ff.].

Segarra, Marta, 1993, „*Les yeux baissés* de Tahar Ben Jellon: Parole versus écriture ou la confrontation du moi et de l'autre“, in: *Studia Neophilologica*, 65, S. 231-238.

Spiller, Roland, 1995a, „L'intertextualité circulaire ou le désir dans la bibliothèque: Ben Jelloun lit Borges, lecteur de Cervantes“, in: Charles Bonn/ Arnold Rothe (Hgg.), *Contexte mondial de la littérature maghrébine*, Würzburg: Königshausen & Neumann, S. 171-180.

Spiller, Roland, 1995b, „Wie schreibe ich meine Lebensgeschichte? Autobiographisches Schreiben bei Tahar Ben Jelloun“, in: Ernstpeter Ruhe (Hg.), *Europas islamische Nachbarn. Studien zur Literatur und Geschichte des Maghreb*, Bd. 2, Würzburg: Königshausen & Neumann, S. 245-267.

Spiller, Roland, 1998, „Tahar Ben Jelloun“, in: *Kritisches Lexikon zur fremdsprachigen Gegenwartsliteratur*, hrsg. von Heinz Ludwig Arnold, München: text + kritik, 46. Neulieferung.

Spiller, Roland, 1999a, „Blicke aus dem 'Entre-deux'. Ben Jellouns Texte zur Immigration als Stationen einer interkulturellen Ethik“, in: Ernstpeter Ruhe (Hg.), *Die Kinder der Immigration/ Les enfants de l'immigration*, Studien zur Literatur und Geschichte des Maghreb, Bd. 4, Würzburg: Königshausen & Neumann, S. 147-162.

Spiller, Roland, 1999b, „Borges, Ben Jelloun y *Las mil y una noches*: lecturas interculturales“, in: Alfonso de Toro/ Fernando de Toro (Hg.), *El siglo de Borges. Retrospectiva – Presente – Futuro – Ciencia – Filosofía – Teoría de la cultura – Crítica literaria*, Madrid/Frankfurt: Iberoamericana/Vervuert, S. 409-423.

Stolz, Peter, 1988, „Prix Goncourt 1987. Tahar Ben Jelloun's langer Marsch von *Harrouda* (1973) zu *La nuit sacrée* (1987)", in: *Neue Romania*, 7, Berlin, S. 109-130.

Stolz, Peter, 1988, „Prix Goncourt 1987: Tahar Ben Jelloun: *La nuit sacrée*", in: *lendemains*, 49, S. 96-97.

Stolz, Peter, 1994, „Bauelelemente des französischen Romans der 80er Jahre am Beispiel ausgewählter Romane von Philippe Sollers und Tahar Ben Jelloun", in: *Intertextualität und Subversivität. Studien zur Romanliteratur der achtziger Jahre in Frankreich*, hrsg. von Wolfgang Asholt, Heidelberg: C. Winter, S. 111-136.

Stone McNeece, Lucy, 1996, „Discours à la dérive: à travers le miroir ou l'écriture à l'envers", in: Y. Bénayoun-Szmidt/ H. Bouraoui/ N. Redouane, *La traversée du français dans les signes littéraires marocains*, Toronto, S. 87-96.

Tamm, Sabine, 1995, „Réalisation de 'la liberté dans l'écriture': le portrait de Borges dans *L'enfant de sable*", in: Ch. Bonn/ A. Rothe (Hgg.), *Littérature maghrébine et littérature mondiale*, Würzburg, S. 161-169.

Tenkoul, Abderrahman, 1980, „*A l'Insu du souvenir* de Tahar Ben Jelloun", in: *Al Asas*, 18, S. 20.

Thériault Michel, 1996, „Les rêves de Zahra dans *La nuit sacrée* de Tahar Ben Jelloun", in: *La traversée du français dans les signes littéraires marocains*, Toronto, S. 189-199.

Verheyen, Gunther, 1993, „Tahar Ben Jellouns Aufbruch in die Weltliteratur. Einige Gedanken zu *L'enfant de sable* und *La nuit sacrée*", in: *Französisch heute*, 3, S. 267-280.

Zahiri, Mohammed, 1981,"*À l'insu du souvenir*: Étude et analyse de la «Mort»", Présence francophone, 23, S. 21-42.

Zappalà, Marguerite Rivoire, 1989a, „*L'enfant de sable* de Tahar Ben Jelloun, un roman alchimique?", in: *Atti del XV convegno della società universitaria per gli studi di lingua e letteratura francese*, Pavia.

Zappalà, Marguerite Rivoire, 1989b, „Les érotismes dans *La nuit sacrée* de Tahar Ben Jelloun", in: *Francofonia. Studi e ricerche sulle letterature di lingua francese*, 16, S. 99-114.

Personenverzeichnis

Abb. 2 Titelseite von *L'Express International*, Nr. 2543 vom 30.3.2000

Abb. 3 Jean Genet (aus: *Alberto Giacometti & Tahar Ben Jelloun*, Paris: Flohic 1991, S. 31)

Abb. 4 *Les amandiers sont meurts de leurs blessures* (Titelseite, Paris: Maspero 1976)

Abb. 5 *La rémontée des cendres* (letzte Abbildung im Text, Paris: Seuil 1991)

Abb. 6 J. D. Ingres, *Le bain turc*, 1863, Öl auf Leinwand (Paris: Louvre)

Abb. 7 *La réclusion solitaire* (Titelseite, Paris: Denoël 1973)

Abb. 8 Platz Jam^{c}a el-Fna, Marrakesch (Photo: B. Buchner)

Abb. 9 Wüstenphoto (aus: Descamps, Bernard / Jelloun, Tahar Ben, *Sahara*, Mulhouse: Ed. AMC 1987, S. 103)

Abb. 10 *La nuit sacrée* (Titelseite, Paris: Seuil 1987)

Abb. 11 R. Magritte, *Le faux miroir*, 1935, Öl auf Leinwand (New York, Museum of Modern Art)

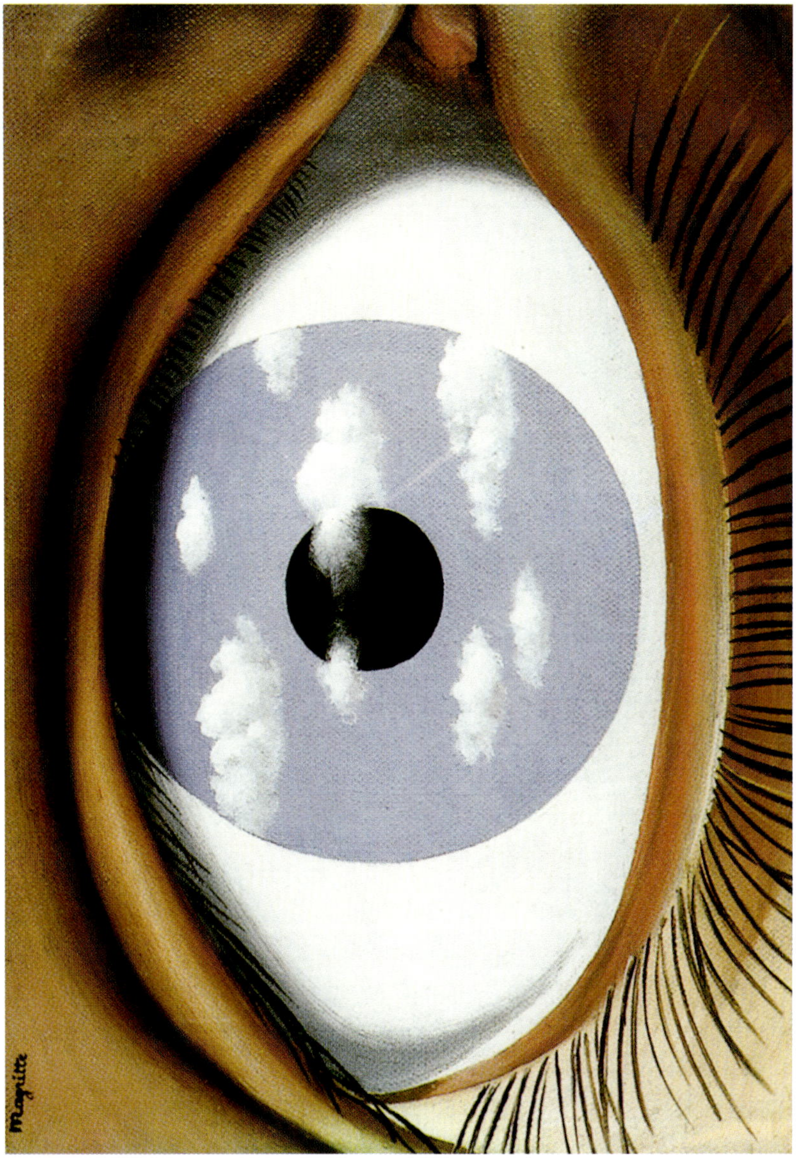